JUL 0 8 2015

**DATE DUE**

# LUDOVICA SQUIRRU DARI

## Doyo
## EL LIBRO DEL AMOR

URANO

Argentina – Chile – Colombia – España
Estados Unidos – México – Perú – Uruguay – Venezuela

1.º edición Marzo 2015

COLABORACIONES ESPECIALES
Cristina Alvarado / islacentral@yahoo.com
Susana Tassara / sutassara@hotmail.com
Claudia Pandolfo / claudiapandolfo@gmail.com
Claudio Herdener / gatophoto@gmail.com

FOTOS DE INTERIOR: Claudio Herdener / www.gatophoto.blogspot.com
ARTE INTERIOR: Marcelo Barragán / barreigan@hotmail.com
PRODUCCIÓN DE MAQUILLAJE Y VESTUARIO: L. S. D.
PRODUCCIÓN GENERAL: Hoby De Fino / @hobydefino

Reservados todos los derechos. Queda rigurosamente prohibida, sin la autorización escrita de los titulares del copyright, bajo las sanciones establecidas en las leyes, la reproducción parcial o total de esta obra por cualquier medio o procedimiento, incluidos la reprografía y el tratamiento informático, así como la distribución de ejemplares mediante alquiler o préstamo público.

Copyright © 2012 by Ludovica Squirru Dari
www.ludovicasquirru.com.ar
lulisquirru@ludovicasquirru.com.ar
All Rights Reserved
© 2015 by Ediciones Urano, S.A.
Aribau, 142, pral. – 08036 Barcelona
www.edicionesurano.com

ISBN: 978-84-7953-896-5
E-ISBN: 978-84-9944-805-3

Depósito legal: B-26.777-2014

Fotocomposición: Ediciones Urano, S.A.
Impreso por: Liberdúplex S.L. – Ctra. BV 2249 Km 7,4 – Polígono Industrial Torrentfondo
08791 Sant Llorenç d'Hortons (Barcelona)

Impreso en España – Printed in Spain

# Dedicatoria

A mis padres, Eduardo y Marilú, que me dieron la vida.

A cada amor que me visitó, visita, apareció y desapareció.

A los amores perennes.

A los que tienen fecha de vencimiento, y aunque tóxicos siguen estando para que aprenda más de mí.

A los platónicos, virtuales, imaginarios, incompletos y anónimos.

A los espejismos que me convierten en humana.

A los que no se dan por prejuicio.

A los que están en remojo, en gestación, en la noosfera.

A los sagrados, que me visitan cuando los convoco.

A Maximón.

A los santos que no me tocaron ni un pelo.

A los que están en lista de espera.

A quien me quiera como soy.

Amen.

L. S. D.

# La trama secreta que sale a la luz

Agosto en Buenos Aires tapó con un manto gris y de lluvia continua el cielo azul y frío que nos regaló julio.

Desde que volví de las sierras siento que nunca podría confesar todo lo que he sentido en mi vida con cada amor.

Es un códice indescifrable, una caligrafía secreta, un tesoro oculto en la jungla donde vivo y me muevo con técnicas ancestrales.

Me siento más liviana, dije a cada amor lo que no pude mientras vivíamos nuestra relación, ordené mi partitura pasional en estrofas que son más armónicas, revelé fotos que creía veladas y dejé que aparecieran en sueños dictándome sus saudades.

Tomé té de arándanos, devoré un chocolate, y como un collage con forma de corazón, vi a cada uno ofrendar su regalo para este libro.

Susana Tassara, con las relaciones de las parejas míticas que admiramos, y nos gustaría tener alguna vez.

Claudia Pandolfo, con el glamour para que seamos mirados, para vestirnos y que nos desvistan con el estilo que mejor nos queda; a estas páginas podemos recurrir en caso de no tener vocación para elegir con lucidez la ropa adecuada frente al espejo y sentirnos monísimassssssss.

Claudio Herdener, con sus recetas eróticas, metódicas, económicas y amorosas para cocinar a fuego lento o en un arrebato a nuestro animal favorito.

Cristina Alvarado, con la segunda parte del libro, en la cual por primera vez en lengua hispana se conoce la fórmula científica del amor para los chinos.

Y especialmente a Hoby De Fino que cabalga con pasión la vida y tuvo fe para dar a luz este legado.

Gracias al zoo que se autoconvoca o acepta con entusiasmo mis propuestas para participar.

El amor necesita tiempo y espacio.

Y ganas.

Espero que tengan una guía para quienes crean que el amor no les llegó ni tocó en esta vida.

Con esperanza

L. S. D.

# Prólogo

**Doyo**

Para los chinos el «doyo» es la estación intermedia entre el fin del verano y el otoño, una época en que la naturaleza comienza a cambiar hormonalmente y nos sorprende con inesperados cambios de humor en una tórrida noche, en la cual las estrellas parecen incrustaciones de luciérnagas en el firmamento —al alcance de la mano—, mientras la tenue brisa es una serpentina olvidada en un piquillín*[1] el último día de carnaval para que nos olvidemos en vigilia de nuestra vida, enfoquemos el agujero negro del cielo con el propio e iniciemos así el viaje de la memoria afectiva, con el silencio de los guardianes del tiempo, que son los escribas de nuestro trazo invisible en el corazón de los que nos recuerdan quiénes fuimos, somos y seremos.

Desde «mi doyo» les contaré mi destino afectivo, desde antes de ser quien les escribe hace un cuarto de siglo a través de la mitología china, e intentaré recuperar el «viaje álmico» en el cual el amor es la única sustancia a tratar en este papiro o códice revelado en el año del dragón de agua, aliado, mensajero, compinche, benefactor de actos de fe y valentía en mi azarosa existencia.

Mi carta astrológica solar define un destino donde todos los planetas están en el medio cielo, señal de que no vine a cumplir mandatos socioculturales y de tradición, algo que intuí desde la placenta.

Vine a dejar limpias vidas pasadas y el saldo será supervisado por Buda para decidir si involuciono o evoluciono en la rueda del SAMSARA.

* (Ver notas en páginas 367-369)

## Prólogo

Entregada en cada encuentro y despedida en el amplio espectro del aprendizaje acelerado que significa «estar en pareja» o el intento de ser parte de un ser humano que por causalidad aparece en nuestra vida en el NAJT (tiempo y espacio para los mayas), el amor es para mí un mensaje que ambas partes debemos descifrar antes, durante y después del tiempo compartido.

El desapego, el gran secreto para que el amor nos transforme por dentro y por fuera y nos arrastre con su ola a una nueva playa u horizonte de eventos.

Una tarde esfumada, observé desde la ventana de mi baño, que da a las sierras precámbricas, el tiempo acumulado en sus pliegues, valles, piedras erosionadas por el reloj de arena, por la mano escultórica del persistente viento, las fuerzas ocultas dentro del corazón de la tierra, la cantidad de napas y capas que se siguen moviendo mientras como, duermo, respiro, leo, sueño, camino.

Lo que está en ebullición constante y nunca descansa aunque parezca calmo y aquietado, lo que sigue su proceso, destino sin oráculo en el universo. Así es el amor, no tiene principio ni fin: existe, cambia de forma, de persona, de paisaje, pero socava nuestra existencia desde los ángulos más ásperos, famélicos, huecos, desnivelados, iracundos, del magma afectivo.

Escribir sobre el amor es repasar, recordar, abrir los archivos secretos del corazón, de mi historia, y soltarla para aceptar que en el presente sigo intentando amar y ser amada con lo que existe, lo que surge en el encuentro con el otro, supeditados a los «designios celestiales y terrenales» infinitos y reales que nos apuntan invisibles desde los planetas con sus antojos, cuadraturas, oposiciones, bien o mal aspectados, con lunas difíciles o pródigas en constante movimiento, interactuando en armonía o disonancia con sus influencias.

Siempre estuve abierta (hasta que me lapidaron, sepultaron, enterraron) al encuentro con el hombre; quizá más por curiosidad, intriga, antena para captar su *yin* oculto o periférico y dejar reposar su *yang* condicionado por nuestra cultura, que por las ganas de estar de novios o emparejada.

Toda mi vida supe que mi nombre —etimológicamente, Ludovica significa «la que se hace sola»— también conlleva el sentir la soledad «el sol dentro», como un hierro ardiente con el que se marca al ternero, dejándolo a la intemperie de su destino.

Nací el 9 de mayo de 1956, a las doce en punto del mediodía en el sanatorio Otamendi de Buenos Aires, y Chacho Adalid, el médico partero de mi madre —para consolarla pues era mujer y mi padre ansiaba un varón— le dijo: «Esta chica será especial porque nació con la luz del mediodía en su cenit».

Tauro ascendente Cáncer. Luna en Tauro. Urano en Casa Uno.

Crecí en Parque Leloir, en una casa de campo de dos hectáreas que mi padre Eduardo decidió que fuera el lugar para criarnos cuando Gaona era de tierra y llegar a la capital era una odisea.

Mi madre tenía cuatro hijos de su primer matrimonio: Inés, Verónica, María Eugenia y Miguel, adolescentes que no convivieron con nosotras; y con Eduardo tuvo a Margarita, mi hermana yegüita, nacida dos años antes de la unión de mamá perra de agua y papá cerdo ídem.

La educación del jabalí salvaje a sus hijas fue similar a la de un régimen talibán.

Recuerdo su sentencia desde la tierna infancia: «La mujer no debe molestar, y en lo posible hacerse útil».

¡Flor de mandato, papi!

Nací libre y prisionera en nuestra fortaleza-quinta que inicialmente se llamó «Los Sardos» y después «Fortín Bellaco», pues a pesar de su excepcional inteligencia, medallas de oro en la escuela y la Universidad del Salvador, a mi papá le tiraba más la pocilga, el ocio creativo y ser el doctor gaucho criador de caballos criollos, tarea que lo ocupó y nos preocupó hasta su muerte.

Sobre su persona escribí en mis anuarios chinos agradeciéndole su legado de introducción a la filosofía oriental, al TAO, a los maestros y pensadores como Lao Tse, Confucio y Buda, que eran más familiares que el resto de una familia signada por amores no resueltos e indexados en la bolsa de Hong-Kong con superávit fiscal.

La visión de mi padre hace sesenta y tres años sobre la Argentina y su inestabilidad para organizarse seriamente como Estado lo inspiró para viajar a China y ser parte de la primera embajada argentina en la transición entre Chian-Kai-Sek y Mao Tse Tung (1945-1949).

Su talento para transmitirnos desde la cuna hasta su prematura muerte —a los 48 años por una embolia en su cama del rancho de Leloir— el respeto y la admiración por China fue mi segunda hierra, esta vez con aguja de acupuntura y tinta china, y marcó su herencia espiritual.

## Prólogo

Mi madre —una perra (perro en el horóscopo chino)de pedigrí, bella, austera, original, multifacética y culta— contribuyó para que su hija menor, sol de su vida y realización en 3D, desarrollara su vocación más histriónica en la juventud hasta encontrar o encauzar la literaria y la de transmisora de la astrología china en Argentina, América Latina y España en las décadas siguientes.

Ludovica nació en la Selva Negra en Alemania, pues mi abuela Alicia Larguía había caído en las garras de un apuesto romano, Tulio Dari, que fue un personaje que marcó a mi madre por su fugacidad en la paternidad con ausencia y leyendas, una combinación letal para su destino afectivo.

Así la bautizaron en el año 1922, pero al llegar a Buenos Aires semejante nombre —que aún no estaba en el santoral— fue reemplazado por el de María Luisa y después por Marilú, el nombre de la mítica muñeca que se llama así por ella, y que marcó una época en generaciones argentinas.

Amor recibí a través de mis padres apasionados en el arte de vivir, de cultivar el intelecto, y de aceptar lo que tenían en el día a día, lejos de la ambición por ser o tener lo que no venía con natura.

El amor es purificación.

Experiencia colónica para desintoxicar el organismo. Me tiré a la pileta con esta terapia transmutadora, y hace más de doce días que estoy sólo a fruta, propóleo, un tónico herbario digno de Ágata, la bruja de la pequeña Lulú, y hierbas: cola de caballo, diente de león, ortiga, barba de choclo... Y me siento en Plutón.

Es el estado ideal para «colonizar» los amores del pasado y el presente pluscuamperfecto y abrir la caja de Pandora al espacio sideral en la agitada tarea de «traerlos desde alta mar» hacia la serena playa donde me encuentro.

Soy una náufraga tántrica.

Viernes Santo.

Purgatorio.

Aquí el amor queda en un compás de espera aguardando reencarnar.

Confirmo mi sensación de agobio con el hombre; dos días seguidos en casa me producen asfixia.

Nací ahogada en el cordón umbilical y estuve en incubadora varios días, que seguramente marcaron mi memoria celular.

Lo comprendí pasando el medio siglo, cuando el doctor Domingo Grande me dijo «Usted es un tronco fértil, sólido, bien arraigado, al que se le suben todas las lianas; hay lianas que el árbol necesita para estar húmedo, alegre, fértil, nutrido; pero hay otras lianas que son parásitos, que asfixian e impiden al árbol respirar, desarrollarse, emerger, estar sano y florecer...».

¡¡Quééééé metáfora!! ¡¡Grande, pá!!

La sensación que hasta hoy tengo es que me chupan el prana, la energía, que liban mi néctar y siguen aleteando en el purgatorio; quizá porque estos hombres —que apuntaron certeros su flecha hacia mí— me tomaron desprevenida, indefensa, distraída o concentrada en la pasión de vivir presionando mi patrimonio espiritual.

Todo empieza con papá Eduardo, sardo, hijo mayor de tres varones que tuvieron que ganarse el corazón de su *mamma* en una novela que terminó como tragedia griega: peleados entre sí por celos, una enfermedad que nos iguala a los mortales y nos convierte en amos o esclavos de nuestra vida.

De la primera marca familiar es difícil liberarse en trayectoria, en una selección que abarca los doce signos del horóscopo chino. Siempre fui una tierna presa de los hombres que tejieron la trama sepia con algunas pinceladas cromáticas en mis papilas gustativas del homo sapiens.

Rara, atraje a raros.

Hice magia con algunos, descarté a muchos, atesoro a otros, y guardo en un cofre invisible a los que en un solo encuentro cambiaron mi cosmovisión; como en los últimos días de febrero en la Plaza de las Rosas, entre variadas especies de frutas, semillas, verduras, velas, incienso, artesanías, cuando el mediodía se derrite entre la piel y la sed, un arlequín me dijo «Veo a tu ángel».

## Prólogo

Quise integrar a mi hermana Margarita y le dije «Ambas tenemos el mismo ángel». E insistió con sus ojos azules de mar infinito: «La familia comparte la sangre pero no los ángeles».

Esa ráfaga humana me envolvió y transportó a otro lugar. Él fue amor, llegó sin que lo sintiera y desapareció esfumándose.

En mi viaje a Salta sigo abriendo las eras estratificadas afectivas, similares a las que estoy recorriendo por los caminos antiguos de sedimentos calizos policromados que unen remotos parajes entre Salta y Cafayate; desde allí hacia Angastaco, reino del pimiento rojo tendido al sol como sangre de niña forzada a ser mujer antes de tiempo.

Expando mis células como una lagartija en el mediodía fulminante, en el cual no hay arbusto o follaje donde refugiarse, acompañada por un guía que improvisa caminos sin huella después de los diluvios del verano que lavaron los rastros de años modificando el territorio.

Asocio al amor el perder el rumbo después de una abrupta separación, cuando la densidad del ambiente formaba un cúmulo de nubes tanáticas desde el cielo anunciando catástrofes irremediables.

Los finales son consecuencia de un tiempo mayor o menor de acumulación de situaciones estancadas, polucionadas, infectadas, intoxicadas que tuvimos que vivir para «atravesar el Ganges» una vez más.

En Salta converso con mujeres jóvenes y maduras con total naturalidad.

Antes de que les diga «Hola» me cuentan sus vidas, traumas, historias de amor, pasión, odio, venganza, como un desborde del río Calchaquí que rompe diques y arrasa con caseríos, poblados, ese inmenso dolor atragantado como durazno verde en la garganta, que se obligaron a retener con riesgo de muerte.

El amor es lo más cercano a morir; a desaparecer en el orgasmo y en la lucha cotidiana por ser aceptada en la esencia original que nada tiene que ver con el envase que los seduce desde un kiosco o una librería inalcanzable.

Mi vocación Eros-Tánatos sigue su curso de fascinante peligrosidad.

El origen del «lío» comienza con papá cerdo y mamá perro.

En el umbral de mis 56 mayos sé que absorbí —como una raíz de cactus en el desierto— sus pozos petrolíferos devastados por sus historias que se enlazan con las del *árbol de la vida*.

Marcada en situaciones que mamé como rehén de sus problemas, me debato aun hoy por «enraizarme como clavel del aire» en la relación que me mande el TAO.

Hace unos días fue mi cumpleaños.

No organicé fiesta, quería fluir con lo que pasara durante ese día.

Desde temprano el teléfono sonó con amigas que solo llaman en esa fecha y quieren que les haga un resumen de mi vida, más las suyas, más algún consejo. En mi casa porteña —que quiero cada día más por su calidez de nido— preferí meditar, escuchar este gran recreo que tuve para alejarme del último hombre que se instaló en mi vida hace cinco años, mientras decidía reconstruir la propia, después de un tornado que me azotó con granizo de Pascua, para reformular nuevamente *el amor después del amor;* y pongan *replay*, pues mi sed nativa va apaciguándose como la del cactus en las alturas del Nevado de Cachi.

El cumpleaños colmado de *e-mails* hipercariñosos, de ráfagas de aire —aun pesado para un mayo convulsionado en el país y en el mundo— que anunciaban una tormenta que llegó al amanecer.

Un cortocircuito a media tarde con fogonazos de cañones de guerra fue el presagio de que tendría que transitar aun un tiempo de luces y sombras, de risa y llanto, de despedidas agridulces y sorpresas inesperadas.

Las velas sin estrenar de todos colores fueron encendidas con espíritu de ritual, mientras algunos amigos se animaban a saludarme entre tropiezos, pasillo lúgubre y un electricista que se apiadó y apareció sólo porque era mi cumpleaños.

La vida me sigue enseñando y confirmando que la intuición es la llave maestra para no claudicar cuando se corta la luz del corazón por tiempo indeterminado, aunque paguemos sin subsidios la electricidad.

La relación con el varón ha sido bastante simple en el inicio y conflictiva cuando la relación se instala: al minuto siguiente.

Quien me echó el ojo, la flecha, lo hizo con certeza; y me dejé cazar si me inspiraba algo más que un revolcón en la pocilga, o dos, si el fuego de la pasión se acrecentaba al abrirnos zonas blindadas.

El amor es adictivo: L. S. D. —mis iniciales— son la trampa que aún sigue infiltrándose en el hombre que se cruza en mi destino.

La intensidad con cada persona es lo que de pronto me asalta en las papilas, en el olfato, en la tenue brisa de aquellos días tatuados en la memoria celular.

## Prólogo

El vértigo, la euforia, las palpitaciones, el sudor que traigo desde la cuna por mi tiroides, la alergia en el cuello exaltada por momentos de timidez, invasión, excitación me delatan y condenan.

Puedo sentir que caté —como a los mejores vinos— hombres de diversas culturas que me influenciaron en cada pensamiento, acción y decisión con su bagaje afectivo, que siempre fue amplio como un menú de comida oriental.

En general el vínculo afectivo o de empatía se producía simultáneamente.

De chica o jovencita, quizá me enamoraba unilateralmente, pero la vida se encarga de compensarlo en la madurez.

«Nada se pierde, todo se transforma».

Estoy agradecida de no sentir «que perdí a tal o cual, a fulano o a zutano».

El amor o la pasión necesitan tiempo y espacio. Y siempre pude graduar esa difícil ecuación, que es la que tanto se reclama en las relaciones.

Prefiero «calidad» a «cantidad» también con el hombre que se convierte en pareja.

Son demasiado demandantes, controladores, maniáticos, para quererlos todo el tiempo en casa.

El oxígeno, extrañarse, pedir pista para hacer «nuestra historia» son puntos clave en la relación.

Y más vale decirlo de entrada para que no haya confusiones —que siempre existen— e inseguridades de ambas partes por la libertad que en mi vida siempre sentí y que me costó carísima.

Almas gemelas: por allí siempre me encontré más cómoda y amada.

Puedo decir que el amor en todas las ocasiones me atropelló, me encontró concentrada en otras cosas, y que nunca lo busqué conscientemente.

El intercambio de fluidos nace en la glándula pineal —de eso estoy segura— sube, baja, circula velozmente produciendo ganas, ganas, ganas de estar con el otro, de conocerlo, de explorarlo, bucearlo, masticarlo, beberlo como los animales en la selva, que no descansan entre el sueño y la vigilia y siguen de día el juego de seducción y aparcamiento, de cazarse y procrear sin analizar si les conviene o no.

Hace tiempo que quiero ordenar a mis amores; escribir es una gran terapia en la cual al revivir lo que la memoria selectiva trae como el oleaje a las playas después de siglos en alta mar, desconociendo su devenir en el «ello» y en la colección de heridas abiertas, semicerradas o clausuradas, descubro que estoy hecha de esa sustancia, el compost de los sentimientos diluidos o solidificados que bailan, cantan, cultivan, construyen, nadan en el día a día de la existencia, de la cotidianidad, sin rostro, con tenues texturas, ampliando con *zoom* el instante en el cual la admiración por el artista que me daba su caudal eólico, lunar y solar para enamorarme tenía su efecto invisible y transmutador.

Siempre aprecié que se acercaran.

Tal vez el complejo infantil de sentirme el patito feo; Olivia, la novia de Popeye; la Juliette Gréco del subdesarrollo; la Monalisa... Apodos puestos por compañeros de escuela, amigos, familiares y novios conspiraron para que me sintiera merecedora de candidatos.

Ya que llegara alguno era motivo de gran algarabía.

Y los que llegaron siempre fueron fantásticos; aun disfrazados de corderos o de monjes.

Creo seguir cursando la materia afectiva en todas sus gamas.

Y como un cántaro que rebalsa y puede dar prana a otros, siento que es el momento ideal para derramarlo en el zoo humano que me conoce hace décadas.

Me pican desde temprano las dos orejas: señal de que están hablando mal y bien de mí.

Este es un mayo redentor, benigno en clima y áspero en situaciones incómodas que se generan entre los mortales que somos y seremos, aun cuando nuestro espíritu salga de nuestro cuerpo para buscar dónde reencarnar, salir del yo, del ego; este proceso es una experiencia liberadora que, salvo grandes excepciones, no está relacionado con la odisea que es formar una pareja con los universos paralelos que estallan como el Big Bang.

Domesticar —como le dijo el Principito al zorro— es un arte para algunos elegidos.

Creo que no pude formar una relación de más de tres décadas con nadie porque el germen del amor está muy ligado a mandatos y rebeliones.

Sé atraer a los picaflores a libar mi néctar, pero después, cuando se engolosinan, me siento invadida, secuestrada, asfixiada, impedida en mi florecimiento holístico.

# Prólogo

Parece que lo que los fascina después los enloquece.

En la radio suenan *Las cuatro estaciones* de Vivaldi. Es mi concierto favorito desde niña.

Tuve la suerte de criarme en el campo. Aunque Parque Leloir queda a 30 kilómetros del obelisco, hace medio siglo llegar y vivir allí era aventurarse en el Far West.

Mis primeras excitaciones están impregnadas de tierra húmeda, sol intenso, fragancias de jazmines del cabo, aromos y retamas libados por abejas y abejorros, caballos montando a las yeguas en celo, cuando los relinchos y orgasmos de ellos coincidían con los míos.

Viví el erotismo al unísono en mi despertar simio.

Me crié en una casa de campo fluorescente, llena de animales que eran parte de nuestra familia, y en contacto con las estrellas, la luna en cada fase, planetas, grillos y sapos cancioneros.

Sin miedo. Ni a la noche, ni a los ladrones ni a los fantasmas.

Siempre sentí que estaba protegida por ángeles que me cuidaban día y noche.

Mi deseo brotó temprano, tuve padres muy libres, abiertos, desprejuiciados que contribuyeron al mono-tributo.

El jabalí salvaje Eduardo no dejó ninguna fantasía para explorar; la pocilga estaba disponible con mi mamá y el harén que día a día desfilaba delante nuestro.

Aún sigo constelando ese libertinaje porcino y una madre perro fiel, guardiana y entregada a su destino.

Necesité visitar Uruguay para escribir el libro sobre el amor.

La inspiración que siempre sentí al cruzar el Río de la Plata y visitar Colonia está enraizada en mi juventud y el amor que me visitó en aquella era.

A lo largo de mi vida me enamoré de hombres que supieron matizar el ocio creativo con la calma, el silencio, los espacios infinitos para enmarcarlos en *sumi-e* o papel arroz para que no dolieran tanto cuando se fugaban en la línea del horizonte.

Siempre pude sentirme más integra en cada recoveco del corazón charrúa: desde Colonia del Sacramento, Montevideo, La Ballena, Los Pinares, Rocha, Punta del Diablo, Costa Azul hasta El Chuy.

Los caminos terracotas que atraviesan el fértil campo uruguayo, sus casas armónicas con alguna vaca o caballo dándoles vida... y sobre todo su gente, un manantial inagotable de cariño y estímulo desde mi tierna juventud.

Adriana es un ángel que llegó hace un katún[2] a mi vida con el arte del *make up*. Cuando le conté hace unos días que estaba inspirada escribiendo este libro, sacó de su agenda un corazón que representa a Uruguay y me contó la maravillosa historia de la Piedra corazón.

Habito este cuarto
que se me ha concedido,
para seguir en mi tarea
de NU SHU del Río de la Plata;
hadas, duendes, madrinas
y Piria saben
que tengo sisal infinito
para continuar narrando
lo que fluye desde el tantra.
Suelto las redes al mar,
desaparezco
recibo mensajes en la coronilla
poética.
Soy mujer agradecida
tasoterapia
en mis células heridas.
L. S. D.

## Prólogo

Domingo
sola por dentro y por fuera.
lentamente abrí los ojos
cuando el azul cobalto
del mar y el cielo eran un manto.
Respiré profundo,
suspendí el tiempo
entre las sábanas y el último sueño.
El mate encendido
la chispa del deseo inconcluso.
Corrí lentamente
la cortina de las ventanas
para admirar la luz rosa fucsia
que me bañó con ágata y cuarzo
las ganas de rezar en voz baja.
L. S. D.

Se fue gran parte de la gente que estuvo el fin de semana patrio en el hotel y el lunes me sorprendió con una luz brillante al amanecer, que presagiaba un día claro, para continuar revelando secuencias de amores inconclusos.

Dialogué ayer con un amigo a quien conocí hace catorce años causalmente en el bar Tabaré de Montevideo, cuando con Gipsy celebrábamos sus dos katunes. La magia de la noche de diciembre ayudó para que nos animáramos a conversar fluidamente, integrando a dos conejos de agua en una invisible estocada del destino.

Pasó el tiempo, y practicando el WU WEI (no forzar la acción de las cosas) con Gustavo creció un vínculo de gran amistad, real amistad entre un hombre y una mujer. Si bien creo en el amor platónico, este tiene algo más: dejar ser al otro sin interferir en el karma ajeno.

Nos hemos confesado con lo que sentimos en cada relación que ambos hemos tenido en estos años, y sabemos que somos dos solitarios que dejamos entrar a personas que no nos invadan demasiado el territorio.

¿¿FÓBICOS??
BASTANTE.
El amor se da o no se da; no pide permiso.

No hay reglas ni códigos.

Sin embargo, ha cambiado la manera en que se relacionan las personas que quieren «estar en pareja y establecer una relación más profunda con alguien».

Desde mi viaje afectivo comprendí que ningún amor es igual a otro, ni se repite, aunque se parezca el envase; las sutiles maneras de llegar a alguien —o las grotescas— son de esas dos personas y de nadie más.

Cuando me preguntan quién soy, qué hago, *de dónde vengo y hacia dónde voy*, contesto «Soy la última romántica del Apocalipsis».

Desde chica, en mi casa escuché hablar de Sartre y Simone de Beauvoir, de Sansón y Dalila, de Gala y Dalí, de Neruda y Matilde.

La admiración que me producían estas historias actuaban simultáneamente como parámetro de lo que buscaba o creía que merecía.

Amores que me mantuvieran activa, despabilada, en acción, decidiendo cada instante como una ruleta rusa, sí, porque tenían y siguen teniendo algo peligroso que atenta contra mi vida.

Esa mezcla de cianuro y jalea real, de ortiga y caléndula, de agua de vertiente y aguardiente sigue siendo parte de mis elecciones afectivas.

La bondad masculina en estado puro no me enamora.

Lamento haber desechado a un hombre que me amó persistentemente sin ser correspondido.

También fue un encuentro fortuito, en Córdoba capital, en alguna de mis giras; desde una mesa me observaba como un científico nuclear que está descubriendo la sustancia molecular que podría consagrarlo como Premio Nobel.

Y aunque llegó a mi Feng Shui y conocí a sus hijos mágicos, nunca pude sentir por él más que compasión, porque su vida ejemplar no daba lugar a que pudiera sentirme acechada como hembra, sino más bien cuidada como un camafeo. ¡Qué extrañas somos las mujeres!

Necesitamos intuir, presentir, lo que no muestra el hombre que amamos, esa cuota de misterio, el tiempo que no sabemos dónde está, con quién y qué hace, para seguir «imaginando» que existe fuera de nosotras, de nuestra brújula sensitiva, de la cotidianidad, de los programas establecidos donde «se da por sentado» que nos pasará algo que nunca es lo que es.

Hay que dejar que el hombre encuentre su tiempo interno una vez que nos clava los colmillos.

## Prólogo

Estoy sola en el salón de juegos del hotel y el horizonte del mar está transformándose como una acuarela china.

Recuerdo cuando el doctor Domingo Grande infinidad de veces en las sesiones me decía: «Existe el macho alfa; es el que abarca el 70% del territorio de las hembras. Luego el macho gama, que abarca el 20% del territorio de las hembras. Y el otro 10% es el de los indiferentes, a los que les da lo mismo estar que no estar... generalmente no son celosos de sus hembras».

Reconozco que siempre me eligen hombres alfa.

O que pertenezco a su harén en calidad de favorita.

El TAO, en gran sincronización con este libro, coincide con la lectura del libro *El abanico de seda*.

Vivi Ángeles me lo regaló en la Feria del Libro con otros *souvenirs* dignos de su buen gusto.

Comprendo aun más en este momento por qué mi padre estaba tan entusiasmado con elegir a nuestros futuros maridos, tanto a Margarita como a mí, desde la tierna infancia.

De hecho lo hizo; eran unos gauchitos que a él le encantaban y que a nosotras nos espantaban, porque eran lo opuesto NOOOOOO complementario de nuestro estilo.

Así es en China: apenas nacen las niñas, tienen designado al astrólogo y a la casamentera para que les busquen el candidato a esposo y además del estudio de los ocho caracteres, las condenan con vendarles los pies como ofrenda para mejorar su situación.

AAAYYYYYY, PAPÁ.

¡¡CÓMO AGRADEZCO TU PRONTA PARTIDA DE MI VIDA!!

¡¡TAL VEZ HUBIÉRAMOS CAÍDO EN ESA PRISIÓN, AL MENOS PARTE DE NUESTRA VIDA!!

### Keej 12
El retorno

Anoche me acosté contenta, como si hubiera hecho el amor hasta quedar exhausta a pesar de mi estado monacal de más de un lustro.

Imaginé el viaje en avión, el *jetlag*, calculé los tiempos invisibles entre Europa y el cruce del Atlántico, deseé que no tuvieras turbulencias para aterrizar tranquilo en tu país.

Me metí debajo de tantas mantas y silencio como es posible viviendo aquí, dejé que una estrella que brillaba en el cielo nos conectara y cerré los ojos hasta quedarme quieta como la tortuga de piedra que me protege en el norte del jardín.

Hoy intuí que el azul cobalto que se travestiría en día me acompañará en los rituales habituales: apagar la cigarra verde, ir al baño, abrir los postigos, saludar a mis perritas que más por capricho que por hambre me golpean la puerta, encender la vela azul del día Keej 12, levantar a Maximón, a Marilú, calentar la cacerola con todas las sobras nuestras y de ellas, poner la tetera, azuzar el fuego y buscar más leña para disfrutar con mi cabeza tu llegada.

Quedé absorta, detenida en el tiempo como la ropa cuando se seca al sol sin broche.

Dejé que todo me abrazara desde el sillón: la luz del sol que lentamente delineaba el contorno de las colinas, el lago, los cipreses, el alambrado de las rosas que están en época de soledad por tanto frío y falta de lluvia.

Respiré profundamente.

Dejé que la vida sea.

Me sentí contenida sabiendo que ya estabas en la Argentina.

Como una campana de un monasterio sonó tu despedida hace treinta años: «Voy a tener destemplada el alma para siempre...».

Y de pronto la mía se templó.

Nuestro amor, que volvía.

Lo que no fue se precipitó, se coaguló, enredó en otras manos que pudieron más que nosotros.

Y la juventud que tenía; la fuerza visceral, femenina, arrolladora, ingenua, creativa.

El tic tac que se llevó un ladrón y nunca más lo devolvió, alejándonos en otros continentes, en otros brazos, en una nueva existencia.

Es un silencio que tengo incrustado como mica en la piedra.

Allí quedó intacto hasta que esta mañana lo sentí por dentro despertando.

El fuego acompañó mi sensación; del centro de un tronco la llama salía hacia el cielo.

## Prólogo

No había humo; era interno, sobrio, perfecto.

Dejé que el día saliera a la luz.

No tenía prisa, ni dónde ir, sino pensar en tu conmoción al llegar y ver las calles, la cara de la gente, la violencia que está adherida como musgo al ritmo de la vida y no se puede desactivar.

Mis ojos a lo mejor eran los de hace treinta años cuando supe que te ibas con tu familia para siempre.

Con un amor que no lo era a pesar de tener dos hijas.

Tal vez supe que mi destino era dejar partir al amor cada vez que se manifestara en mi vida; no era quién para retener a nadie que me amara o que sintiera que me pertenecía.

Do re mi fa sol la sí.

El día seguía, con otro hombre en mi casa y en mi vida.

Pero el pasado es tramposo; se cuela por los alveolos y nos invade la memoria celular.

Nos derrama la lata de pintura en el corazón hasta teñirlo de un nuevo color.

Nos aturde con la Novena Sinfonía de Beethoven cuando estamos para una quena[3] de la quebrada de Humahuaca.

La película se detiene en una escena y se congela.

La moviola se raya, se descompagina, intenta poner el fin al principio y se distorsiona.

La lejanía es un buen antídoto para el dolor.

Cuando los actores se acercan todo se aclara como la niebla que se instala días y a veces semanas sin permiso en las sierras e impide enfocar árboles, animales y fantasmas.

El cuerpo adormecido por un veneno letal comienza a moverse con un impulso ralentizado.

La cara en el espejo aun mantiene la lozanía de esa época, en una expresión de larga ausencia sin luna de a dos.

Nada se pierde, todo se transforma.

El ritual.

La vida que fue hacia otras direcciones, logró premios, honores, medallas, choques, derrumbes, desvíos, asistencia terapéutica, monólogos con los asteroides, satélites y horizonte de eventos.

Dejó de titilar o aterrizó en otros planetas depredadores disfrazados de chamanes, sabios, necios, poderosos en su reino, juglares, físicos, rockeros, mendigos de amor y divisas.

Y el amor se llevó adentro —en la mirada de las cosas— los problemas, la gente, los deseos, los sabores, las preguntas que telepáticamente mandé para que me respondieras.

Y aprendí temprano que la mayoría de las veces no coinciden el amor de a dos, las edades, las ganas de seguirla; que hay que aceptar la fecha de vencimiento.

Y el otro estará mejor que estando.

Se potenciará, sacará a la luz sus telas en blanco, los pomos, los pinceles para ser pintados, dibujará croquis en alta mar que dejará en el próximo puerto en algún bar donde una cerveza negra de más produzca un oleaje que estalla y se desintegra en millones de partículas.

La luz de la tarde acompaña este día; se esfumó como nuestro amor sin autorización para entrar en el alma del otro.

L. S. D.

# Piedra corazón

por Adriana Rodríguez
y Edgardo Otero

La Piedra de Corazón se encontró en el año 1966, hace 46 años, en el Departamento de Artigas, distante unos 600 kilómetros de la capital del Uruguay, Montevideo. Fue hallada en Parada Fariña —una localidad aún más lejana de la capital del departamento de Artigas— por Laires Luciano Lucas, un humilde minero que trabajaba en forma independiente y se había instalado en un rancho de lata y madera en un lugar desolado y apartado, con su pala y su pico como únicas herramientas. Allí Laires extraía ágatas y amatistas, piedras características de la zona, para sus clientes.

Él tenía un extraordinario don, que era el de obtener piedras valiosas en un lugar que, años después, fue objeto de explotación comercial, y aunque hubo empresarios que aportaron tecnología y maquinaria, no lograron extraer ni una sola piedra valiosa. Sin embargo Laires, durante los siete años que permaneció allí, con sus precarios instrumentos, solo, logró extraer muchas piedras de la zona.

Llevaba las piedras recogidas hacia su casa, en la ciudad de Artigas; allí los clientes clasificaban las piedras y separaban las que tenían valor comercial de las piedras huecas, que a ellos no les interesaban. Subidos al camión, arrojaban al piso las piedras que descartaban. Laires había observado una, con forma de corazón humano y la había dejado exprofeso en el camión, en forma generosa, para que el cliente se la llevara. Sin embargo, la piedra fue desechada de todas maneras y arrojada al costado del camión. Cuando fue despedida del camión, se abrió. Se dice que la piedra al caer del camión buscó abrirse, para mostrar su interior y ponernos en contacto con su mensaje. Esto —como algo personal— es muy parecido a lo que le sucede al hombre: desde afuera alguien nos tiene que dar un toque para que nos abramos.

Al día siguiente, Laires observó que la piedra que había capturado su atención tenía destellos especiales en su interior. Dejó que la lluvia lavara el interior de la piedra y la observó nuevamente: esos destellos correspondían a pequeños cristales de cuarzo citrino, en una superficie de ágata lisa. Laires, con tantos años de experiencia y toneladas de piedras manejadas, supo que lo que estaba viendo era especial.

Laires tomó la piedra y la mostró a su familia. Les hizo notar que la Tierra había hecho un regalo especial para la Humanidad, les dijo textualmente: «Estamos frente a algo superior al hombre».

Él entendió que había sido elegido para ser custodio de dicha piedra y que debía ser cuidada por la familia cuando él ya no estuviera.

## Piedra corazón

Comprendió que nunca debía ser vendida ni comercializada, aún cuando se trataba de una familia de origen humilde, porque la piedra no les pertenecía a ellos sino a la Humanidad. A su familia le costó entender esto, sus hijos no lo comprendieron, y Laires les dijo simplemente con sencillez y amor: «Acepten».

Es así que durante los años siguientes, Laires recibió innumerables ofrecimientos para comprarle la piedra. Él siempre se negó, fiel a su determinación. Sus tres hijos, Hugo, José Antonio y Mary, recogieron ese sentir y se mantuvieron unidos y determinados a proteger la piedra corazón.

En 2007, un francés llamado Michele Almeras se jubiló y decidió conocer el mundo y viajar. Es así que llegó al Uruguay, país que le interesaba conocer. Cuando arribó a Uruguay, alguna gente le habló de una comunidad francesa que residía en la ciudad de Artigas. Michele decidió ponerse en contacto con esa comunidad y viajó a dicha ciudad. En Artigas conoció la historia de la piedra corazón, que despertó su curiosidad, e hizo que buscara contactarse. Conoció la piedra y a su guardián o custodio, Hugo, quien había sido elegido por los hermanos para ese cargo.

Michele y Hugo son los dos custodios y guardianes de la piedra actualmente. Michele es el encargado de llevar el mensaje con humildad y amor a Europa y Hugo lo hace en su tierra natal. Juntos comparten el milagro de la piedra corazón y han viajado por el mundo haciendo que miles de personas tomen contacto con ella.

Ambos han aprendido mucho sobre el mensaje de la piedra, pues por estar en contacto con ella han conocido y son portadores de historias bellísimas y sucesos hermosos ocurridos cerca de la piedra.

A nivel científico, la piedra ha sido analizada por geólogos. El primero que la analizó fue Julio Gauchere, uruguayo, quien constató que la edad de la geoda ágata bandeada es de 130 millones de años, con formaciones de cuarzo citrino en su interior, donde esas formaciones son más recientes, y que los propios cristales forman figuras, y no fueron manipulados por el hombre, lo cual destaca el valor espiritual de ella.

También hay una anécdota: el Banco Mundial de Inversión contactó con Hugo al tener noticia de la piedra, y le pidió hacerle determinados estudios. Hugo accedió con la condición de que él pudiera participar del experimento. Durante todo un día, especialistas llegados de otros países analizaron la piedra y la sometieron a rayos en una habitación especial. Hugo relató que fue maravilloso observar cómo de cada poro de la piedra salían cientos de miles de rayos luminosos de colores que irradiaban a toda la habitación y al techo mismo.

El experimento finalizó al cabo del día y Hugo se interesó en el resultado, más no obtuvo respuesta de los técnicos. Al día siguiente, se encontró con uno de los expertos en geología en la calle de la ciudad y le preguntó cuál era su opinión del experimento realizado, y el especialista le respondió que la piedra corazón era increíble. «Qué significa que es increíble?», preguntó Hugo, y el experto reiteró: «Esa piedra es increíble!».

Algo maravilloso de la piedra corazón y las figuras que tiene en su interior es que cuando las personas se ponen en contacto, se les despiertan emociones, sentimientos, y diferentes interpretaciones sobre la piedra. Por eso Michele comenta que la interpretación es libre, y eso es lo mágico de la piedra.

Las figuras formadas por los cristales son definidas: aparecen palabras y formas. Por ejemplo la «J» de Jesús y la «C» de Cristo; el símbolo cristiano del Pez; el Pan, símbolo del compartir. Letras hebraicas y árabes, la palabra «padre», la palabra «Ala» en árabe, códigos rúnicos, la palabra «mil», una forma de ángel, paloma y corazón, según cómo se mire. Un animal prehistórico y, sobre éste, montada la Sagrada Familia, la Madre con su Hijo en brazos y el Padre. También se observa el Triángulo de las Bermudas y la Atlántida.

Personalmente, vi el número siete mil ciento once y vi también un escorpión.

Se dice que la piedra tiene una programación muy especial. Que tiene una buena razón para su existencia, que su meta es traer la paz profunda. Uno de los distintos profesionales que han tomado contacto con la piedra (radiestecistas, quinesiólogos y místicos) comenta que todos los reinos (mineral, animal y vegetal) emiten un campo magnético, una vibración excepcional, y que esta geoda emite una vibración cósmica sagrada, que posee una fuerza tranquila; tiene la vida en ella, la conexión cósmica. Cuando se entra en resonancia con su frecuencia, despierta en uno lo armónico y lo sagrado. Que el mensaje que trae de paz y amor es muy simple, que la piedra sabe que no es un objeto de culto, muchos sienten la femineidad cósmica, perciben la matriz de lo femenino. Dicen que los cristales son las conciencias solidificadas de la Madre Tierra, y que esos cristales son todo amor en sus formas; nos invitan a perder el miedo y la agresividad; y cuando se pierde el miedo y la agresividad no hay más estrategia ni ego, se derrumban todas las barreras.

## Piedra corazón

Esta piedra corazón nos invita a abrirnos, es una piedra universal y muy cercana al Hombre, está llena de sentido, es un pequeño milagro que no se puede explicar. Sólo nos invita a ensanchar nuestra visión para tener un enfoque más contemplativo, para que nos sintamos libres, sin doctrina ni dogmas, para sacar lo más justo de nuestro ser; por ende, despierta la alegría pura.

¿Será que nos invita a dejar que los demás puedan leer en nosotros, así como ella deja que lean en su interior?

### Sensaciones experimentadas por personas que estuvieron en contacto con la piedra

*Amor incondicional.*
*La energía equilibra mi cuerpo.*
*Estar en contacto con ella es una bendición.*
*Algo único y especial.*
*Que lo esencial es vivir hoy, estar en el corazón, amarse uno mismo y amar a los demás.*
*Deberíamos abrirnos como la piedra.*
*Algo maravilloso. Recibí tanta belleza, tanta suavidad, mucha ternura.*
*Plenitud.*
*Siento que me abro como una flor de loto.*
*La piedra está llena de sentido.*
*Un milagro que no se puede explicar.*
*Alegría.*
*Encuentro singular y personal, muy bello, un regalo extraordinario.*

Hugo, el guardián de la piedra, dice que el mensaje tiene que entrar poco a poco, como la piedra, en paz, calma y discernimiento. Que lo sagrado está en todas partes, y para ser felices se necesita muy poco.

A Edgardo y a mí nos despierta las siguientes reflexiones: ¿Por qué esta maravilla del universo aparece en un pequeño rincón del planeta? ¿Por qué de las miles de toneladas de roca que se han procesado, se detectó este pequeño gran obsequio? ¿Por qué la piedra tiene la forma del Uruguay? Como dice Hugo, si este hallazgo se hubiera dado en Jerusalén, lugar sagrado, esto sería un fenómeno mundial y millones de seres estarían hablando de él. Sin embargo, se dio en un lugar humilde y callado, símbolo de que ese es el camino hacia la bondad y el crecimiento espiritual, sin millones de fieles en procesión, sin grandes festividades, sino en paz y en silencio; el mensaje callado pero claro y transparente. Desde la serenidad del alma, cada uno ve en esas figuras su paraíso y le da su interpretación, ve su propio camino personal. Cada persona se conecta con la piedra de distinta manera; ella nos invita a acercarnos desde nuestra inocencia niña, para luego poder interpretar el mensaje desde esa inocencia. No solamente quedarse con lo interpretado, sino utilizarlo para que tu corazón te lleve a buen puerto. Ese es el milagro.

Una última reflexión que nos hacemos, y es una preocupación. Nuestro mapa del Uruguay está sostenido sobre un basamento de cuarzo y amatista, y por eso de alguna manera estamos más protegidos. Últimamente están llegando extranjeros maravillados por nuestras piedras, y cuestionan que los uruguayos no hacemos uso ni explotamos adecuadamente esos yacimientos, quizás porque no tenemos la tecnología. Parece un pensamiento triste y de bajo nivel, no lo compartimos ya que si esas piedras están allí, es por un cometido o un fin, no para ser «explotadas» ni «comercializadas»; no deberíamos ser tan ambiciosos y tan invasivos, sino más respetuosos por lo que la naturaleza nos ha regalado.

# Mis amores

# Amores ratas

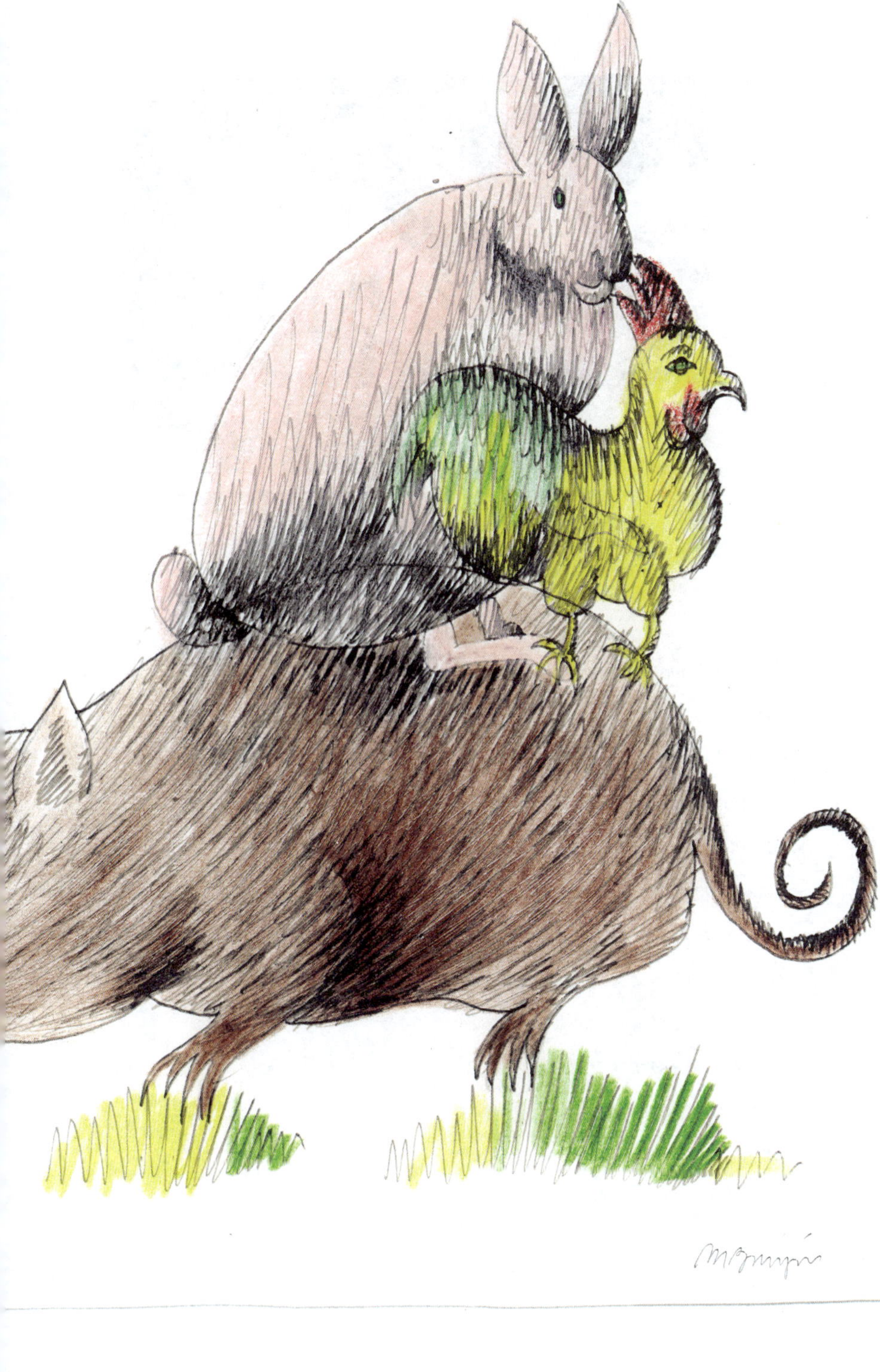

Palmerita bahiana
apareciste enmarcada
entre el simétrico balcón y la rambla.
Despertaste aquel día
en Bahía,
cuando fui secuestrada
por el pibe banana.
Banquete erótico
atesorado en otra galaxia.
Surgiste en cámara lenta
papiro esperando
ser voz en el tiempo
L. S. D.

## Amores ratas

Acepté la invitación de los dueños espirituales del Hotel Argentino en Piriápolis.

Ideal para rebobinar un amor que fue quien me trajo hace treinta años a este templo catapultado por su esotérica historia.

Horacio fue sin duda el hombre que me hizo vivir cada minuto del día como una película de ciencia ficción, y me convirtió en una mujer capaz de imaginar y concretar simultáneamente los deseos que nacen desde el tantra.

Interceptó mi vida de chica —más pueblerina que urbana— cuando tenía 26 años.

Era el amigo de mi cuñado, su tocayo en nombre y profesión, en la cual ambos tenían a Le Corbusier como maestro de vida y obra.

Mi currículum afectivo estaba un poco agitado por hombres mayores que caían al país luego de grandes autoexilios, y ahora entiendo por qué esta extraterrestre que era, soy y seré los flechaba apenas me conocían.

Una tarde de otoño sonó el portero eléctrico en el departamento de Balvanera donde vivíamos con mamá, que estaba pasando unos días en la Laguna del Sauce.

Sin anestesia, los dos Horacios estaban en el hall anunciando su tránsito planetario en Buenos Aires, y autoconvocándose para pasar una noche allí.

Gulppppppp.

Esa generación de hombres tan *yang* siempre me alteró, y más en aquella etapa en que las heridas abiertas aún en mi piel sangraban 0 Rh negativo.

Apenas vi a Horacio, sentí que una energía sobrenatural me invadía y sitiaba.

Su cara de *comic* y su figura desgarbada me hicieron gracia, su ángel diabólico me acechaba por la superficie del departamento como un «alien».

Desde ese instante, perdí identidad, reflejos, equilibrio.

Un huracán desaliñado, sin huellas digitales, había entrado en mi vida.

Una rata de fuego desplegaba su arsenal de encantos y seducía a la desprevenida mona de fuego en un encuentro en la 5D.

Me sacaba fotos sin parar, desde cada rincón y ángulo, sin preguntarme si quería o no.

Actuaba como un payaso con una sonrisa de Guasón y Peter Coyote que me producía secreciones en las glándulas pineal e hipófisis.

Parecía un set de cine improvisado donde dos actores comienzan a ensayar.

El cerdo de mi cuñado sabía que esta combinación era explosiva.

Habían traído botellas de todos los colores y sabores, estábamos en un nuevo planeta donde era *una Eva para dos Adanes*: aunque jamás cometí ninguna infracción, estaba sola con los Horacios.

Me fui a dormir, o al menos a intentarlo.

Ellos se reían a carcajadas, rompían vasos, y gritaban ahuyentando a los espíritus de la noche.

Me levanté temprano y cuando llegué al living vi que el andariego estaba durmiendo o haciéndose el dormido en medio de un caos de ceniceros llenos y botellas tiradas por el piso que me causaron la alergia que aún perdura en mi cuello.

Me dispuse a limpiar esa noche de *Adiós a Las Vegas*, pero el arlequín me impedía moverme sacándome más fotos con su Leica.

Supe que no tenía rollo, que era mentira, que era un acertijo.

Se lo dije y se quedó helado un instante.

Atrapé a la rata en su trampa y creo que se dio cuenta de con quién estaba jugando.

Mi cuñado no estaba. Supongo que habían tramado esta emboscada y, apenas levantada, Horacio me dijo: «Sos Pinocho».

Salió a la calle, no sé adónde iría, y por suerte pude respirar después de dieciséis horas sin oxígeno.

«Chau». «Adiós». Me pidió el teléfono.

A los diez minutos me llamaba desde un locutorio y me decía: «Pinocho, tengo un regalo para vos».

Gulpppp.

Necesitaba tiempo para recolocarme, saber quién era este hombre invisible que ya había contaminado mi existencia.

El timbre sonaba en mi puerta y estaba allí con su cara abierta hacia la mía y un paquete con un libro de Pinocho que me dio dedicado: «To my love of the rest of my life. Horacio».

Creí que el corazón salía del cuerpo y levitaba por el ámbito a velocidad de competencia, arrítmico, trastocado, destronado.

## Amores ratas

Había traído comida de la tienda para una semana, y estaba dispuesto a instalarse porque no tenía adónde ir.

Desde ese momento supe que estaba en una red psicodélica y que era cazada por un hombre que tartamudeaba y olía a rancio.

Frené su locura de amor, su desierto de siglos de soledad, intentando recuperarme de ese baldazo de frenesí, pasión, imaginación y surrealismo que duró hasta la trágica separación, año y medio después.

A los dos días, sin haberme tocado un pelo, anunció nuestro casamiento en Buenos Aires, y cuando me enteré me escondí debajo de la cama.

Un loco más, un loco apasionado que había decidido nuestro destino sin consultarme.

La rata se hechiza con el mono y este siente que nadie lo amará de esa manera.

La admiración mutua, el vuelo creativo, la afinidad de cuerpo, alma, mente es un rayo que atraviesa al dúo más dinámico del zoo chino.

Sintonía, armonía, plenitud, magia, arte, sensualidad, placeres mundanos, terrenales y del más allá unen a estos signos en un viaje que puede ser para toda la vida, por una temporada, un día o una noche, pero que dejará una marca eterna en el corazón de piedra de ambos, y los convencerá de que las historias de amor del cine o la literatura han sido inspiradas por la rata desde Shakespeare hasta Sándor Márai, Buñuel o Mozart.

¡¡Cuánta adrenalina despide el roedor cuando acecha a su víctima!!

Especialista en comerte el coco, meterse dentro del sistema nervioso como un ratón, desactivar el disco duro de fábrica y resetearlo; esta criatura superinteligente logra invadir nuestra conciencia y consigue lo que se propone.

Siempre lista para detectar el punto G del prójimo, del amante, del amor imposible, logra ser cómplice en la enfermedad que nos genera con sus manejos diabólicos.

Astuta, certera, sensual, maníaca y depresiva, la rata juega con nuestro frágil sistema emocional para estar siempre en la pantalla del móvil, del Ipad, en un viaje en avión, en metro o en submarino y taladrarnos con su pasión de *amor sin barreras*.

La rata es adictiva: logra que una se convierta en adicta a ella. Sabe infiltrarse por los recovecos más sutiles del alma, el corazón y la cabeza.

Es intensa, no duerme, permanece en estado de vigilia esperando conseguir el sustento, el atajo, la oportunidad para estar primera en los lugares que la mantengan a salvo: sean trabajos, personas, contratos, sitios exclusivos, remotos, mágicos donde no llegan Google ni Alejandro Magno.

En el amor la rata gana la maratón, sabe seducir con recursos inéditos, con su exquisita imaginación, humor negro, carisma, originalidad, cultura; aunque su origen sea humilde se destacará por tener sentido común y talento conquistando a una legión de fans como por arte de magia.

En ambos sexos, y en el tercero, son adictas al sexo.

Su magnetismo atrae como un faro en alta mar a quienes están distraídos o perdidos en la neblina. Sabe entrar como ninguna y es casi imposible evacuarla o expulsarla para siempre de tu vida.

Reconozco que conmigo jamás ha fallado la «atracción fatal» de este signo.

Detecto en instantes cuando se me acerca una rata, aunque sean mujeres.

Son un imán, néctar, y presentirlas antes de que entren en foco es aceptar que los chinos saben mucho al respecto.

Una rata enamorada cuida todos los detalles: es prolija, meticulosa, conversadora, delicada, despliega su encanto en cada acto, compás de espera, sístole y diástole, inhalación y exhalación; tiene fría o cálidamente calculado todo y en general es una estratega infalible.

El amor es adicción; cuando ella cae en la trampa el *boomerang* cumple su profecía y entrega su vida para salir ilesa de un juego peligroso.

A veces puede, otras no.

Es capaz de regalar su fortuna, un palacio, o una colección de arte del siglo XIX si siente empatía, afinidad, gratitud, admiración por quien se le cruza en el TAO.

La rata es tacaña, menos en el amor.

Enciende su chispa, se entrega a caricias, besos y masajes dentro y fuera de la alcoba y firma cheques al portador o extensión de tarjetas oro sin inmutarse.

## Amores ratas

Romántica, sabe organizar una noche de esas que jamás se olvidarán en la memoria celular.

Colecciona desde seres humanos para disecar hasta plumas de quetzal y estampillas.

Es metódica también con la pareja o el amante de turno. La improvisación surge cuando tiene el gps de la situación en su pc cerebral.

Ciclotímica, manipula al prójimo con puntería para controlar las situaciones.

La rata llega cuando menos lo imaginás, cuando tienes las defensas bajas, el espíritu evaporado, te sientes mal, débil, o triste. Cuando el sol se esconde por una larga temporada y las estrellas no brillan.

Siempre, en tu casa, despensa o altillo, está la rata acechando tus hábitos, costumbres, momentos de ocio y actividad, diálogos telefónicos y con el más allá; grabando tus ronquidos, sonidos, los pasos de *tacones lejanos* o pantuflas, tus conversaciones misteriosas con el universo, y captura, diseca, analiza tu ADN y lo mete en un tubo de ensayo porque tiene complejo de cobaya.

Necesité volver a capturar las sensaciones que viví con Horacio en los majestuosos pasillos del Hotel Argentino en un otoño gris y nostálgico.

Agradecer a este navegante del tiempo que cuando era tan joven me enseñó a disfrutar, apreciar la arquitectura de este templo contemporáneo que nos brinda calor de Pacha y mensajes esotéricos a quienes tenemos la parabólica con Piria desde antes de llegar a su reino.

Revivir entre bistrós y mesas traídas de Europa un té con vajilla de plata y el tiempo con reloj de arena, para sentir que nada fue en vano.

Todo tiempo presente es mejor.

Cuando el amor fue milagro y sigue actuando en el retorno a un espacio y un tiempo que sigue intacto.

P. D.: Al día siguiente de contarles esta historia, salté de la cama como una mariposa cuando el sol asomó después de una semana de niebla y llovizna.

Caminando por la rambla, vi una inmobiliaria: «Pinocho». Me reí, una vez más comprobé la invisibilidad del ser y la permanencia. La ubicuidad del espíritu.

L. S. D.

# Amores búfalos

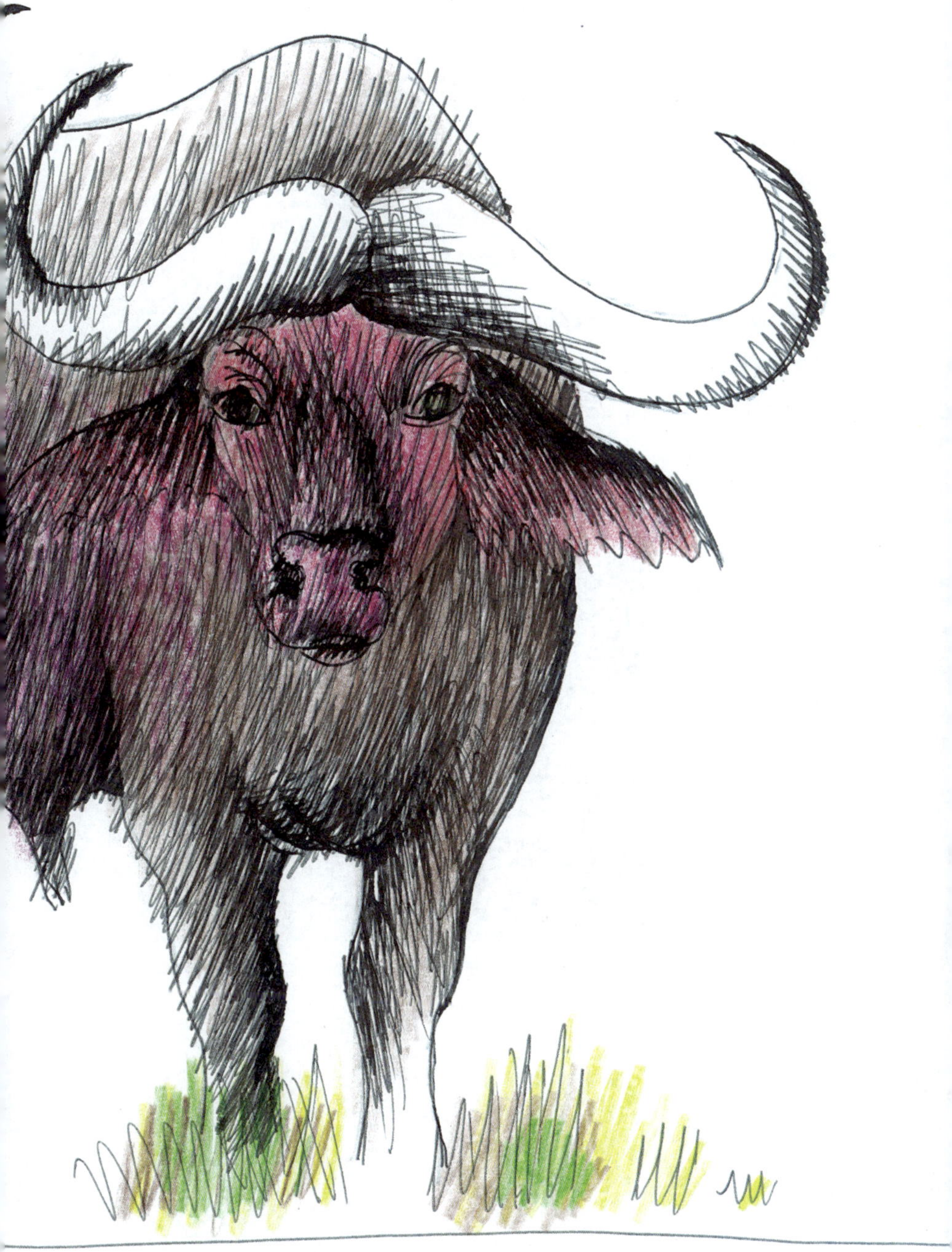

Amanecí en mi cumpleaños maya
visitada por tus ganas
de seguir el camino de los reyes magos sanavirones
entre tus sierras que son las mías
lilas, plateadas, ocres
de mica y latidos presentidos,
apenas palpados.
Responsabilidades que piden una tregua
para abrazarnos como chañares[4] desde las raíces
hasta la reciente luna descubierta en Júpiter.
L. S. D.

## Amores búfalos

Hoy es el cumpleaños de Charly García.

Se portó el día de sol templado, el cielo azul intenso; la amorosidad flota en el aire en el arranque del invierno.

Él es un buey de fuego que reencarnó en este paraje de ensueño, fiel reflejo de sus primeros años, cuando aun el camino de Altas Cumbres era de arena y piedra y estaba marcado por carretas, mulas, caballos, algún audaz ciclista; cuando cruzar los puentes levadizos era casi como arriesgar la vida en la ruleta rusa sin testigos que nos socorrieran si fallaban los reflejos.

Así nos conocimos hace más de un katún: él me transportaba en mis incontables viajes entre Córdoba y Traslasierra, y desde aquí a Mendoza, Rosario, Santa Fe, Buenos Aires, Merlo, San Luis, por las infinitas carreteras que son las venas y arterias de la Argentina, amado país donde elegí reencarnar y en el que espero saldar en esta vida el karma para retornar a este paraíso donde transcurre mi existencia.

Charly, o el Negro, como lo conocen en el pueblo, se hace querer en el acto.

Su fisonomía es de criollo descendiente de comechingones[5], su mirada fue transparente como el agua de vertiente que brota de las afiladas sierras y con el tiempo se esfumó de tanto horizonte de tierra, polvo, cóndores, alas deltas y paisanos que lo saludan como a un prócer local; él los reconoce desde el auto propio o ajeno que condujo, o añora, sintiéndose más local que un hincha en el estadio de su equipo de fútbol.

Charly es famoso entre mi gente, mi familia, mis amigos, y hasta se produjo el milagroso encuentro entre Charly García y el serrano[6], que provocó un espejismo que aún es leyenda en la zona.

Este búfalo pura sangre formó una familia junto a su esposa rata, Angelita, que es ejemplo para mí y para cualquier mortal.

Cinco hijos, dos mujeres y tres varones, que los han poblado de nietos en la escala Richter.

Y es su mayor orgullo decirlo, saludar al «Negri», su hijo, maestro mayor de obra famoso por sus casas y por Luz Milagros, su nieta prodigio, «la Sole de Mina Clavero» que cantó en Cosquín y deslumbró al auditorio.

Una de las condiciones que siempre le pedí a Charly cuando me buscaba en el aeropuerto después de alguna gira iracunda es que por favor no hable en todo el viaje; necesito colocarme entre lugar y lugar, ordenar mi cabeza, mi corazón, mis ideas, y prepararme para el aterrizaje en mi planeta; donde siempre tengo algún tema extra que me espera, y a veces no es tan grato como imaginan.

Agua mineral, silencio, alguna pregunta y apreciar su respeto a mi persona, algo que también fue mutando como el cambio climático en estas épocas: confianza.

Cuando sentía que necesitaba tener a su cebadora de mate al lado para retornar a la querencia, invitaba a su Angelita y seguíamos comulgando el mismo lenguaje.

Nos ayudamos en épocas de vacas flacas y sequía.

Y también le concedí durante un tiempo un rol de supervisar mis asuntos mundanos y cotidianos delegando pagos de cuentas, sueldos, arreglos en casas, autos y lamentablemente pérdidas humanas de las que aún sangran por los chakras.

Ese vínculo entre él y yo que fue único y sagrado.

Su responsabilidad en horarios de llegada y partida, y de la cantidad de amigos, músicos, actores, que pidieron pista aun sin que los autorizara.

Con Charly vivimos infinidad de anécdotas, situaciones difíciles, únicas e irrepetibles, incluida una que nos unirá espiritualmente. Un día negro, delante de nosotros vimos cómo en un pique entre 2 autos, uno se estrelló y cayó en el precipicio a 10 metros de nosotros.

Una imagen que jamás borraré, y él tampoco.

Este búfalo siguió mis travesuras, mi optimismo, mi vida tragicómica, con devoción y quizás en los últimos tiempos con expectativas de recompensas que no se premian con la lotería, otra fantasía que Charly anhela ganar.

Siempre me esperó.

Desde mis incontables paradas en locales o al aire libre por el pipí, hasta los finales descontrolados de los 4 de diciembre en Ojo de Agua, llevó a Alejandro Medina, otro búfalo, y a Lola, su cabra loca, a «morir entre las estrellas», y con suerte los asistentes cósmicos que —como Juan Namuncurá— se encargan del después de hora, evitando desastres mayores.

¿Cuánto aguantan en capacidad humana los bueyes?

¿¿De qué sustancia estará compuesto su corazón??

## Amores búfalos

Quizás el mono los saca de la realidad, de la rutina, del régimen militar que llevan en el ADN y los transforma con sus monerías.

Este animal no se caracteriza por expresar sus sentimientos espontáneamente... ¿¿Los tendrá??

Sin duda que sí, pues son los que mantienen la tradición en China a través de la familia, la descendencia, la ética, la moral y la conducta.

Se ocupan de esa parte, pero el amor, ese loco amor que todos soñamos y pocos alcanzamos... ¿los visitará alguna vez y será correspondido?

¿O se embarcará en relaciones unilaterales en las cuales él siempre lleva la parte más pesada, áspera, opaca, sufrida?

¡Qué misterio!

Los hombres que se enamoraron de mí no fueron correspondidos.

Tal vez en mi naturaleza poco demandante siempre sentí una sobredosis afectiva que me impidió retribuir ese arco iris de portland y piedra caliza que se perfilaba como un contrato a cuya altura nunca me sentí capaz de estar.

El sentimiento del búfalo es profundo, intenso, denso como el petróleo cuando se descubre y nos tapa los poros, las ganas de gritar a *viva voce* que somos libres, efímeros, imposibles de enjaular y que necesitamos creer que no nos aman tanto; algo sí, pero no con sentencia de muerte.

Adictos algunos al sexo, pueden disociarse fácilmente, entre el placer y el deber; el gozar del Kamasutra y el fluir sin llegar al acto sexual como símbolo fundamental en los cimientos del vínculo afectivo.

Blanco o negro.

Privilegiados aquellos que tienen un ascendente que les da liviandad, arte, poesía, creatividad y misterio.

Vi ponerse el sol anaranjado sobre el lago mientras doblaba las sábanas y las toallas cerca de la chimenea.

Respiré profundo; un día de llamados de gente querida, laborterapia, recuerdos entretejidos de otros búfalos, como Federico Catalano, que siempre me cuidó, protegió, enriqueció culturalmente en cada viaje a México y se ofreció a una misión que para mí es «una de las pruebas de amor más intensas»: ir a buscarme al aeropuerto de DF y llevarme cuando Quetzacoatl me dejaba partir de tierras mayas.

Hemos degustado manjares en su restaurante, buenos vinos, charlas sobre el amor y el átomo, viajes, amores, sensaciones sobre la vida de él y la mía; lo bauticé Búfalo bizarro, pues su combinación no da un arquetipo del signo, sino un rico tipo como Begnini —el actor de *La vita è bella*— con quien lo confundían.

Puedo decir que hay búfalos *heavy metal* y otros que tienen liviandad del ser como Billy Azulay, mi gran anfitrión en Colonia, para la nutrición física y espiritual.

Ayer al mediodía compartimos un domingo en familia junto a Andrea Prodan, mujer e hija.

Cuando lo conocí en el año del dragón de metal en Nono, punto G del valle, en una conferencia que daba sobre el I CHING, capturé la atención que ponía en mis palabras y sentí una corriente de energía que siguió fluyendo en un verano en el que pasar la prueba del amor es siempre un aprendizaje.

Tal vez fue algo que ninguno de los dos sabía en qué se convertiría años después; admiración mutua, raíces chinas de nuestros padres que vivieron allí, italianas, sardas y romanas, sazonadas con su rama sajona y la mía criolla.

Quizá nuestros caminos desembocaron en Traslasierra para reponernos de tanto ir, venir, amar, sufrir, viajar, ser conocidos en mundos que hoy son fantasmas, ser hijos menores en la constelación familiar y hacernos cargo del árbol genealógico y quedar doblados como churquis (arbusto de Sudamérica) cuando sopla el viento Sur y congela la sangre.

Tenerlo como referente de una cultura, saber que puede cocinar espaguetis a la Vernaccia —salsa que es exclusiva de Cerdeña y contiene un vino que le da el sabor más completo que haya degustado— es un lujo digno del paladar negro que lleva en su ADN, y que saboreé en charlas sobre cine, libros, música, visiones del planeta en Oriente y Occidente, recetas caseras, y su entrañable programa radial *Metiendo púa*, que es un éxito de la Triac.

Con el búfalo siempre se suman millas; se aprende, se reflexiona, se comparte, se disfruta la existencia. Es una retroalimentación donde no hay baches y el pozo de agua espera ser bebido.

Tuve un cosquilleo con el puntano[7] vecino que transitó por varios afluentes que convergieron en su Cuzco.

Como piedra fundamental, el universo cosmicotelúrico colmado de arte propio y de quienes fuimos alguna vez invitados a sus banquetes para expresar nuestro mensaje, escuchar con oído absoluto a artistas locales y del más allá, juglares, impostores y ninfas danzarinas con las mismas ambiciones que tienen quienes creen que la fácil entrega es una garantía de éxito con un buey.

Me subió la autoestima, me contagió entusiasmo, ganas de mirarme al espejo —algo que no hacía desde hace milenios—, de comparar mis posibilidades con otros candidatos surfeando el medio siglo, y después de pasar todas las pruebas «no morir en el intento».

Cultivamos una amistad a través de un roble, un nogal y una canción que me cantó en una noche de verano entre carpintería, achiras[8] y Las Rabonas[9].

Signo dominante, posesivo, celoso, conmigo no han podido serlo.

Tal vez su manera de amar es sofocante, a tiempo completo, sin espacios ni cerraduras donde meter una llave para dormir una siesta sin ser visitada.

La mujer búfalo tiene ideas desde que está en la cuna y las consigue por las buena o las malas.

Un matrimonio —aunque sea una relación sadomasoquista—, hijos... Pero algún día se le cruza su «puente de Madison» y descubre el amor ardiendo en su cuerpo y en su alma multifacética; el hombre ve en ella a la esposa y madre ideal, deja que lleve las riendas de la casa y de la cama con fe, pues esta mezcla de Lucía Galán y Meryl Streep produce en el hombre altos y bajos instintos.

Signo de búsqueda constante en su camino; apreciará a los maestros, los eruditos, los seres de luz, y se dejará llevar por lo que crea adecuado para ella; nadie podrá convencerla de lo contrario, y tendrá que estar abierta como un loto para que la vida la influencie románticamente.

En ambos sexos, su hogar puede ser el universo del buey, o puede dar la vuelta al mundo en un velero o construir su casa de piedra y adobe en Cachi, mientras aprende a tejer en el telar y ve pasar a los andariegos por el camino, y los invita a compartir el pan amasado, cocido en el horno de barro, con un buen vino.

Vengativo, el búfalo no soporta la traición y es capaz de redoblar la apuesta cuando siente su ego pisoteado.

Sibarita, detallista, sabe enamorar con estilo propio, y no tiene manual cuando hay que entrar en acción.

Sufre las separaciones, las despedidas, los duelos en carne viva; cree en el amor eterno... aunque dure la caída de una estrella fugaz en el universo.

L. S. D.

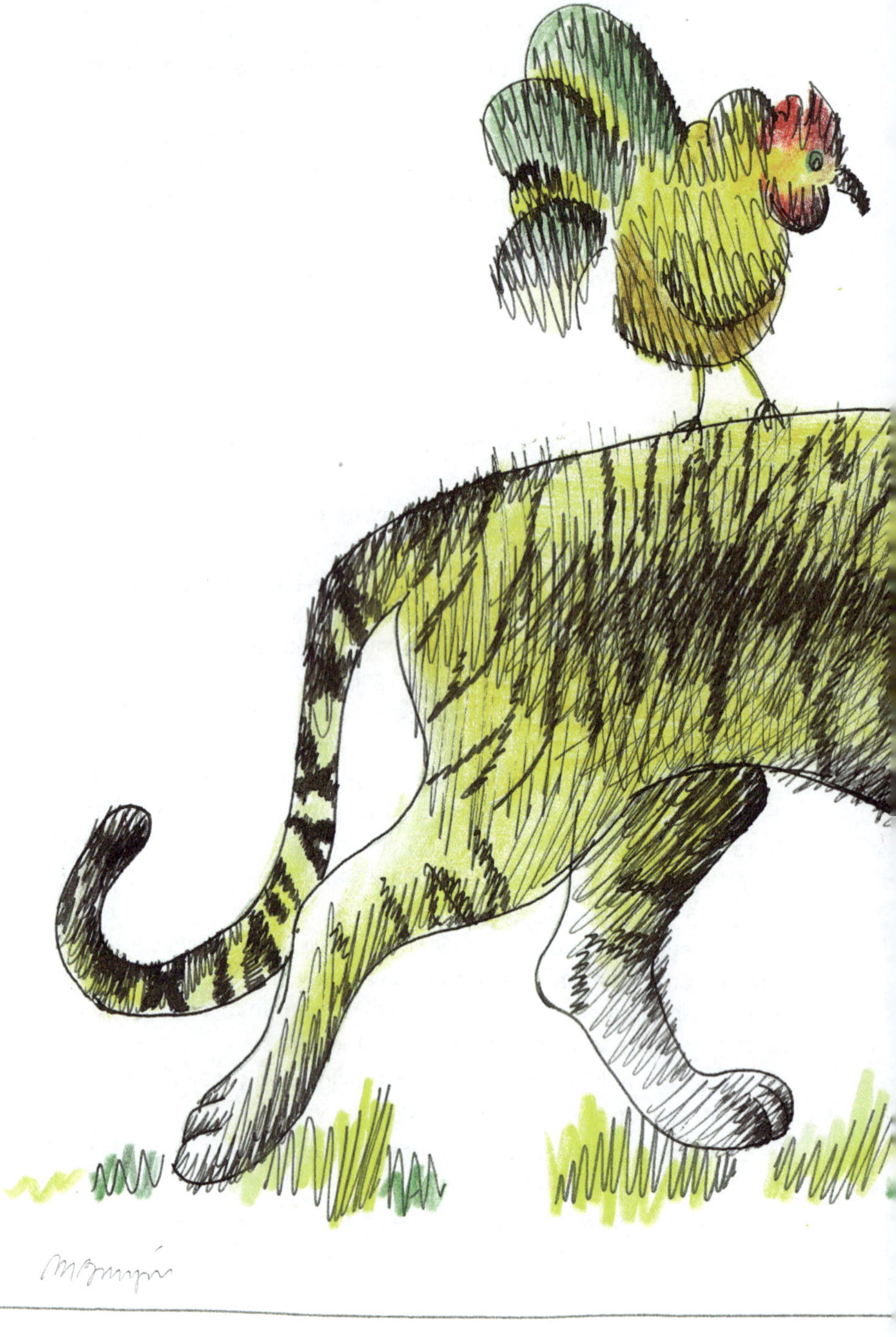

# Amores tigres

De una selva vine
y en otra estoy,
sin pasado ni futuro
guiada por la atemporalidad del mago.
Abrazada por la maleza
del abandono del tiempo
en vísperas del equinoccio
bocetando el porvenir.
Escuchando los mensajes
del cielo, imperios de pájaros
desatando
afrodisíacas señales divinas
que desafían la hora señalada
para morir o resucitar.
L. S. D.

## Amores tigres

Rumbo al fin de ciclo del baktun 13 anunciado por los mayas, revivo mi fascinante encuentro con *El factor maya*, libro que soñé durante varias vidas, pues habla de la relación entre el I CHING y el TZOLKIN como códigos de información genética y galáctica y sincronizados matemática y cósmicamente; algo que busqué en mis viajes mayas sintiendo la unión entre ambas civilizaciones.

El dato del libro me lo dio Pedro Aznar una tarde en que filosofábamos y le hacía scones en su casa con una clásica ceremonia del té zen que Pedro cultiva desde sus viajes a Japón.

Corría el año del perro de madera 1994, signo digno de cambios en la conciencia y en el rumbo de la humanidad.

Cuando una persona está en el TAO, las señales son continuas y abundantes.

Y llegué a estudiar el TZOLKIN con un par de iniciados que transmitían «el tiempo fuera del tiempo» del profeta José Argüelles.

Al poco tiempo me enteré de que José y su mujer llegarían a Chile a difundir el «telektonon», las profecías y el TZOLKIN.

El corazón galopó cruzando los Andes y como una audaz aprendiz participé del seminario en Santiago.

Estaba frente a un semidiós que, además de destilar sabiduría, originalidad, talento y virilidad, captaba mi presencia entre una cantidad de gente *new age*, fanática de gurús y de maestros que atesoran como piedras preciosas.

La magia flotaba en el lúgubre salón de una universidad, alejada de todo.

Supe que la información que transmitía junto a su mujer era un legado precioso.

Tres días sumergida en esta energía.

Llegaba mi cumpleaños al final del ciclo, y esa noche en el jardín del hostal a donde daba mi ventana escuché con total nitidez la flauta que sonó en el inicio de la ceremonia en la universidad.

Estaba allí con ubicuidad.

José —el tigre, el mono maya— me regalaba una serenata.

Le dejé un libro dedicado con mis datos, a pesar de las trabas que me ponían los organizadores.

Y pasaron tres meses en los cuales nuestra conexión continuaba sin rastros terrenales.

Un día sonó el teléfono en parque Leloir y un chileno de los que había conocido me comunicó que Argüelles quería que le organizara su llegada a la Argentina.

Creo que ese día toqué el cielo con las manos, y es un recuerdo que me mantiene viva. Tengo presente la fecha porque se conmemoraba el triste aniversario de la bomba de Hiroshima.

En noviembre y con la primavera porteña en flor recibí a la pareja maya yanqui que escapaba de maleficios en Venezuela por su mensaje antisistema.

La atracción que sentimos al vernos fue fuego sagrado del origen de la humanidad.

La intuición no fallaba. Estábamos deseándonos en cuerpo y alma.

Su mujer era una espectadora de esta circunstancia, y no podíamos disimular lo que era un flechazo de jade y amatista entre su corazón y el mío.

¡¡Qué días más felices pasé!!

Organizar el seminario en Tigre —lugar ideal para un tigre de tierra que me recordaba a Alan Watts— y una conferencia en el teatro Cervantes con el grupo Magenta fue adrenalina pura.

Alojarlos en mi piso de Tribunales, dejarles mi cama; ser mujer orquesta las 24 horas del día, desde prepararles el desayuno, las actividades, llevarlo al quinesiólogo, a recorrer Buenos Aires, cocinar comida macrobiótica, y compartir este conocimiento del maestro en vivo y en directo me llenó de luz, de energía y resucitó la pasión que estaba adormecida.

Cuánta radiación solar, lunar y magnética.

Este tigre me había inspirado nuevas sensaciones, ideas, raptos de *amor sin barreras*, de sentirme hembra dispuesta a ser fecundada por el macho y dar a luz un ET.

Su piel, su voz, su mirada, sus manos, su figura, su facha me fascinaban.

Estaba teletransportada a la 5D y no dormía, ni me cansaba, ni me importaba nada más que estar con él, en él y su espiral del tiempo.

PACAL VOTAN, el heredero de Palenque, estaba conviviendo día y noche conmigo.

Supe que el amor mueve montañas, genera ríos donde hay desiertos, desemboca en oasis en los que solo dos personas se ven, teje un hilo invisible que el tiempo se encarga de sedimentar sutilmente en el ADN y en los siete cuerpos.

El hechizo del mono con el tigre es infalible.

Todo el mundo me decía que me veía enamorada.

No podía afirmarlo; su mujer existía, estaba allí y no dejaba que José se acercara a mí ni por un instante.

Por giras, seminarios e invitaciones nos tocó estar juntos en cuartos contiguos, piscinas en las que nuestros cuerpos ansiaban abrazarse como buzos debajo del mar y hacer el amor siglos, baktunes[10], hasta retornar a las Pléyades desde donde nos reconocimos.

¡Qué pasión sentía en el sexo, la piel, las hormonas por este ejemplar felino que me enamoró antes de conocerlo!

Sensaciones adormecidas, inspiración ininterrumpida, erotismo holístico, sismo genital, radar con tercer ojo, amor de vidas pasadas, sincronicidad...

Dalmiro Sáenz cumplirá 86 años en dos días; soy una gran fan de su coherencia entre su vida y su obra, lo que predice y practica.

Auténtico exponente de una vida en la jungla: cazador furtivo, seductor hipomaníaco, ave fénix, amante sin tregua de mujeres que se inmolaron por él, admiraron y compartieron trabajo, conocimiento, viajes, enfermedad, cambios de rumbo intempestivos, mecenazgo y ganas de salir de la 3D para estar con un exponente de pedigrí que aun rompe corazones por Internet.

La magia de Marilyn Monroe sigue intacta a pesar de su muerte turbia hace medio siglo.

El tigre es leyenda viva desde que nace hasta que muere; logra desestructurar molecularmente al ser amado y dejarlo en carne viva.

La imaginación es su aliada junto a los dones que Zeus y Afrodita le mandaron desde el cielo.

Tiene una vida afectiva tormentosa.

En su adolescencia guía su instinto voraz hasta saciarlo.

El corazón está reservado para animales excepcionales que logren deslumbrarlo física, mental o emocionalmente.

Vive el aquí y ahora, el día a día; no hace promesas que no puede cumplir, a pesar de ser Cortázar cuando quiere enjaular a su presa más deseada sin medir las consecuencias.

Su necesidad de amar y ser amado es insaciable.

Puede renunciar a un cargo en la ONU para seguir a su gran amor por el mundo como mochilero, *boy scout*, marinero, detective, actor, espía, vendedor de droga, vagabundo o hechicero.

El sexo es parte esencial de su vida.

Con su gracia, belleza, sentido del humor, audacia, originalidad, insolencia y rebeldía logra atraer a millonarios, jeques árabes, intelectuales, artistas.

Sabe crear dependencia en el ser amado: en ambos sexos la osadía, el clímax que logra en la cama o en una hamaca de hojas en la selva es digno de su forma de perseguir a la presa hasta atraparla en sus garras.

Su inestabilidad emocional oscila como el cambio climático.

Tiene altibajos, es ciclotímico y para él resulta un desafío mantener la continuidad, el ritmo, el buen humor y las promesas que hace cuando siente que en la cúspide de su vida regala su corona a un zancudo que le picó el mentón.

En ambos sexos la infidelidad es parte de su estímulo, adrenalina constante para estar entre la espada y la pared, practicando el juego entre el Eros y el Tánatos que lo mantiene en buen estado físico, atlético, joven y despreocupado.

La mujer tigre es famosa por su atractivo sexual, curvas, glamour, sofisticación, coraje, audacia y sentido del humor.

Sabe atraer al macho hasta drogarlo con su juego erótico e intelectual.

Combina armonía, refinamiento, agresividad en el ataque a la presa, falta de prejuicios y una gama de tácticas que son la envidia del zoo.

Culta, atrevida, sensual y adicta a los vicios ocultos, consigue deslumbrar a cada hombre que desfila por su alcoba, y colecciona historias que despertarán admiración entre otras mujeres y ganas de ser cazadas por los hombres que las pretendan como trofeos de guerra.

Pienso en los tigres que me acorralaron en sus garras sin que pudiera pensar si quería ser poseída por ellos o no.

Admiro su flexibilidad, su agilidad y osadía para besarme y mantenerme prisionera de sus antojos y deseos.

Siempre me divertí, agradecí el rato que me sacaron de la rutina para llevarme en su tren bala a la noosfera.

## Amores tigres

También respeté la tradición china que cuenta que el tigre fue engañado por el mono en una trampa en la selva y que por eso le juró venganza eterna.

Sé que el precio del riesgo es inmenso; un salto cuántico que no se mide con metro sino con fe y sabiduría.

El tigre es nómada; funda su casa donde siente que hay amor y valentía para estar con él.

Cuando es joven colecciona amantes y aventuras; en la madurez elige con más precisión a su pareja, y si es inteligente sabrá aceptar las diferencias que existen entre ambos para mantener el hogar tibio, lleno de sorpresas y alegrías.

EL ALMA DEL FELINO ES INCONQUISTABLE.

No soporta las críticas, el no ser centro ni estar sin que lo aplaudan y admiren.

Adora desfilar desnudo ante jueces, eruditos, curas y el Papa.

Sabe que la provocación es su carta de presentación ante la sociedad, a la que le cuesta adaptarse.

Cuando pierde a su amor, gime, llora en la selva, se desenmascara.

Tiene cambios abruptos de humor que desconciertan a amigos, socios y, sobre todo, a la enamorada de turno que cree lo que le dijo cinco minutos antes de hacer el amor.

Intenso, apasionado, locuaz, mitómano, afrodisíaco, el tigre combina virtudes y defectos para lograr una buena caipiriña.

Héroes o heroínas, saben deslumbrar como el lucero matutino y el vespertino cuando aparecen en el cielo.

Veloces, certeros, constantes, abren canales de percepción y telepatía instantáneos con el prójimo.

Talentosos como Hugo Arias, ese tigre que vivió y murió sin perderse ningún ritual, juego y búsqueda insaciable en el ajedrez de la existencia.

Nunca se van del todo.

Los chinos dicen que es bueno tener un tigre en casa para que nos proteja de los ladrones, del fuego y de los fantasmas.

Únicos, saben conducirnos hacia el fuego del amor sin preguntarnos si estamos dispuestas a seguirlos en su viaje psicodélico.

L. S. D.

# Amores gatos

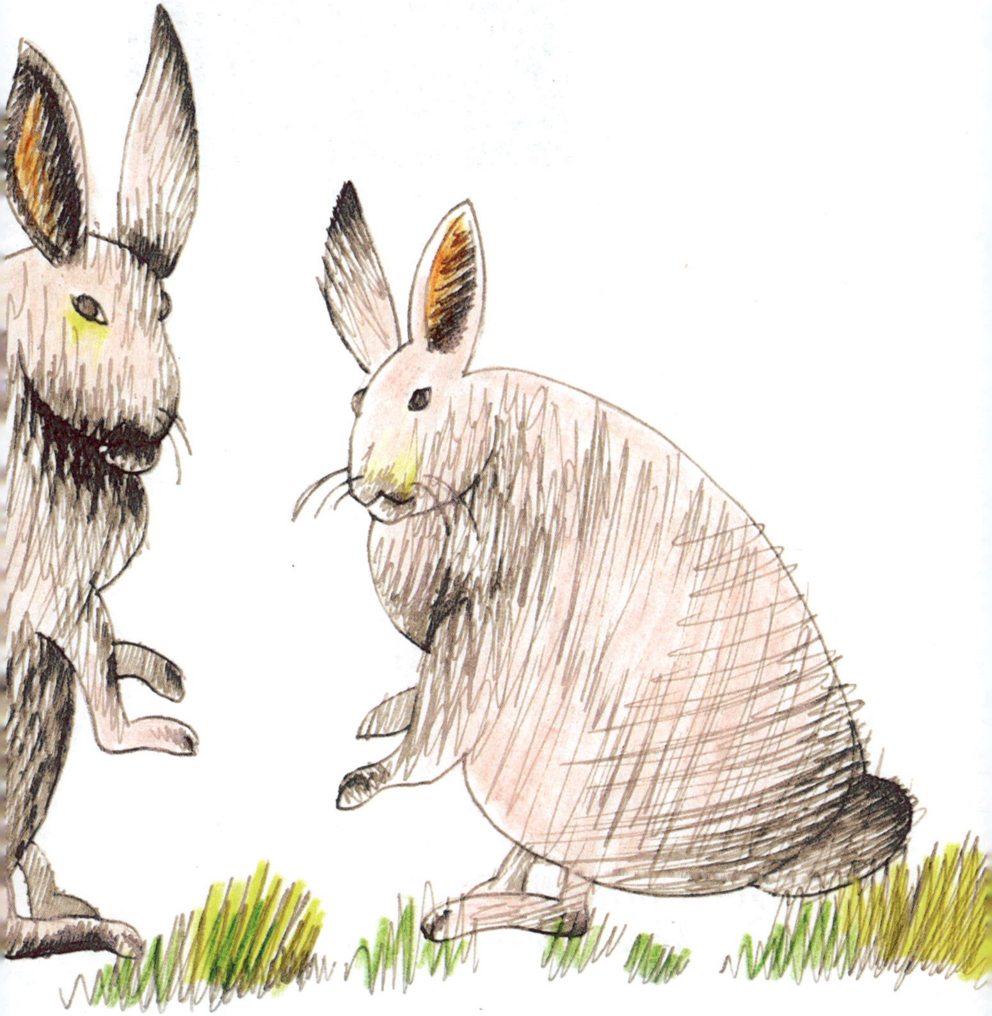

Entonces.
Si tenemos que vivir algo
escuchemos al viento sumado
entre los bambúes
confiando en la espiral
desmenuzada de lenguas
que recorrimos separados.
Toquemos la cuerda posible
de la partitura soñada
por los gemelos del POPOL VUH;
descorramos lentamente el velo
para no cegarnos
con el sol de la última profecía.
Compartamos las tortillas
ganadas en cada comida
por la claridad de nuestras intenciones.

Abramos el Libro del Destino
hoja a hoja
sin saltearnos nada
pues la prisa
es una deuda que se paga cara.
Conciliemos nuestros firmamentos
en una hamaca en la selva
rodeada de los deseos
de los sacerdotes que soñaron Tikal
guiados por sus intuiciones.
Soltemos el caudal prolífico
en los SAC BEC para que rieguen nuevos caminos.
Desatemos los nudos de vidas anteriores
soñando citas en alta mar.
Callemos.
Recemos.
Celebremos.
Compartamos un pedazo de eternidad.
L. S. D.

Al llegar a Feng Shui ayer, cuando junio es una meteórica realidad en el almanaque lunar, hice simbiosis con la luz púrpura del atardecer y fui una con el lago y las sierras.

Esta vez mis cuidadores no tenían el mejor semblante al anunciar que el pueblo y mi barrio fueron asaltados sin piedad por delincuentes bien asesorados que no perdonaron ni los mondadientes que quedaban en las alacenas de las románticas cabañas.

Además de agradecerle a Dany, mi guardián roedor y bombero por su valentía, acaricié a mis perritas guardianas, y a Maximón, el santo protector guatemalteco bendecido por Carlos B., un gato de metal que conocí en Tikal en un equinoccio de primavera.

Cuando recuperé el «chi» en el círculo de pinos, confirmé con total certeza que el lugar que elegí y me eligió para reconstruir mi vida y mejorarla, y donde vivo hace doce años, fue bendecido por Carlos B. con una ceremonia maya mientras se construía la casa de piedra.

En ese momento estábamos compartiendo con este gato de metal una experiencia de conocimiento, planes creativos y algunas confusiones con respecto al amor, que se aclararon a medida que el tiempo hizo su magistral tarea.

Del encuentro predeterminado nació *El libro del destino*, que me costó carísimo en lo personal porque aún creía en la magia de compartir para sacar a la luz semejante tesoro oculto en la palabra del coautor.

Este legado se hizo posible por mi insaciable búsqueda de las señales que aparecen en mi destino, mi acercamiento al TZOLKIN, ser parte del Grupo Magenta que invitó a José Argüelles a la Argentina y tener un camino oriental ganado con mérito, perseverancia y el legado paterno.

Carlos, en cambio, tomó impulso para sacar provecho de su hermano buey Gerardo, que transitó cada camino del SAC BEC, pueblo, aldea, altar, templo, pirámide, estela e inframundo para decodificar e interpretar profecías y calendarios sagrados.

Y seducir a cuanta «mujer en busca de chamán» aterrizaba por su mágica tierra.

No era mi caso, porque estaba intentando no morir de amor por una serpiente árabe que me mordió letalmente.

El sagaz conejo Carlos B. vislumbró algo en mí y en medio de la ceremonia del fuego en la plaza de Tikal, a la noche, a la que fui invitada inesperadamente por una mujer a la que le caí bien a la mañana y muy mal a la noche, cuando vio que el chamán elegía a la forastera y no a ella como presa para el final de fiesta, me encontré de golpe asediada por un hombre que tenía muy claro el poder de la seducción a través del poder espiritual.

Me dejé llevar por la luna llena y el ondulante camino de ceibas[11] y árboles milenarios que conducían a un bodegón cercano a la cabaña donde me alojaba con Andy, la coneja de agua que también había encontrado amigos esa mítica noche equinoccial.

Qué pasó después es parte de la historia maya.

Al resistirme esa noche al gato alzado e impregnado de copal —fragancia que me pierde, trastorna, transmuta y me conduce al supramundo—, a su beso robado y su firmeza en abrazarme como una liana carnívora, logré escabullirme como un mono araña y decirle que nos veríamos en el desayuno, mientras intentaba repetir desde la ceremonia hasta el momento de intentar recolocarme mentalmente del embrujo.

Por suerte Andy no estaba en la cabaña y pude metabolizar este zarpazo chamánico a solas.

No estaba en mi plan cruzarme con ningún hombre en pleno duelo, ni tener sexo, ni desviar mi ruta...

Al día siguiente partíamos hacia Guatemala y desde allí al lago Atitlán con mi amiga.

Por supuesto Carlos B. estaba decidido a cazarme.

Parece que nuestras alquimias mayas eran óptimas.

Y el grupo de mujeres vestidas de blanco con su jefa me lanzaban misiles al plato de frijoles y huevos fritos.

OMOMOMOM.

El gato montés me miró embelesado, creo que por haberle parado ambas cosas: el jade y el coche, y me dijo: «Me voy con vos a Guate; dejo al grupo de yanquis aburridas y te sigo, seré tu guía y te llevaré a conocer los lugares más espirituales de mi país.

DOBLE UMUM.

Como siempre, el vuelo salía en una hora y Andy no aparecía.

No sabía a cuál gato matar o dejar en WU WEI, pues por supuesto, había caído en sus redes y estaba encantadaaaaaaa.

Desde luego alteró nuestro viaje, la estancia, los planes y mi desvío fue el germen de una relación que duró tres años entre sábanas, hoteles, países, viajes por el inframundo y la dualidad de un hombre que siempre fue luz y sombra, vida y muerte, razón y pasión, conciencia e inconsciencia, verdad y mentira con su vida y sus trampas.

Cuando me cansé de esperarlo, de creerle, de confiar, supe que nuestro hijo era *El libro del destino*, donde estaba escrito el nuestro antes de que nos conociéramos.

Pero anoche, al quedarme sola en medio de la inquietud y la zozobra, supe que su bendición a la Pacha, a la Madre Tierra, a mis lugares físicos aquí eran verdad.

Nadie pudo entrar desde que hizo los rituales que compartí junto a otros chamanes itzaes en su Guatemala natal.

Siento que estoy protegida de posibles males: ladrones, incendios (que llegaron y se apagaron milagrosamente), temblores sin derrumbes, sobresaltos de noche estando sola, o con el gato que merodeaba el jardín ahuyentando los fantasmas.

A veces he sido sorprendida de noche con la llegada de algún fan que se atrevió en medio de la boca de lobo a golpear mi puerta para conocerme o traerme un regalo.

También aprendí con los mayas a estar con ubicuidad; es decir a distancia, a miles de kilómetros, y años luz cuidando mi casa o cerca de un ser amado que necesito y extraño.

Sigo agradeciendo a los ancestros y a las liebres que habitan este jardín salvaje y confirman su invisible protección junto a los duendes, hadas y elfos.

Ayyyyy, gatos hijos de la chingadaaaa.

Mi experiencia con ustedes fue siempre traumática.

Al principio el flechazo es certero, directo, divertido, burbujeante y psicodélico.

Recuerdo el encuentro con Charly García en Nueva York en casa de amigos.

Apenas me vio, sentado plásticamente sobre una mesa digna de «la última cena», con el teclado que no descansaba entre el do y el sí, me capturó como una mariposa que se está convirtiendo en sueño.

Le propuse tímidamente escribir en mi libro chino.

A los diez minutos había compuesto *Gato de Metal* y me lo regaló con el alma.

### Amores gatos

Fue una ofrenda que continuó en el verano ardiente que pasamos entre Fire Island, el Village y Washington Square, sintiéndonos John y Yoko de la Cruz del Sur, hasta que retornamos al país en el que ambos crecimos en las afueras de Buenos Aires, y donde el gato que me regalaba sake y canciones puso límites en el firmamento austral para seguir brillando solo y olvidar en el *Imagine* del Central Park la tarde que me cantó *Woman* a capela.

Fin de *love story* con Bugs Bunny hasta que reapareció, gracias a Marilú, para cantar el himno nacional en el inicio de la Fundación Espiritual de la Argentina, una noche en el Complejo La Plaza de la calle Corrientes.

Fue una sorpresa muy, muy agradable.

Me dijo entre bambalinas: «Pensé que no me habías perdonado... La razón es de nosotros dos y la escribo en *nu shu* (invisible)».

«Sí —le dije—. Qué suerte que viniste a ser parte de la Fundación Espiritual del país». Ese empuje lo trajo el 4-12-2003 en vivo a Ojo de Agua, en medio del campo, para cantar sus éxitos en el zoo serrano en una noche que ya es leyenda en nuestra historia de Ahau 7 y 11, Sol en el maya.

En ambos sexos, y en el tercero, el conejo seduce infatigablemente desde que nace hasta que muere; a pesar de sus siete vidas, sabe que siempre hay alguien dispuesto a amarlo aun en terapia intensiva, aunque le cueste pagar sus siete vidas indexadas de maldades, venganzas y traiciones antes de partir hacia la luna llena, lugar VIP que les concedió Buda por cumplir con los máximos requisitos en los que se puede encarnar un mortal.

Su belleza, *sex appeal*, carisma, audacia, simpatía, misterio y talento atraen como el polen a las abejas.

Espontáneo, gracioso, elegante, refinado, se destaca con sus movimientos ágiles, medidos, armónicos y sigilosos y crea un aura fascinante.

Su sentido del humor —a veces ácido, negro, mordaz— es un arma de doble filo cuando se siente atacado, herido, perseguido por su conducta, que oscila como un péndulo entre la razón y la pasión.

El conejo es fértil, atlético, deslumbrante, afrodisíaco e hipnótico.

Cuando entra en una reunión enciende su poder electromagnético y eclipsa la atención de sus súbditos, a los que engatusó en la alcoba, o les endulza el oído con sus palabras fríamente calculadas para ocupar un lugar VIP en el tablero de ajedrez.

«El fin justifica los medios».

Su conducta disfrazada de diplomacia correrá riesgos cuando la Justicia lo condene por sus atropellos, abusos, estafas, y le hagan jaque mate.

El romanticismo es parte de su ADN.

Adora ver películas de amor, sexo, sadomasoquismo, de terror, adulterio, ciencia ficción... y dibujos animados. Es difícil que se concentre en documentales, programas ecológicos y políticos.

¿¿Amoral?? Tal vez.

Sus reglas de juego no tienen nada que ver con el resto del zoo.

Le atraen los triángulos reales o virtuales.

Puede montar estrategias para sublimar a través de terceros; es manipulador y celestino. Detesta no ser protagonista.

La fidelidad no es su fuerte.

A ellas les encanta ser «Susanita» y ellos pueden pedir *matrimonio y algo más* si sienten el imán del deseo.

En su calidad de amantes están dotados como Henry Miller y Anaïs Nin tanto física como mentalmente; saben y practican el juego amoroso, y logran excitar a su pareja rápidamente.

El conejo crea adicción sexual, y en muchas ocasiones es víctima de su propio invento.

En el cono Sur hay una buena cosecha: Charly, León, Santaolalla, Leticia Brédici, Dolores Barreiro, Fito, Messi, Hilda Lizarazu, todos ejemplos de belleza, talento y seducción.

Es recomendable tenerlos como amigos si la pasión se extingue o transmuta y no perder esas dosis homeopáticas tan necesarias para teñir el día a día de buenas vibraciones, humor, frivolidad y una convivencia saludable, sea en la oficina, en un viaje, en la comunidad, en un partido político, una ONG o un recital de rock.

Sabios, intuitivos, tienen un radar especial para detectar nuestros gustos, paladar, perfume, y saciarlos en el instante que lo deseamos.

Generosos, altruistas, tienen una estrella especial para la suerte, a la que atraen como el Mago de Oz.

El conejo necesita coleccionar amantes, amigovios, esposas y concubinas.

Le da más placer contarle a los amigos su rendimiento que gozarlo a solas; es ultracompetitivo y sabe que en el amor tiene hándicap.

## Amores gatos

Sus sueños eróticos se concretan velozmente, y solo quien atraviese su volátil corazón y le ponga límites será el dueño de su vida.

Les avisé:

Tomen de ellos lo que les den, no les reclamen nada extra.

Son expertos en el arte de aparecer y desaparecer y retornar cuando menos los esperas.

L. S. D.

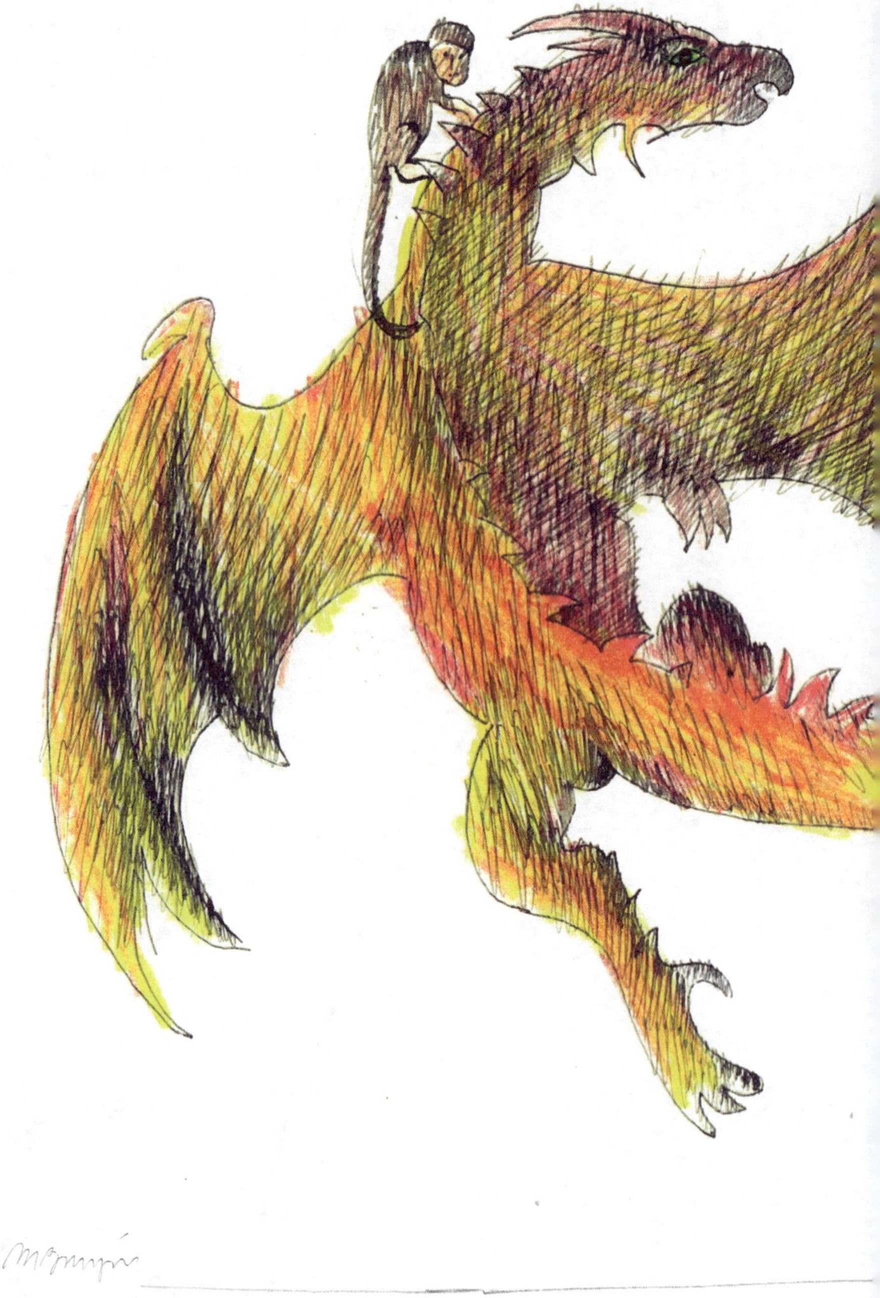

# Amores dragones

Desde aquí agradezco existir
aunque no me vean.
No crean en mis teorías
que mutan como el cielo
antes del equinoccio.
Desde aquí
puedo corregir el rumbo
de mi vida
creyendo que me esperas
en el arrecife de corales
de XEL-HA
desnuda, abierta
lubricada por dentro y por fuera
a punto
a punto
a punto
de otra cita
sin retorno.
L. S. D.

### Amores dragones

Ayer al mediodía me detuve en el camino de tierra que une «Las rosas» con «Los molles» para mirar de frente y durante largo rato las sierras de color lila plomizo.

Según el FENG SHUI, el Este está regido por el dragón, y allí están mis amadas nodrizas milenarias abrazándonos a quienes vivimos en este rincón del mundo.

Hice una reverencia y las observé con respeto: son guardianas de nuestros actos, custodian la eternidad...

El dragón nace con la salida del Sol por el Este, con la fuerza *yang*, masculina, fecundando la tierra, conversando, advirtiendo con sus señales los designios para los humanos.

Mientras escribo este libro intento recordar algún amor dragón, y descubro que no he tenido pareja con el rey celestial.

Aparecen imágenes de hombres dragones: atracción mutua e instantánea, chispas de año nuevo chino en Pekín, burbujas de *champagne* del siglo XIX; radar magnético, fiebre uterina, magia perenne que asciende como la niebla en el parque Condorito.

En nuestra patria me hicieron titilar dos conductores de radio y TV: Lalo Mir y Mario Pergolini.

El TAO sabrá por qué no nos dejamos llevar por esa corriente de empatía que nos envolvió al unísono disolviéndonos en *quarz*.

En ambos sexos, y en los alienígenas que se mezclan con nosotros, el dragón impone autoridad y respeto.

Necesitan ser admirados, adorados, venerados, idolatrados las 24 horas y los retazos del entretiempo que flotan en la galaxia.

Tal vez mi vida los intimida y se sienten examinados por el oráculo y no pueden jugar como lo hacen con el resto del zoo.

Sienten que son capaces de derretir su bronce y derramar su néctar por mis párpados hasta quedar dormidos soñando que el Rey Mono en su viaje al Oeste los lleva en sus brazos.

A lo mejor no quieren mostrar su parte *yin*, débil, insegura, que esconden detrás de su armadura día y noche.

Saben disimular, actuar, sonreír aunque sientan que están sufriendo porque algo les salió mal; puede ser una conquista en la calle o un contrato con tres ceros menos de lo imaginado, o darse cuenta de que sus caprichos no encuentran eco en el cinturón de asteroides, o que un inesperado ovni los trasladó a la Antártida mientras se bañaban en Tulum al atardecer, desnudos, escandalizando a los turistas.

El dragón es exhibicionista; adora lucir su cuerpo, y competir con quienes se crucen en su camino para demostrar que es mejor, más veloz, inteligente, astuto y atrevido.

Con la mujer, el hechizo, la afinidad y la sintonía son instantáneos.

Planea sobre océanos, mesetas, desiertos, estepas, valles, integrando el vuelo sistémico de constelaciones celestiales y familiares unidas en un lazo de amor sólido e invisible como el magma que esconde en sus escamas.

Observo la relación del dragón con su pareja: exige obediencia de vida, lealtad hasta la muerte, incondicionalidad, atención total. Es posesivo, controlador y demandante. De su pareja, amante, esposa, concubina alada o mariposa requiere una aceptación y una entrega incondicionales hacia sus caprichos, antojos, deseos, manipulaciones y arbitrariedades, que son dignas de una relación de esclavitud, sadomasoquismo o un menú de nuevos juegos eróticos en oferta, que hay que poder soportar.

En día patrio, a falta de unidad social, locro[12] y buenos presagios para seguir en alineación y equilibrio, mi adorado dragoncito Sergio Lapegüe me dedicó el tiempo; es una fascinación que atesoro cada noche, esperando que titile dándonos las noticias que suaviza con su menú predilecto: milanesas con puré, ensalada, o patatas fritas.

Con atracción sexual, encanto, sentido común y chimichurri, este dragón transmite las noticias de muy buen modo después de un día de «manifestaciones» en el país.

Pone magia en medio de la cotidianeidad, y nos saca a volar sin escoba con su inagotable imaginación.

Para el dragón, encantar, fascinar, hipnotizar, seducir con sus recursos cosechados en las Tres Marías, Urano, Júpiter y sus doce lunas es un arte celestial; sus piropos son genuinos, espontáneos, y sabe tocar el punto G del elegido. Al dragón, el amor lo visita desde que sus padres lo engendran para ser el rey o la reina del zoo chino.

Venerado por sus virtudes y su talento —que trae como un regalo de Papá Noel en New York, y que siempre sorprende por su valor añadido— sabe que tiene el don de encandilar al elegido/a con sus fuegos artificiales.

## Amores dragones

Conoce perfectamente cómo seducir; le gusta la superproducción de escenarios, vestuarios, elección de luces, y menús que van desde empanadas de maíz hasta langosta recién sacada del mar en un *spa* en el Caribe y sazonada con hierbas aromáticas, castañas, miel y almendras para despertar los sentidos en su amante.

Además, puede contratar a Luis Miguel, Shakira o Plácido Domingo para conquistar a su enamorado/a en las blancas arenas de la isla Mujeres o Cozumel antes de hacer el amor, con algún delfín de testigo que saque una foto o filme esta escena que pondrá en Facebook o twitter para que la vean multitudes.

Es capaz de mantener una relación solo para contar sus proezas eróticas a amigos, exesposos y concubinas.

¿¿EXHIBICIONISTAS?? Hasta John Lennon pasó su luna de miel con Yoko en la cama mostrándose y revolucionando al mundo mediático, y transformó así la intimidad en una marca registrada.

El despliegue es parte de su ADN en ambos sexos, pueden ser calcos de *Paris Hilton* con el control remoto de su pareja, a la que malcrían día y noche hasta que la sofocan.

La necesidad de sentirse amado es parte de su inseguridad para enfrentar la soledad, bucear en su vida interior, competir con Carla Bruni o Carolina de Mónaco por pretendientes más o menos exóticos, excéntricos, por artistas consagrados que se desploman frente a esta criatura sobrenatural que planea sobre vidas públicas, privadas, constelaciones familiares, mundos prohibidos, mientras invade su intimidad, sus códigos, modales, cuentas pendientes y déficits emocionales.

Al dragón le cuesta integrarse, esperar, sentirse rechazado, no ser protagonista de la vida de cada persona que ama, de quien se enamora, o a la cual patrocina siguiendo su vocación por coleccionar piedras preciosas sin pulir hasta que emergen, salen a la luz, y tienen vida propia.

Su sed de protagonismo es un *boomerang*.

Con perfil alto, medio o bajo sabe que crea dependencia emocional en el prójimo, adicción a su piel, besos, posturas inéditas en libros eróticos o videos pornos.

Tiene vocación por el matrimonio, cuando jura amor eterno, sabe que tal vez no sea para siempre... ¿Qué es para siempre en esta vida, si tiene millones en una? Es hechicero, alquimista, chamán, pitonisa, artista de alto vuelo o bajo fondo, pero no se traiciona a sí mismo.

Sabe que está muy cotizado dentro del zodíaco chino, que es elegido por sus siete cuerpos, sus habilidades, inteligencia emocional, su talento para reinventarse, darse el lujo de tener los cinco minutos de fama que Andy Warhol anunció a los mortales, deslumbrar por su físico espectacular y su mirada en 4D, por su voz que susurra como el arroyo que nace en el manantial de altas cumbres y va regando rocas, pasto, bocas sedientas de cabritos y cóndores y de algún lugareño trasnochado de agua ardiente.

El hechizo es instantáneo con ellos; siempre dicen algo más que nos hace detener para escucharlos, barren con escoba de plumas sus palabras, siembran imágenes que soñamos en vigilia, traspasan muros y paredes dejando un halo satinado que es mica caliente en el corazón cuando deciden levantar vuelo en parapente.

Cariñosos, necesitan estar estimulados para sentirse vivos.

A veces son sanísimos, metódicos, maestros dedicados, y agotan con sus dictámenes y sentencias al alumnado o a algún curioso que se mezcla prendado de su carisma.

El amor es su talón de Aquiles; saben muy bien la diferencia que existe entre ser amados y amar, en seducir como deporte o apuesta y dejarse guiar, conducir, enamorar...

Una de sus especialidades es romper sin querer familias que desde hace más de treinta años estaban vegetando sin decidirse a cercenar sus telarañas afectivas; él tiene una aventura, y jamás siente culpa.

Gasta en mármoles de Carrara, grifos de oro, y sábanas de satén rojas para el mejor desempeño de su última semana.

Apasionado, culto, esotérico, el dragón acumula millas de experiencia en viajes, en perfumes de todas las tiendas de aeropuertos del mundo, en obras de arte; es el cliente VIP de remates en Christie's y en casas de muebles reciclados que regala a su pareja al por mayor.

La ubicuidad —estar en varios lugares al mismo tiempo— es un don sobrenatural.

Tiene gustos caros, paladar negro, sabe elegir lo mejor y disfrutarlo con sus amigos, familia y amor en tránsito planetario.

Es un sibarita refinado, sabe elegir el momento adecuado para tener una cita de amor sin que nadie la interrumpa.

Aparece y desaparece, mueve montañas con su sonrisa, desplaza la órbita de los planetas cuando está enojado o algo le sale mal.

### Amores dragones

Voluptuoso, enamoradizo, agridulce, pícaro, divertido, a la hora de partir dejará una huella imperceptible por fuera y muy profunda por dentro.

El sol se despide sobre el lago, territorio del tigre, que lo saluda deseándole suerte en sus nuevas aventuras sentimentales, que son portada de revistas y de diarios del mundo con sus escándalos y sus novelas aún no escritas.

La naturaleza les agradece que nos visiten a los terráqueos, aunque sea una vez en la vida.

Sobre todo porque no se reencarnan.

L. S. D.

### *Posdata*

El amoroso dragón va del mundo del cielo al del infierno sin que sus escamas sufran tanto, mas es drama autodestructivo con ganas de brillar más.

Cual Hermes con el submundo de Hades, entra y sale de las torturas emocionales sin cicatrices serias.

Sus heridas son más poéticas que hirientes.

Gaba Robin

# Amores ofídicos

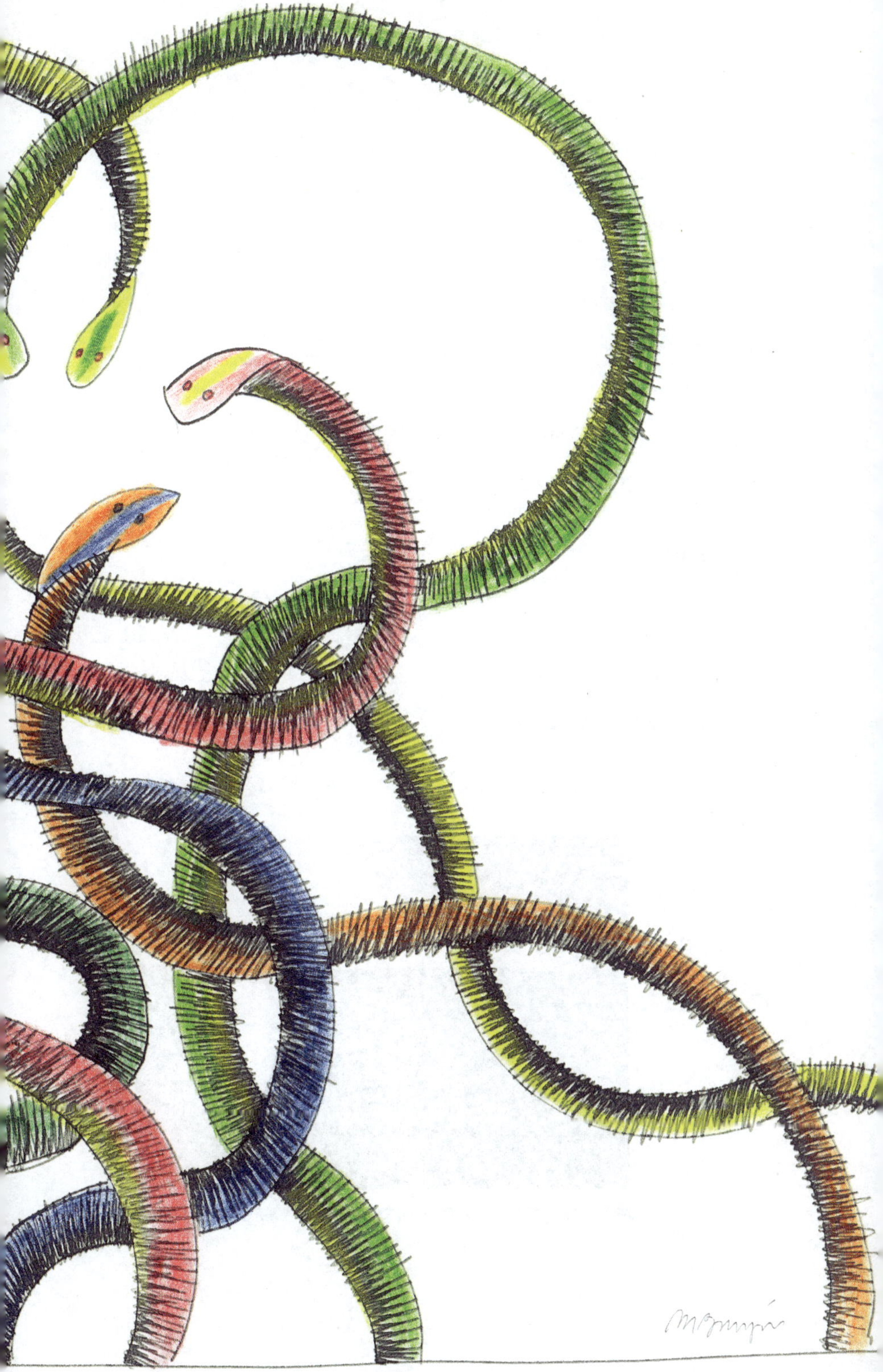

Apareciste.
Cuando había navegado
todos los mares
y solo en la Antártida
faltaba refugiarme.
Cuando al cielo
miraba sin aclimatarme.
Cuando el purgatorio
era mi morada
y lo aceptaba.
Cuando la vida
me confinaba.
Cuando supe
que mi karma estaba saldado.
Apareciste
apareciste
apareciste.
L. S. D.

## Amores ofídicos

Tal cual. Anoche, en día Tzikin 1 en el Tzolkin —emisario del sol y del amor en la tierra— y en medio de un huracán sentimental que se manifestó entre enredos, telepatía y otras cosas, un *e-mail* del ofidio árabe que me regaló los mejores momentos eróticos de mi vida y al que dediqué veinte días de mi década treintañera, que no volverá en intensidad y colorido, dio señales titilantes en mi ordenador portátil.

Es cierto que la lámpara marroquí que me regaló y que tengo en I-SHO-KU-JU se apagó para siempre cuando nos separamos hace quince años.

No hubo electricista, mago, bruja, o chamán que dieran con la causa del apagón.

Siempre supe que era una señal de «nuestra historia de amor interrumpida», y que en mi caso había bajado el telón en un duelo que me llevó casi trece años, buen número para sacarse el veneno bereber hasta diluirlo en el Sahara.

Así fue cuando en el año del tigre de metal decidí cruzar de nuevo el estrecho de Gibraltar desde Algeciras a Tánger para ordenar este amor que llegó y se fue como un poema sin principio ni fin.

Me costó caro. Una precoz menopausia fue la consecuencia de su irremediable partida a su planeta, universo, destino.

Tal vez mis incursiones en New York y China con esta cultura dejaron abiertos los chakras, los poros y la curiosidad para rendir el examen final con un varón que lleva en su ADN la historia del tiempo en reloj de arena, y encuentra con el tercer ojo el momento adecuado para deslizarse entre el infra y el supramundo hasta enroscarse como un látigo de seda en el corazón a la deriva de aquella mujer que salía de una operación de un quiste de endometrio en el ovario izquierdo y que estaba en la noosfera del mundo terrenal, erótico y afectivo.

Era un espíritu buscando reencarnarse.

Días antes, una llamada de la embajada de Marruecos en la Argentina despertó en mí gran curiosidad.

¿¿Quién me buscaba, qué querían??

Mema, mi amiga perra, me donaba su reiki en esa zona que no tuvo buenos presagios desde mi pubertad.

Este masaje se prolongó en su casa y llegué quince minutos tarde a la embajada en Barrio Parque, donde está la base marroquí.

Me recibió un secretario nervioso por mi atraso y me condujo, como en un viaje espacial, al despacho del embajador.

Frente a mí un hombre de edad incierta —los árabes son atemporales—, mediana estatura, robusto y con anteojos me saludaba y me invitaba a sentarme en un sillón de varios cuerpos.

Tenía en su mano una revista en la cual yo había escrito unos meses antes mi viaje a Marruecos, y había fotos muy caseras tomadas por AFM, mi gallo amigo, con quien compartimos este histórico periplo en busca de Aziz, el marroquí que al aparecer me salvó en el viaje a China.

Como el ADN, esta aparición porteña estaba para mí ligada al amor del acupuntor en China.

Nada se pierde, todo se transforma en materia afectiva.

Y el señor embajador tenía subrayada la revista con mi viaje por Tánger, Assilah, Fez para hacer un careo sobre lo que decía acerca de su pueblo: que me tocaban el c... por las estrechas callejuelas de los mercaditos, mientras el aroma del haschis me transportaba a la 8D y era rehén de los mercaderes de alfombras que ofreciéndome un «thé à la menthe» soñaban con hacerme el amor entre sus arabescos.

«Esto no es así», decía enérgicamente este extraño ser que había salido de la lámpara de Aladino en Buenos Aires.

Estaba desdoblada; me reía por dentro y me preguntaba «¿Qué hago en esta foto?».

No captaba aún el sentido de la entrevista.

De pronto me inquirió: «¿¿Por qué fue a Marruecos??».

«Porque me enamoré de un marroquí en China».

Sus ojitos chicos se agrandaron y brillaron tanto que de pronto sentí el Mar Azul de la costa atlántica ir y venir con su oleaje.

Y ya estaba bajo un efecto fuera del tiempo y el espacio.

La daga llegó certera: «Día, hora, lugar».

Me había atrapado como una boa constrictor en segundos.

Ayyyyyy...

¡Qué miedo placentero sentí al resucitar mis células! ¡Cuánto misterio!

Le dejé libros y teléfono y le advertí que partía con mi ahijado a Misiones y que tardaría en volver.

¡Qué alivioooo!

Necesitaba recolocarme, salir del estado de hipnosis antes de volver a verlo. Fue un gran amor del que les conté «las mil y una siestas» en mis anuarios.

## Amores ofídicos

Supe más de mí que de él. Hay amores que nos hacen descubrir nuestras zonas erógenas, disfrutarlas hasta el paroxismo, sentir placer físico, mental, intelectual y visceral.

Aprender a «esperar», adaptarme absolutamente a su vida, bastante contemplativa, pues coincidía con la época de la presidencia de Carlos Menem, donde todo era «pizza y *champagne*».

Nuestra base porteña era ideal para mantener la relación «entre bambalinas».

Me dio a elegir apenas iniciamos la relación: «¿Qué preferís, conocer a mi mujer o no?».

¡¡Gulpppppp!!

Ojalá hubiese estado tan entrenada en el Corán para comprender ciertas ventajas de su cultura.

«¡¡Jamássssss!! —le dije—. ¿Cómo se hace? ¿Ser falsa delante de ella? Me muero de celos, además».

Fueron cinco años en los que hice mi vida con total libertad e independencia, como él.

Nos enamoramos.

Y aprendí la naturaleza psíquica del ofidio cursando materias nuevas, porque hasta esa edad jamás había tenido nada, ni siquiera un revolcón, con un hombre casado.

¡Quéééééé dolor imposible de transmitir, salvo a quienes están en ese baile, comparsa, danza inevitable que es saber que el hombre que amas y te ama nunca se separará, porque el divorcio es algo muy raro entre los musulmanes, al menos materialmente, ya que la mujer o esposa se queda con todo.

Nuestros universos paralelos quedaron flotando entre Tribunales, La Giralda, el Colón, el cine Arte, Olivares y El palomar de Alá; un altillo que fue nuestra cámara nupcial, plagada de palomas que nos espiaban y envidiaban cuando hacíamos el amor.

Pasaban los años y nuestra relación seguía a trompicones, con largas temporadas sin vernos, hablar, cambiar los roles que él había sentenciado desde el inicio.

Me adapté. Intenté separarme y enamorarme de otro hombre o de varios, pero no pude.

Intenté desaparecer, evaporarme, ser rocío, nube, polen, pero no pude.

Cuando una serpiente te enrosca en sus anillos de fuego es *misión imposible* zafarse de ella.

Es un veneno que va infiltrándose lenta o repentinamente, sin poder pedir auxilio ni graduarla, como cuando bajamos los decibelios de una radio que se amplifica.

Sucumbir es un verbo y algo que no me pasaba desde la adolescencia, cuando me enamoré de Gerardo Romano a primera vista.

Qué deleite estar en las nubes, escribir poesía todo el día, ponerme bella, elegir ropa *sexy* para seducirlo.

Estar inundada.

Contar las horas, los minutos y los segundos para vernos.

Y quedarnos fascinados, abotonados, pegados en la piel, sin aire en el medio ni virus que pudiera alejarnos.

Qué pasión mutua nos tocó en esta vida: desnudarnos sin testigos.

Jamás nos aburrimos, ni aun cuando llegaba malhumorado y distante por sus misteriosas historias en Buenos Aires y la Argentina, que le parecía lo mismo que a mí Marruecos, el país más exótico del planeta, y sus mujeres las más atractivas y sensuales.

Cuánta afinidad, sentimientos, magia... salir de la tierra a Venus sin pagar pasaje ni peaje desde las húmedas sábanas que atesoraba cuando se iba para olerlo, saborearlo, gozarlo a solas en mi frondosa imaginación que seguía atenta a esta aparición en medio de mi vida fértil de hembra, de mujer que no planificaba el amor y su destino.

Los dos sabemos que nunca se repetirá con nadie algo igual.

Es el consuelo que nos queda, porque le faltó coraje para elegirme cuando tenía medio siglo y su vida estaba muy fríamente calculada.

Pero un mono se le cruzó en «otra selva» y perdió el control remoto emocional, se enfermó, somatizó, no podía moverse, estaba paralizado y desactivado.

Cuando me anunció que lo trasladaban a su país hasta que le dieran nuevo destino, supe que mi vida tendría una pausa, un retraso de casi siete años con el mundo de los vivos.

El día que nos vimos por última vez, en la esquina de Lavalle y Uruguay, en un agosto templado en clima y gélido en ambos destinos, le regalé un bandoneón[13] de Troilo, que me consiguió gentilmente Samalea.

La serpiente levantó vuelo sin ser KUKULCAN.

## Amores ofídicos

Salió de su madriguera porteña para cruzar el Atlántico y anidar en otro espíritu que la cobijara.

Quedé menopáusica en el acto. Sin tiempo y en el espacio.

Entrenada en artes amatorias y adivinatorias.

Aceptando el adiós y las reglas del juego inconsciente al que me presté, encantada por el hipnotizador de cobras de la Plaza de Yamaa el Fna.

Estoy viva.

Lapidada. Aprendí a respirar debajo de la tierra y a convivir con sus espíritus y entidades.

A tratar de salvar a quienes caen en las fauces de una víbora y no tienen escapatoria.

Relájate y goza de todas sus artes, virtudes, mentiras, talento, sabiduría, récord Guinness en posiciones, elucubraciones, manipulaciones, sentido del humor negro, ácido y perverso.

Puedes huir o quedarte en sus trampas mortales para que caigas en sus redes y seas adicta a su persona.

Acostúmbrate a la moneda con que paga tu entrega en tiempo, energía, compromiso con la vida, actitud, dedicación y entereza.

Tal vez sois su nuevo juguete, una apuesta, un amor que hay que coleccionar para competir con los amigos, un experimento, un interés en el cual agudizan el tercer ojo mientras pretenden obediencia de vida.

La serpiente es infatigable con su erotismo.

Sabe tocar el punto G del elegido y nunca falla.

Tiene dones inagotables que aparecen cuando alguien la hechiza, la domina, logra sacarla de su pc cerebral y la sumerge en situaciones límite, en las cuales la adrenalina es una espada que le recorre la espina dorsal y le produce espasmos, orgasmos, cambios térmicos en su sangre fría que transpira gotas de tinta china para escribir como un tatuaje en tu corazón vagabundo.

Hace una semana Hoby, mi caballo de fuego multimedia, me anunció que la lámpara marroquí estaba funcionando otra vez.

Prendía y apagaba como hace quince años.

¿¿Un presagio??

Tal vez.

La venganza es un plato que se come frío.

L. S. D.

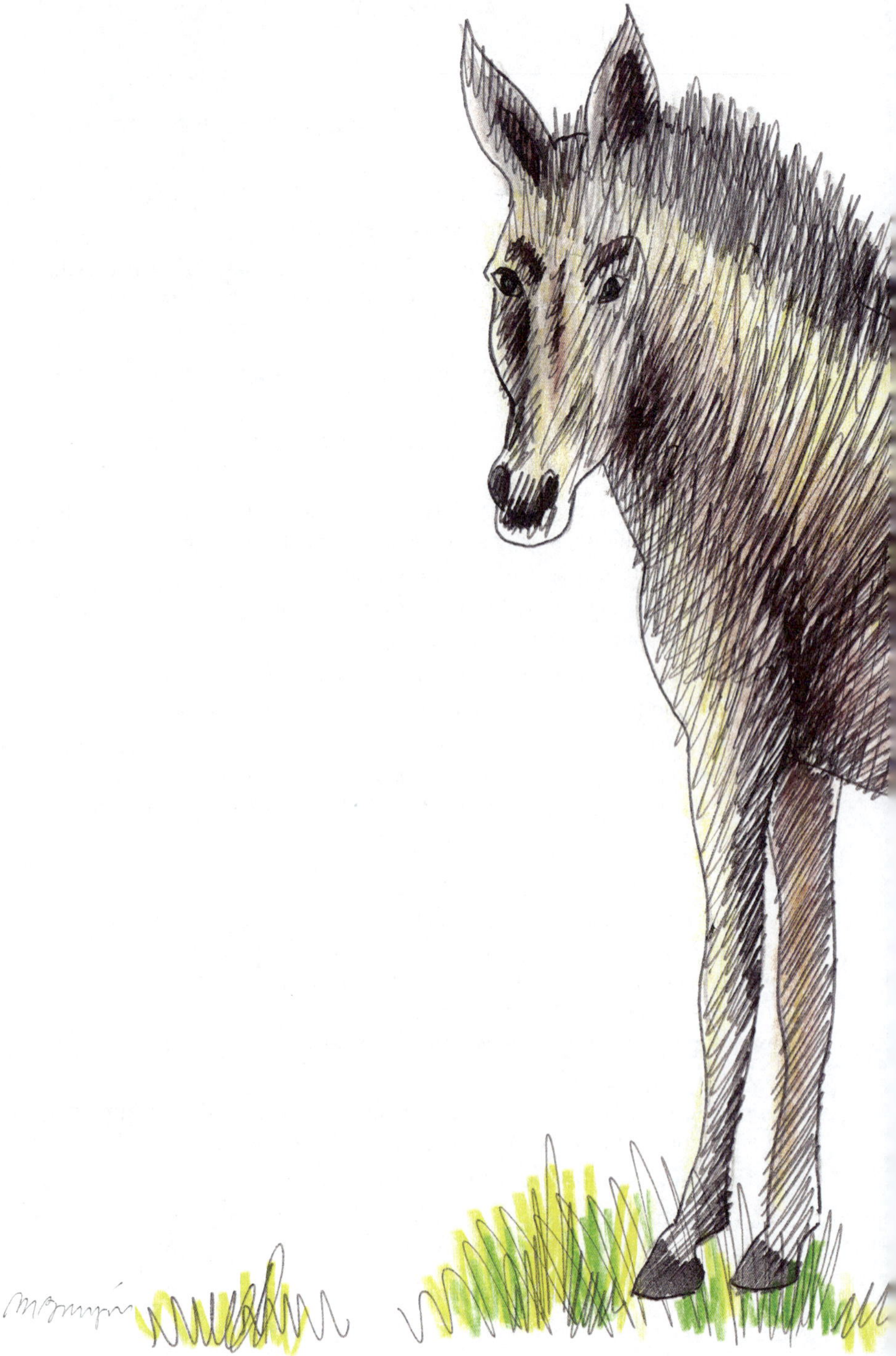

# Cabalgando amores

Extrañar es no encontrar suplentes.
Es el fenómeno de la exclusividad.
Es conectarse con el otro arriba de los satélites
y no rozarse con ninguna interferencia.
Es crear espacios y hablar en pareja.
Es pedalear hacia el mismo cañadón[14].
Es encontrarle un sentido al martes 13
y todos sus desencuentros.
Es reinstaurar el cariño tan ajado.
Es viajar hacia el centro de uno con billete capicúa.
Es saber que piensan en ti.
Es desafiar a la bomba atómica
explote donde explote.
Extrañar tiene X
Y es una letra que da sentido a mi vida.
L. S. D.

## Cabalgando amores

Extrañar es algo que ya casi no me ocurre.

Es una sensación que apareció ayer como una ráfaga de calor de verano en la cara, despertando el Eros.

Tal vez, esta estancia serrana invernal solitaria —apenas sazonada con algunas visitas— y el frío, que es constante dentro de la casa aunque el sol bañe cerros, plantas y a la naturaleza íntegra con sus caricias, evoquen mis buenas temporadas de amor con el caballo, signo que marcó mi juventud temprana y tardía y mi madurez a fuego lento, moderado y en incendios imposibles de extinguir.

Dicen los chinos que atraemos como un imán con nuestro ascendente o compañero de camino a personas que pertenecen a ese signo.

Así fue, es y será...

No tuve un buen inicio con un caballo psicópata que encontré a los 21 años, al terminar mi espectáculo en el Lagar del Virrey.

Parece que deambulaba en las sombras de su oscuro destino y quedó impactado por mi sentido del humor, gracia y extraña fisonomía.

Para encarar, el caballo es el más audaz, *sexy*, decidido, irracional, atrevido e insolente.

No le importa si será aceptado o rechazado; galopa sobre pezones que comienzan a erguirse con su caudal de piropos y su galantería. Casi siempre muy bien acompañado por su físico, su cuerpo, voz, sonrisa, modales, y una desfachatez que remueve los cimientos del Coliseo romano.

No hay escapatoria, te arrincona en una esquina, en una pared, entrelaza sus patas a las tuyas y te tumba en el suelo, en la vereda, en una mesa, en su establo, te besa, acaricia, y te posee intempestivamente, sacándote el aliento, haciendo que pierdas el rumbo de tu día y tu vida, pues logra sorprenderte sin plan a corto, mediano o largo plazo, con frenesí.

Entra como un huracán, un incendio o una inundación a tu sexo y lo deja humectado, despabilado, despierto para seguir y seguir hasta que otro episodio inesperado vuelva tu vida a la normalidad.

Saciados ambos, la adicción continúa.

¿¿Quién es esta bestia salvaje que logra que te olvides de todo y de todos en un instante??

Si para la yegua o el potro hay algo más que saciar sus bajos instintos, el campo comienza a embarrarse...

¿Cómo seguir con esta Mesalina y Otelo?

Pamela Anderson o Travolta en pleno *Saturday Night Fever*.

En ambos sexos, y en los otros, el caballo es sexo, suda sexo, inspira sexo y gana a través de sus magistrales *performances*.

Sabe gustar; tiene buen gusto, elegancia, onda, encanto y atractivo sexual, magia, conquista como ningún otro y adora que lo monten sobre su pelo y sus crines húmedas de tanto galopar...

Cuando hay continuidad en la relación, él o ella relinchará con honestidad brutal, mantendrá a su elegida, enamorado o amante muy apasionada y ultradependiente de su excitante vida.

El caballo es piel, intuición, pasión, pólvora; actúa antes de pensar y sabe que gana con eso... o pierde

Con los años aprende la lección.

Sabe que es buen jinete y amazona, capaz de practicar el tantra, el Kamasutra, todas las posturas chinas, árabes, nórdicas, niponas, dejándose llevar por los sentidos en una orgía que será inolvidable e irrepetible.

Su necesidad de ser el mejor, el primero, de protagonizar novelas al estilo Luisa Kulliok o películas como *Nueve semanas y media* —en la que Mickey Rourke y Kim Bassinger, con escenas eróticas dignas de su pedigrí, dejaron estimulada a la humanidad durante décadas— lo convierte en el animal más erótico del zoo chino.

Juventud, divino tesoro: no conozco a ninguno —ni *yin* ni *yang*— a quien le guste cumplir años, tener algún achaque o perder en alguna carrera. En cambio, coleccionar récords en la cama y romper corazones son sus deportes favoritos.

Transité la vida con estos ejemplares en facetas platónicas, eróticas, ambas a la vez, sintiéndome su Pi Ma Wen, la que los sana, cura, conoce sus fibras más íntimas.

Un viaje que abre la percepción, los órganos, los sentidos, que inspira para abandonar la rutina, animarse a cortar lazos aburridos, nocivos y esquemáticos.

El caballo contagia sus bríos para salir de la jaula a explorar el universo, y viajar, estudiar, trabajar, compartir desfiles, recitales de rock, picnics, cambios de eje en la monotonía de la existencia.

En ambos sexos la timidez los conduce a mostrar su lado oculto, a actuar intempestivamente sin medir las consecuencias, como Monzón, que debo confesar se me acercó una vez, en la Sociedad Argentina de Actores y me invitó a salir, y creo que tuve un ataque de pánico y quedé eliminada antes de empezar los asaltos.

Su estilo natural, espontáneo, irrumpe como la noche en el ecuador: sin aviso.

Son muy esquemáticos y programados en lo clásico, lo que desconcierta mucho a amantes, novias y futuros cónyuges.

Son una cosa y parecen otra.

Más convencionales en su forma de establecer vínculos profundos, son ellos los que quedan fuera de carrera cuando quieren seguir con su onda Peter Pan y Mariano Martínez y las mujeres se casan con los íntimos amigos de él o de ella.

¿¿Jugarán al amor??

Les cuesta comprometerse, jurar amor eterno, salir del tablero de ajedrez y hacerle jaque mate a la reina.

Saben que el amor es un don, un arte, y viven para ello.

En mi propia experiencia, he sido muy amada por ellos, pero fatalmente dejada por la aparición de una manada de búfalos que solo quieren «matrimonio y algo menos».

Prefieren la seguridad afectiva en el momento de casarse, o planificar una vida dictada por los ancestros a seguir aprendiendo el arte de fluir con el verdadero amor de su vida.

Es el signo que más discordia trae con amigos, hermanos, parientes, jefes o secretarios.

Se enredan fácilmente si los endulzan o se dejan seducir sin medir las consecuencias.

Pasión más que razón: tal vez cuando maduran se dan cuenta de que el equilibrio es un arte que dejaron pasar y siguen a la deriva, navegando en canales como los de Venecia, o en un contaminado riachuelo, naufragando.

En ambos sexos el ego es atractivo e insoportable.

Si cuidan su imagen, las comidas, los vicios, sus placeres y debilidades saldrán victoriosos del potrero; hay algunos que solo corren carreras en el hipódromo, seducen desde los boxes a los jockeys y mantienen el secreto de su éxito.

Percherón, de sulky, de polo o pato, o criollo, el equino tiene personalidad, algo que lo distingue de cualquier otro animal, que necesita prensa para estar en los diez primeros de la semana.

Afectivamente es inseguro, inmaduro y con una gran dosis de narcisismo.

Nace seduciendo a la partera, al médico, a las enfermeras, y por supuesto a quien los amamanta desde su primer relincho.

Es muy competitivo. Le gusta ganar en todo; pero tiene el karma de ser segundo en casi todo, pues como en el amor, cuando llega el momento de definir, se aleja, se asusta, se defiende o se esconde.

«Pan para hoy, hambre para mañana», me dijo un hipocampo en mis primeros indicios de enamoramiento.

Y a pesar de estar enamorado, eligió a una mujer embarazada que lo quería a cualquier precio...

Eso les encanta; sentir que se debaten entre dos amores; heridas de sangre abiertas que brotan como el Santo Grial cuando menos lo imaginan.

Llevan más que la montura, un contenedor de amores inconclusos que los alejan del verdadero.

Saben que han enamorado a cientos de inocentes con promesas surgidas en pleno acto carnal, mientras se olvidan de quiénes son y qué hacen en este mundo hasta que se duermen profundamente y sueñan con heroínas de la televisión que son sus esposas reales y no de ciencia ficción.

Son infantiles hasta la médula, esa columna vertebral que elongan bailando desde danza clásica hasta africana, o tocando tambores de guerra o de paz como Mandela.

Destilan glamour, personalidad, algo exótico que atrae a la audiencia, al público, a las multitudes, como su adrenalina que brota desde las profundidades del mar.

Esbeltos, armónicos, ágiles, proporcionados, saben cabalgar con elegancia cada situación sin bajar la guardia.

Nunca se relajan, o solo cuando hacen el amor y se pierden en el orgasmo.

Saben conducir a su pareja en los momentos en que se siente desorientada, tanto física como emocionalmente.

Integran lo posible, lo cercano, a veces demasiado...

## Cabalgando amores

No les gusta que los vean mal, sufriendo o en estados de deterioro físico o con pérdida de sus talentos manuales e intelectuales; saben que su imagen queda grabada a fuego en el inconsciente colectivo.

Rebeldes con o sin causa, logran ser líderes desde jóvenes.

En su corazón se esconde el gran secreto de las pirámides, del origen del universo, del cambio de paradigma, del eje de la Tierra, y lo atesoran.

Necesitan estar con gente que los distraiga y los estimule, y donde su vida tenga sentido y se sientan útiles.

Les cuesta reconocer errores, enfrentar separaciones, divorcios y rupturas.

Son fieles a sí mismos, leales, buenos amigos y confidentes.

Cuando tienen un buen jinete o amazona no salen en busca de otros, los aman a cada instante, los acarician, miman y contienen.

Si tuvieron una vida con amor, contención y una familia que los guió pueden convertirse en sabios exploradores de las relaciones humanas; darse cuenta de la causa y el efecto de las cosas y dejarlas fluir con desapego.

Las mujeres que no han cultivado su vida interior son candidatas a la autodestrucción y al abandono a través de vicios y manejos muy crueles con sus ex parejas.

Es el signo que demuestra que sin amor su vida no tiene sentido.

Divertidos, abiertos a lo nuevo, modernos por fuera y clásicos por dentro, son enviados del cosmos para que en la Tierra pasen situaciones pintorescas e inolvidables.

Enamorados del amor, nunca se cansarán de recaudar pasión, sexo y rock and roll.

Volcánicos, sinuosos, directos, explosivos, mediáticos, son amados por quienes sabemos que su galope se convierte en trote y en cabalgata con el pasar del tiempo.

Amarlos es simple y olvidarlos imposible.

Como hoy, que amanecí sin una gota de agua por alguna travesura de algún bandido rural.

L. S. D.

# Amores cabrones

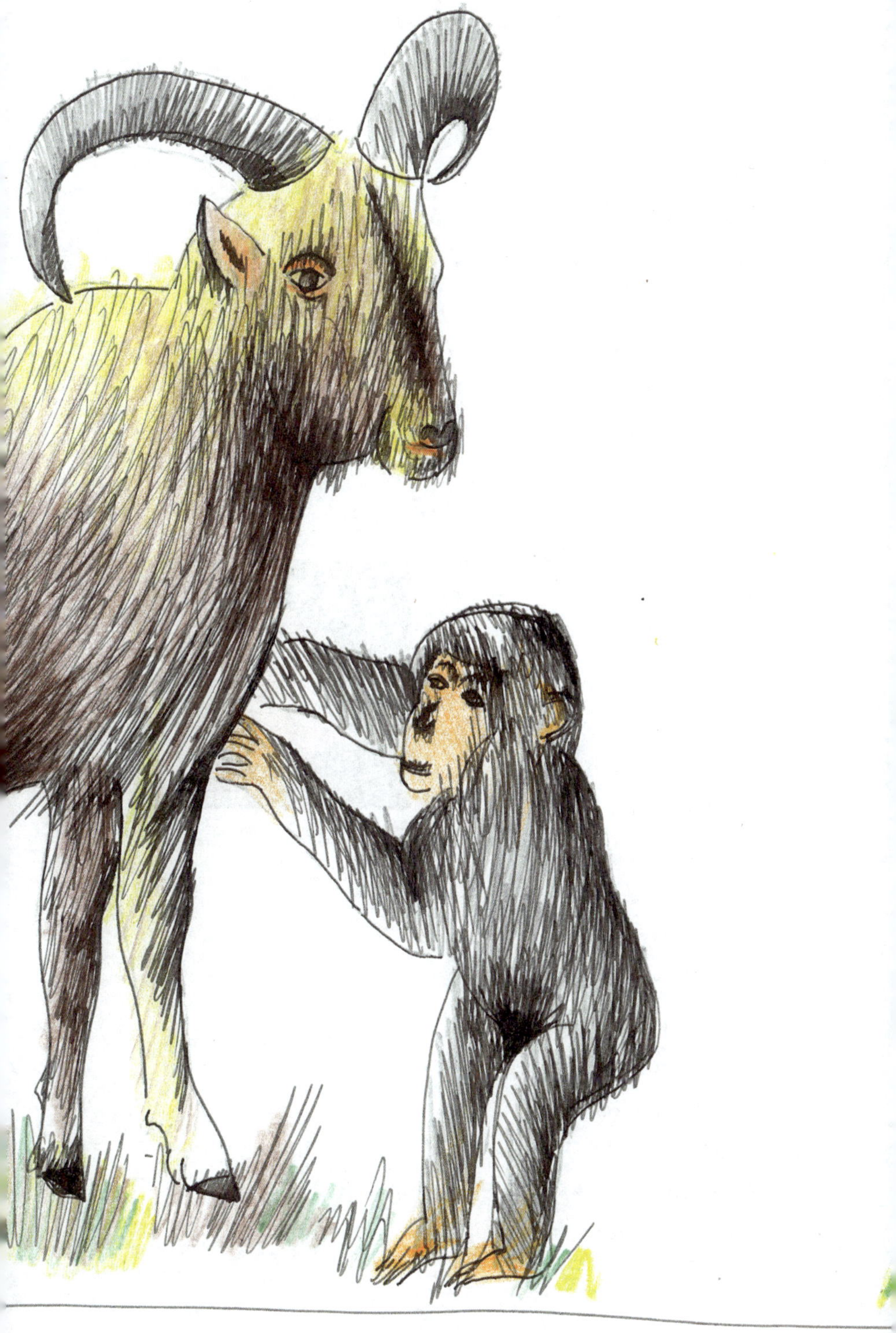

Se me hizo el «click»
como a Colón
cuando supo que la Tierra era redonda,
a Galileo cuando tuvo la certeza de que la Tierra
giraba alrededor del Sol,
a Einstein con la relatividad física, psíquica y emocional.
Lo sentí en el bosque de eucaliptos
en el instante en que la sierra se puso violeta de golpe
y no me dio tiempo
para detenerme en los mágicos colores del después.
Como un ideograma chino,
una transparencia,
recuperé el enigma
de nuestro encuentro
en este cronos, kairos,
lugar físico y atemporal.
Fuiste el símbolo del amor
que les debía a los que no pudieron capturarme
en la inmensidad de la selva
y se sintieron derrotados,
fuiste el vengador de los que creyeron
que podían coleccionarme
paralizando mi infinito caudal hidromagnético;
fuiste el que jamás dejaría
lo anterior a mí
porque me extrañabas antes de conocerme.

*y así será.*
*Porque la deuda era mutua:*
*conmigo, contigo*
*el universo*
*el misterio*
*el silencio.*
*L. S. D.*


Escribo inspirada en personas, recuerdos, imágenes, sueños y señales que el universo manda y atrapo en una red dorada e invisible.

Este libro es sobre el amor, y hoy mi amor es revivir el instante en el que —hace casi una década— en la galería oeste de mi jardín de las sierras, bañada por la Vía Láctea, planetas y luna en cuarto creciente, canalicé la tarea de predecir un año más el hexagrama del I CHING que regiría el año chino.

Alquimia es clave para unir el Ki 9 estrellas, el Bazi, el Feng Shui y mi visión cosmicotelúrica poética y concisa.

Por séptimo año consecutivo se manifestó «El trabajo en lo echado a perder», número 18 del sabio maestro que rige la eternidad.

Este dictamen habla de un fruto podrido que cae a la tierra llena de gusanos, se convierte en abono y produce el compost para que continúe el ciclo de la naturaleza; y en el plano humano abarca pasar del inconsciente al consciente los actos que se repiten, para repararlos.

Esta idea se plasmó en el año de la cabra de agua, en Ojo de Agua, Nono, nuestro Cuzco.

Fue el 4 de diciembre de 2003 a las 5 pm.

Sagitario ascendente Tauro. Luna en Aries.

Día Tzikin 1 en el Tzolkin, el enviado del Sol a los humanos.

Las 4 estaciones para los mapuches.

Unidos por la Mutantia de Mikegreen danzamos en el universo.

Desde ese día mágico, el país tuvo un renacimiento.

Entre todos espiritualmente salimos de la nefasta fecha del 9 de julio de 1816, día en el cual la Luna llena en oposición al Sol (pueblo enfrentado con el gobierno de turno, sin participación) nos provocó una historia estrangulada, sorda, violenta, cruel, destructiva, egoísta, arbitraria, sadomasoquista, y produjo el avasallamiento de las raíces amerindias por la salvaje conquista, la inmigración, la colonización de crisol de razas a pesar del clima, la exuberancia geográfica, la riqueza del suelo por arriba y abajo y las bendiciones de la gente que llegó escapando de guerras, pestes, injusticia y dejó las vísceras y el corazón atados a un ombú[15], molle[16], álamo en busca de agua y sombra, esperando que a sus hijos y nietos la vida los recompensara con creces.

En la Argentina no existe el «largo plazo».

Somos reyes y reinas de la improvisación, la adaptación, el aquí y ahora, el pan para hoy, hambre para mañana.

Vivo en la montaña donde nacen felices, libres y caprichosas las cabras.

Los rebaños son organismos que funcionan juntos, sistémicamente; en armonía, guiados por la cabra madrina y los pastores que saben más de ellas que de sus mujeres.

BEEEEBEEEEBEEBEEEE.

Se escucha su balido desde cualquier rincón del valle donde haya buena acústica, y el sonido de un arroyo es una sinfonía mientras algún pájaro carpintero serrucha un árbol para anidar.

Signo impredecible.

Puede ser Osho, que nació con la misión de iluminarnos y la cumplió con coherencia hasta que su luz se expandió en nuestra conciencia, Perón y Evita, que cambiaron la historia argentina demostrando pasión, talento, unión en sus ideales desde lo genuino y original dejando una herencia que nadie ha podido imitar ni reemplazar.

La cabra sabe dónde debe pastar para que su rédito sea fructífero.

Tiene el don de seducir, sentido común y poesía, y enamora a quien tiene cerca, lejos o en otro continente cuando despierta su erotismo.

Sensibles, elegantes, refinadas, cultas, saben gustar, hacerse querer, inspiran protección y amor a primera vista.

Recuerdo a Martín, la cabra que sin querer le robé a una amiga de la adolescencia; después de conocerlo supe que lo había flechado inexorablemente.

Así es el amor, así la pasión cuando despertamos como la afrodisíaca fragancia de la flor de noche que un amigo plantó en mi pared de piedra.

Ocurre sin permiso ni pasaporte: se instala y nos invade.

Nuestro deseo coincidió; emprendimos un viaje con tienda de campaña a Claromecó con otra pareja que desistió, porque no estaban tan enamorados, tan encendidos como nosotros, que sin una moneda y con algunos víveres, caminando leguas en la arena mojada decidimos dejar que la inmensidad de las dunas y el mar del Sur —más frío que tibio— fueran nuestra alianza entre liebres que nos visitaban, gaviotas, pájaros de colores intensos y perdices que sin suerte no pudimos cazar para apaciguar el hambre voraz que teníamos después de nuestras grandes experiencias de sexo tierno y salvaje armónicamente combinados.

Martín me había regalado el primer libro de horóscopo chino.

Sabía que era una cabra locamente enamorado de mí, una mona recién salida del claustro familiar al planeta, que solo veía a través de mi frondosa imaginación y la celosía de la puerta; que tenía alas, motor, poder propio y me quería comer el mundo, dormida, despierta, viajar, rebelarme, no volver a casa, seguir indagando, descubriendo nuevos universos, ser nómada, trabajar vendiendo helados, palomitas de maíz, de camarera, de poeta, y tenía la suerte de que Martín quería lo mismo, pero además casarse por lo civil y la iglesia y, humm, justo allí nuestros destinos estaban marcados por cartas del tarot implacables.

No podía jurarle amor eterno a él ni a nadie; sentía que mi aventura afectiva recién empezaba y no tenía tiempo para *promesas sobre el bidet*.

La pasión brotaba de su piel, su boca, su lengua; tuve mucha suerte al sentirme tan amada, acariciada, saboreada y mimada.

Nuestras comidas eran frugales, escasas y solo teníamos una cacerola que estaba negra de tanto hollín, que poníamos sobre el fuego que nos costaba años luz encender por el viento huracanado que nos apagaba todo, menos las ganas de hacer el amor por la mañana, al mediodía, por la tarde, vermut, y a la noche, cuando nos quedábamos dormidos como dos ángeles caídos de un avión.

Con él descubrí la sed de aventura que hasta hoy me parece sustancial para estar en pareja; lo imprevisto, lo mágico, la sorpresa como pimienta para la relación, el placer de sentirme deseada como único objeto en las inmensidades de la pampa, las declaraciones de amor con guitarra criolla, a capella, las ilusiones que eran pompas de jabón en jofaina en el mar, el corazón y la puerta de jade al rojo vivo, sin tregua ardiendo entre la arena que se metía en órganos, sábanas, pelo, ideas, y nos incomodaba.

Qué tiempo de amor sin fecha de vencimiento viví con esta cabra de madera.

Recuerdo mi físico: era una sílfide, el trasero firme, cintura y unas piernas que hacían temblar a los lobos marinos que nos visitaban en la playa como únicos testigos de este amor en alta mar.

La cabra tiene todo lo que hace falta para vivir en estado de enamoramiento perenne: tacto, delicadeza, sensibilidad, altruismo, misterio y alta dosis de caprichos, que son adorables a la hora de negociar.

Es macho cabrío muy cotizado en el zoo, pues sabe crear dependencia con su pareja o harén; algunos —a pesar de su tendencia monogámica— se separan del rebaño en busca de alguna travesura.

La mujer es famosa por sus manejos; experta en telenovelas mexicanas, colombianas y argentinas puede ser la heroína como Araceli González o Julia Roberts en *Pretty woman*.

Sabe seducir, es femenina, sutil, atractiva, sensual, refinada, buena anfitriona, cocinera, y con dones para las artes amatorias, crea adicción en su pareja y lo sabe.

En ambos sexos el confort —no digo el lujo— y la buena calidad de vida son esenciales a pesar de que juran «Contigo pan y cebolla».

Se hacen querer, las cabras son cultas, sibaritas, excelentes confidentes y amigas y tienen convocatoria cuando piden ayuda para gente que está excluida, comedores escolares, ONG, personas sin familia, artistas que descubren con su sensibilidad y sentido común.

El amor es lo más importante para ella; desde allí planea, se proyecta, crea lazos invisibles con duendes, hadas, maestros espirituales que son muy respetados y venerados por la gran artista innata que es la cabra *yin-yang*.

Después de un año y medio de citas en terrenos baldíos, en las camas de hoteles de pueblo, en sábanas prestadas, cortamos la relación.

Nunca más supe de él; Martín no dejó rastro.

Tal vez era el séptimo cabrito de las Pléyades que bajó a la tierra para enseñarme lo que era el amor.

Solo sé que le ofrendé lo más sagrado de la mujer: la virginidad.

## Homenaje a mi querido sobrino Santiago

Te fuiste del corral cortando el cordón umbilical con obsidiana.

El mundo giraba en tu imaginación sedienta de otras ocurrencias; ofrenda de tu pródiga búsqueda interior que te expulsó sin salvavidas al globo terráqueo para anclar donde el corazón latiera.

Celebramos tu rebelión y valentía para dejar el rebaño, cuando estrenabas un katún, cruzando el Atlántico.

Prendía una vela en tu honor cada *kin* para acompañarte en tu destino de orfebre andariego.

Recapitulé mis viajes a través del tuyo, sentí alas en las piernas, aire en las ideas; siempre fuiste una antena transmisora de buenas noticias, esperanza en épocas inciertas.

Barcelona-Holanda.

Prematuramente o quizás en tu reloj interno nos anunciaste que estabas enamorado, rumbo al altar con una mujer adulta, sabia para compartir tus millas de soledad transoceánica.

De pronto fuiste padre el día de Reyes del año del perro y Lolita es parte del lazo de amor más admirable que has desarrollado en la tierra de Van Gogh y de Rembrandt.

Hubo viajes de a tres, de a dos y mucho coraje para visitarnos en la Cruz del Sur con tu familia holando-argentina enraizada como clavel del aire.

Espíritu receptivo a la escultura en la que te vas convirtiendo con el tiempo.

Tu entereza conmueve, contagia, estimula en un atardecer soñado en el lugar donde te concibieron.

Las Rabonas-Macondo te espera para que seas niño nuevamente y descanses un rato del adulto que te robó varios domingos juntos celebrando la existencia.

L. S. D.

# Amores monos

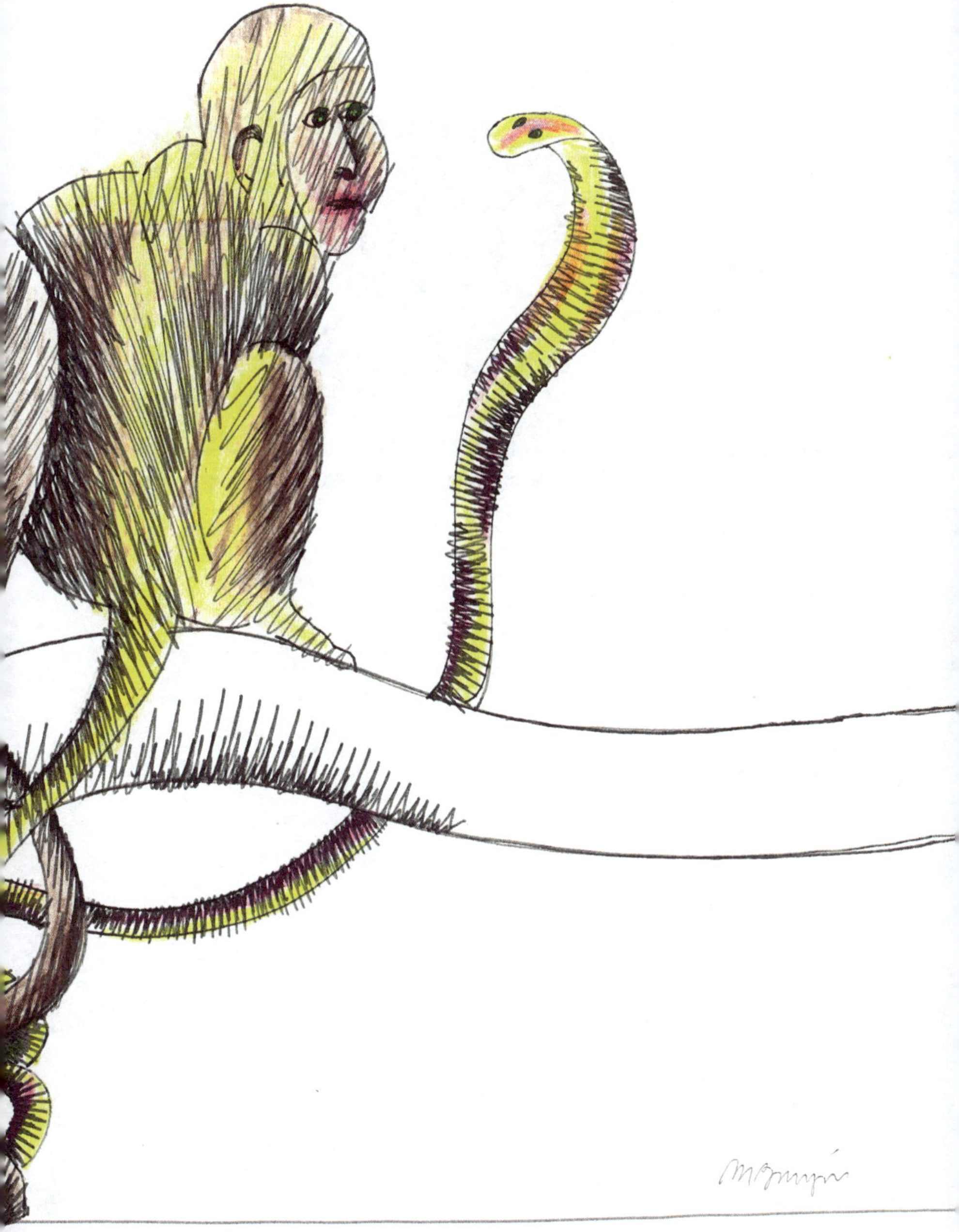

Amor cósmico,
amor macrobiótico
amor interdimensional
amor por ludophone
amor entre sábanas
amor importado
amor imposible
amor inconstante
amor a primera vista
amor chino
amor árabe
amor maya
amor de vidas pasadas
amor del inframundo
amor posmoderno
amor con lavanda
amor loco
amor mono
amor contigo
amor destino.
Si sos vos
bajo de la rama
y te sigo.
L. S. D.

### Amores monos

Día mono en el calendario de los diez mil años.

Volvió sin permiso el frío seco arrancando de cuajo la última tibieza del viento Zonda de la provincia de San Juan.

Rita apareció nítida cuando aun el gris plomizo no definía su peso específico. La conocí hace dos años en el cumpleaños de Beatrice, la rata de madera suizo-holandesa que se cruzó en mi orfandad adulta para que no extrañara tanto a mi madre, porque pertenece a esta raza de mujeres en extinción.

De pronto, en una mesa de amigos, noté la presencia de una mujer de alma y cuerpo liviano, ojos verdes, rasgos finos y voz sensible.

Era Rita, la mítica fundadora del hotel La Lejanía que aún existe sin ella, lo que equivale a añorar un lugar que fue construido desde su historia de aterrizaje forzado en las sierras cordobesas hace más de sesenta años.

Tuvimos un clic inmediato, ambas ignorábamos por qué no nos habíamos cruzado antes; sabíamos que existíamos, pero la cita la dirige Dios desde el cosmos y toda la Vía Láctea alineada sin apuro.

«Soy mono, como vos», me dijo con naturalidad.

Y comprendí que solo una mujer u hombre simio es capaz de ser leyenda viva por la valentía, el coraje, la intuición, la capacidad de adaptación a lo que le pasa en el día a día, minuto a minuto, sin escapar de su destino.

Rita tiene 92 años y vivía sola hasta el año pasado en una casa que es un museo por la cantidad de cuadros y objetos de arte que hay en paredes, rincones, estantes, muebles que brillan por su propia mano, pues no tiene ni quiere tener empleada doméstica que altere su paz, sus recuerdos, fantasías, laborterapia, lectura, horas de jardinería y especialmente de repostería, por lo que se hizo famosa en los inicios de su vida en las sierras, cuando solo tenía un cuarto de adobe[17] para tres. Allí aprendió a ser criolla a la fuerza cuando el vividor de su segundo marido la abandonó con dos hijitos a la intemperie cosmicotelúrica comechingona.

Alemana, fue metida contra su voluntad en un barco, solita, a los siete años para llegar a la Argentina y ser repatriada porque el supuesto tío no la esperaba en el puerto de Buenos Aires y no tenía más que a su alma de compañía.

Volvió a Europa intentando encontrar su lugar en el mundo, pero era tarde, los aires del Plata la habían elegido para que viviera el resto de su apasionante novela *Cumbres borrascosas* en la Argentina.

Me invitó a tomar el té a solas en su fortaleza celestial.

Y desde esa tarde supe que había conocido a una mujer que me daría luz, fuerza, ejemplo, consejos para continuar con mi vida en Traslasierra; éramos dos «lao-tong», que en China significa almas gemelas, «tu otro yo».

Su alegría al verme llegar en «Tita Merello», mi jeep negro todo terreno fue una conjunción de Venus y Júpiter en Casa Uno.

Nos abrazamos, saltamos como monas por su edén en flor; era plena primavera y la naturaleza regalaba lo que oculta en los crudos inviernos con vehemencia y sin pudor.

Cada paso era un ritual para ubicarme en uno de los mejores lugares del planeta: las sierras son monjes cortados a erosión eólica, solar, pleyadeana[18], el río corría cerca y con abundante agua para nadar, mirar, lavar las culpas antes de sentarnos a una mesa digna de una reina, con la mejor porcelana, mantel de hilo blanco, una vela roja, y la variedad más exquisita de tortas, panes, dulces, que recuerdo desde la infancia.

«¡Qué afortunada que soy!», le dije a la mona mayor.

«Lo mereces», me decía mientras fluíamos como amigas de otras vidas felizmente reencontradas.

Le pregunté sobre su vida amorosa: y tuve que escuchar casi la repetición de la propia; con 36 años de diferencia que no se notaban en esta graciosa, fascinante, culta, espontánea, sagaz, talentosa y original mona de metal que me movía entre el pasado y el presente como una directora de orquesta afinada, equilibrada, atenta, obsesiva, metódica, que estaba recordando —quizá causalmente— su vida con su huésped de honor a quien admiraba secretamente.

El amor no la detuvo en ninguna de sus fases: su adolescencia fue veloz, sin planes y con una madre a la que tenía que mantener sola, pues había enviudado y Marga-Rita estaba destinada a ser su sostén.

Se casó con su profesor de Letras del secundario, mayor y flechado por esta jovencita curiosa, inteligente y disciplinada. Estrenaba dieciséis años.

Él era un industrial refinado de vidrios, espejos y esas aleaciones que surgen del más allá.

Rita se quería ir de la casa materna, pero no se salvó de tenerla en su propia casa conviviendo con el marido, que era un gentilhombre.

En medio de funciones de gala en el Colón y carruaje de reina en un Buenos Aires donde el trolebús llevaba al pueblo a su trabajo, Rita conoció a un apuesto galán que le regalaba ramitos de violetas cuando llegaba a las funciones de gala del Colón con su madre o amigas.

Me confesó apenas sonrojándose que ese hombre la atraía y le parecía muy apuesto, raro, guapo; diferente a su marido, que era muy predecible.

Rompió el matrimonio sin aviso y se fugó con este Gran Gatsby disfrazado de Cary Grant hasta los confines del universo.

Y me reí mucho cuando rememoró la llegada a Nono, a la plaza, en carreta, cuando solo existían la iglesia y un mercado donde con suerte había dos patatas, una cebolla y arroz.

Enamorada, estaba perdidamente enamorada de este hombre que la secuestró en un viaje que le marcó su destino.

Él tenía más fábulas que realidades; hablaba de campos en esta remota región del planeta, de herencias, de planes, y mientras tanto, Rita iniciaba la etapa de la mujer china con ojos vendados y pies ágiles para caminar por los caminos de polvo y arena sin huella, bañarse como Eva en los ríos y arroyos de vertiente, mientras su panza crecía con su primer hijo y luego con Karin, la luz de sus ojos y heredera de su historia serrana.

El hombre se esfumó detrás de otras quimeras, y Rita tuvo que «inventarse» una vida. Solita, remando con las adversidades de la época, sin coche, ni caballo, caminaba 8 kilómetros al día al pueblo ida y vuelta para traer el sustento a sus polluelos.

Cocinaba en fogones en los que ponía la única cacerola con sus modestos alimentos, y los convertía como una maga en manjares para sus hijos y algún forastero que pasaba por aquellos parajes cada muerte de obispo.

Construyó un horno de barro y amplió con un baño la casa, podía recibir en verano en una tienda de campaña a los audaces que llegaban hasta allí en busca de amor, o refugiados por sus historias de guerras, venganza y fortuna.

Rita se hizo mujer de la Pacha, devota de la Madre Tierra, y astróloga de su existencia.

Al poco tiempo un pasajero le ofreció ampliar su hogar con dos cuartos más, y recibir gente en las siderales alturas del universo.

Sin que ella se diera cuenta, alguien la había visto con admiración y amor; la visitaba, la guiaba, la ayudaba, y compartía su vida en el día a día en el confín del *planeta de los simios*.

Él también era mono de metal, y dicen los chinos que la unión de ambos signos es de complicidad absoluta y afinidad.

Molter se convirtió en su tercer marido, y cuando llegó el día de la boda apareció el padre de sus hijos en su propio caballo a arruinar la ceremonia y reclamar sus derechos. OMOMOMOMOM.

El juez de Paz arregló todo para que los monos pudieran hacer acrobacias y celebrar su unión celestial y terrenal abrigaditos por el gran invento de la estufa a leña, que es ya marca registrada en la zona.

Rita se desarrolló en sus dones y los acrecentó.

Así fue, así lo hizo, y mientras cocinaba tortas de nuez, almendra, naranja y chocolate, aprendía a ser la anfitriona más peculiar del mundo: lavaba, cocinaba, conversaba de arte, de amores cruzados, de cultivos, del clima, de sus hijos gateando entre sartenes y panes recién horneados.

Tenían que ir a la escuela del pueblo al menos para no ser analfabetos.

Pasaron los años; La Lejanía fue el mejor hotel del valle y Rita madrugaba sin soñar y se desvanecía lavando platos en su cocina más amplia y equipada, llena de especias sagradas para hechizar a sus huéspedes.

Conoció a un pintor ruso que necesitaba pinceles, sopa de hongos, un catre y libertad para transmitir ese lugar que ni en su imaginación había florecido, y pudo ser gracias a Rita, ojomono crítico, certero, audaz.

Cuando el clima cambia bruscamente, como en estos días, me acaracolo. Tengo una piel hipersensible que necesita estar templada día y noche, acariciada, frotada, masajeada, besada.

El mono macho o hembra tiene el don de elegir a su amante furtivo, a su portero de siestas, al raptor de sus fantasías, al navegante inmóvil con el tercer ojo, una sonrisa, una sutil palabra de su propio idioma.

Sabe seducir, divertir, mantener el fuego siempre ardiendo, romper con reglas, tabúes, crear un microclima donde nadie se inmiscuya sin su permiso. Tiene un abanico de trucos genuinos que sorprenden, descolocan, embrujan a su enamorado.

El sexo en la adolescencia, la juventud y hasta la madurez es su mayor placer si está acompañado de otras formas de compartir su búsqueda espiritual, su sed de conocimiento, voluptuosidad, dinamismo, coraje, capacidad de asombro, hiperrealismo mágico. En general no tendrá un amor para toda la vida ni se casará jurando fidelidad eterna.

Sabe que el mundo es un banquete dionisíaco y afrodisíaco al alcance de sus monerías.

Selectivo, se enamora de lo exótico, oculto, transpersonal, de seres que parecen inalcanzables, pero a los que siempre llega por su encanto, refinamiento e inteligencia.

## Amores monos

La pareja galáctica es su mayor aspiración: alguien con quien compartir sin invadir, amar y ser amado con entrega y pasión, intercambio de roles *yin-yang* sin rollo, con desapego, laborterapia sin queja y sorpresas cotidianas para que el corazón lata fuerte y siga titilando.

Su necesidad de afecto es a veces tripolar.

Tiene estados maníaco depresivos y es capaz de organizar situaciones peligrosas para no aburrirse.

Algunas necesidades básicas para tener con su pareja son el diálogo, compartir experiencias místicas, esotéricas, viajes, y si no se dan eso puede hacer naufragar la relación.

Misterioso, sabe aparecer y desaparecer sin que lo detecten.

Inhala prana de la diversidad cultural, arremete contra la mediocridad siendo fundacional, predica y practica sus teorías hasta convertir a los más escépticos.

Sabe esperar... La paciencia es su mayor patrimonio y don.

Es maestro y discípulo al mismo tiempo.

Necesita admirar para enamorarse de alguien; respetar, confiar, aprender a escuchar cuando le dan consejos, o quiere ser siempre el centro de la fiesta o del circo.

Su talento para lograr que lo recuerden es un jeroglífico secreto; apenas sugiere una idea encuentra eco en su liderazgo.

Tenerlo enjaulado no es una buena idea; necesita el infinito como horizonte para retornar a la pocilga, gallinero o establo.

Sus amores son agridulces: nunca estará con alguien que trabaje de 9 a 5 pm o que use ropa de marcas.

Sentimental, cuando ama da la vida por su pareja, amante o amor platónico. Nunca mide las consecuencias del mañana.

Vive el aquí y ahora con plenitud; es un mono ancestral que atesora los secretos de la evolución de Darwin y tiene peso para desafiar la ley de gravedad.

Inconstante en lo que lo aburre, puede plantar en el altar a quien no lo hace vibrar como un oboe.

Pienso en Rita; sé que a sus 92 años es capaz de enamorar a Brad Pitt, Al Pacino, Jeremy Iron como Lolita con su gran tesoro de vida: su experiencia.

Antes, durante y después del efecto simio, el que se cruza con él sabe que su marca no será borrada por ninguna profecía.

L. S. D.

# Cacareando amores

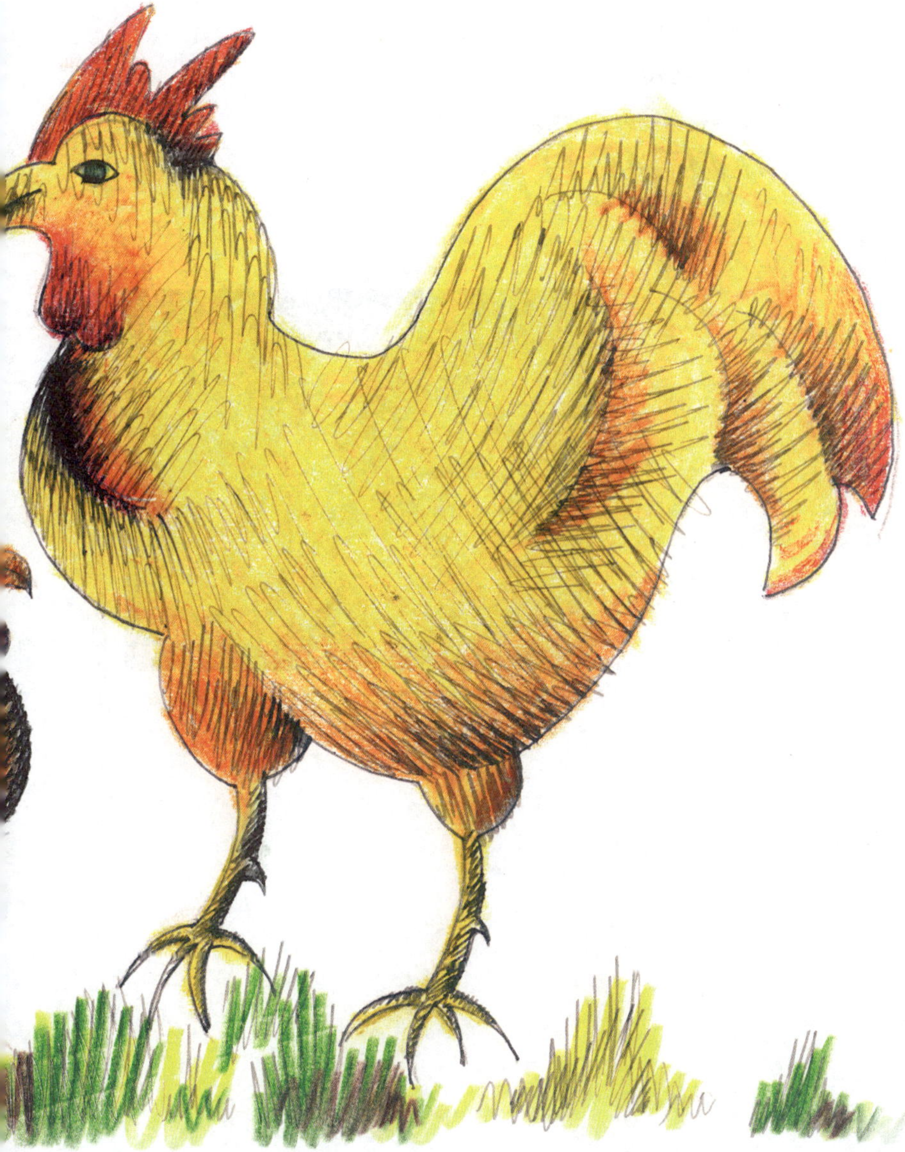

*Echaré raíces
en el cielo.
Sin gestación
me enamoró el Cinturón de Orión
desde tu adiós.
L. S. D.*

## Cacareando amores

Oberon era un mimo que conocí a los diecisiete años. Llegó desde Chile para integrar el elenco de *Cochinelle* en el teatro Odeón, un espectáculo de revista vodevil que produjo Buddy Day, una rata de teatro que sabía los gajes del oficio.

Por esa época se abría paso en el café concert de la mano de Carlitos Perciavalle, Gasalla, mi hermana mayor, Inés, que siempre me adoptaban como mascota de las compañías.

Destilaba buena suerte, mito que perdura a través de décadas; ustedes siguen mis consejos y, aunque no los practiquen, al menos leen los libros entre amigos, en soledad o en el autobús.

Recuerdo una tarde fría de junio en Buenos Aires en la que ensayaban la obra. Estaba sentada en el palco, cerca del escenario.

Cuando apareció Oberon, el mimo más clásico que conocí y conoceré en mi vida, sentía que la sangre circulaba por mis venas y arterias como cuando probé la spirulina.

Mis hormonas producían sobredosis de creatividad; escribía, actuaba, trabajaba vendiendo vinos en la calle, en una escribanía como secretaria, en una *boutique* en la Galería del Este, y estudiaba teatro independiente.

Oberon estiró su mueca y me regaló una rosa roja desde el escenario, lo que produjo un gran impacto en mi corazón.

Y dio la impresión de que también impactó a los actores, y a mi mamá, que fue *testigo en peligro* de la escena.

Palpitaba mi corazón arrítmicamente; este ser tan etéreo también era erótico y logró perturbarme.

Cuando terminó el ensayo, fui a saludar a Carlitos al camerino, que estaba en el subsuelo, y en medio de esos laberintos me interceptó Oberon cara a cara, cuerpo a cuerpo, Y ME DIJO QUE ME AMABAAAAAAAAAA.

¡AYUDAAAAAAAAAA!

Aún tenía la cara pintada de blanco, la boca roja, los ojos de arlequín, el pelo de Chaplin y, sin conocerme, hablar, saber algo más de mí, me lanzó ese cañonazo que produjo un colapso en mi ADN.

Así es. Los dos solos en un sótano, sin gente que nos viera, tal vez alguien intuía este flechazo del mimo entre bambalinas, menos yo.

Arrancaba mi pasión por el horóscopo chino y no pude evitar preguntarle su signo en una de las situaciones más surrealistas que recuerde en la declaración de un hombre.

No sabía. Los mimos y los payasos no tienen edad.

Logré que me confesara su edad: era un gallo de madera que de cerca tenía muchos años luz, y de lejos parecía un niño.

Al día siguiente era el estreno; todo Buenos Aires estaría allí.

No dormí esa noche rebobinando cada escena; tenía una mezcla de curiosidad, pánico, excitación, autoestima en la cima del Everest, y también mi madre era invitada VIP en el estreno de *Cochinelle* el primer travesti francés que arribaba a nuestras tierras, como siempre en la vanguardia de los desvíos de la naturaleza.

KIKIRIKIKIKÍ-COCOROCOCÓ. Quería pasar desapercibida para Oberon.

Pero ya era vox populi en el elenco que había nacido una pasión entre el Chaplin del cono Sur y la chica de diecisiete años fan de la obra que se estrenaba en el extinto teatro Odeón.

Mi enamorado salió a escena exultante; estaba inspirado sabiendo que su musa estaba allí conteniendo la respiración y el aliento para salir ilesa del debut.

La rosa roja tuvo dueña: L. S. D. niña la recibió mientras un reflector la seguía desde el escenario y una ovación del público la acompañaba.

Me sentía la novia de Oberon.

Y al mismo tiempo me producía un miedo atroz.

¿¿Qué pasaría con este gallo romántico, picoteador, chileno, que estaba perdidamente enamorado después de esa noche??

Fui presa de suposiciones que se volvieron realidad.

Oberon me buscó en los camerinos para decirme que quería ser mi amante, Romeo, Zeus y Osiris.

Temblé. Nadie paraba a este payaso, del que nada sabía y que me estaba atosigando sin tregua desde el primer instante que me intuyó con el tercer ojo.

Supe a esa edad que mi vida afectiva sería tormentosa.

Digna de una heroína de cine mudo o de ciencia ficción.

Que no atraería a hombres estándar sino a famélicos y vampiros adictos al amor. Y aún sigo cursando esa materia.

Días después Oberon llamaba, insistentemente, al timbre del portero electrónico del edificio de Balvanera donde vivía con mi madre, para buscarme ante mi desaparición.

El timbre sonaba dentro del apartamento; mi madre y yo escondidas detrás de la puerta sintiendo que podría tirar la puerta con un golpe de karateca, pues también lo era.

## Cacareando amores

El gallo picoteaba la madera de la puerta con su pico afilado mientras me desafiaba a salir y verlo.

Casi llamamos a la policía. Era la época en que venían.

Después de pasar largas horas apoyado en el rellano, se escabulló, agotado de cacarearle a los vecinos.

Había conseguido el teléfono y llamaba preguntando por mí.

Marilú perra doberman lo expulsaba con la nicotina que salía de sus pulmones y viajaba por teléfono.

Días de autoexilio, de guardarme sin entender cómo es el amor cuando sacude las neuronas, el corazón y los sentidos.

Al poco tiempo un sobre entró por la puerta del consternado edificio.

Era un poema, y lo que recuerdo es algo parecido a:

«Tú eres una niña nueva
y las niñas nuevas no tienen alma;
tienen una pieza de recambio en el lugar del corazón.
Porque el corazón sirve para enamorarse,
y cosas tan tontas como eso.
Pero las niñas nuevas no tienen corazón.
Tienen uno de espuma o de telgopor
No saben lo que es el amor.
Tú eres una niña nueva».
Oberon.

¡¡Aayyyyyy!! Hasta este instante me duele el poema.

Nunca más supe de él.

La obra no funcionó, a pesar del despliegue y el elenco.

Y me sentí parte del fracaso: de mi incapacidad para amarlo y de haber sido casi una pieza de una obra de teatro que no gustó.

Este gallo me dio una lección sobre el amor unilateral.

La vida se encarga de la revancha.

Me arrastré en más de una ocasión por baldosas y piscinas dejando átomos de dolor.

Apenas sé que un hombre es gallo, recuerdo a Oberon.

Y lo observo minuciosamente, quirúrgicamente, tratando de ser delicada, cauta en mis palabras, emocionalmente equilibrada, para no crear falsas expectativas.

El gallo está enamorado del amor.

En ambos sexos, en el tercero, cuarto y quinto también.

Siente que su capacidad de hombre o mujer orquesta puede más que un milagro si está dispuesto a conquistar al amor de su vida, o a alguien que se le cruzó en un tren bala, en una noche de gala en el Colón, o en un circo.

Su seducción abarca lo sistémico: integra el macro al microcosmos, lo ideal con lo real, lo lúdico con lo científico, abre portales de visión, arte, cultura a quienes se animan a apostar a su tesón, perseverancia, buen humor, galantería, pulcritud, imaginación y sinceridad.

El gallo sabe elegir: tal vez se enreda en problemas de gallinero, rivalidad, ego, pero sabe que puede confiar en su sombra, en su intuición, y es audaz cuando elige a su pareja o a un amante ocasional para saciar sus bajos instintos.

La mujer gallo es capaz de hacer que su hombre se sienta Napoleón, el rey del cielo y de la tierra, y trabaja incansablemente para mantener estimulada a su pareja inventándole todo tipo de juegos, travesuras y posiciones del Kamasutra.

Es un signo idealista; antes de ser engendrado armó el retrato de su hombre o mujer ideal y no descansará hasta que aparezca, o lo convertirá en lo mismo que hizo Antonio Banderas en la película *La piel que habito*.

A su imagen y semejanza, la estética es para el gallo algo esencial en su erotismo. Necesita lucir su trofeo en fiestas, competencias, rallies, viajes por el mundo, y en la televisión.

En la intimidad puede resultar más frío y distante con la pareja, sin duda necesita la aprobación del prójimo para confirmar su buen gusto.

Su manera de hacer el cortejo es digna del gallo de campo cuando quiere pisar a todas las gallinas.

Y en la hembra hay una histeria muy atractiva para el macho que la desea: sabe arreglarse como una estrella y tiene recursos intelectuales, de mujer empresaria combinada con mística, que sorprenden al elegido y le inspiran propuestas de *matrimonio y algo más* con esta rara avis.

Sugestiva, *sexy*, manipuladora, organizada, pulcra, esta mujer se destaca en el zoo por ser multifacética y estar siempre a la vanguardia de la moda y la movida independiente del arte.

Cuando dialogo con un hombre gallo siento una afinidad instantánea; sabe escuchar, apreciar las historias ajenas y compartir cada situación con humor y agudeza de espíritu.

## Cacareando amores

Es un sibarita: sabe disfrutar con los sentidos, desde una fragancia de hojas secas en otoño, el murmullo de un arroyo, el gusto de un racimo de uvas robado en Cafayate, caminar por la playa en invierno en Mar del Sur dejando que el viento renueve su imaginación, sus ideas y su estado físico hasta llegar al gallinero para hacer el amor sin preámbulo a la gallina ponedora que se menea para provocarlo.

Puede ser Polanski, un genio en el arte de seducir, amar y crear historias que nos taladren el cerebro hasta inspirarnos para renovar la creatividad erótica, salir del círculo de baba del sapo[19], influenciarnos e identificarnos con esa mente *yin-yang*, perversa e ingenua que no descansa y nos picotea el inconsciente colectivo.

El gallo tiene un escudo para proteger su mundo afectivo y erótico.

Sabe preservar a sus amantes, y guarda con gran reserva sus idilios e infidelidades. Detesta sentirse acorralado cuando lo ponen al asador, pero eso sí, con su suspicacia y su interrogatorio tipo FBI es un experto en sacar información de la vida erótica de sus amigos, supuestos candidatos/as.

Tal vez es más observador que protagonista de actos sexuales y disfruta integrando las historias en las que le gustaría ser actor más que espectador.

Alimenta sus fantasías a través del arte en todas sus manifestaciones: literatura, cine, teatro, circo, recitales; y almacena capítulos, escenas, canciones debajo de sus plumas, agradeciendo el estímulo que tiene al ser un aventurero de cobertizo.

La continuidad afectiva es ley para estos seres tan especiales.

Defenderá a su familia y a su cónyuge aunque la relación esté en terapia intensiva, porque tiene el don de conciliar, unir, armonizar y equilibrar lo que ha conseguido con tesón y valentía.

Recuerdo a un poeta que conocí en una radio independiente y que se enamoró como Oberon, instantáneamente.

Cuando la luz del alba llegó me cacareó un blues confirmando que el amor surge en los momentos más inesperados rompiéndoles el tic tac, la agenda, el supuesto orden que tenían hasta que alguien les alborotó el KUNDALINI.

Que gocen más aun de lo que los chinos y su intérprete saben de ustedes.

Confiesen sus amores para seguirlos en esta aventura que nos iguala.

L. S. D.

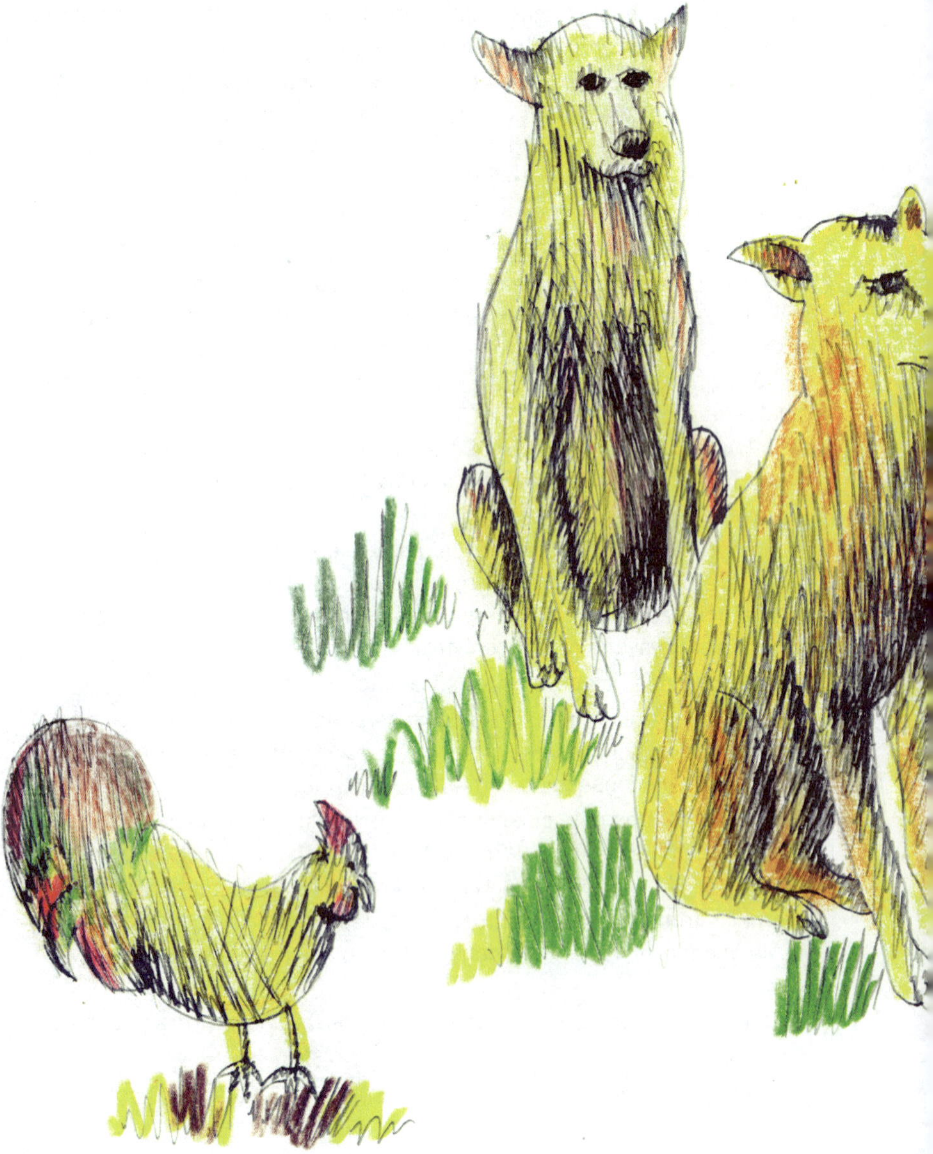

# Amores perros

Útero volador
inevitablemente te elevo
útero emplumado
hacia otros cielos de nubes extrañas.
La tierra es solo una pausa
destino sin destino
compartible en algunos tramos
exclusivo e intangible.
Solitario con inspiración y magia
transportado útero
al reino de los cielos
donde soy extranjera
sintiéndome en casa.
Abajo descanso
intento ser tierra, agua, piedra, montaña.
Pero cuando las luces se apagan
tú y yo sabemos
que el universo es nuestra casa.
L. S. D.

El último sueño que tuve antes del amanecer fue que Tomás Abraham me regalaba dos caballos.

Estábamos en un establo, hablando muy compenetrados uno con el otro; podría ser el campo en Ojo de Agua o algo parecido a mi casa en las sierras.

Uno blanco y otro negro.

Lamenté despertar; siempre intento alargar el sueño desdoblada, trato de controlarlo para eternizarme en él.

La mañana fue increíble: el sol tiñó de púrpura el aguaribay, las piedras, el círculo de pinos y mis ideas.

Apagué luces deslizándome por la casa, hogar, nido, refugio para el amor.

Nuevamente sola.

Inhalé prana, agradecí ser escritora, independiente, trabajar en lo que me gusta y les atrae; me conecté con el sol, el aire, el fuego, el canto de los pájaros y los últimos aullidos de los perros que se disputan el sexo de Bis, mi perrita té con leche casi labradora, mágica, y desde hace una semana la más asediada del condado.

Lavé ropa, miré mapas, leí mis agendas chinas, mayas, y abrí la cajita mágica que me regaló María con las cenizas perfumadas de Sai Baba.

Evoqué a Martín, un hombre perro que se enamoró a primera vista hace doce años en Córdoba, de mesa a mesa en un restaurante, al cual —a pesar de resultarme un extraño can— nunca pude corresponderle y eso me hizo sentir una miserable durante ese tiempo, hasta que murió de tristeza.

No por mi culpa, sino porque era esa clase de hombres de otra galaxia, siglo, época; tenía todo lo que hay que tener para hacer que una mujer se sintiera, querida, protegida, contenida, pero me aburríaaaaa muchísimooooooo.

OMOMOMOM

Este capítulo coincide con la muerte inesperada y absurda de Adrián Otero, el cantante de Memphis, otro perro que se distrajo en alguna ruta con el espejismo del dragon que lo llevó en sus escamas al más allá.

El lazo de amor que tengo con este signo se lo debo a mi mamá, la muñeca Marilú, que me amó más allá de cualquier libro de Freud, Jung o Hellinger: con pasión desmesurada, arbitraria, feroz, simbióticamente, produciendo una llaga abierta en la constelación familiar que no le perdona su preferencia por L.S.D. a pesar de tener cinco hijos más que trajo sin muchas ganas al *planeta de los simios*.

Por eso decidí poner en este libro el apellido de ella: Dari.

Y también calmar la curiosidad del zoo sobre mis iniciales L.S.D. que llevo con gran orgullo y sin ninguna sustancia alucinógena.

De ella saben algo a través de mis anuarios, pero jamás me cansaré de evocarla.

Tuvo una vida de perros, de cabo a rabo.

Y la aguantó, como una gran campeona rottweiler.

Su padre romano fue tan fugaz como la luz de la primavera sobre las siete colinas en Roma; dejó tres espermatozoides en Muna —mi abuela gallo—, que fueron mis tíos Beba y Petty, ambos dotados de gracia y belleza, y mamá.

Marilú heredó lo mejor y lo peor de ser primogénita.

Una infancia de lujo en crianza, estudios y viajes, fumigada por una gran carencia afectiva y ejemplo de padre, hombre, marido para su mamá, quien tuvo que ejercer ambos roles al unísono.

Y cuando apenas sentía el renacimiento de la pubertad, de sus hormonas, de sus ganas de ser traviesa, rebelde, independiente, se le cruzó un macho cabrío que la desfloró salvajemente la noche de bodas, sin anestesia.

Después descubrió en el diván de Rascovsky —su terapeuta— que se casó para cambiar el apellido paterno que la avergonzaba. Ayyyy, mamma miaaa!!!

Autoestima por debajo del nivel del mar.

Y una repetición de situaciones adversas en traer hijas al mundo que la ataron a un destino sin brújula hasta el desembarco de Miguel, su único hijo varón, antes de nosotras: Margarita y Ludovica.

Conmigo mamá se abría como un cántaro, un loto en una fuente, un pimpollo cuando el sol lo acaricia y lo convierte en flor.

Hay inexplicables y misteriosas redes que se tejen entre madre e hijos; la nuestra es sin duda una tan especial que aún perdura en mí, tan viva como la motosierra que está interrumpiendo la paz de la sierra en el atardecer.

Nuestros signos solares eran armónicos; los chinos no tanto, pero ella se realizó a través de mí en el arte, en el amor, en la ecuación más sutil que une ambas vidas o reencarnaciones.

Fui su madre sin duda, o pareja o padre; me dio todos los roles en uno, y aquí estoy diez años después de su muerte extrañándola o sintiéndola más cerca que cuando me hacía «nana colita de rana».

Después de ser protagonista de Casa de muñecas en carne propia, deambuló con su amada hermana por la bohemia porteña rompiendo corazones sin tregua.

Sexy, seductora, sagaz, ácida e inteligente, lograba capturar la atención de un hombre, mujer, niño o travesti con su original visión para analizar, desmenuzar y disecar cada partícula del ADN, del alma, de su enciclopedia Espasa, y era un lujo de cultura general para cualquier humano que se le cruzara en el TAO.

Humilde, hermética, ahorrativa, precavida, intuitiva, tenía olfato para detectar a los estafadores en todo: profetas, príncipes y mendigos.

Recuerdo su voz erótica; quien llamaba a su casa quedaba prendado de su tono, decibel, capacidad para ser oreja sin retroalimentación, para estar siempre a disposición del prójimo sin horario, conteniendo novelas, dramas, sainetes familiares, de amigos y de los primeros fans míos que llamaban a su casa pues el teléfono estaba a mi nombre.

Sé que al menos tres parejas mías estaban enamorados de ella... y viceversa...

Sin llegar al traumático acto que cambia el color de las cosas, solía tener largas charlas con su boquilla mítica exhalando la nicotina alrededor de los sentidos.

Signo leal, fiel, honesto, sacrifica sus deseos, gustos y caprichos para complacer a su amado, amante, amigo.

Sabe esperar a pesar de que la ansiedad lo carcome, lo consume y devora.

Está atento, alerta, en guardia, dando la vuelta al perro para proteger a su cría, a sus amigos, a la tribu elegida.

No duerme, no sueña; sabe que su vida está amenazada.

Siente con los sentidos, es irracional, celoso, posesivo, dominante, no mide las consecuencias cuando se siente malnacido.

Y aunque no lo amen, no lo traten bien, no lo agasajen ni lo halaguen, desechará el amor propio para continuar al lado de su amor.

Sophia Loren, Brigitte Bardot, Shirley McLaine, Madonna, Moria Casan son algunas mujeres que causaron infartos, pasiones, admiración, ganas —en el varón— de ser esposos, amantes, de integrarlas al harén, a sus fantasías o, simplemente, de tenerlas en fotos para capturarlas en sus dones físicos, sensualidad, glamour y valentía.

El hombre perro dio pura raza, con pedigrí como Elvis Presley, Gato Barbieri, Vittorio Gassman, Luis Miguel, Sylvester Stallone, que son pares de las cachorritas mencionadas.

Talento, «genio y figura hasta la sepultura» y una vida afectiva tormentosa; sexo, droga y rock and roll.

Mucha adrenalina que atrae hormonalmente al que esté cerca de la casa, del set, del estadio o de la plaza donde —como Liza Minelli o Federico Luppi— den un recital al aire libre a beneficio de hospitales, dispensarios, u ONG.

Su piel destila un extraño aroma, una calidez de horno de barro que atrae a la casa, al zaguán, al paredón o a la zanja más cercana donde hará el amor sin inhibiciones ni censura, con pasión latina, sintiendo, cuando cae a los pies del elegido roncando como Rin-Tin-Tin, que es su mejor desempeño.

Hay perros intelectuales a los que solo les importa filosofar y comerle el coco a su presa preferida hasta producirle orgasmos múltiples.

Cuando se da un buen equilibrio entre ambas partes resulta un ejemplar altamente cotizado en el mercado de valores.

Si se enamora y no es correspondido sufre mucho; se lame solo las heridas, busca alejarse con el rabo entre las patas y se deja morir... hasta que alguien lo ve, intuye, presiente o rescata.

El perro necesita tener dueño o dueña.

El exceso de soledad lo abate, aturde, atemoriza y enferma.

Le gusta compartir todo: desde el mal aliento hasta las ganancias que obtiene saliendo cada día a ganarse su hueso.

La ansiedad lo limita en las relaciones con el prójimo.

Es fundamental que practique meditación, yoga, tai chi, zazen; que remonte ríos de la cordillera o realice cabalgatas que lo dejen exhausto para iniciar un diálogo *sexy* con su pareja.

A veces los problemas cotidianos, la inflación, el Indec[20], el reclamo al cliente tienen más consistencia que destapar un buen vino, poner velas y cantarle a su amor *algo contigo* como Gipsy Bonafina.

Si bien en ambos sexos tienen levante inmediato, cuando tiran la flecha les cuesta aceptar los límites del otro: sea en la propia casa, en un viaje, en una empresa, en una ONG, en un proyecto artístico o en la cama.

Dominantes, saben ganar territorio cuando entran en la vida del afortunado que eligen.

Son liberales sexualmente, saben disfrutar haciendo el amor antes, durante y después, y crean adicción.

¿Quién no se enamora de un perro, que reúne casi todo lo que se idealizó o imaginó en la vida?

Desde China Zorrilla, con su talento, ingenio y entusiasmo, hasta Gianni Versace, con su exquisito refinamiento en el arte y en la vida hasta su trágica muerte, víctima de sus bajos instintos.

El perro es el símbolo del amor.

Sabe amar con plenitud y dar la vida por quienes lo eligen.

Si no existieran mis perritas: Maga, Yolsie, Bis, y Caín, el único macho que cuida el campo fundacional, mi vida estaría más o menos, con el vaso a medio llenar.

Por eso celebro la alegría de compartir mis días con ellos.

Son esenciales en la protección que me brindan, e intento ser buena madre a pesar de mi tiempo fuera del hogar.

Gracias a ustedes aprendí a ser más cariñosa, atenta y solidaria. A priorizar la amistad y matizarla con un buen mate al empezar el día.

Y la noche cayó de repente antes del solsticio de invierno, mientras las observo desde mi ventana panorámica al infinito.

L. S. D.

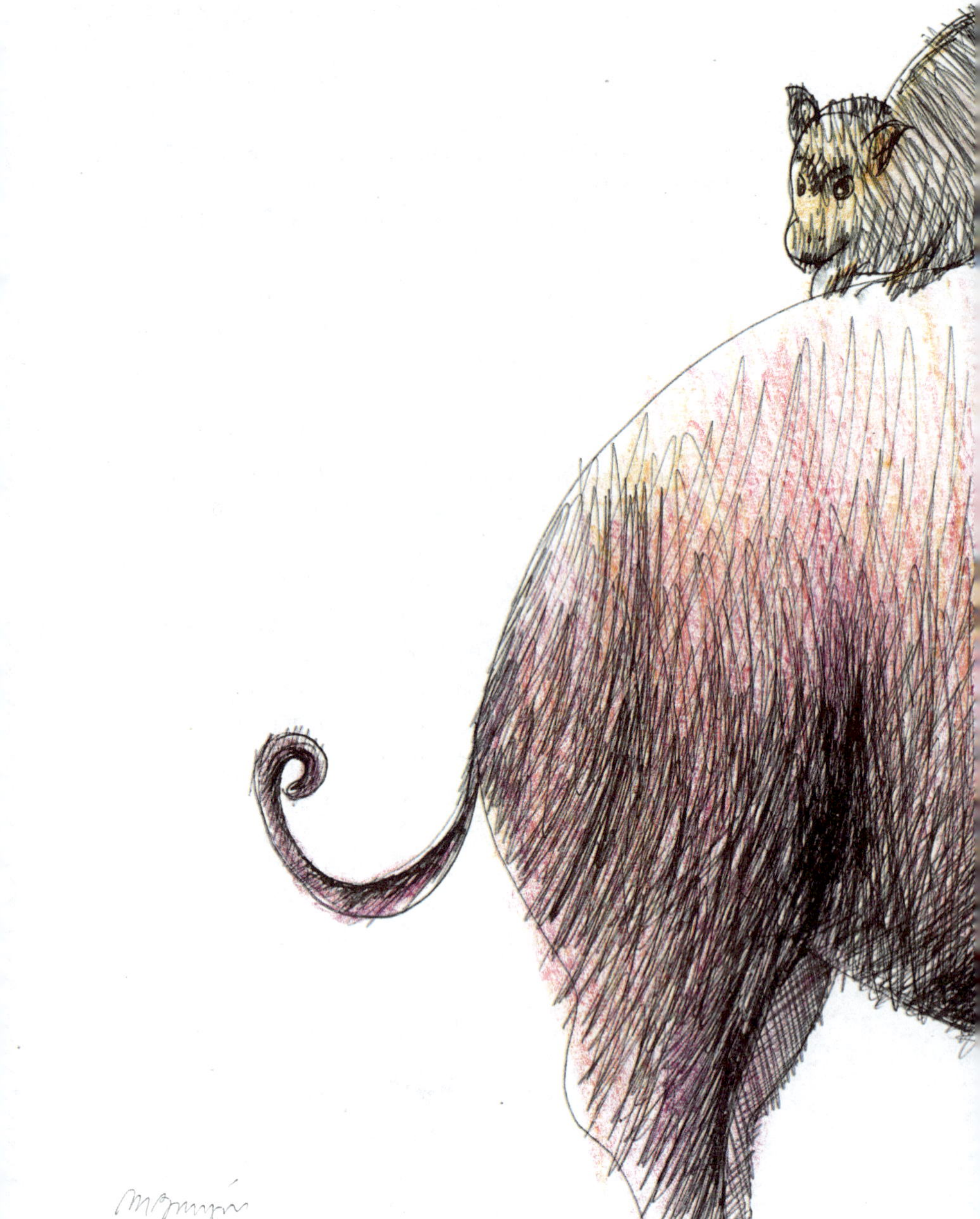

# Amores cerdos

La travesía.
Yo salí caminante, solitario al desierto de mi tierra.
Me salí del apartamento con aire acondicionado.
Me asomé y sumergí en el desierto verdadero
de mi tierra y allí te encontré.
Desde entonces pegados, ateridos, sofocados,
paralizados, hipnotizados, hibernados,
insolados, olvidados, lastimados,
estamos abrazados juntos...
Acepta este humilde ramo de ternura
de algarrobo, de chañar[21] y de jarilla,
de espinillo, cachiyuyo y pasto puna:
aquí no crecen otras flores.
yo te ofrezco las que tengo, por si alguna
reconoces de la cuna de América.
Todo es seco aquí arriba
pero abajo
las ricas napas de agua corren profundas.

### Amores cerdos

Este poema es uno de mis preferidos.

Lo escribió mi padre.

Lo memoricé desde chica porque me traspasó por su contenido poético, su originalidad y su misterio.

Siempre sentí que no se lo había dedicado a mi mamá perro sino a una de las tantas amantes, amores, mujeres que lo amaron poco, mucho o hasta la eternidad.

De él provengo en la mitad que aportó con su espermatozoide, fecundando a mi madre cuando estaba —como me lo repitió hasta que le creí— en plena menstruación, algo inusual, pero parece que tenía que nacer o al menos ser la última hija de ambos en esta reencarnación.

Soy el cliché del complejo de Electra.

Algo les he contado a través de mi vida, pero recordar al primer hombre que conocí y su influencia es saludable cuando se habla de amor.

Era guapo, fibroso, apasionado: relataba de memoria el *Martín Fierro* o párrafos de *Ricardo III* o *Hamlet* en un inglés de Cambridge que deslumbraba al auditorio: sus hijas, esposa o amigos que los fines de semana concurrían a la mítica casa de descanso de Parque Leloir, sintiendo un foco de arte, amistad, descanso, encuentro de artistas plásticos, actores, directores teatrales, payadores[22], gauchos, científicos, poetas... Y cualquier bicho que merodeaba iba a parar al asador.

El espíritu era tan refinado que tenía que compensarlo con su incorregible conducta en la pocilga.

Ambas realidades marcaron mi infancia; una madre que se resignó a padecer infidelidades y algo más, e hijas que mamaron la infidelidad del padre como algo natural y abominable.

Cómo seguir en la vida con este ejemplo...

Por suerte los consejos que nos daba eran bastante contradictorios: por un lado, desde que éramos pequeñas nos decía: «Yo soy el único gallo y no quiero que ningún otro gallo se acerque a ustedes».

Al día siguiente murmuraba: «Chicas, no se casen antes de los treinta años; viajen, conozcan el mundo, no se enamoren del primer hombre que conozcan»...

Era un talibán sardo, pues los Squirru provienen de Cerdeña. Para mis 52 mayos me di el lujo de llegar a ese lugar diseñado por Zeus y Afrodita y que tiene similitudes con Traslasierra, pero con un mar turquesa y traslúcido en el que los delfines juegan o las sirenas hacen el amor con los bucaneros.

Me crié con un padre abogado por mandato, intrépido y curioso viajero que se embarcó hacia China a los veinte años, diciendo que «Argentina es un país que no tiene proyectos ni a corto, ni a mediano ni a largo plazo». Por eso se autoconvocó para integrar —como cónsul— la primera embajada de la Argentina en China en el año 1945, durante la presidencia de Perón.

Personajes originales y épicos lo moldearon para seguir con su vocación y amor por los caballos criollos, que fueron su pasión al unísono con el harén que desfilaba por nuestra casa confundiendo los roles de legitimidad en la familia.

Trauma que pude ordenar gracias a constelaciones familiares, pilar fundamental para entender con el corazón los lugares antisistémicos que ocupamos en la familia y que vienen del árbol genealógico de ambas partes, que tenemos que aceptar primero, para perdonar después el fardo de alfalfa afectiva en el vinimos envueltos desde la placenta.

El jabalí salvaje es duro de domar, domesticar y apaciguar.

Murió en el clásico de la quiniela[23], a los 48 años, «il morto chi parla».

Tenía quince años y sobredosis de hombre y padre.

Fue una liberación su prematura muerte; su filosofía con la mujer la conté en el prólogo del libro: «No molestar y hacerse útil».

Cuánta información en el ADN, la pubertad, las hormonas, en la imaginación, las ideas, y en la manera de relacionarme con el hombre dejó mi papá, don Eduardo, en su hija menor.

Aunque el cerdo no es la mejor combinación para el mono, se me han cruzado tantos que parece inevitable no seguir aprendiendo lo que heredé para bien y para mal.

La facilidad para relacionarme sexualmente cuando he sentido deseo, seguridad, destreza, naturalidad hacia el invite erótico, sin duda la heredé de él.

El placer por degustar una relación afectiva en cada fase lunar, sin apuro, a fuego lento, con meditación al estilo Alan Watts son enseñanzas precoces que tuve la suerte de apreciar del jabalí salvaje, culto, sibarita, íntegro en su visión del prójimo, humano, cálido, sincero, audaz, valiente, justo o arbitrario, según las efemérides del día y de su apetito sexual.

## Amores cerdos

Con el tiempo observé características similares en el cerdo que me poseía.

Bajos instintos de entrada, mutando en situaciones domésticas, artísticas, intelectuales, sazonadas con buenos vinos, charlas, asados, *spaghetti a la putanesca*, mejillones a la provenzal, pizza y mucho más.

El cerdo ama con todo su potencial hidroeléctrico, mineral, vegetal y, sobre todo, animal a quien elige para compartir sus horas en la pocilga real o virtual, en el cielo anterior o posterior.

Es muy demandante —OINK OINK OINK—, el destete de la urbe materna será un agujero de ozono en su vida y ni la Coca Sarli en *Fiebre* podrá llenarlo, pues es edípico en su ADN y estará siempre buscando a la madre carnal y espiritual simultáneamente.

Difícil complacerlo: es muy exigente.

Ser una de las dos partes es un logro, pues tiene facilidad para hacerse querer y convertirse en la mascota de cualquier mortal.

Como amante es exuberante, imaginativo, sensual, volcánico.

Sabe preparar el ambiente, puede acosar a su víctima con piropos, llamadas telefónicas, largas sesiones de chat, observando detrás de los arbustos, de una cámara o de la cerradura de un castillo.

Le gusta mezclar imágenes, a veces personas en la misma cama, o en el heno, y lo excita el vínculo sanguíneo: cuñadas, primas, tías, hijastras, y si la mamá está con las defensas bajas es capaz de ser Hamlet al menos por una noche.

La continuidad es esencial para el cerdo; en ambos sexos lo estabiliza y equilibra saber que tiene un hogar, que en algún puerto su pareja está esperándolo con un guiso de lentejas en invierno, y en verano con un clericó[24] con rabas.

Sabe elegir con la cabeza en el momento de buscar alianzas duraderas que lo inspiren para improvisar si el trabajo escasea, y no ignora que tiene hándicap por sus virtudes, que oscilan entre ser un empleado de mantenimiento, una gran cocinera, un filósofo capaz de cazar y pescar cuando los tiempos lo exigen, hasta el mejor confidente y amigo de su cónyuge.

Sensual aunque no se produzca, este animal sabe atraer como un imán a personas ilustres, anónimas, célebres o estoicas en todo tipo de situaciones: antisociales, imprevistas, surrealistas no premeditadas.

Adicto al sexo en su pubertad y su juventud, transmutará sus hormonas en la madurez para disfrutar de una buena compañía, diálogo, labores compartidas en el hogar, comuna o grupo de terapia.

El cerdo es amoral.

Tiene sus principios, códigos y teorías.

Algunas de las especialidades de esta raza tan genuina son encapricharse con la mujer de su mejor amigo, con la agente de prensa de su mejor amiga, con su jefe casado, con el director de una película que la tiene de protagonista para producir situaciones difíciles en el lugar de rodaje, en el trabajo o en la vía pública.

Su corazón es de oro o de lata, hay de todo y para todos.

Tiene palabra, es leal, confiable, generoso y muy cariñoso.

A pesar de eso, necesita sobredosis de seguridad, pactos y juramentos para afianzar su autoestima.

Su timidez se convierte en un *boomerang*; ataca antes de que se le acerquen para decirle: «I just call to say I love you».

Iracundos, ciclotímicos, ambivalentes... son todas las películas de un cerdo pura sangre como Woody Allen. No dejan experiencia sin degustar: el amor del cerdo es práctico y palpable.

En mi caso, mi cerdo me demuestra cada día su amor regando, podando, cortando leña para las ninfomaníacas salamandras, chimeneas y cocina económica que tengo en mi sed piromaníaca; arregla licuadoras que adoro con la gotita, hace instalación eléctrica en el jardín para prevenir a los bandidos rurales, cocina salsas agridulces, incursiona en la preparación de calabaza en almíbar con las recetas de la experta cerda Elvira, lava, cose, diseña planos para nuevos hábitats fundacionales; está en acción mientras escribo, leo, me detengo a contemplar cada atardecer y amanecer con su presencia merodeando mi existencia.

A veces le reprocho por falta de más romanticismo, salidas, lecturas, mimos y caricias.

En el amor, al menos conmigo es así.

Al principio sufría su menú afectivo, hoy lo valoro y agradezco, porque demuestra que también cambié en mi forma de dar y recibir.

Él es adicto a ver películas; las preferidas son las de tiros y tetas, mientras yo le imploro que se quede a mi lado viendo «Atracción fatal».

El cerdo crea dependencia afectiva.

### Amores cerdos

Cuando está a mi lado todo el tiempo rezo para que dé una vuelta por el valle y me deje oxígeno para seguir con mis tareas, que necesitan atención y concentración.

Siempre tenemos temas para intercambiar; él adora los domésticos y de manutención del campo, o hablamos de los empleados, a los que les tiene celos pues la Mona Lisa es ama y señora desde antes del aterrizaje del cerdo a estas tierras, y como buen macho le gusta tener el control remoto de todos y de todas.

Cae la tarde; mientras le preparo una torta exquisita, valoro los tutores que le puse a mi amado aguaribay para que no se caiga con los huracanes, ciclones y sismos.

Veo el dorado que tiñe el círculo de piedras, el nido del hornero[25] que él añora de su infancia usurpada, y siento que soy muy afortunada por tener un cerdo en casa y en el corazón aquietado en estos katunes.

Pienso en cada uno de los cerdos que conozco: Grande Pá, Fernando, Henry, Julio, Said, Aziz, Cecilia, tía Beba, Vicky, Clarita, Susana, Lucía, Pepita...

Todos tienen algo en común.

Entraron repentinamente en mi vida, sin que los buscara, y como en una ópera de tres actos aparecieron disfrazados, idealizados, más nítidos o esfumados, para ser una parte mía.

El amor transpira debajo de su gruesa piel gotas que bebo en el poniente.

L. S. D.

# Cocinando el menú para tu animal favorito

por Claudio Herdener

Cocinando el menú para tu animal favorito

## *Mona de fuego - Cerdo de tierra*

### TORTILLA DE PATATAS Y ENSALADA MIXTA

A los Cerdos impertinentes y un tanto volátiles —como siempre— aunque genuinos y fieles a sus ideales, les sugiero que dejen fluir su sentido poético en la cocina, y que en esa geografía den rienda suelta a la imaginación, sobre todo en ciertos momentos de confusión de tipo climático, en que no se sabe si es mejor comer en la terraza o en el comedor… Entonces, qué mejor que sorprender a su Mona flamígera haciendo que la entrega que la halague tome forma de una simple tortilla de patatas, en grata complicidad con una frugal y refrescante ensalada recién llegada de la huerta.

Un halago para los sentidos de esta pareja en busca de quimeras, utopías y sueños por concretar mientras acompañan el diálogo en la mesa con este acertadísimo y bienvenido plato honoris causa.

Pondere usted, amigo Jabalí salvaje del monte, abstraerse de total inquietud o ansiedad al momento de elegir:

**4 huevos** de tono ladrillo tenue (nunca blancos) que una gallina se ocupó de entregarle solícita y generosamente, y que deberá batir raudamente sin mirar las noticias de reojo ni programas de política internacional.

**2 cebollas** cortadas en rodajas muy finas, (no hay que distraerse y sí hay que cuidar que las yemas de los dedos sigan perteneciendo a estos, porque le serán fundamentales para la tarea).

**2 dientes del mejor ajo** que encuentre, si son grandes mejor; tiernos, místicos y aromáticos deberán ser, como su color blanco puro.

**3 patatas blancas**, grandes, carnosas y jugosas, que cortará en cubos y entregará a la olla más confiable de la casa, para hervirlas durante un tiempo, que a ojo serán unos 20 minutos. Entre crudas y cocidas, elevarlas al cenit del escurridor, pero jamás duras, ¿se entiende…? De manera inminente, ellas se integrarán a la sartén, ávidas de fritura.

Al final va el clásico toque agrio, que lo darán unas ramas de **perejil fresco** y bien picado, que desbalanceará un tanto el ritmo justo en la curva del recipiente donde usted bata el contenido de los aquellos ágiles huevos, ya que el noble vegetal se incluirá en la batida.

Luego, sin silbar, añada sal y pimienta, sin asustarse por ser un héroe del romanticismo para su simia, que espera grata y confiada.

Hacer un poco de ruido con la sartén ya caliente, y el mejor **aceite de oliva** que encuentre a su paso, para luego, una vez que esté caliente, volcar esas patatas —que previamente cortó, hirvió y quedaron pendientes a la espera del momento crucial— y dejarlas hasta que se doren, quizás otros 20 minutos.

La digna espera puede sostenerse con la mirada de cazador puesta en lo que hace con total maestría, mientras se bebe un vino tinto para degustar lo creativo de esta sencilla pero esencial manera de que una Mona de fuego se rinda a sus pies, como Chita con Tarzán en el mundo selvático sin caer en la cita a ciegas de la Jungla.

Piense en ella de rama en rama saltando de felicidad desde lo alto, mientras usted, querido cerdo, vago y soñador, ha alcanzado —con su trazo de gourmet— la poesía sobre la nocturnidad de una cena... Lo opíparo reside en la compañía de Natalie Cole de fondo, o bien Los Amados, con su misteriosa *Noche de ronda* o *Vereda tropical,* invariablemente...

Sean galantes y serán admirados por sus sorprendidas Monas que, sensuales y dispuestas, dormirán más tarde a su lado, luego del grato festival de sabores...

## *Búfalo de madera - Rata de metal*

**TABULÉ Y GUACAMOLE**

Será de Dios esta pareja de amigos: Alejandra Búfalo de madera y Esteban Rata de metal. Se complementan casi siempre en base a la pasión que les despierta el buen comer

Notamos que se buscan en las miradas y que se encuentran en los suspiros.

Ella bate intensamente su enigmática especialidad: un plato muy poco difundido pero muy recomendable a la hora en que el hombre llega al hogar, con cierto apuro por probar tan exclusivo bocado. Y debo aclarar que es el momento en que la hambruna del trajín rutinario ya amenaza al pobre roedor hasta el desmayo.

Y les cuento que desde una colorida cocina surten efecto mágicamente los aromas que ahora sin piedad lo arrodillan implorando por ese tibio placer que se delata, sobre la mesa de roble.

Este plato antiquísimo ya descansa en su nobleza; del enérgico batir de brazos que ella agitó con cadencia en su momento y de la exigencia de los tiempos de la receta los había prevenido. Un ejercicio que más tarde acontece con el resultado del enigmático Tabulé, un fantástico manjar que ahora les abre por completo los cinco sentidos para perderse en un pagano, silencioso y rítmico comer.

También comparte litúrgicamente este lujurioso alimento, delante de los ojos, una muy bebible y elogiable caipirinha, y se complementa con un poco de guacamole que Esteban —muy previsor— como en un ritual ya había preparado esa mañana.

Los alimentos se acompañan entre sí, al igual que esta parejita de Búfala y Ratón, donde la preparación a dúo de esta exquisitez puede ser un eclipse en plena noche. Nada mejor que una buena comida para los amantes nocturnos, ahí donde nada importa más en el universo que el amor bien compartido a través de una simple receta solo elegida para el goce de la media naranja, y que se confiesa de manera generosa, sin secretos, como este fogoso amor de tortolitos del horóscopo chino.

Van los ingredientes, y luego la preparación de esta receta de origen libanés, de un alto valor nutricional. Como es un alimento básico de la cocina de Medio Oriente, cada familia le suele dar su toque personal a esta delicia que es el trigo burgol.

## *Ingredientes de tabulé para 4 raciones*

**300 gramos de cuscús o trigo burgol extrafino**
**1 cebolla pequeña**
**Perejil, a gusto (un consejo: más bien abundante)**
**1 tomate grande**
**1 pepino**
**1 pimiento verde**
**Aceite de oliva, con 30 cc estaríamos bien**
**1 limón**
**Sal, a gusto**
**3 ramas de albahaca**

Y ahora, la preparación continúa de este modo:

El burgol se pone en remojo en agua fría durante un rato, para que se hidrate hasta que se hinche.

Mientras tanto pelar y picar la cebolla junto al perejil, que de antemano se había lavado bien. Luego, hacer una guarnición con los otros vegetales: el tomate, el pepino y el pimiento verde, todos cortados en dados pequeños; reunirlos en una ensaladera.

Volviendo al burgol, cuando ya esté listo, escurrirlo muy bien hasta dejarlo bien seco.

Colocarlo en una ensaladera y agregarle los vegetales picados previamente. Comenzar el batido agregando un aliño de aceite de oliva, zumo de limón y algo de sal. Remover bien la mezcolanza y listo.

Se pueden variar las cantidades de limón de manera más o menos fuerte, y para dar más aroma agregar un poco de albahaca y, atención, no olvidar una buena y esencial ración de perejil. Con respecto al tomate, debo decirles que es una moderna variante oriunda de México y no de Medio Oriente. Si seguimos el sendero tradicional podemos agregarlo al plato libremente y sin el más mínimo compromiso.

## *Ingredientes base de guacamole*

**Aguacate, cantidad a calcular según la cantidad de comensales**
**Aceite de oliva, a gusto**
**1 limón**
**Sal y pimienta, a gusto**
**1 cebolla**
**1 tomate**
**1 ajo**
**Cilantro, a gusto**
**1 chile verde**

La seguimos con el digno guacamole de Esteban, que no pertenece al tradicional Tabulé sino que es un compañero de equipo y nada más.

Todo el mundo que se precie de conocedor en la materia sabrá muy bien de su simple preparación: se toma un aguacate maduro, de esos bien aceitosos. Se le quita la cáscara y, tenedor en mano, se empieza a pisar con maestría vigorosa, mientras se le agrega suavemente un chorrito de aceite de oliva del mejor que se tenga en la alacena.

Seguir pisando el contenido un poco más, y agregarle unas gotas potentes de limón. Sigilosamente verter esa dupla ancestral de sal y pimienta, que al instante de condimentar le dará su toque personal en el paladar. Incorporar la cebolla bien picada junto al tomate, el ajo y el cilantro. Finalmente, el chile verde que debe ir bien triturado. Esta es una manera de preparar el guacamole en casa.

## *Gallo (gallina) de tierra - Gallo de fuego*

### COLES DE BRUSELAS Y ROAST BEEF CON FIDEÍTOS

Según especula algún amigo visionario —más bien un fino observador que con elástica agudeza analiza la conducta de parejas bien llevadas—, cada uno cumple su rol geográfico en el hogar a la hora de cocinarle un rico plato a su media naranja o medio grano de maíz. En este caso nos convocan unos auténticos y persistentes gallináceos del horóscopo chino: Mariana, Gallo de tierra, y Guillermo, Gallo de fuego. Buena gente, doy fe.

Pues bien, volviendo al tema territorial en la casa, quien cocina es nuestra gallina terrena, ya que su inefable compañero manifiesta que solo ingresa en la cocina para lavar los platos, pero aclara —eso sí— con graciosa meticulosidad y cariño, que también expresa comiendo y —confiesa— con otros trucos que sería indiscreto citar aquí.

Vaya declaración la de este hombre Gallo flamígero... se ve que amor hay, y mucho, a pesar de la escasa dedicación para halagar a su querida en lo que concierne a cocinar. Pero para ser discretos, no es nuestro terreno opinar sobre este tema, ya que le conozco unos buenos asados, y tengo total pericia en su picoteo.

De todas maneras, propongo proseguir con lo importante, que es la receta, que nos deslumbra por su sencillez y se nos hace agua la boca con solo imaginar ese plato servido con un buen vino tinto color rubí bien conservado y acompañado amigablemente con algún pan casero. Sería un derroche de impaciencia, si hay demora, porque son platos que merecen la dedicación que Mariana les brinda.

Esto último corre por mi cuenta, y voy sin más pérdida de tiempo a la receta de Mariana, que dice que, por ser él generoso en las apreciaciones —y de voraz apetito— le resulta fácil cocinar para él y dejar las coles de Bruselas en una fuentecita al lado del lugar que ocupa en la mesa.

Creo e imagino que ha de ser cuando ella está ausente, y por cuestiones que no vienen al caso...

En definitiva así confiesa sus dos... sí, dos recetas. Pues ahí van:

Se necesitan **coles de Bruselas** (por supuesto, pienso en Bélgica y me pierdo), sigo...

**Ajo, mantequilla** (un poco, aclara), **queso cremoso**.

Cocinar las coles al vapor, luego proceder a saltearlas levemente con el ajo. Después colocarlas en una fuente, agregar un poco de **sal** y el queso cremoso. Y decir «al horno, mi alma, hasta que se derrita el queso»... ¡Y listo! Luego, al dente se van rumbo a la mesa, donde el flamígero Gallo impaciente aguarda.

Y paso razonablemente a la segunda y meritoria receta de un roast beef con fideítos.

Se requieren un buen **roast beef, cebollas, caldo de carne** (acota un litro para empezar), **setas negras, curry, salsa inglesa**.

Rehogar en aceite las cebollas cortadas al gusto, luego poner la carne vuelta y vuelta.

Sin pestañear se agregan el caldo y los hongos previamente mojados en caldo pero sin que tapen la carne. Se incorpora el curry en nuestra benemérita olla, y se deja a fuego lento, semitapada. Eso sí, cada tanto hay que ir dando vuelta la carne —no se entretenga en cualquier charla amena, ni se distraiga—, y, si usted ve que le hace falta, le irá agregando un poco más de caldo, no sea cosa...

A la cocción, calcúlele una hora y media, mejor dos.

Cuando la carne esté superblanda, tipo que se deshace, dejar reducir el caldo y agregarle sin piedad la salsa inglesa.

Aparte hay que hervir unos fideos secos (tipo nido, me dice) que se servirán como compañía de la carne cortada en trozos muy pequeños, ¿me explico..?

Ahora bien, si estos platos no son amor para con el concubino con quien comparte desde la cocina hasta los espacios enteros del corazón... ¿qué será el amor, entonces? Aunque eso da para otra discusión con el visionario de marras. Lo importante es el disfrute de estos gallos que cacarean en la mesa con total frenesí y emoción envidiables.

## Gallo (gallina) de fuego - Búfalo de fuego

**CALABAZA RELLENA**

Es medio una obligación considerar que el ateísmo no tiene vínculos con esta receta de origen portugués, porque con esta comida indudablemente nuestra diosa Flavia gallo de fuego deleita a algún dios y nos da placer a nosotros, simples mortales. Flavia es oriunda de la zona sur de Brasil, donde la intensidad y la entrega en la cocina es religión; por lo tanto, esta exquisitez tiene cierta libertad de culto.

Su dedicación en el trabajo culinario —que despierta los colores de los alimentos— y la pasión con que domina esos secretos se conjugan en una receta que se destaca, y que de rebote tiene como feliz destinatario a Miguel, Búfalo de fuego, que es el primero en recibir comida hecha poesía y, sin dudarlo, con total africana avidez la devora.

Cabe destacar que quizás en su origen este plato sea un devenir de otro continente. Así como la música engloba una mezcla de diferentes estilos, en la comida sucede lo mismo, como también en el clima. Si Brasil tiene variaciones en todo, quiero decirles que esta pareja se las trae del mismo modo...

Como todo búfalo que se precie, arremete este plato de calabaza rellena con la inquietud que despierta una telenovela de la tarde. Sin ir más lejos —y con total justicia— la identidad de nuestra cocinera se intensifica al ver que el plato quedó vacío y presta atención a los gestos del Búfalo, que pide más con total y clara vehemencia. A pesar de que nunca es bueno contar el final de una historia, en esta no me pasa inadvertido, y precipita ilimitadamente que nuestra Gallo le pida a su Búfalo que la acompañe en la elaboración del plato, no solo en la degustación.

Se aconseja compartir este momento sagrado con un poco de samba de Antonio Carlos Jobim, de Vinicius y por qué no un Caetano con Maria Bethânia. Ya que es un plato que abunda, la música de fondo ha de comportarse de la misma manera, como también la bebida que acompañe (esa queda a su libre elección). En lo que a mí respecta, me decidiría por una buena cerveza, pero como este Búfalo es ecológico de alma, vaya a saber con qué baja la experiencia...

Muy bien, vamos por el secreto de esta apetitosa receta, tan lindante y fronteriza, que a uno ya le entran ganas:

Se necesita la siguiente lista de ingredientes, y advierta que este plato lleva tiempo y dedicación pues se crea en varias etapas, lo cual significa que no debe pensar en otra cosa, salvo en hacer todo bien y con máxima atención, porque el prójimo es voraz e implacable al sentarse a la mesa.

**Una calabaza de unos 3 kilos, medio kilo de camarones**, **1 pimiento rojo** más bien pequeño y **1 pimiento verde** de igual tamaño, **1 cebolla** y **1 tomate** estos sí medianos, **1 o 2 dientes de ajo** picados, y con unas **5 aceitunas negras** estaría bien.

Se condimenta con **sal y pimienta** ¡cuando no!, **comino, perejil, queso cremoso** (me indica *catupiry* de Brasil, pero si es argentino uno que tenga personalidad más bien suave, sin ser contradictorio).

Para arrancar con la elaboración, le pide a su compañero que retire con un cuchillo bien afilado una tapa de 10 cm de diámetro de la tal calabaza, para sacar las semillas, llenar de **caldo de verdura** con **un par de hojas de laurel** y llevarla al horno en una asadera con un poco de agua que dé la mínima esperanza de que no se quemará el fondo, hasta que esté cocida con textura firme. La temperatura será mediana y respetuosa.

Para la segunda parte, vaya marinando los camarones, tenga a mano **zumo de limón,** sal y pimienta pero negra, nuestro legendario e imprescindible **aceite de oliva** y **hierbas a gusto**.

En una sartén con aceite calentito volcar los vegetales, primero las cebollas, luego el ajo y por último los tomates, los pimientos y las aceitunas. Cuando todo se encuentre medianamente crujiente, sume aquellos dignos camarones que previamente y sin alarde marinó, y déjelos hasta que cambien de color o se tornasolen (vaya verbo) —unos 5 minutitos—; luego un riguroso descanso y salpimentar hasta que lo sienta delicioso y digerible.

Al final —y no es un concurso— cuando tenga lista la calabaza, le quita aquel caldo, rellena con los camarones que están en alerta y cubre con perejil ese queso del que le hablé al principio. Lleve todo al horno para gratinar y rece unos 15-20 minutos.

Más tarde llegarán las confesiones de estos reyes del Horóscopo...

## *Búfala de metal - Cerdo de tierra*

**FILETES DE PESCADO AL HORNO**

Se suele comentar que los cerdos son un poco holgazanes; a mi mo-

## Cocinando el menú para tu animal favorito

desto entender, por pertenecer a esa parte de la fauna china salgo a la palestra de estos comentarios y agrego —con total cintura política— que sí... ¡es cierto! Pero aclaro también que somos unos verdaderos sibaritas y que más que cómodos somos seres extremadamente prácticos, y esto es solo una pequeña diferencia que me parece más una profecía que una taciturna crítica.

Ocurre que si el cerdo no se enmaraña en su frecuente mal humor matutino, a la hora de cocinar bien puede interpretar la gastronomía de manera simple y sencilla. Con tenaz destreza abarca la vida entre fogones y hornos, leñas y carbones, un campeón en estado atlético y total forma para su despliegue en el espacio. ¿Todo para qué...? ¿Para quién? Es evidente: Para su Búfala, a quien adora y cuida en todos los terrenos, sobre todo en esa pocilga que suele ser —si se me permite— la cocina, uno de los refugios donde se contenta nuestro cerdo.

Sin mayor riesgo se puede decir que es un verdadero derroche de imaginación, un ser auténtico, como el pescado que él mismo encarga en exclusiva a unos verdaderos y confiables proveedores de alguna planta de proceso remota de la Patagonia o incluso de Mar del Plata. Cierta vez se supo insólitamente que su secreto se hallaba en el lugar de origen de los filetes, nada menos que por allá donde dobla el viento, en Puerto Deseado: Los traía exclusivamente en una espléndida caja, con un muy buen embalaje, pero eso —aclara— era en tiempos en que Argentina era lo que debía ser: un lujo.

De sus variados gustos, digo en confidencia que es un fanático de Los Beatles, música que bien lo calma y acompaña, y lo envuelve en una nube de nostalgia mientras degusta un whisky con hielo y, con danzantes maniobras, bien puede picar unos dientes de ajo.

Una persona descuidada con buenos resultados. ¿Qué otra cosa puedo añadir si quiero elogiarlo y defender su honor de gourmet? Pero bueno, allá él con su nobleza de alta cocina; no tiene comparación, es casi único en su especie.

El recinto donde ejercita sus platos es —sin ofender— «el templo del pescado al horno». ¿Por qué? Porque este cocinero de alma sabe halagar a su rítmica seguidora con sublime entrega, hasta soltarle una frase tipo... «Amorcito, está exquisito», y recién ahí el tipo se afloja y ella empieza a mirarlo con mejores ojos que a la mañana, durante el desayuno.

Esto último no viene al caso, y menos citaré secretos domésticos, como hice impertinentemente al comienzo de este cuento.

Voy a transcribir lo que el jabalí indomable me advierte telefónicamente para el momento en que nos acontezca enamorar con una magnífica receta a la compañera incondicional.

Este enigmático cruce de Búfala y Cerdo en su devenir bien puede vanagloriarse de un abanico de platos que son sus favoritos, y eso, estimo, es algo así como navegar entre lo místico de jugar al poker y leer la revista *Barcelona* en la playa, como lo haría un científico de la UBA[26].

Para los **filetes de pescado** al horno se exige, sin mayor análisis, abadejo, salmón blanco, lenguado o merluza.

Cubrir una fuente con una película de **buen aceite de oliva** (nada de engaños ni mezclas), disponer luego **unos dientes de ajo** finamente picados y algo dorados y hacer un colchón de **tomate, cebolla, pimiento de color rojo** rubí, todo cortado en cuadraditos (como para un juego de pequeños dados) y llevar a fuego lento unos 15 minutos, controlando el tiempo para que no se pasen.

Luego sacar del horno y acostar los filetes en ese colchón sin mayor compromiso que viajar a la cocción total, pero antes rociar mucho **limón**, sin nada de discreción, diría sin miedo. Un toque de **sal** y otro de **pimienta blanca** o por qué no tomarse la licencia con unos granos de la negra. Siguiendo con la previa de los sabores que se avecinan, no evite el **orégano, el pimentón dulce** ni el **pimiento molido**.

Una vez que esté listo el abanico demoledor de un picante suave, adormezca en su sueño eterno a los filetes... entre 15 y 20 minutos —no más— de reloj. ¡Y listo para servir!

Le comento que también puede surtirlo con condimento para pescados, solo que acoto que se debe comprar en las casas del ramo. También las verduras tienen que provenir del verdulero amigo del barrio, o si no de las huertas de los alrededores; verá que el sabor cambia sin miramientos, calidad, consistencia, en fin, todo eso.

Finalmente en la mesa no podrá faltar una **ensalada verde bien fresca** o **patatas hervidas** como una excelente guarnición. Para beber, recomienda este Cerdo terreno un vino blanco, bien pero bien frío patagónico, aunque susurra que más le gusta un tinto fuerte y con mucho cuerpo, a una temperatura más que adecuada; de todas maneras lo dejo en libertad del que lee, ya que es algo muy personal y un poco complicado para decidir.

## *Coneja de agua - Tigre de agua*

### PUCHERO Y GUISO DE LENTEJAS

En esta dupla la afinidad bien entendida comienza por casa. Es decir, la única forma de tener una buena cocina es la autoridad con que cada uno desarrolla su rol en el lugar. A decir verdad, a nuestra Coneja le tocó en sintonía captar los secretos de su Madre, testigo principal a la hora de cualquier entrevero con los diversos componentes de un buen puchero, o de la simpleza y generosidad con las cuales, dentro de un desgastado cuenco de madera, unas lentejas humeantes ahuyentan esa brisa otoñal por si nos sorprende ocasionalmente con cierto frío en la nuca.

Esta cocinera dedicada y seria —algo misteriosa como sus silencios, y que con su profesional agudeza controla desde los precios de los productos a elaborar hasta la limpieza de la casa— es una virtuosa a la que no se le escapa nada, ni siquiera la higiene en las uñas de los chicos.

Hablar de higiene me viene como anillo al dedo para darle entrada a su par Tigre, un tipo con garras muy firmes al momento de tomar los cubiertos o el bisturí, ya que este compañero es médico con grandes hazañas en el quirófano, un héroe de la clase trabajadora, diría Lennon. Es quien aporta a la olla el buen sabor con fineza y cultura; hombre delicado hasta para pelar patatas, si fuese el caso.

Este Tigre tiene gran atracción por la alta tecnología tipo Apple, y también es un reconocido fanático del equipo de River Plate, aun en su paso por la B, y como corresponde, defiende sus colores con toda fidelidad. Detalles mundanos en los que no vale la pena ahondar.

Lo cierto es que para su apetito —algo estricto en el consumo— busca lo energético en un balance alimenticio, muy normal y a tono para un Tigre que transita con tranquilidad la jungla. Indudablemente, ocupa de manera soberana la cabecera de la mesa de roble, se impone, y nadie puede rechistar.

Acostumbra, al cabo de una jornada en el hospital, asumir la relajación mental con una notable sesión de golf, hasta que se despierten los instintos para llegar a degustar un puchero que justifique el ataque después de un día demasiado largo.

La Coneja se gana el respeto con humildad casera, cocinando el buen plato, pero aclara que no es una «chica Playboy», sino de origen estrictamente italiano, y que ser en la casa cocinera, madre y amante de su compañero es el desafío del amor sin fronteras.

Una en la casa y el otro en el consultorio siguen compartiendo algunas veces el derecho de los lugares reservados para cada quien. Ella se desenvuelve con maestría en lo culinario, y él quizá, de cuando en cuando, lava los platos con rectitud, o bien, si fuera necesario, destapa la cañería del desagüe de la cocina.

Hasta ahí es su universo; a la gastronomía la degustan a la par o con invitados, ella dueña de los placeres con tiempo, con la soledad de un lugar que solo responde a la buena mano de quien sabe lo que cocina; y él un sabio que conoce con quién está.

Sin más, paso a esta receta de 2 x 1, e invito a retomar un poco de esta buena mesa, en mi caso en directo, porque me resulta imposible vivir unas recetas como estas solamente en diferido.

Va la coneja con su **puchero**:

En una cacerola grande agregar agua hasta un poco más de su mitad, con el estricto puñado de **sal**. Cómodamente, colocar **1 kilo de carne**, trozos de **pollo** como también una variante de **falda**, algunas **costillitas** y algo de **nalga**[27]. Con un fiel aliado, nuestro conocido fuego lento, dejar que se cocinen unos 20 minutos y, a partir de ese estimado tiempo, agregar **3 zanahorias, 2 cebollas, 2 tomates, 1 pimiento rojo** y **perejil a gusto**.

A toda esta exquisitez escondida en una noble olla se le debe dar otro margen de cocción: otros firmes 40 minutos, eso sí, siempre a fuego lento para cuando uno decida incluir esas **5 o 6 patatas**, y **panceta** y **chorizo** (unos 2 o 3 trocitos).

Nuevamente se dejan pasar unos 15 minutos para añadir ciertos pedazos de **calabaza** y nuestras auténticas **mazorcas**.

Hasta aquí la primera gesta porque en otra olla se irán hirviendo en agua y sal algo de **repollo** y **3 o 4 boniatos** de los mejores que encuentren en el mercado.

En total este clásico puchero le lleva de 1 a 2 horas con total parsimonia, pero bien vale la pena compartirlo en una fuente que ya navega hacia la mesa, para aplacar el hambre de cualquier náufrago.

Y ahora —de regalo— su noble **guiso de lentejas**:

Remojar **un poco más de medio kilo de lentejas**, durante unos 40 minutos para después desechar esa agua; luego van a ser hervidas hasta que se advierta —con solo verlas— el típico estado de ternura.

En otra olla profunda vierta una buena capa de **aceite de oliva**; y allí, en la oscuridad del fondo saltee **1 cebolla** y **1 par de dientes de ajo** bien picados, como siempre, más **1 chorizo** (y no de vergüenza) en rodajas algo finas; cuando todo esto se complemente incluya unos trocitos de **panceta** bien cortada, digamos que unos 150 gramos estaría perfecto.

Esté alerta para cuando note que se ha dorado la cebolla porque será la señal justa para agregarle un golpe de fiel **vino blanco**, **salpimiente** a gusto y no descuide la importancia del honesto **pimentón**.

Luego de estos preparativos, integre nuestras queridas lentejas remojadas en la previa, mezclándolas con la preparación de los ingredientes, y continúe con la cocción unos minutos (le dejo el desafío: su buen ojo dictaminará cuántos). Si nota en algún momento que se reseca un tanto la cocción, le pido que no se asuste; agréguele un poco de caldo caliente hasta que los aromas lo envuelvan y le digan «Ya podés servir». Eso sí, llevarlo en cazuelas de barro hasta la mesa; lo demás sigue por cuenta de quienes saben de este plato ancestral y cósmico.

## *Cerda de madera - Perro de madera*

### Raviolis de acelga de Elvira con deliciosa salsa

Llegar a esta pareja con larga trayectoria es casi un viaje a otra dimensión, es subir a un autocar de larga distancia y entregarse para que el viaje sea rápido, porque el solo pensar en lo que nos espera bien vale hasta viajar en *sulky* (carruaje rural)—y no le exagero—: el destino final lo merece. A prepararse para abrir los sentidos para el apetito, sobrevivir a tanto placer y sentirse entero después de un soberbio y sabio plato de pastas caseras.

Existe una unión que dan los lugares y que condiciona o no la permanencia con su media naranja, podemos decir que Elvira y Abraham —Cerda ella y Perro él—, ambos de madera, son el claro ejemplo y lo poco que queda en esta generación de la continuidad de ser el uno para el otro.

Perduran porque son parte de un jardín ancestral del conocimiento, del buen comer, más allá de trajinar el yugo de una vida en el campo —que antes fue monte— en las sierras altas de Traslasierra, Córdoba, en la mística de otra realidad y con la fortaleza que les dio el propio espíritu, y verdaderamente son pura vida.

También son fuente de inspiración para un cortometraje, y, sin dudarlo, un libro para hojear sabiduría. Convivir un rato con ellos es algo rico y abundante, igual que lo que nos espera: un plato de raviolis de acelga con salsa que Elvira recrea sin pensarlo mucho, ya que sabe el camino de memoria, como conoce el diseño de las baldosas que llevan al patio de su casa, a la parra y al aguaribay que se mezcla con el sol en la ventana de la cocina.

Aquí freno porque la salsa es muy importante, y más tarde la daré desde la complicidad pagana.

Don Abraham, es un guerrero zen, pacífico jardinero, y la flora del lugar es el mapa que le circunda el rostro. Hoy, tranquilo, se afirma en su bastón —y no de mando sino de reflexión—, punto de apoyo a sus largos pensamientos. Muy calmo, simplemente sonríe al ver su suculento plato y ofrece el corto ritual de una copa de buen tinto que acompañará, junto a un pan casero.

Pero, bueno… qué mejor que entrar en los detalles de esta confidencia animosa de quienes saben comer como en aquellos tiempos en que los alimentos eran pureza total, porque hoy son otra cosa, como sabemos, más rápidos, de oscuro origen, artificiales y con ausente dedicación —por así decirlo—, y esto es exclusivamente por la falta de amor… Y así anda el mundo.

Pues no, aquí no, con estos tortolitos de irrepetible y única convivencia, ha sido y es ley desde siempre que la comida nunca falte y que la familia crezca fuerte.

¿Cómo lograrlo? Con el conocimiento traído desde la vieja Europa de posguerra, y creo poder afirmar que esta receta viene de mucho antes. Ya veremos lo que nos confiesa la genuina Elvira, a quien veo acercarse con su fuente humeante entre sus brazos, una ofrenda casi cósmica y sin perjuicio de dietas imprudentes… Solo queda probar bocado tras bocado con la tranquilidad de que alcanza para todos… y mejor callar los diálogos en este momento.

Como estos raviolis de acelga sólo puede hacerlos Elvira con sus manos maestras, vayamos a la deliciosa salsa:

**2 cebollas** bien cortadas y **3 dientes de ajo** picaditos que irán a una sartén con **aceite de oliva** bien caliente. Luego agregar **4 o 5 tomates** también picados a los que se habrá quitado hasta última semilla.

Condimentar con la lógica y estimable combinación de **pimienta y sal**, luego no mucho **pimentón molido**, **orégano** y hojas de **laurel**.

Un dato: siempre cocinar a fuego lento pero parejo, no muy vigoroso porque antes del final de la cocción se le agrega un pedacito de **mantequilla** y una cucharada de **azúcar blanca** para dar paso a otras **cucharadas** —no más de dos—, de **vino tinto**, el mismo del que hablamos al principio y nos consoló durante la espera de los raviolis.

Finalmente, apague el fuego y deje descansar la salsa tributando paciencia y poca exigencia, que bien puede alcanzar el cenit del paladar quizá a la noche... ¡Aunque como es mediodía, éntrele ya, sin mayor preámbulo, y dé rienda suelta a la voracidad...!

## *Cabra de madera - Perro de tierra*

### SALMÓN ROSADO CON PATATAS

Dentro del sabio horóscopo chino, en esta maravillosa combinación faunesca uno encuentra matices de todos los colores y tiene la libertad para sentir que en realidad estas vidas se asimilan a una película cuyo título bien podría ser *Los puentes de Madison*, pero jamás a un culebrón de telenovela latina.

Entre estos vericuetos, comparar las virtudes no tiene mucho sentido, pero sí se puede aseverar que con esta pareja necesariamente se debe estar atento para aprender sobre el placer que brinda la buena gastronomía.

Con ellos seguramente vamos a descubrir también la amistad en la cocina, la naturalidad en la convivencia cotidiana entre parecidos que se atraen, la unión intensa sin escalas y sin adivinanzas, porque cada uno se entiende bien con el otro.

Claro que para esto antes siempre se debe dejar en la puerta de calle todo aquello que arriesgue la armonía de la relación o que pretenda alterarla justo ese día con la abrumadora llegada del recibo de impuestos sobre bienes inmuebles con la inapelable indexación.

Por cierto, ellos giran sobre otro eje, sacan un mapa de viaje rumbo a nuevas experiencias aventureras, y lo despliegan sobre la mesa antes de comer. Y mientras el canino alterna con la sublime elaboración para ofrendar a su cabra, ella propone soñar con alguna agencia de viajes o escapar a la costa un próximo fin de semana largo.

El hecho es pensar juntos y en sintonía, sentir que la vida no es otra cosa que la recuperación de la seducción con un plato sabroso y casero sin los agobios cotidianos; para esto nuestro can —con total dominio— fuera de su casa toma la ruta del pescado, ya veremos de qué forma.

Para eso volvamos a la mística de la comida bien preparada, y no está todo dicho porque en un rapto de lucidez que solo se mide con el arte se vislumbra sin asombro la poesía hecha alimento. Aromas que afloran junto al sentimiento del que ama, que renace constantemente ante la aprobación del buen plato que se avecina. Cabe destacar que con total dominio de los sabores, el ejemplar perruno se dignifica cada vez más.

El homenaje a su cabrita comienza como un mágico compendio sin confusiones, y animadamente destapa primero una botella de vino —con preferencia tinto— y enciende así la mirada de ella a la par que conversan... Luego pela **2 dientes de ajo** y **2 patatas** que se irán hirviendo (las últimas) con un poco de **laurel**.

A continuación, sin mayor demora, toma aquella querida sartén donde va a rehogar los ajos con **aceite de oliva**, porque no puede ser de otra manera. Antes de que se doren indica «arrojar con arrojo» **2 filetes de salmón rosado**, es de libre albedrío soltar otro pescado —siempre en filete—, y los deja dorar de ambos lados, casi geométricamente, mientras sueltan esos jugos que se mezclarán con el aceite.

Luego **salpimienta** y sirve junto a las patatas regadas también con el consabido aceite de oliva y un toque de **pimentón**, muy simple y por demás efectivo como sabroso.

¿Cómo se sigue después de semejante ágape...? Por mi parte, confieso que con la certeza de que será imposible considerar cualquier banquete.

Ah, me olvidaba del comentario de nuestro amigable canino: «Eso sí, la cabra se pone tan contenta y agradecida, que se olvida de lavar los platos».

## *Búfala de metal - Gallo de fuego*

### POLLO A LA MOSTAZA

Nuestra Búfala de metal, Diana, es el complemento ideal para un errante Gallo de fuego como Carlos; él, un destacado ingeniero civil y ella, una renombrada y sobresaliente docente universitaria, con amplios conocimientos y dominio de la lengua inglesa.

Con todas sus cartas de presentación, nos sorprenden por su arte culinario, y de la mejor manera, que les anticipo sin vueltas es siempre casera.

Ni se nos ocurra insinuar pedir comida a domicilio para salir al paso ante una emergencia, eso pertenece a una época actual distante a ellos, no andan con esas medias tintas gastronómicas que provienen de fuera de casa y, dada la circunstancia, van a prescindir recurriendo a la invención de un plato sencillo, en el aquí y ahora.

Si uno tiene la suerte de ser invitado al banquete será testigo afortunado de cualquier sorpresa comestible, pues siempre se destacan por la simpleza y el buen sabor. Le doy un consejo: agradezca al cielo porque lo han hecho partícipe; o sea, a usted indudablemente le tocó la lotería.

Le cuento que entre sus obras civiles, este Gallo se da el lujo de construir un puente y, si los cálculos no dan, el tipo renunciará a cualquier proyecto. En la misma sintonía está la Búfala, que si ve —a la hora de evaluar exámenes— que los resultados de sus discípulos no vienen correctos... seguramente indicará que marzo será el mejor mes para seguir intentando lo posible y pronunciar algún verbo en galés del Renacimiento, como mínimo.

Esta pareja, que rigurosamente no perdona lo que está mal hecho, está constituida por seres muy sensibles, que simplemente se oponen a todo aquello que no corresponde.

Ellos sienten que las cosas deben estar bien hechas sí o sí, y cuando se distorsionan lo padecen —como si fuera un extraño virus—, y necesitan seguir de largo, huir o no hacer nada.

Nuestros ejemplares animalitos del horóscopo resuelven con mucho sentimiento y pasión de familia italiana, aunque pueden reconocer un esquivar al odontólogo aplazando el turno o ir a la veterinaria unos días después para vacunar al labrador, meros e incómodos compromisos que serán parte de la charla en la sobremesa.

Vamos a la exquisita receta que nos acercan: un pollo a la mostaza que es algo simple y para nada complejo de realizar.

*Ingredientes para una pareja*

**2 patatas grandes**
**1 cebolla**
**Aceite de oliva**
**2 cuartos traseros de pollo**
**Mostaza, sal, pimienta y vinagre**

Primero cortar las patatas en rodajas y la mitad de la cebolla en aros.

Luego, en una bandeja con una fina cubierta de aceite, disponer papel de aluminio, pincelarlo con aceite de oliva y colocar las patatas, los aros de cebolla y el pollo. Cerrar el papel de aluminio para envolver todos los ingredientes y llevar a horno moderado unos 30 minutos.

Aquí, detenerse un instante, preparar abundante **mostaza** con un chorro de **aceite** y **vinagre de jerez**, **salpimentar,** y eso sí, que quede bien espesa. Una vez transcurridos los 30 minutos, sacar la bandeja del horno, untar el pollo generosamente y volverlo a su lugar de origen, el horno, unos 20 minutos para que el ave se termine de cocinar y además absorba la mostaza.

Mientras tanto, puede aprovechar para beberse una copa de tinto, hasta que finalice la cocción del plato con el cual jamás va a defraudar a su amado, pues ya intuyo en el paladar que se le debe estar haciendo agua su fina boca.

## Tigre de metal - Rata de de madera

### SORRENTINOS CON SALSA ROJA

Reza el viejo adagio: «una imagen vale más que mil palabras»... Si bien la hemos escuchado mil veces, mil una no está mal para aplicarla a esta pareja, en la que el amor sobrepasa cualquier campeonato de convivencia bien entendida. Ciertamente, merecen el premio a la fotografía enmarcada de los dos y repetida en todos los rincones del apartamento.

Nuestra Rata Alejandro es un destacado artista de la orfebrería de la luz sobre una imagen —léase fotógrafo—, de ancestros itálicos, cinturón negro en karate, gladiador en el arte digital y un tenaz samurái corrector de los errores ajenos, de colegas y clientes estelares, elimina cuanto defecto haya quedado en el momento de la toma para convertir el polvo en oro y poner luces donde hubo sombras.

Un auténtico socorrista de la estética, en cualquier playa de pixeles y diseños por encargo.

Buen amigo, buen padre y buen cobrador. Porque el tipo vale. Imprescindible y requerido en cuanta reunión de amigos donde se tome vino y se come chorizo exista. Nunca falla su presencia; salvo algún que otro vacilamiento visceral que tenga, si se lo reclama para el convite. La invitación siempre ha de ser de una semana antes, nunca en el momento.

## Cocinando el menú para tu animal favorito

Por esto mismo recomiendo no insistir, a menos que la irritabilidad del ruego lo descongestione prometiéndole unas gratificantes birras al final del día, y nuestra Rata se aparezca con aviso moviendo la cola, solo para aguantarnos el monólogo del amigo desconsolado. En esto último es una gran oreja y diestro pensador; le damos todo el crédito.

Ocurre que generalmente tiene la agenda llena, por lo tanto las urgencias son para el servicio médico. Para la Rata lo primero es la familia en la madriguera, lo segundo las amistades en reserva, y por último alterar el pulso cardiovascular con algún fastidio entre albañiles, reuniones de consorcio y quizá mecánicos dentales.

Muy respetuoso de la mística que significa la siesta —tanto como su propio mesías Jimmy Hendrix— que le carga con alta intensidad las baterías de su gps mental en la previa, para que luego pueda meterse con mayor garra en la jungla de la ciudad, como un monje zen con zapatos deportivos en monopatín.

Juntos y en cualquier parte, desde hace rato lo balancea Claudia, una real tigresa. Mujer que con sus embrujos como productora de modas consigue lo imposible. Anfitriona agilísima en cualquier evento casero, porta bandera y títulos de líder familiar bien adquiridos, y en casa es la Corte Suprema en pleno.

Con simple destreza puede apaciguarle el carácter al ratón con un silencio propio del convento de María Auxiliadora. También, con total buen gusto es capaz de resolver un problema a quien venga con una consulta sobre un imprevisible evento medio «finoli» que no estaba en los planes; siempre lo aconsejará eficazmente.

Puede digerir con crítica aguda cualquier revista de actualidad mal escrita, y rápidamente analizar cuanto desfile de moda vea en *fashion TV*, o triturar una maratón de programas de espectáculo de la televisión (sí, de esos programas medio pelo de la tarde).

Se mantiene con cierto entrenamiento militar para llevar la fina elegancia de su cuerpo estilizado y más bien delgado.

Porta una cautivante sonrisa, que emerge de su bajo perfil y jamás se excede en causar sensación, solo frente a un ocasional espejo cuando camina por la avenida Callao hacia Libertador.

Diría que tiene auténtico origen charrúa —de pura cepa—, con ascendencia de familia numerosa, y ostenta distinción en jeans y suéter de hilo.

Ella es capaz de dominar la situación en cuanto asome el mal humor matutino de la Rata, que se puede disparar si se le cruza el pensamiento de una eventual minicrisis, algo como «¿Con quién se queda el perro?».

Con total naturalidad, y dándose maña con unos sorrentinos con salsa rosa, convierte el día en un saludable paseo campestre, y el roedor más que feliz. Así nomás, de rebote, y su Rata no sería tal si no aceptara este opíparo plato diciéndole a todo que sí y, como mínimo, decidiera invitarla a un estreno de la última de Woody Allen. Son únicos y tal para cual la Tigresa y su Rata.

Entonces, a despejar las tinieblas de este bocado que los une y que no es cualquiera, que no sirve para ningún engaño y que, abriendo el olfato, tiene la jerarquía y el aval de la buena mano desde un principio.

Con elementos básicos y sin secretos para quien lee, aprendamos de la Tigresa para con su Rata una buena comida, rica y selecta. Toda una *delicatessen*.

No esperemos más, la receta es esta.

### *De los ingredientes dice:*
**100 gramos de jamón cocido**
**1 cebolla de verdeo**
**albahaca, a gusto**
**1 diente de ajo**
**1 huevo**
**250 gramos de ricota**
**1 paquete de obleas de masa para empanadillas**

De la preparación explica lo siguiente:

Picar el jamón, la cebolla, la albahaca y el diente de ajo.

Mezclarlos en un bol junto al huevo para que se liguen y luego agregar la ricota. Cuando todo esté bien homogéneo, tomar las tapas y rellenarlas, cerrarlas dándoles forma de empanadillas o la que más le guste.

Hervir agua en una un olla, con unas gotas de aceite de oliva y un poco de sal, y cuando llegue al punto de ebullición, introducir las empanadillas, hasta que comiencen a flotar en la superficie; entonces, retirar y servir.

### *Para la salsa agrega:*
**1 cebolleta**
**1 diente de ajo**

1 zanahoria
2 tomates pera
1 cubito de caldo de verdura
1 bote de crema de leche de 250 gramos
Sal, pimienta y queso rallado a discreción

Para preparar la salsa se debe, obedientemente:
Picar la cebolleta y el diente de ajo, y rallar la zanahoria.
En otra olla, más pequeña, sumergir los tomates en agua bien caliente durante un minuto, para sacarles la piel fácilmente.
Mientras tanto poner una sartén con agua sobre una hornalla para ir disolviendo el cubito de caldo. Luego integrar las verduras y los tomates, todo bien picado.
Cuando la cebolla esté doradita y tierna, integrar la crema y revolver.
Obviamente, sazone con un poquito de pimienta y sal a gusto y espolvoree con el queso rallado.

## *Serpiente de madera - Rata de metal*

### BABILLA O PUNTA DE PICAÑA A LA CREMA

Nuestra Genoveva —serpiente zigzagueante si las hay— en un rincón espera paciente y sabia la revelación de su cocinero Gerardo Rata de metal, originario de un Tandil autóctono. Allí, sin reposo pero con ardua curiosidad y los enmarañados hábitos del gourmet, desde su adolescencia acumuló un catálogo elevado de suculentas tentaciones, y hoy nos avispa con una entrega de incomparable e inusitada excitación: babilla a la crema.

Una verdadera delicadeza para una viborita a la que le despierta el júbilo la dicha de esta formidable carnada que hace que se enrosque de amor con total disposición al abrazo, dejándose llevar por los instintos de su Chef Rata metalero.

Siempre que se le hace frente al roedor, este se redime con la seducción lanzada sobre el terreno de la cocina. Área que abraza con el mismo dominio de quien se siente propiamente dueño y señor de ese guiño arrasador para sacar a bailar lentos en los centros nocturnos de Banfield, anticipando un preludio de sospechosa idolatría.

Después de mucho tiempo de convivencia, están para la foto. Sin mayor preámbulo ni contrato en el Registro Civil, en primera instancia y de entrada, metódicamente, él acuñó jamás visitar a los suegros los sábados. La incapacidad reside en sus extrañas preferencias irrenunciables de escapar para pedalear con los amigos por la Reserva Ecológica o entrenarse jugando al fútbol.

Lo bonito de la avenencia matrimonial de esta compatibilidad animal en el horóscopo chino es su plena comunicación y su grato entendimiento, diría casi constantes. Jamás se deja enroscar con su áspid en una espiral de factible derrota por alguna desinteligencia, muy por el contrario. Simplemente, da rienda suelta a un ensayo sorprendente de imaginación roedora y le cocina algo sano —quizá un tanto lujurioso— sin tener jamás un traspié, ni omitir o desdeñar el máximo momento de serpenteante erotismo.

Los aromas excitantes que en su paisaje cocinero se le antoja elaborar para la sinuosa Serpiente, hacen que ella se sienta tentada por el universo del ratón. Tal vez pueda venir con relativa abstinencia, pero no le quedará otra que morder no la manzana del principio bíblico sino ese plato favorito y alucinante (de la desaparición incluso de una segunda porción, nunca nadie sabrá nada).

Sin ofender, el muy rata dignifica a su especie hasta con la bendición de un sacristán.

Como una fuente inagotable que despierta el deseo, nuestro gourmet excita con las campanadas de ingredientes que pica con deslumbrante acierto longitudinal. Casi se puede respirar el antojo del que por una casualidad se acerque y se vea provocado por la indudable idea de percibir algo realmente bueno, que seguramente le quedará impregnado en el recuerdo para siempre, con total sumisión.

Por eso toleremos y confiemos: el exquisito festín de la Rata para su Serpiente no será un juego de artificios sino una magnífica clase que debemos asimilar con la más absoluta conciencia y docilidad educativa. A respetar la espera que merece este selecto manjar, porque se sabe que el roedor aplica la inteligente premisa del sabio y del soberano, que afirma que «poco a poco se va lejos».

*Aquí van los ingredientes y la forma de prepararlos para el futuro manjar:*

Tomar **1 babilla** bien desgrasada y **salpimentada;** untarla con abundante **mostaza.** Después mezclar en un recipiente **4 cucharadas de ha-**

rina y **1 de azúcar** y rebozar la carne para que quede como una milanesa, completamente cubierta con esta mezcla.

En una cacerola grande y profunda, sobre fuego lento, verter **unas cucharadas de aceite de oliva**, agregar **2 dientes de ajo** y **1 cebolla** bien picados. Cuando estén casi a punto introducir la carne para dorarla vuelta y vuelta por todos sus lados.

Al completarse esta etapa, verter una generosa copa de un **buen tinto a elección** y, una vez evaporado, agregar **2 tazas de caldo de verdura**, tapar la cacerola y dejar que se cocine unos 40 minutos. En la mitad del tiempo le sugiero dar vuelta la carne.

En el momento en que la colita de cuadril se encuentre en su punto justo, le agrega **1 taza de crema de leche**, y recurra otra vez al tiempo de evaporación hasta el punto en que forme una rica salsa y le guste su consistencia. Salpimiente nuevamente y sirva este manjar con patatas al horno o hervidas, y si me lo permite, con el mismo vino con el cual cocinó. Solo es una sugerencia y lo dejo con este deleite.

## *Búfalo de agua - Dragón de agua*

### BAUDE

Así como una mano lava la otra, como dos cuerpos se funden en uno o en la infinita naturaleza, los caminos se cruzan y los ríos terminan en océanos, invariablemente ocurre que ciertos alimentos se corresponden. Claro, dependemos de que se fundan y complementen lo mejor posible y con total naturalidad.

En el año del Dragón de agua tenemos un digno representante —gran investigador sin gps— que puede abarcar con pleno erotismo a su femenina Eva Búfalo de agua, con ilimitada pasión y en cualquier parte del planeta, hasta sin pensar en la sorpresiva y mismísima maternidad que se le pueda avecinar.

Para el dragoneante no es posible errar, ni permitirse seducir a su pareja sin un buen plato, pero no de manera «banquete pantagruélico», sino viajando por los sabores intensos de una comida proveniente de la zona mediterránea, y por su origen francés, el Dragón llama Baude a este plato.

Quizá por su admiración al poeta Charles Baudelaire o tal vez porque esta receta se filtró de algún restaurante que en la época de la Revolución Francesa abastecía a la mismísima Corte de Versalles.

Así, este plato —que parece exótico pero sin embargo no es complicado y contiene muy poca extravagancia— nos conduce a caminar hacia la tentación por el sendero del buen gusto, con los sentidos en alerta. Ahí donde se posa la vista en la elaboración, se dilata en un paisaje de imágenes fuertes, con olores que se nos desprenden de un ensueño de intrigas propias de la Alhambra, más que del Palacio Chantilly.

Sirviendo un plato, nuestro dragón se luce con amable elegancia, dominando el estadio, la mesa y más tarde la compartida alcoba. Aunque estas delicadas virtudes son un terreno que solo su Búfala podrá describir, si quiere.

Eva —mientras habita los pensamientos sin descartar su lujuria— recostada en el sillón de la sala lo mira fijo, con ojos bien negros y tan nocturnos que en un mandato reclaman ansiosamente —con el apetito de un amor de primavera— la urgente incitación a su postergada libido.

Como él es dueño de un destacado estado de ánimo un tanto relajado, la creación culinaria en esta área geográfica de la casona la toma con cierta calma, sin mayor turbulencia en el vuelo de la elaboración del sustento alimenticio.

Y por más que algún ignoto crea que posee cierta pedantería, no es así. El Dragón es solo un perfeccionista del olfato con los alimentos por cocinar, con concentración absoluta, casi mística. Porta el título de sibarita con cierta altivez, y por el sabio resultado de la gastronomía bien hecha sucumbe sensiblemente y presta total dedicación, con resultados notables que se reconocen y transmiten de boca en boca.

Es la representación de un santo cocinero, no hay nada que lo presione ni justicia divina que le arrugue el delantal. Porque tiene sus códigos y su propia autoridad moral. Su labia es crucial para los consejos, que vierte con exquisita opinión, y causa admiración el solo hecho de verlo utilizar los ingredientes con maestría.

En las lides del amor, se sabe que nunca se quedó atrás y tampoco se le pasó por alto la cocción justa de una buena comida, ya se sabe que cualquier saurio diestro en los laberintos de los tiempos para una cocción tiene un método infalible: «el ojo de buen cubero». Y también la estrategia de sorprender a su par, por lo general con poesía y rosas. Si no la cosa sería de libro con figuras para calcar, y de ningún modo distrae su eficaz estilo, tanto en la cocina como en el amor.

Según me relata él mismo, la cantidad en el plato no debe ser excesiva en la previa. No es lo óptimo para enamorar, y así me tiró una frase que lleva marcada en el orillo[28], un código de honor, una ley que dice: «La abundancia no viene bien cuando la finalidad es el encuentro amoroso».

Vayamos anotando, puede constituir una oportunidad para ser feliz, quién sabe, tal vez solo es cuestión de probar o de consumir lo justo, porque todavía puede el hambre encaramar su regreso luego de algún que otro provechito.

Debemos considerar a su compañera Búfala, que ha de sobrevivir a un Dragón de agua con estas notables características como cocinero, amante y un auténtico Don Corleone versión «tranqui» y pagando los impuestos.

Nuestra Eva, deslumbrante mujer, sin maldades ni disputas de entre casa supera todo trance, y como buena compañera llega a donde se lo propone, sin pasar por una obstinada en ir al supermercado, ya que con tener lo necesario en la alacena le basta.

No sea cosa que el llameante Dragón la descubra viendo la tele y limándose las uñas, se le cree una sinapsis y termine el día en escándalo. En realidad esta Búfala de agua con un Dragón acuático es como una Eva con dos Adanes.

Y Gabriel, Dragón autóctono, en la vida junto a ella se dibuja a sí mismo subrepticiamente, como el dicho de los pobladores rurales de las tierras altas de Mongolia: «El burro no avanza por lindo sino por insistidor...».

Por lo tanto, a recoger los frutos del amor de esta receta, que con una imaginación deslumbrante nos viene comprometiendo a disfrutar y compartir.

## *Ingredientes*

**Aceite de oliva**
**2 cebollas cortadas en rodajas finas**
**½ kg de cuarto trasero «contratapa»**
**Ajo picado, a gusto**
**1 zanahoria cortada en daditos**

Pimentón, a gusto
Caldo, a gusto
12 aceitunas negras picadas
100 gramos de setas
Sal y pimienta negra en grano
4 patatas chicas (hervidas aparte)
1 copa de vino tinto

*Preparación*

Con abundante aceite de oliva freír la cebolla. Cuando esté rubia, doradita, incorporar juntos la carne y el ajo picadito. No olvidarse de los daditos de zanahoria.

Agregar pimentón y un poco de caldo y darle algo de tiempo a la cocción mientras se ingresan las aceitunas y los hongos. Salpimentar y dejar caer, durante la elaboración, algunos granos de la esencial pimienta negra.

Continuar sin apurar, y cuando a ojo note que la cocción está casi lista, con arrojo agregue una copa de buen tinto.

Dejar descansar unos momentos y después de una breve cuenta regresiva, servir junto a las patatas previamente hervidas. Y a disfrutar de este tentador Baude, que nos trae el Dragón desde tiempos inmemoriales, dando en la tecla con acertada lucidez.

## *Mona de fuego - Cerdo de tierra*

**CARNE A LA CERVEZA**

Por lo regular, cualquier Cerdo obedece sistemáticamente a sus crisis con el descontrol de un *París Texas*. Pueden ser pasajeras o sospechosamente constantes y —como si esto fuera poco— él también busca su lugar en el mundo.

Él tiene la virtud de entregarse a los sanos consejos de su Mona, siempre y cuando se los transmita con buenos modales. No olvidemos que el jabalí, por ser salvaje, es muy rebelde; no sabe manejar la ira,

## Cocinando el menú para tu animal favorito

aunque su rabia le dura un rato. Suele mezclarse con ambigua poesía, y en esos momentos solo con el arte de la paciencia se lo puede llegar a contener o a rescatar de la tristeza por la pérdida de un mundial por penaltis, por dar un ejemplo.

Sucumbe en silencio ante un frenesí mental que no le permite bailar en una pata ni en dos, si es que la felicidad le ronda cuando la Mona le estrena tantas sorpresas, como un entrepiso a modo de nueva pocilga.

Al pasar en soledad días de ausencia simia empieza a implorar su regreso y a valorar el nuevo reducto para los revuelques de algún atracón. Realmente un auténtico cerdo al que dejar solo sería equivalente a soltarle la mano a un ciego para que cruce la 5ª Avenida en un mediodía laboral y con lluvia.

Notablemente amnésico y un tipo muy irritable con los ruidos molestos, provengan de donde sea: la calle, cualquier vecino habitual o de un ocasional inquilino que habite en el piso de arriba, siempre rezongará para no perder el oficio.

Renuente de entrada con lo sociable por ser declaradamente casero, aunque a causa de la curiosidad en ciertas reuniones pueda destacarse por quedarse mudo, escuchando solo lo que le interesa o hablando hasta por los codos con ocurrencias de dudosa índole.

Medio reacio pero potable en la cocina y un profesional obsesivo para la mano obrera, un empleado de mantenimiento a la hora de resolver cuestiones de todo tipo, con las necesidades que suelen ser urgentes para su simia, como ocuparse de trámites burocráticos o pasar por el súper del coreano de la esquina. Tampoco es nada grave, con tal de sumar millas para que a la mona no se le corte la mayonesa...

Maximiza su creatividad por un potencial que reside en reparaciones que van desde un reproductor de video hasta jardinería en cualquier balcón, estimando ciertos recursos de herrero para arreglar los anclajes de una tapa de inodoro comprada por la Mona flamífera en alguna casa de diseño de zona norte, que seguramente pagó algo cara pero sin duda fue una gran elección.

Sueña bastante seguido, como en *las Mil y una noches*. Sobre todo cuando su mona viaja y se zambulle en películas como la trilogía de *Millenium* o *Home*.

Al revés, si están juntos en períodos de armonía con la autosuficiente simia, allá en el campo, comparten yerba mate La Merced como un ritual nativo, mientras ella bien le entona con su canto un *Flying to the moon*, amasando unas tortitas al horno.

Casi como en un fotograma del romanticismo propio de un Luchino Visconti, de reojo suelen mirar el logro de un libro que han parido juntos, con notable éxito, mientras edifican casas de adobe como castillos en el aire y planes de viaje alrededor del universo. Son las diversas variantes de los sueños posibles de las Monas con sus Cerdos.

Como se sabe, su Macaca compañera es la Última Romántica del Apocalipsis, y no solo lo impregna de Flores de Bach cuando anda flojo de energía sino que se ocupa de cuidarlo.

El cerdo deberá comprender que a ella hay que tratarla con total delicadeza, porque de lejos y de cerca es una dama, y no es poco.

Si bien en estos artículos gastronómicos no doy consejos para problemas de parejas, puedo sugerir, invitar y proponer, mi querido zoo, que para persistir en enamorar a su amada todos los días —como deberes después de la escuela o porque metieron la pata en algo— le regalen leña o aceite de oliva y velas: son las mejores ofrendas a la hora de la conquista.

Si el ardid resulta es porque usted llegó a su propio y tal vez merecido Nirvana; de lo contrario, si está pagando peaje —karma—, haga buena letra y no desafine más. Mírese a su propio espejo y retome el TAO. Insista con esfuerzo y empeño. Así, entre su gracia, música y una apreciada receta, posiblemente la haga reflexionar sobre los intrincados secretos del camino del amor y le preste alguna atención al destemple como distraído compañero.

No afloje, tome aquella fórmula escultural de Carne a la Cerveza, que recibió en tiempos finales de quien practicaba este suculento plato y que heredó como un testamento culinario cuando el mundo aún era otra cosa, aquellos tiempos que se atesoran en la memoria de los afectos.

Pues bien, si tiene esperanza, no abandone su buen humor y entréguese a la cocción de esta *delicatessen* sustanciosa para su orangutana. Y como es una anfitriona curiosa y agradecida, mientras degusta el opíparo alimento sin descuidar el noticiero internacional de Walter Martínez por cable, lo más probable que le suelte y le admita un... ¡Pum para arriba!

Con esto último y por el momento le alcanzará y se dará por satisfecho, pues con algo posible la conmovió y tiene letra de sobra para su próximo sueño, como un faro en la noche.

Tal vez, estimados cochinos, recuperen *el reposo del guerrero*, entibiando poco a poco la helada de los desplantes con su amada, mientras ella se recupera de aquel sábado sin gloria y lo perdona...

*Voy a los ingredientes para dar forma a la receta de esta carne a la cerveza:*

**Aceite de oliva**
**2 dientes de ajo, enteros y pelados**
**2 cebollas cortadas bien finitas**
**1 kg de roast beef, paleta o lomo alto**
**Caldo**
**Hojas de laurel, sal, pimienta y un toque de páprika**
**1 lata de cerveza rubia**

En un bol o cacerola con una abundante película de aceite de oliva, ir dorando los dientes de ajo y las cebollas, luego colocar la carne y removerla por ambas partes a fuego lento hasta que resulte dorada.

Agregar caldo y algo de agua caliente y las hojas de laurel.

Salpimentar y condimentar con un poco de orégano y páprika a gusto.

Finalmente integrar el contenido de una lata de cerveza y dejar unos 30 minutos de cocción a fuego lento e ir probando.

Se puede servir con un rico puré de patatas o bien con unas coles de Bruselas.

Origen de la receta: De una Madre Gallo a su Cerdo y de este a su Mona.

## Caballo de fuego — Cabra de tierra

**LOMO A LA PIMIENTA CON PATATAS A LA CREMA**

Nuestro querido corcel lejos se encuentra de entrar en el mundo de las cocciones... la cocina es una área geográfica de la caballeriza que solo visita regularmente para prepararse un té verde, pero no más que eso.

Punto y aparte. Aclaro que no todos los caballitos escapan resonando sus cascos de donde se preparan las exquisiteces que luego ofrecerán a su cabra para el pleno disfrute.

El ruano que hoy nos reúne es más sabio por recorrer ciertos lugares que no todos conocemos y que él secretamente nos recomienda con generosidad, como un gran consejero por demás sibarita.

Ahora bien, como la cosa es una salida, emprende entusiasta su cabalgar enérgico: primero rumbea hacia la búsqueda de su cabra para llevarla sobre su montura al trote, con un buen ritmo, hasta el mejor de los restaurantes exclusivos en la zona norte de la ciudad, por ejemplo Las Cañitas, porque con una sospechosa nostalgia se arrima al Hipódromo de Palermo, su zona de pastoreo.

Una vez elegido el exclusivo lugar, como buen comensal exige a punto un exquisito y sabroso lomo a la pimienta con patatas a la crema, y así inaugura una velada que deslumbrará a su cabra con esta especie de inesperada gran comilona, que acompañarán con un buen vino tinto con mucho cuerpo, preferentemente de las selectas bodegas de los viñedos de Luján de Cuyo.

Para entonces la cabra, mientras degusta entre enamoradiza y satisfecha, declarará su amor sin mayor pérdida de tiempo y con total entrega sobre el final de aquel humeante plato, señalando que ha sido un éxito.

Dicen que la cabra siempre al monte tira, pero luego de semejante fuente de deleite y regocijo no será esta la cuestión. En definitiva, hasta los dioses se arrodillarán sucumbiendo como cualquier mortal del Zoo... Es indiscutible.

Luego de la diversión alimenticia, sin cabrearse y trotando sobre la montura o a pelo, la cabrita se dejará llevar lujuriosamente al Día de San Valentín. Sabemos que la comida se emparenta con otros placeres que le siguen, y desde luego no hablamos precisamente de retirarse al salón a ver fútbol para todos, pero como románticas que son las cabras deben ser llevadas a todo galope por senderos pavimentados de flores.

Afortunadas jinetes las cabras trotando junto a la nobleza de un ruano que, sin ser jamás un unicornio y menos aún un inerte hipocampo, será un potro con las habilidades y las elecciones para el buen comer.

Excelente combinación caballo/cabra en la mágica complacencia de los sentidos y sin mayores preámbulos que entrarle a un buen plato como este.

## Ingredientes (para dos raciones)

Para las patatas a la crema
**2 o 3 patatas**
**1 taza de salsa blanca liviana condimentada a gusto**
**Crema de leche, a gusto**
**Sal y pimienta**

Para el lomo
4 medallones de lomo gruesos
2 cucharadas de mantequilla
Pimienta negra en grano
1 vaso de coñac
100 cc de crema de leche

## Preparación de las patatas a la crema

Cortar las patatas en tajadas y hervirlas un poco; deben quedar algo duritas. Luego escurrirlas y disponerlas en una fuente para horno previamente impregnada de mantequilla. Cubrirlas con la salsa blanca y rociarlas con la crema de leche. Espolvorear con sal y pimienta y llevar al horno unos 20 minutos y verificar su cocción para que estén a punto al momento de acompañar el lomo.

## Preparación del lomo a la pimienta

Mientras las patatas están en el horno, sobre la plancha o la parrilla bien caliente marcar y sellar los medallones de lomo hasta que resulten dorados por fuera y jugosos por dentro; retirar y salar.

Aparte, derretir la mantequilla, agregar un puñado de pimienta y los medallones de lomo. Rociar con el coñac y encender. Cuando baje la llama, verter la crema de leche, dejar que espese y luego servir enseguida con las patatas a la crema.

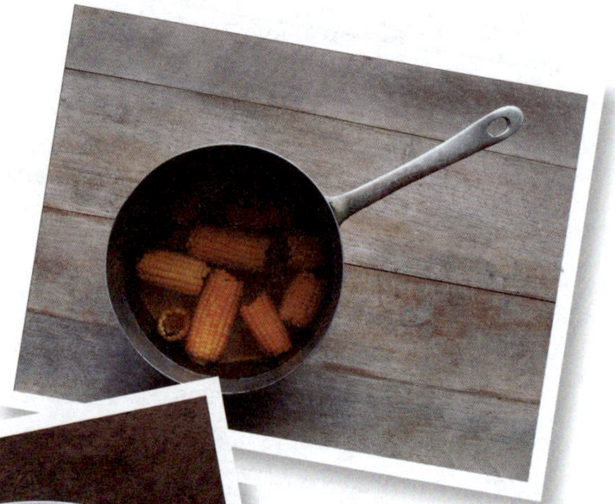

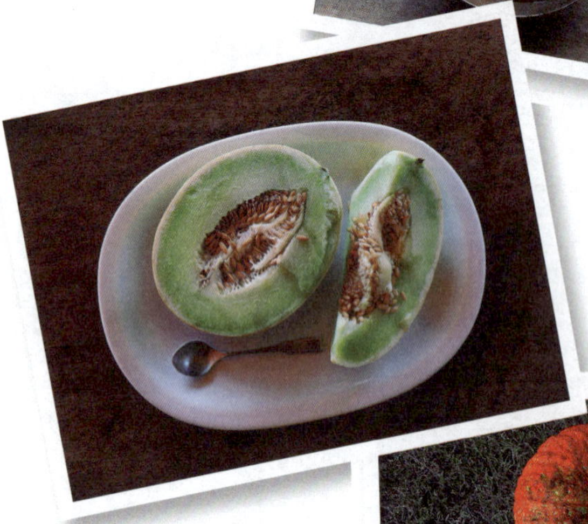

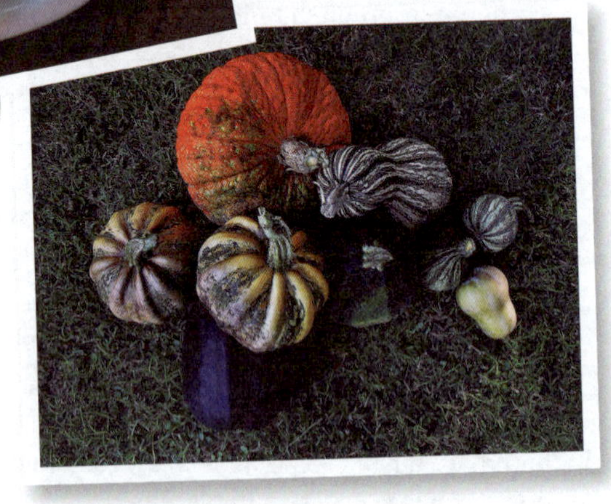

# El amor científico para los chinos

por Cristina Alvarado

Han pasado miles de años desde que en China se comenzó a ver la manera de perfeccionar los enlaces amorosos y sus encuentros. El tema del amor y la pareja siempre han despertado discusiones y controversias entre los maestros de las prácticas taoístas, la astrología y el feng shui entre otras. Eso se debe, principalmente, al enfoque que se desea dar al tema: ¿Qué es lo más importante?, se preguntan los maestros. ¿La atracción sexual, el compromiso, los hijos, la familia o la propiedad privada que proviene de esta unión?

Preocupados siempre por la prosperidad de la casa común que era el imperio, los emperadores invirtieron tiempo y recursos en saber exactamente cuál es el factor X que provoca que una familia sea productiva, numerosa, próspera y por lo tanto, feliz.

La pareja es la base de la familia y esta es, a su vez, la base de la sociedad. Por eso, el Estado tomaba muy en serio el momento de otorgar permisos de matrimonio.

Lo ideal en esos tiempos imperiales era siempre encontrar que la pareja perfecta tuviera necesidades e inteligencias similares, ya que así se apoyarían mutuamente el resto de la vida.

Esto se ejemplifica perfectamente en el símbolo de la doble armonía o la doble felicidad, *shuāngxī*, que se encuentra en multitud de amuletos, sobres de dinero e invitaciones para boda en China y en el resto de Asia.

En este símbolo —囍— se ve claramente a una pareja cobijada bajo un mismo techo. Alcanzar ese beneficio compartido era el matrimonio ideal, y por eso se le llama Doble Felicidad.

Cuenta la leyenda que un joven partió de su pueblo natal con la intención de solicitar al emperador su ingreso en la academia para convertirse en escribano.

En el camino hacia la recién instalada ciudad capital del Norte, Beijing, el joven aspirante cayó enfermo, pero tuvo la fortuna de encontrar a un médico herbolario, maestro también de las cinco artes o Wu Shu, y a su hermosa hija.

Los dos cuidaron del joven hasta que él recuperó la salud. Cuando llegó la hora de partir, apenado por lo incierto de su futuro, el joven le prometió a la hija del médico que el día que llegara a ser un escribano, ese día se casaría con ella.

La joven era muy práctica y en un pedazo de papel de arroz, le escribió al muchacho la mitad de una copla.

## El amor científico para los chinos

«Cuando creas que ha llegado el momento, escribe el resto de la copla, entonces sabrás que eres un poeta digno de la corte. Entonces seré tu esposa», le dijo a su pretendiente.

El joven llegó a Beijing y completó con éxito todos los exámenes que exigía la corte. Era de tal grado su excelencia, que el propio emperador quiso entrevistar al joven aspirante.

Una vez ante la presencia del emperador Yŏnglè, el joven le solicitó permiso para casarse con la hija del médico. Y el emperador le dijo que le daría el permiso de casarse con ella, si componía el poema perfecto en pocos trazos.

Entonces el joven recordó la copla que la muchacha le había dado y comprendió su destino. Escribió la siguiente copla, formando un poema y se lo entregó al emperador.

Al ver Yŏnglè el manuscrito, sonrió ampliamente y no sólo le permitió al joven casarse con su enamorada sino que también le dio un lugar en la corte a la pareja.

El poema final entre las coplas escritas por los dos jóvenes es el símbolo de la doble felicidad: El poema perfecto.

囍

Para alcanzar la doble felicidad son necesarias dos personas con cuatro objetivos en conjunto: Un hogar cálido y amoroso donde crecer a la par, dos mentes enfocadas e inteligentes una al lado de la otra. Documentos para leer juntos para no perder el deseo por aprender y el soporte firme de la armonía que da el seguir el mismo camino. Ninguno interviene en el otro. Ninguno está arriba del otro. Hombro con hombro, mirando al frente: el poema perfecto.

Para la astrología china, comprender cuál es el camino del amor resulta el punto más importante de todos. Por eso hay que saber cómo son esas dos mentes enfocadas e inteligentes que vemos en el símbolo de la doble felicidad.

Primero debemos tener a mano la carta astral propia y después la del pretendiente.

Luego, por medio de las siguientes tablas, podremos saber los secretos del amor.

## Instrucciones para saber la compatibilidad perfecta y el poder de atracción del amor en la carta natal china bazi

Todos queremos saber qué pareja es compatible en todos los niveles con nosotros. Es muy probable que el amor sea la razón primordial que nos atrae al estudio de la astrología china. Nuestro deseo por experimentar el amor nos lleva a desear también ser atractivos.

Hay dos aspectos señalados en la carta natal china —llamada Bazi— que determinan la suerte en el amor.

El primer aspecto es determinar qué tipo de persona es compatible con nosotros. **¿Qué signos zodiacales combinan con los signos del día, el año, el mes y la hora?** Esos son los signos que necesitamos en conjunto, no sólo el año de nacimiento es suficiente para saber qué nos conviene.

El segundo aspecto es determinar qué tan atractivos somos. **¿Qué signos benéficos o inconvenientes están presentes en nuestra carta natal?**

Cuando las condiciones son propicias, una persona con una buena carta astral puede conseguir pareja y estabilidad emocional sin mayores complicaciones. Pero esos casos son muy pocos. Para los que no tenemos una carta natal perfecta, la herramienta del bazi es **indispensable.**

### Los datos de la carta natal china

Vamos a localizar paso a paso cada una de las partes de la carta natal para saber si la persona que nos interesa es compatible o para saber qué probabilidades hay de que se pueda encontrar el amor, qué tipo de pareja es perfecta para nosotros y si tenemos las herramientas necesarias para explotar nuestro atractivo sexual. Primero necesitamos saber la fecha completa y la hora de nacimiento de la persona que nos atrae y nuestra fecha completa y la hora de nacimiento.

En una hoja en blanco, podemos poner los datos de esta manera: Por ejemplo, alguien nacido el 30 de abril de 1976 a las 15:30 horas.

| Hora | Día | Mes | Año |
|---|---|---|---|
| 15:34 | 30 | Abril | 1976 |
|  |  |  |  |
|  |  |  |  |

En su hoja en blanco, dibujen cuatro columnas divididas en tres de este modo. En la primera fila, pongan los datos de la fecha de nacimiento y la hora en el orden en que se han colocado en este ejemplo. Ese es el método tradicional. Resulta muy importante mantener ese orden.

# El amor científico para los chinos

Este ejemplo puede servirles de guía. En los espacios que están en blanco pondremos las ocho partes de la carta natal.

Bazi significa ocho agentes u ocho signos.

El signo del año es el más conocido ya que indica el signo del zodíaco chino. Pero también se le llama **Rama Terrestre del año.**

Los otros signos se especifican como sigue.

**Año**: Además de la Rama terrestre del año o zodíaco chino, también está el Tronco celeste del año.

**Hora**: Compañero de ruta o rama terrestre de la hora y Tronco celeste de la hora.

**Día**: Palacio de casamiento o rama terrestre del día y Clave maestra o Tronco celeste del día.

**Mes**: Tema de nacimiento, Palacio de los padres o rama terrestre del mes y Tronco celeste del mes.

En el ejemplo que ya observamos, la carta natal sería así:

| Hora<br>15:34 | Día<br>30 | Mes<br>Abril | Año<br>1976 |
|---|---|---|---|
| ¿? | ¿? | ¿? | Tronco celeste 3 de fuego yang El incendio |
| ¿? | ¿? | ¿? | Dragón elemento fijo 5 de tierra yang |

Ya una vez visualizado el ejemplo de una carta natal, podemos hacernos una idea de su resultado final. De todos modos, para saber precisamente los detalles de una carta natal, es mejor consultar a un experto en el tema, pero es muy divertido aprender los fundamentos de esta antigua disciplina y, si queda alguna duda, entonces sí podemos buscar a un experto, ya con el conocimiento intermedio para hacer esto.

Entonces, sin más preámbulo, vamos a poner manos a la obra.

Primero hay que saber los signos del **año de nacimiento** para saber si las **personalidades** son compatibles.

Cada año nuevo chino marca dos energías importantes: la energía fija del signo zodiacal chino en curso, también llamada rama terrestre, y la energía fija del año, o tronco celeste.

Sólo hay 60 posibles combinaciones entre los signos zodiacales chinos y las energías fijas de los años, ya que los signos del zodíaco son doce y las energías anuales son diez.

**Por ejemplo:** El año 2012, aún reciente en nuestra memoria, es el año de dragón de agua. Ese dragón de agua es distinto del dragón de fuego de 1976 de nuestro ejemplo anterior, o el dragón de madera de 1964.

**¿Por qué?** Porque cada uno de esos años pertenece a un lugar distinto en el *ciclo de los 60 años*. Por eso el año 2012 es muy parecido al año **1952**, que ocurrió 60 años antes de 2012 y será también parecido al dragón de agua de 2072, que tiene —por lo tanto— las mismas energías del dragón de agua. Más adelante veremos cuál es ese ciclo de los 60 años.

Entonces, los métodos populares para saber qué signo es compatible con qué signo son correctos en cierta medida, pero no son totalmente certeros ya que sólo abarcan la atracción que corresponde a la personalidad de las posibles 60 personalidades básicas.

Cada persona —con cualquier nivel intelectual o criterio— sabe que todas las personas son distintas unas de otras.

Por eso la astrología china puede ser una herramienta muy útil, ya que no sólo describe las sesenta posibles personalidades, sino que también abarca los signos y las combinaciones de energías entre días, horas, meses y, por supuesto, años de nacimiento. Si a eso le sumamos que cada persona nace en una localidad diferente, en países distintos y bajo condiciones irrepetibles —que pueden ser analizadas por medio del Feng Shui— tenemos por resultado un sinfín de posibilidades... las cuales encajan perfectamente con cada uno de los siete mil millones de habitantes de la Tierra, entre los cuales se encuentra el amor de nuestras vidas, conocido o no. Y todos caminamos entre un mar de desconocidos, pero hermanados todos, al fin de cuentas.

La siguiente es la tabla de las 60 combinaciones, que ilustra las posibles combinaciones entre los doce signos zodiacales y las diez energías que son representadas por los diez troncos celestes. Como lo hemos explicado, cada año chino está representado por un zodíaco (animal) y por una energía fija (tronco celeste).

**Tabla del ciclo de las sesenta combinaciones con los nombres de cada signo**

| 1 Árbol Yang 甲 Rata 子 | 2 Arbusto Yin 乙 Búfalo 丑 | 3 Incendio Yang 丙 Tigre 寅 | 4 Lámpara Yin 丁 Conejo 卯 | 5 Montaña Yang 戊 Dragón 辰 | 6 Jardín Yin 己 Serpiente 巳 | 7 Espada Yang 庚 Caballo 午 | 8 Jade Yin 辛 Cabra 未 | 9 Mar Yang 壬 Mono 申 | 10 Rocío Yin 癸 Gallo 酉 | 11 Árbol Yang 甲 Perro 戌 | 12 Arbusto Yin 乙 Cerdo 亥 |
|---|---|---|---|---|---|---|---|---|---|---|---|
| 13 Incendio Yang 丙 Rata 子 | 14 Lámpara Yin 丁 Búfalo 丑 | 15 Montaña Yang 戊 Tigre 寅 | 16 Jardín Yin 己 Conejo 卯 | 17 Espada Yang 庚 Dragón 辰 | 18 Jade Yin 辛 Serpiente 巳 | 19 Mar Yang 壬 Caballo 午 | 20 Rocío Yin 癸 Cabra 未 | 21 Árbol Yang 甲 Mono 申 | 22 Arbusto Yin 乙 Gallo 酉 | 23 Incendio Yang 丙 Perro 戌 | 24 Lámpara Yin 丁 Cerdo 亥 |
| 25 Montaña Yang 戊 Rata 子 | 26 Jardín Yin 己 Búfalo 丑 | 27 Espada Yang 庚 Tigre 寅 | 28 Jade Yin 辛 Conejo 卯 | 29 Mar Yang 壬 Dragón 辰 | 30 Rocío Yin 癸 Serpiente 巳 | 31 Árbol Yang 甲 Caballo 午 | 32 Arbusto Yin 乙 Cabra 未 | 33 Incendio Yang 丙 Mono 申 | 34 Lámpara Yin 丁 Gallo 酉 | 35 Montaña Yang 戊 Perro 戌 | 36 Jardín Yin 己 Cerdo 亥 |
| 37 Espada Yang 庚 Rata 子 | 38 Jade Yin 辛 Búfalo 丑 | 39 Mar Yang 壬 Tigre 寅 | 40 Rocío Yin 癸 Conejo 卯 | 41 Árbol Yang 甲 Dragón 辰 | 42 Arbusto Yin 乙 Serpiente 巳 | 43 Incendio Yang 丙 Caballo 午 | 44 Lámpara Yin 丁 Cabra 未 | 45 Montaña Yang 戊 Mono 申 | 46 Jardín Yin 己 Gallo 酉 | 47 Espada Yang 庚 Perro 戌 | 48 Jade Yin 辛 Cerdo 亥 |
| 49 Mar Yang 壬 Rata 子 | 50 Rocío Yin 癸 Búfalo 丑 | 51 Árbol Yang 甲 Tigre 寅 | 52 Arbusto Yin 乙 Conejo 卯 | 53 Incendio Yang 丙 Dragón 辰 | 54 Lámpara Yin 丁 Serpiente 巳 | 55 Montaña Yang 戊 Caballo 午 | 56 Jardín Yin 己 Cabra 未 | 57 Espada Yang 庚 Mono 申 | 58 Jade Yin 辛 Gallo 酉 | 59 Mar Yang 壬 Perro 戌 | 60 Rocío Yin 癸 Cerdo 亥 |

Con base en esta tabla está construida toda la teoría detrás de la astrología china.

**Por ejemplo.** El año 2012 es conocido como el dragón de agua *yang*.

Pero la energía fija del dragón es tierra *yang* 辰. El agua *yang* le viene porque el año 2012 es un año con un tronco celeste de agua *yang*. La clave secreta de esa energía se conoce también como Mar Yang 壬. Juntos, estos dos signos los nombraremos «Dragón de agua *yang*».

| 29 Mar Yang壬 Dragón 辰 |
|---|

Cualquier persona nacida entre el 23 de enero de 2012 y el 9 de febrero de 2013 nació en el año del dragón de agua *yang*, en el lugar número 29 del ciclo de las sesenta combinaciones. Esto determina la personalidad de los individuos nacidos entre esas fechas

Cada uno de estos recuadros tiene toda la información que podremos encontrar en la carta natal china. Esta información también se llama Binomio, ya que son dos números —del uno al diez o del uno al doce— los que contienen todos los secretos de las relaciones entre personas, objetos, espacios, animales... y todo lo que está en nuestro planeta.

## Instrucciones para localizar los signos del año de nacimiento

La siguiente tabla contiene los datos precisos del comienzo y final de un ciclo de 60 años completos desde 1924 hasta el año 2043.

En esta tabla podrás encontrar tu binomio del **año de nacimiento**, es decir tu signo zodiacal chino (rama terrestre) y el signo de la energía anual (tronco celeste).

Estos signos determinan tu personalidad y las afinidades basadas en los intereses y la forma de ver la vida práctica. Con sólo saber el año de nacimiento, se pueden hacer una idea de cómo podrían funcionar como pareja.

Por ejemplo. Si alguien nació en junio de 1970, su signo zodiacal chino es el perro porque nació después 6 de febrero de 1970 y antes del 26 de enero de 1971. Su rama terrestre es Perro 戌11. Esta persona nació en el número 47 del ciclo de las 60 combinaciones y su tronco celeste es metal 7庚 *yang*. Este ejemplo se verá en la tabla de la siguiente manera:

Cada renglón de la tabla tiene los siguientes datos, con los cuales puedes localizar tu signo zodiacal anual con todas sus características.

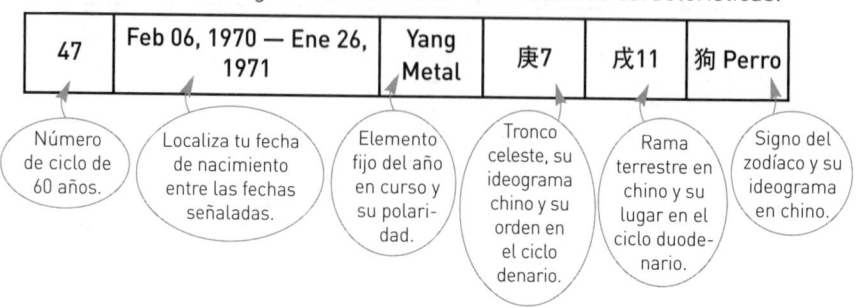

| 47 | Feb 06, 1970 — Ene 26, 1971 | Yang Metal | 庚7 | 戌11 | 狗 Perro |
|---|---|---|---|---|---|

- Número de ciclo de 60 años.
- Localiza tu fecha de nacimiento entre las fechas señaladas.
- Elemento fijo del año en curso y su polaridad.
- Tronco celeste, su ideograma chino y su orden en el ciclo denario.
- Rama terrestre en chino y su lugar en el ciclo duodenario.
- Signo del zodíaco y su ideograma en chino.

El amor científico para los chinos

El signo del zodíaco y la rama terrestre son lo mismo pero con distinto nombre, ya que el signo del zodíaco chino se usa para describir el año de nacimiento, mientras que la rama terrestre puede aplicarse al mes, la hora y el día de nacimiento, como veremos más adelante.

En la columna del extremo derecho de la tabla figuran los años de 1984 a 2043, y en la del extremo izquierdo, los años comprendidos entre 1924 y 1983. Cada uno buscará su año en la columna correspondiente.

| Ciclo De 60 Años | Año 1924–1983 | Elemento anual | Tronco celeste | Rama terrestre | Signo Chino | Año 1984–2043 |
|---|---|---|---|---|---|---|
| 1 | Feb 05, 1924 — Ene 23, 1925 | Madera yang | 甲1 | 子1 | 鼠 Rata | Feb 02, 1984 — Feb 19, 1985 |
| 2 | Ene 24, 1925 — Feb 12, 1926 | Madera Yin | 乙2 | 丑2 | 牛 Búfalo | Feb 20, 1985 — Feb 08, 1986 |
| 3 | Feb 13, 1926 — Feb 01, 1927 | Fuego yang | 丙3 | 寅3 | 虎 Tigre | Feb 09, 1986 — Ene 28, 1987 |
| 4 | Feb 02, 1927 — Ene 22, 1928 | Fuego Yin | 丁4 | 卯4 | 兔 Conejo | Ene 29, 1987 — Feb 16, 1988 |
| 5 | Ene 23, 1928 — Feb 09, 1929 | Tierra yang | 戊5 | 辰5 | 龍 Dragón | Feb 17, 1988 — Feb 05, 1989 |
| 6 | Feb 10, 1929 — Ene 29, 1930 | Tierra Yin | 己6 | 巳6 | 蛇 Serpiente | Feb 06, 1989 — Ene 26, 1990 |
| 7 | Ene 30, 1930 — Feb 16, 1931 | Metal yang | 庚7 | 午7 | 馬 Caballo | Ene 27, 1990 — Feb 14, 1991 |
| 8 | Feb 17, 1931 — Feb 05, 1932 | Metal Yin | 辛8 | 未8 | 羊 Cabra | Feb 15, 1991 — Feb 03, 1992 |
| 9 | Feb 06, 1932 — Ene 25, 1933 | Agua yang | 壬9 | 申9 | 猴 Mono | Feb 04, 1992 — Jan 22, 1993 |
| 10 | Ene 26, 1933 — Feb 13, 1934 | Agua Yin | 癸10 | 酉10 | 鷄 Gallo | Jan 23, 1993 — Feb 09, 1994 |
| 11 | Feb 14, 1934 — Feb 03, 1935 | Madera yang | 甲1 | 戌11 | 狗 Perro | Feb 10, 1994 — Jan 30 1995 |
| 12 | Feb 04, 1935 — Ene 23, 1936 | Madera Yin | 乙2 | 亥12 | 猪 Cerdo | Jan 31, 1995 — Feb 18, 1996 |
| 13 | Ene 24, 1936 — Feb 10 1937 | Fuego yang | 丙3 | 子1 | 鼠 Rata | Feb 19, 1996 — Feb 06, 1997 |
| 14 | Feb 11, 1937 — Ene 30 1938 | Fuego Yin | 丁4 | 丑2 | 牛 Búfalo | Feb 07, 1997 — Jan 27, 1998 |
| 15 | Ene 31, 1938 — Feb 18, 1939 | Tierra yang | 戊5 | 寅3 | 虎 Tigre | Jan 28, 1998 — Feb 15, 1999 |
| 16 | Feb 19, 1939 — Feb 07, 1940 | Tierra Yin | 己6 | 卯4 | 兔 Conejo | Feb 16, 1999 — Feb 04, 2000 |

| Ciclo De 60 Años | Año 1924–1983 | Elemento anual | Tronco celeste | Rama terrestre | Signo Chino | Año 1984–2043 |
|---|---|---|---|---|---|---|
| 17 | Feb 08, 1940 — Ene 26, 1941 | Metal yang | 庚 7 | 辰 5 | 龍 Dragón | Feb 05, 2000 — Jan 23, 2001 |
| 18 | Ene 27, 1941 — Feb 14, 1942 | Metal Yin | 辛 8 | 巳 6 | 蛇 Serpiente | Jan 24, 2001 — Feb 11, 2002 |
| 19 | Feb 15, 1942 — Feb 04, 1943 | Agua yang | 壬 9 | 午 7 | 馬 Caballo | Feb 12, 2002 — Jan 31, 2003 |
| 20 | Feb 05, 1943 — Ene 24, 1944 | Agua Yin | 癸 10 | 未 8 | 羊 Cabra | Feb 01, 2003 — Ene 21, 2004 |
| 21 | Ene 25, 1944 — Feb 12, 1945 | Madera yang | 甲 1 | 申 9 | 猴 Mono | Ene 22, 2004 — Feb 08, 2005 |
| 22 | Feb 13, 1945 — Feb 01, 1946 | Madera Yin | 乙 2 | 酉 10 | 鷄 Gallo | Feb 09, 2005 — Ene 28, 2006 |
| 23 | Feb 02, 1946 — Ene 21, 1947 | Fuego yang | 丙 3 | 戌 11 | 狗 Perro | Ene 29, 2006 — Feb 17, 2007 |
| 24 | Ene 22, 1947 — Feb 09, 1948 | Fuego Yin | 丁 4 | 亥 12 | 猪 Cerdo | Feb 18, 2007 — Feb 06, 2008 |
| 25 | Feb 10, 1948 — Ene 28, 1949 | Tierra yang | 戊 5 | 子 1 | 鼠 Rata | Feb 07, 2008 — Ene 25, 2009 |
| 26 | Ene 29, 1949 — Feb 16, 1950 | Tierra Yin | 己 6 | 丑 2 | 牛 Búfalo | Ene 26, 2009 — Feb 13, 2010 |
| 27 | Feb 17, 1950 — Feb 05, 1951 | Metal yang | 庚 7 | 寅 3 | 虎 Tigre | Feb 14, 2010 — Feb 02, 2011 |
| 28 | Feb 06, 1951 — Ene 26, 1952 | Metal Yin | 辛 8 | 卯 4 | 兔 Conejo | Feb 03, 2011 — Ene 22, 2012 |
| 29 | Ene 27, 1952 — Feb 13, 1953 | Agua yang | 壬 9 | 辰 5 | 龍 Dragón | Ene 23, 2012 — Feb 09, 2013 |
| 30 | Feb 14, 1953 — Feb 02, 1954 | Agua Yin | 癸 10 | 巳 6 | 蛇 Serpiente | Feb 10, 2013 — Ene 30 2014 |
| 31 | Feb 03, 1954 — Ene 23, 1955 | Madera yang | 甲 1 | 午 7 | 馬 Caballo | Ene 31, 2014 — Feb 18, 2015 |
| 32 | Ene 24, 1955 — Feb 11, 1956 | Madera Yin | 乙 2 | 未 8 | 羊 Cabra | Feb 19, 2015 — Feb 07, 2016 |
| 33 | Feb 12, 1956 — Ene 30 1957 | Fuego yang | 丙 3 | 申 9 | 猴 Mono | Feb 08, 2016 — Ene 27, 2017 |
| 34 | Ene 31, 1957 — Feb 17, 1958 | Fuego Yin | 丁 4 | 酉 10 | 鷄 Gallo | Ene 28, 2017 — Feb 18, 2018 |
| 35 | Feb 18, 1958 — Feb 07, 1959 | Tierra yang | 戊 5 | 戌 11 | 狗 Perro | Feb 19, 2018 — Feb 04, 2019 |
| 36 | Feb 08, 1959 — Ene 27, 1960 | Tierra Yin | 己 6 | 亥 12 | 猪 Cerdo | Feb 05, 2019 — Ene 24, 2020 |

## El amor científico para los chinos

| Ciclo De 60 Años | Año 1924–1983 | Elemento anual | Tronco celeste | Rama terrestre | Signo Chino | Año 1984–2043 |
|---|---|---|---|---|---|---|
| 36 | Feb 08, 1959 — Ene 27, 1960 | Tierra *Yin* | 己6 | 亥12 | 猪 Cerdo | Feb 05, 2019 — Ene 24, 2020 |
| 37 | Ene 28, 1960 — Feb 14, 1961 | Metal *yang* | 庚7 | 子1 | 鼠 Rata | Ene 25, 2020 — Feb. 11, 2021 |
| 38 | Feb 15, 1961 — Feb 04, 1962 | Metal *Yin* | 辛8 | 丑2 | 牛 Búfalo | Feb 12, 2021 — Ene 31, 2022 |
| 39 | Feb 05, 1962 — Ene 24, 1963 | Agua *yang* | 壬9 | 寅3 | 虎 Tigre | Feb 01, 2022 — Ene 21, 2023 |
| 40 | Ene 25, 1963 — Feb 12, 1964 | Agua *Yin* | 癸10 | 卯4 | 兔 Conejo | Ene 22, 2023 — Feb 09, 2024 |
| 41 | Feb 13, 1964 — Feb 01, 1965 | Madera *yang* | 甲1 | 辰5 | 龍 Dragón | Feb 10, 2024 — Ene 28, 2025 |
| 42 | Feb 02, 1965 — Ene 20 1966 | Madera *Yin* | 乙2 | 巳6 | 蛇 Serpiente | Ene 29, 2025 — Feb 16, 2026 |
| 43 | Ene 21, 1966 — Feb 08, 1967 | Fuego *yang* | 丙3 | 午7 | 馬 Caballo | Feb 17, 2026 — Feb 05, 2027 |
| 44 | Feb 09, 1967 — Ene 29, 1968 | Fuego *Yin* | 丁4 | 未8 | 羊 Cabra | Feb 06, 2027 — Ene 25, 2028 |
| 45 | Ene 30, 1968 — Feb 16, 1969 | Tierra *yang* | 戊5 | 申9 | 猴 Mono | Ene 26, 2028 — Feb 12, 2029 |
| 46 | Feb 17, 1969 — Feb 05, 1970 | Tierra *Yin* | 己6 | 酉10 | 鷄 Gallo | Feb 13, 2029 — Feb 02, 2030 |
| 47 | Feb 06, 1970 — Ene 26, 1971 | Metal *yang* | 庚7 | 戌11 | 狗 Perro | Feb 03, 2030 — Ene 22, 2031 |
| 48 | Ene 27, 1971 — Feb 14, 1972 | Metal *Yin* | 辛8 | 亥12 | 猪 Cerdo | Ene 23, 2031 — Feb 10 2032 |
| 49 | Feb 15, 1972 — Feb 02, 1973 | Agua *yang* | 壬9 | 子1 | 鼠 Rata | Feb 11, 2032 — Ene 30 2033 |
| 50 | Feb 03, 1973 — Ene 22, 1974 | Agua *Yin* | 癸10 | 丑2 | 牛 Búfalo | Ene 31, 2033 — Feb 18, 2034 |
| 51 | Ene 23, 1974 — Feb 10 1975 | Madera *yang* | 甲1 | 寅3 | 虎 Tigre | Feb 19, 2034 — Feb 07, 2035 |
| 52 | Feb 11, 1975 — Ene 30 1976 | Madera *Yin* | 乙2 | 卯4 | 兔 Conejo | Feb 08, 2035 — Ene 27, 2036 |
| 53 | Ene 31, 1976 — Feb 17, 1977 | Fuego *yang* | 丙3 | 辰5 | 龍 Dragón | Ene 28, 2036 — Feb 14, 2037 |
| 54 | Feb 18, 1977 — Feb 06, 1978 | Fuego *Yin* | 丁4 | 巳6 | 蛇 Serpiente | Feb 15, 2037 — Feb 03, 2038 |
| 55 | Feb 07, 1978 — Ene 27, 1979 | Tierra *yang* | 戊5 | 午7 | 馬 Caballo | Feb 04, 2038 — Ene 23, 2039 |

| Ciclo De 60 Años | Año 1924–1983 | Elemento anual | Tronco celeste | Rama terrestre | Signo Chino | Año 1984–2043 |
|---|---|---|---|---|---|---|
| 56 | Ene 28, 1979 — Feb 15, 1980 | Tierra Yin | 己6 | 未8 | 羊 Cabra | Ene 24, 2039 — Feb 11, 2040 |
| 57 | Feb 16, 1980 — Feb 04, 1981 | Metal yang | 庚7 | 申9 | 猴 Mono | Feb 12, 2040 — Ene 31, 2041 |
| 58 | Feb 05, 1981 — Ene 24, 1982 | Metal Yin | 辛8 | 酉10 | 鷄 Gallo | Feb 01, 2041 — Ene 21, 2042 |
| 59 | Ene 25, 1982 — Feb 12, 1983 | Agua yang | 壬9 | 戌11 | 狗 Perro | Ene 22, 2042 — Feb 09, 2043 |
| 60 | Feb 13, 1983 — Feb 01, 1984 | Agua Yin | 癸10 | 亥12 | 猪 Cerdo | Feb 10, 2043 — Ene 29, 2044 |

Tabla 1 para localizar el tronco celeste y la rama terrestre del año de nacimiento

Ya que tenemos los datos del año de nacimiento localizados en la tabla anterior, pondremos esos datos en cuatro columnas divididas en dos. Por ejemplo, localicemos el 13 de febrero de 1983 (que se encuentra al final de la tabla).

Luego, tomamos los datos:

| Agua Yin | 癸10 | 亥12 | 猪 Cerdo |
|---|---|---|---|

No hace falta que escriban los ideogramas en chino, pero es bueno ponerlos aquí por cuestiones de cultura general y curiosidad.

Los datos del ejemplo se ubican en las columnas como se ve en el cuadro.

La columna del año es la de la derecha, y cada columna llevará primero el dato del tronco celeste, y luego el dato de la rama terrestre.

| Hora | Día | Mes | Año |
|---|---|---|---|
|  |  |  | Agua yin 10 |
|  |  |  | Cerdo 12 yin |

Ejemplo de la posición en que se colocan los datos en la carta natal.

## ¿Qué se puede hacer si sólo se sabe el año de nacimiento de la persona?

Hay veces que sólo se sabe el año de nacimiento del pretendiente o de la enamorada. En esos casos, se puede hacer un primer sondeo de atracción por medio de las tablas rápidas de compatibilidad.

### Amor a la primera consulta

Estas tablas sirven para localizar a la pareja más compatible con sólo saber el año de nacimiento del pretendiente.

Hace siglos, se elaboraban estas **tablas de localización rápida**, para que los padres de comunidades rurales o con ingresos bajos localizaran rápidamente cuáles serían las parejas compatibles para los recién nacidos.

Solo pocos privilegiados tenían la posibilidad de acceder a un maestro en astrología china y aún menos personas podían estudiar completamente el almanaque chino **T'ung Shu** y el **Calendario de los diez mil años**; por lo tanto, estas tablas eran y siguen siendo muy utilizadas. Además, muy pocos campesinos sabían su fecha exacta de nacimiento.

En algunos casos, las tablas contemplaban diferencias de edades tan dramáticas que inclusive se podían concertar matrimonios entre niños y viejos o aun entre vivos y muertos. El matrimonio era en estos tiempos una transacción social y económica que privilegiaba a los vivos por medio de herencias, pago de deudas karmáticas o, incluso, con recompensas para el que tuviera que casarse con alguien ya muerto. Poco tenía que ver el amor romántico con esto, ya que el amor romántico es —de hecho— un concepto que nació apenas en el siglo XIX en Europa y que se ha ido diseminando poco a poco por todo el mundo, para beneficio de todos.[a]

El matrimonio no tenía por qué ser un infierno, claro está. En un matrimonio ideal, lo mejor es que la vida entera pase sin que se separe por ningún motivo. Por eso en la China Imperial, por todos los medios posibles se trataba de mantener estas alianzas matrimoniales con la mayor estabilidad, así que la compatibilidad entre los pretendientes a casarse tenía que ser perfecta tanto para los novios como para sus familias y

---

[a] Las siguientes tablas han sido editadas para que solo se puedan hacer parejas entre mayores de edad. Sin embargo; no se han podido evitar algunas excepciones, que se señalan con un asterisco (*) y son remitidas a un anexo para adolescentes al final de este capítulo.

sus negocios. Forzar las compatibilidades entre signos por medio de mentiras y omisiones —debido casi siempre a la codicia de los padres— daba como resultado tragedias, de las cuales se nutre buena parte de la literatura y la historia cortesana de China.

Tradiciones aparte, las siguientes tablas rara vez se equivocan en cuanto a la afinidad que hay entre las personalidades de los doce signos zodiacales, incluso entre signos aparentemente incompatibles, ya que se basa también en las compatibilidades con la energía del año de nacimiento y no solamente con la energía fija del signo del zodíaco.

Las tablas pueden ser de utilidad cuando se conoce a alguien nuevo y no se puede consultar a un astrólogo profesional que explique a los pretendientes las demás partes de sus cartas natales, como la salud, los hijos, la carrera, los negocios, ¡los suegros! Y todas las entretelas que conforman el intrincado camino de la felicidad conyugal y amorosa.

Las tablas están divididas en los dos sexos, ya que la compatibilidad de signos tiene que ver también con las cualidades *yin* (femenina) y *yang* (masculina) de los portadores de estos signos, pero no tiene mucho que ver con la inclinación sexual de cada quien y por lo general, en el caso de parejas homosexuales y transgénero, se pueden usar ambas tablas indistintamente, según la inclinación *yin* (femenina) o *yang* (masculina) del consultante.

### Relaciones compatibles para hombres

Nota: Esta tabla está diseñada para la tendencia *yang* (hombres) a partir de los 18 años cumplidos.

Las compatibilidades con personas aún menores de edad, son señaladas con un asterisco*.

| Año | Signo zodiacal | Amistad, complicidad, creatividad sin límites con: |
|---|---|---|
| 1930 | Caballo de metal *yang* | Tigre de tierra *yang* 1938, Conejo de tierra *yin* 1939. |
| 1931 | Cabra de metal *yin* | Mono de agua 1932, Gallo de agua *yin* 1933, caballo de agua *yang* 1942. |
| 1932 | Mono de agua *yang* | Perro de madera *yang* 1934, Búfalo de fuego *yin* 1937. |
| 1933 | Gallo de agua *yin* | Cerdo de madera *yin* 1935, Dragón de metal 1940, Serpiente de metal *yin* 1941. |
| 1934 | Perro de madera *yang* | Conejo de tierra *yin* 1939, Caballo de agua *yang* 1942. |
| 1935 | Cerdo de madera *yin* | Tigre de tierra *yang* 1938, Tigre de metal *yang* 1950. |

## El amor científico para los chinos

| Año | Signo zodiacal | Amistad, complicidad, creatividad sin límites con: |
|---|---|---|
| 1936 | Rata de fuego *yang* | Mono de madera *yang* 1944, Gallo de madera *yin* 1945. |
| 1937 | Búfalo de fuego *yin* | Mono de madera *yang* 1944, Gallo de madera *yin* 1945 |
| 1938 | Tigre de tierra *yang* | Cerdo de fuego *yin* 1947. |
| 1939 | Conejo de tierra *yin* | Serpiente de metal *yin* 1941, Perro de fuego *yang* 1946 y Cerdo de fuego *yin* 1947 |
| 1940 | Dragón de metal *yang* | Caballo de agua *yang* 1942, Gallo de madera *yin* 1945 |
| 1941 | Serpiente de metal *yin* | Cabra de agua *yin* 1943, Perro de fuego *yang* 1946 |
| 1942 | Caballo de agua *yang* | Tigre de metal *yang* 1950, Conejo de metal *yin* 1950. |
| 1943 | Cabra de agua *yin* | Mono de madera *yang* 1944, Gallo de madera *yin* 1948, Caballo de madera *yang* 1954. |
| 1944 | Mono de madera *yang* | Perro de fuego *yang* 1946, Búfalo de tierra *yin* 1949. |
| 1945 | Gallo de madera *yang* | Dragón de agua *yang* 1952, Serpiente de agua *yin* 1953. |
| 1946 | Perro de fuego *yang* | Conejo de metal *yin* 1951, Caballo de madera *yang* 1954 |
| 1947 | Cerdo de fuego *yin* | Rata de tierra *yang* 1948 |
| 1948 | Rata de tierra *yang* | Tigre de metal *yang* 1950, Mono de fuego *yang* 1956, Gallo de fuego *yin* 1957. |
| 1949 | Búfalo de tierra *yin* | Mono de fuego *yang* 1956, Gallo de fuego *yin* 1957. |
| 1950 | Tigre de metal *yang* | Perro de tierra *yang* 1958, Cerdo de tierra *yin* 1959, Caballo de fuego *yang* 1966. |
| 1951 | Conejo de metal *yin* | Perro de tierra *yang* 1958, Cerdo de tierra *yin* 1959. |
| 1952 | Dragón de agua *yang* | Gallo de fuego *yin* 1957, Serpiente de madera *yin* 1965. |
| 1953 | Serpiente de agua *yin* | Perro de tierra *yang* 1958, Búfalo de metal *yin* 1961, Dragón de madera *yang* 1964. |
| 1954 | Caballo de madera *yang* | Tigre de agua *yang* 1962, Conejo de agua *yin* 1963. |
| 1955 | Cabra de madera *yin* | Mono de fuego *yang* 1956, Gallo de fuego *yin* 1957, Caballo de fuego *yang* 1966. |
| 1956 | Mono de fuego *yang* | Búfalo de metal *yin* 1961, Dragón de madera *yang* 1964. |
| 1957 | Gallo de fuego *yin* | Dragón de madera *yang* 1964, Serpiente de madera *yin* 1965. |
| 1958 | Perro de tierra *yang* | Conejo de agua *yin* 1964, Caballo de fuego *yang* 1966. |
| 1959 | Cerdo de tierra *yin* | Tigre de madera *yang* 1974 |
| 1960 | Rata de metal *yang* | Tigre de agua *yang* 1962. Mono de tierra *yang* 1968, Gallo de tierra *yin* 1969. |
| 1961 | Búfalo de metal *yin* | Mono de tierra *yang* 1968, Gallo de tierra *yin* 1969. |
| 1962 | Tigre de agua *yang* | Cerdo de metal *yin* 1971. |
| 1963 | Conejo de agua *yin* | Perro de metal *yang* 1970, Cerdo de metal *yin* 1971. |

| Año | Signo zodiacal | Amistad, complicidad, creatividad sin límites con: |
|---|---|---|
| 1964 | Dragón de madera *yang* | Caballo de fuego 1966, Gallo de tierra *yin* 1969. |
| 1965 | Serpiente de madera *yin* | Cabra de fuego *yin* 1967, Perro de metal *yang* 1970, Búfalo de agua *yin* 1973. |
| 1966 | Caballo de fuego *yang* | Tigre de madera *yang* 1974, Conejo de madera *yin* 1975, Cabra de tierra *yin* 1979. |
| 1967 | Cabra de fuego *yin* | Mono de tierra *yang* 1968, Gallo de tierra *yin* 1969, Caballo de tierra *yang* 1978. |
| 1968 | Mono de tierra *yang* | Perro de metal *yang* 1970, búfalo de agua *yin* 1973, dragón de fuego *yang* 1976. |
| 1969 | Gallo de tierra *yin* | Dragón de fuego *yang* 1976, Serpiente de fuego *yin* 1977 |
| 1970 | Perro de metal *yang* | Conejo de madera *yin* 1975, Caballo de tierra *yang* 1978 |
| 1971 | Cerdo de metal *yin* | Tigre de fuego *yang* 1986 |
| 1972 | Rata de agua *yang* | Tigre de madera *yang* 1974, Mono de metal *yang* 1980, Gallo de metal *yin* 1981. |
| 1973 | Búfalo de agua *yin* | Mono de metal *yang* 1980, Gallo de metal *yin* 1981, Rata de madera *yang* 1984. |
| 1974 | Tigre de madera *yang* | Cerdo de agua *yin* 1983. |
| 1975 | Conejo de madera *yin* | Serpiente de fuego *yin* 1977, Perro de agua *yang* 1982, Cerdo de agua *yin* 1983. |
| 1976 | Dragón de fuego *yang* | Caballo de tierra *yang* 1978, Gallo de metal *yin* 1981. |
| 1977 | Serpiente de fuego *yin* | Cabra de tierra *yin* 1979, Búfalo de madera *yin* 1985, Dragón de tierra *yang* 1988 |
| 1978 | Caballo de tierra *yang* | Tigre de fuego *yin* 1986, Conejo de fuego *yin* 1987, Cabra de metal *yin* 1991 |
| 1979 | Cabra de tierra *yin* | Mono de metal *yang* 1980, Gallo de metal *yin* 1981, Caballo de metal *yang* 1990. |
| 1980 | Mono de metal *yang* | Perro de agua *yang* 1982, Búfalo de tierra *yang* 1985, Dragón de tierra *yang* 1988. |
| 1981 | Gallo de metal *yin* | Dragón de tierra *yang* 1988, Serpiente de tierra *yin* 1989. |
| 1982 | Perro de agua *yang* | Conejo de fuego *yin* 1987, Caballo de metal *yang* 1990. |
| 1983 | Cerdo de agua *yin* | Tigre de tierra *yang* 1998.* (véase tabla de compatibilidades para adolescentes) |
| 1984 | Rata de madera *yang* | Mono de agua *yang* 1992, Gallo de agua *yang* 1993, Búfalo de fuego *yang* 1997.* (véase tabla de compatibilidades para adolescentes) |
| 1985 | Búfalo de madera *yin* | Mono de agua *yang* 1992, Gallo de agua *yin* 1993, Rata de fuego *yang* 1996* (véase tabla de compatibilidades para adolescentes) |
| 1986 | Tigre de fuego *yang* | Serpiente de tierra *yin* 1989, Cerdo de madera *yin* 1995* (véase tabla de compatibilidades para adolescentes) |
| 1987 | Conejo de madera *yin* | Perro de madera *yang* 1994, Cerdo de madera *yin* 1995* (véase tabla de compatibilidades para adolescentes) |
| 1988 | Dragón de tierra *yang* | Caballo de metal *yang* 1990, Gallo de agua *yin* 1993. |

El amor científico para los chinos

| Año | Signo zodiacal | Amistad, complicidad, creatividad sin límites con: |
|---|---|---|
| 1989 | Serpiente de tierra *yin* | Cabra de metal *yin* 1991, Perro de madera *yang* 1994. |
| 1990 | Caballo de metal *yang* 1990 | Tigre de tierra *yang* 1998* y Conejo de tierra *yin* 1999* (véase tabla de compatibilidad para adolescentes) |
| 1991 | Cabra de metal *yin* | Mono de agua *yang* 1992, Gallo de agua *yin* 1993, Caballo de agua *yang* 1942. |
| 1992 | Mono de agua *yang* | Perro de madera *yang* 1994, Búfalo de fuego *yin* 1997* (véase tabla de compatibilidad para adolescentes) |
| 1993 | Gallo de agua *yin* | Cerdo de madera *yin* 1995* (véase tabla de compatibilidad para adolescentes) Dragón de metal *yang* 1940, Serpiente de metal *yin* 1941. |
| 1994 | Perro de madera *yang* | Conejo de tierra *yin* 1999* (véase tabla de compatibilidad para adolescentes), Caballo de agua *yang* 1942. |

## Relaciones compatibles para la tendencia *yin* (mujeres)

Nota: esta tabla está diseñada para mujeres a partir de los 18 años cumplidos. Las compatibilidades con personas aún menores de edad, son señaladas con un asterisco*.

| Año | Signo zodiacal | Amistad, complicidad, creatividad sin límites con: |
|---|---|---|
| 1930 | Caballo de metal *yang* | Cabra de tierra *yin* 1919, Perro de agua *yang* 1922, Dragón de tierra *yang* 1928. |
| 1931 | Cabra de metal *yin* | Serpiente de tierra *yin* 1929. |
| 1932 | Mono de agua *yang* | Rata de madera *yang* 1924 y 1984, Búfalo de madera *yin* 1925, Cabra de metal *ying* 1931. |
| 1933 | Gallo de agua *yin* | Rata de madera *yang* 1924, Búfalo de madera *yin* 1925 y 1985, Dragón de tierra *yang* 1928. |
| 1934 | Perro de madera *yang* | Conejo de fuego *yin* 1927 y 1987, Serpiente de tierra *yin* 1929, Mono de agua *yang* 1932. |
| 1935 | Cerdo de madera *yin* | Tigre de fuego *yang* 1926, Conejo de fuego *yin* 1927, Gallo de agua *yin* 1933. |
| 1936 | Rata de fuego *yang* | Búfalo de madera *yin* 1925 y 1985. |
| 1937 | Búfalo de fuego *yin* | Rata de madera *yang* 1924 y 1984, Mono de agua *yang* 1932 |
| 1938 | Tigre de tierra *yang* | Caballo de metal *yang* 1930, Cerdo de madera *yin* 1935 |
| 1939 | Conejo de tierra *yin* | Caballo de metal *yang* 1930, Perro de madera *yin* 1934 |
| 1940 | Dragón de metal *yang* | Gallo de agua *yin* 1933 |
| 1941 | Serpiente de metal *yin* | Gallo de agua *yin* 1933, Conejo de tierra *yin* 1939. |

| Año | Signo zodiacal | Amistad, complicidad, creatividad sin límites con: |
|---|---|---|
| 1942 | Caballo de agua yang | Cabra de metal yin 1931, Perro de madera yang 1934, Dragón de metal yang 1940. |
| 1943 | Cabra de agua yang | Serpiente de metal yin 1941. |
| 1944 | Mono de madera yang | Rata de fuego yang 1936, Búfalo de fuego yin 1937, cabra de agua yin 1943. |
| 1945 | Gallo de madera yin | Rata de fuego yang 1936, Búfalo de fuego yin 1937, Dragón de metal yang 1940, Cabra de agua yin 1943. |
| 1946 | Perro de fuego yang | Conejo de tierra yin 1939, Serpiente de metal yin 1941, Mono de madera yang 1944. |
| 1947 | Cerdo de fuego yin | Tigre de tierra yang 1938, Conejo de tierra yin 1939. |
| 1948 | Rata de tierra yang | Cerdo de fuego yin 1947 |
| 1949 | Búfalo de tierra yin | Mono de madera yang 1944 |
| 1950 | Tigre de metal yang | Cerdo de madera yin 1935, Caballo de agua yang 1942, Rata de tierra yang 1948 |
| 1951 | Conejo de metal yin | Caballo de agua yang 1942, Perro de fuego yang 1946. |
| 1952 | Dragón de agua yang | Gallo de madera yin 1945 |
| 1953 | Serpiente de agua yin | Gallo de madera yin 1945 |
| 1954 | Caballo de madera yang | Cabra de agua yin 1943, Perro de fuego yang 1946 |
| 1955 | Cabra de madera yin | Caballo de agua yang 1942, Serpiente de agua yin 1953. |
| 1956 | Mono de fuego yang | Rata de tierra yang 1948, Búfalo de tierra yin 1949, Cabra de madera yin, 1955 |
| 1957 | Gallo de fuego yin | Rata de tierra yang 1948, Búfalo de tierra yin 1949, Dragón de agua yang 1952, Cabra de madera yin 1955 |
| 1958 | Perro de tierra yang | Tigre de metal 1950, Conejo de metal yin 1951, Serpiente de agua yin 1953 |
| 1959 | Cerdo de tierra yin | Tigre de metal yang 1950, Conejo de metal yin 1951. |
| 1960 | Rata de metal yang | Gallo de madera yin 1945, Búfalo de tierra yin 1949. |
| 1961 | Búfalo de metal yin | Serpiente de agua yin 1953, Mono de fuego yang 1956. |
| 1962 | Tigre de agua yang | Caballo de madera yang 1954, Rata de metal yang 1960. |
| 1963 | Conejo de agua yin | Caballo de madera yang 1954, Perro de tierra yang 1958. |
| 1964 | Dragón de madera yang | Serpiente de agua yin 1953, Mono de fuego yang 1956, Gallo de fuego yin 1957. |
| 1965 | Serpiente de madera yin | Dragón de agua yang 1952, Gallo de fuego yin 1957. |
| 1966 | Caballo de fuego yang | Cabra de madera yin 1955, Perro de tierra yang 1958, Dragón de madera yang 1964 |
| 1967 | Cabra de fuego yin | Serpiente de madera yin 1965 |

## El amor científico para los chinos

| Año | Signo zodiacal | Amistad, complicidad, creatividad sin límites con: |
|---|---|---|
| 1968 | Mono de tierra *yang* | Rata de metal *yang* 1960, Búfalo de metal *yin* 1961, Cabra de fuego *yin* 1967. |
| 1969 | Gallo de tierra *yin* | Rata de metal *yang* 1960, Búfalo de metal *yin* 1961, Dragón de madera *yang* 1964, Cabra de fuego *yin* 1967. |
| 1970 | Perro de metal *yang* | Liebre de agua *yin* 1963, Serpiente de madera *yin* 1965, Mono de tierra *yang* 1968. |
| 1971 | Cerdo de metal *yin* | Tigre de agua *yang* 1962, Conejo de agua *yin* 1963. |
| 1972 | Rata de agua *yang* | Búfalo de metal *yin* 1961 |
| 1973 | Búfalo de agua *yin* | Serpiente de madera *yin* 1965, Mono de tierra *yang* 1968. |
| 1974 | Tigre de madera *yang* | Cerdo de tierra *yin* 1959, Caballo de fuego *yang* 1966, Rata de agua *yang* 1972. |
| 1975 | Conejo de madera *yin* | Caballo de fuego *yang* 1966, Perro de metal *yang* 1970. |
| 1976 | Dragón de fuego *yang* | Mono de tierra *yang* 1968, gallo de tierra *yin* 1969. |
| 1977 | Serpiente de fuego *yin* | Gallo de tierra *yin* 1969, Conejo de madera *yin* 1975. |
| 1978 | Caballo de tierra *yang* | Cabra de fuego *yin* 1967, Perro de metal *yang* 1970, Dragón de fuego *yang* 1976. |
| 1979 | Cabra de tierra *yin* | Caballo de fuego *yang* 1966, Serpiente de fuego *yin* 1976. |
| 1980 | Mono de metal *yang* | Rata de agua *yang* 1972, Búfalo de agua *yin* 1973, Cabra de tierra *yin* 1979. |
| 1981 | Gallo de metal *yin* | Rata de agua *yang* 1972, Búfalo de agua *yin* 1973, Dragón de fuego *yang* 1976, Cabra de tierra *yin* 1979. |
| 1982 | Perro de agua *yang* | Conejo de madera *yin* 1975, Mono de metal *yang* 1980. |
| 1983 | Cerdo de agua *yin* | Tigre de madera *yang* 1974, Conejo de madera *yin* 1975. |
| 1984 | Rata de madera *yang* | Búfalo de agua *yin* 1973. |
| 1985 | Búfalo de madera *yin* | Serpiente de fuego *yin* 1977, Mono de metal *yang* 1980. |
| 1986 | Tigre de fuego *yang* | Cerdo de metal *yin* 1971, Caballo de tierra *yang* 1978, Cerdo de agua *yin* 1983. |
| 1987 | Conejo de fuego *yin* | Caballo de tierra *yang* 1978, Perro de agua *yang* 1982. |
| 1988 | Dragón de tierra *yang* | Serpiente de fuego *yin* 1977, Mono de metal *yang* 1980, Gallo de metal *yin* 1981. |
| 1989 | Serpiente de tierra *yin* | Gallo de metal *yin* 1981, Tigre de fuego *yang* 1986. |
| 1990 | Caballo de metal *yang*. | Cabra de tierra *yin* 1979, perro de agua *yang* 1982, dragón de tierra *yang* 1988. |
| 1991 | Cabra de metal *yin* | Caballo de tierra *yang* 1978, Cabra de tierra *yin* 1979, serpiente de tierra *yin* 1989. |
| 1992 | Mono de agua *yang* | Rata de madera *yang* 1984, Búfalo de madera *yin* 1985, Cabra de metal *yin* 1991. |
| 1993 | Gallo de agua *yin* | Rata de madera 1984, búfalo de madera *yin* 1985, Dragón de tierra *yang* 1988. |
| 1994 | Perro de madera *yang* | Conejo de fuego *yin* 1987, Serpiente de tierra *yin* 1989, Mono de agua *yang* 1992. |

### Compatibilidades para adolescentes

Entrando en la pubertad, los chicos comienzan a sentir una fuerte inclinación por descubrir con qué signos son compatibles y por qué.

Todas las inquietudes que los chicos guardan al llegar a la pubertad y la adolescencia pueden convertirse —con los años— en el recuerdo maravilloso de una edad dorada, o en un problema detrás de otro que impedirá su desarrollo saludable. Por lo tanto, saber cuáles son los signos más compatibles de estos chicos es de suma importancia.

Agregamos un asterisco (*) para distinguir a los chicos menores de edad.

### 1994 Perro de madera *yang*, 19 años

Compatible con: Tigre de tierra *yang* 1998, 15 años*
Como Romeo y Julieta con: Conejo de tierra *yin* 1999, 14 años*
Drama de telenovela con: Cerdo de madera *yin* 1995, 18 años*

Observaciones:

Sentirá atracción por gente de su edad y ligeramente menores. Los perros son muy leales; por lo tanto, prohibirles ver a sus pretendientes será muy difícil. Se les suplica paciencia e información sobre sexualidad humana y salud reproductiva a raudales, tanto para los chicos perro, como para sus amigos y familiares.

### 1995 Cerdo de madera *yin*, 18 años*

Compatible con: Tigre de tierra *yang* 1998, 15 años*
Como Romeo y Julieta con: Rata de fuego *yang* 1996, 17 años*
Drama de telenovela con: Perro de madera *yang* 1994, 19 años, y Gallo de agua *yin* 1993, 20 años.

Observaciones:

El cerdo es más sociable, le gusta bailar, estar con los amigos y compartir aventuras. Aunque se enamora perdidamente, es un poco más cerebral que el promedio de sus compañeros, y eso le permitirá priorizar, a menos que se tope con alguien que tenga la capacidad de incrementar la energía agua, como la rata de 1996 y el gallo de 1993. Ambos son mayores, por lo tanto hay que comunicarse muy bien con el cerdo, pero sin provocarle conatos de rebeldía. La psicología inversa rara vez funciona con el Cerdo.

### 1996 Rata de fuego yang, 17 años

Compatible con: Búfalo de fuego yin 1997, 16 años*
Como Romeo y Julieta con: Cerdo de madera yin 1995, 18 años*
Drama de telenovela: Búfalo de madera yin 1985.

Observaciones:

La rata de fuego yang de 1996 presenta la atracción perfecta con el búfalo de 1985, que es un signo casi una década mayor, por lo tanto, se recomienda estar atentos al comportamiento de la rata y también al de los círculos en donde se mueva socialmente, para evitar que entre en contacto con adultos en sus veinte, ya que esta atracción se puede extender a personas aún más grandes de edad y con las cuales la rata no sólo no es compatible, sino que podría estar en peligro. Urge comunicación y amplio conocimiento de lo que es legal y saludable.

### 1997 Búfalo de fuego yin, 16 años*

Compatible con: Rata de fuego yang 1996, 17 años*
Como Romeo y Julieta con: Tigre de tierra yang 1998, 15 años*
Drama de telenovela con: Mono de agua yang 1992, 21 años

Observaciones:

Las mujeres búfalo de esta edad se sentirán atraídas por muchachos rata de 1984 de 29 años, y por el mono de agua yang de 21 años; por lo tanto hay que estar muy atentos. Pero será fácil hacerlas entrar en razón si se utiliza la lógica y la información como herramientas de conciencia. Los chicos búfalo podrían ser muy temerosos y les dará por evitar noviazgos hasta llegar a los 18 años.

### 1998 Tigre de tierra yang 15 años*

Compatible con: Conejo de tierra yin 1999, 14 años*
Como Romeo y Julieta con: Cerdo de madera yin 1995, 18 años*
Drama de telenovela con: Búfalo de fuego yang 1997, 16 años*

Observaciones:

El tigre tratará de luchar a capa y espada por defender su infancia lo más posible, pero sentirá ya la necesidad de explorar y expresarse. Las muchachas de este año podrían ceder a las presiones del cerdo de madera o incluso hasta del cerdo de agua yin del año 1983, que tiene 30 años. Hará falta trabajar mucho con su autoestima. Necesitará hacer muchas actividades de desfogue para no estresarse con el tema amoroso.

### 1999 Conejo de tierra yin 14 años*

Compatible con: Tigre de tierra *yang* 1998, 15 años*
Como Romeo y Julieta con: Rata de fuego *yang* 1996, 17 años*
Drama de telenovela con: Perro de madera *yang* 1994, 19 años
Observaciones:

El conejo se sentirá preparado para iniciar romances de secundaria. Comenzará a llamar mucho la atención entre compañeros de clase y algunos veinteañeros, en particular entre los caballos de metal *yang* de 1990. Hay que mantener al precoz conejo muy enterado, al grado de aburrirlo con tanta información. Sólo así sabrá administrar lo que le queda de infancia.

### 2000 Dragón de metal *yang*, 13 años*

Compatible con: Casi todo el mundo. Pero en cuanto sus hormonas empiecen a activarse, comenzará a ser muy selectivo, y eso puede ser confundido con timidez o indiferencia.
Como Romeo y Julieta con: Tigre de tierra *yang* 1998 15 años*
Drama de telenovela con: 2000 Dragón de metal *yang* 13 años
Observaciones:

El dragón es muy curioso. Desde esta tierna edad sentirá la necesidad de explorar y experimentar por sí mismo por qué tanto barullo con eso del «noviazgo», pero más por razones intelectuales que sexuales. Se llevará muy bien con chicos de su misma edad y menores, pero no pasará de experimentar con juegos inocentes. Será importante, sin embargo, monitorear los cambios hormonales de las niñas dragón, ya que es posible que inicien la pubertad de manera precoz y eso podría confundirlas.

## El amor abre todas las puertas

Ya sabemos cómo localizar el año de nacimiento en la tabla y tenemos una buena parte de la carta natal y cuáles son los signos compatibles en un primer vistazo. Pero necesitamos otros datos para saber si nosotros somos atractivos energéticamente hablando.

Los datos que aparecen en el mes de nacimiento son esenciales para saber si resultamos atractivos a los ojos de los demás. Esto no está relacionado solamente con el aspecto físico, sino con la energía que desplegamos. Solo si conocemos qué energía tenemos en el cuerpo, seremos capaces de saber si necesitamos ayuda o si sólo nos hace falta enfocar nuestros puntos fuertes para lograr una relación de pareja estable y plena.

## El siguiente dato a conseguir es el mes del nacimiento

Para conseguir el dato del mes de nacimiento es necesario saber el dato del tronco celeste del año de nacimiento y el número de mes de nacimiento.

Los meses en el calendario chino tienen un comienzo y un final distintos a los del calendario gregoriano. Entonces, para sacar los datos del año necesitamos saber en qué mes chino nacimos. Sólo necesitamos saber entre qué fechas ocurrió nuestra fecha de nacimiento.

La siguiente tabla contiene las fechas aproximadas. De nuevo, <u>es importante consultar esto con un experto en caso de quedar con dudas</u>. Pero este dato sirve para darnos una idea más o menos cercana del mes de nacimiento.

Primero hay que buscar a partir de qué día del mes se nació. Las personas que nacieron entre los días 4 y 6 del mes necesitarán consultar a un experto, ya que es muy complicado explicar los cambios del mes sin tener los datos exactos derivados del calendario chino, pero lo que aquí compartimos es muy aproximado.

## LUDOVICA SQUIRRU DARI

Los números del mes están en números romanos para diferenciar de otros números.

Buscaremos nuestro tronco celeste del año de nacimiento entre los cuadros sombreados. Luego junto con el número de mes (señalado en la columna 2 con números romanos), localizaremos el tronco celeste y la rama terrestre que corresponde exactamente a nuestro mes de nacimiento.

Busca entre cuál y cuál día del mes es el cumpleaños.

| Fechas de inicio del mes zodiacal | Columna 2 que indica los Números de mes | Madera 1 甲 yang | Madera 2 乙 Yin | Fuego 3 丙 yang | Fuego 4 丁 Yin | Tierra 5 戊 yang |
|---|---|---|---|---|---|---|
| | | Tierra 6 己 Yin | Metal 7 庚 yang | Metal 8 辛 Yin | Agua 9 壬 yang | Agua 10 癸 Yin |
| 4 o 5 de Febrero | I | Fuego 3 丙 yang Tigre 3 寅 yang | Tierra 5 戊 yang Tigre 3 寅 yang | Metal 7 庚 yang Tigre 3 寅 yang | Agua 9 壬 yang Tigre 3 寅 yang | Madera 1 甲 yang Tigre 3 寅 yang |
| 5 o 6 de Marzo | II | Fuego 4 丁 Yin Conejo 4 卯 Yin | Tierra 6 己 Yin Conejo 4 卯 Yin | Metal 8 辛 Yin Conejo 4 卯 Yin | Agua 10 癸 Yin Conejo 4 卯 Yin | Madera 2 乙 Yin Conejo 4 卯 Yin |
| 4 o 6 de Abril | III | Tierra 5 戊 yang Dragón 5 辰 yang | Metal 7 庚 yang Dragón 5 辰 yang | Agua 9 壬 yang Dragón 5 辰 yang | Madera 1 甲 yang Dragón 5 辰 yang | Fuego 3 丙 yang Dragón 5 辰 yang |
| 5 o 6 de Mayo | IV | Tierra 6 己 Yin Serpiente 6 巳 Yin | Metal 8 辛 Yin Serpiente 6 巳 Yin | Agua 10 癸 Yin Serpiente 6 巳 Yin | Madera 2 乙 Yin Serpiente 6 巳 Yin | Fuego 4 丁 Yin Serpiente 6 巳 Yin |
| 6 o 7 de Junio | V | Metal 7 庚 yang Caballo 7 午 yang | Agua 9 壬 yang Caballo 7 午 yang | Madera 1 甲 yang Caballo 7 午 yang | Fuego 3 丙 yang Caballo 7 午 yang | Tierra 5 戊 yang Caballo 7 午 yang |
| 7 u 8 de Julio | VI | Metal 8 辛 Yin Cabra 8 未 Yin | Agua 10 癸 Yin Cabra 8 未 Yin | Madera 2 乙 Yin Cabra 8 未 Yin | Fuego 4 丁 Yin Cabra 8 未 Yin | Tierra 6 己 Yin Cabra 8 未 Yin |
| 8 de Agosto* (Agosto es el único mes con un solo día de comienzo) | VII | Agua 9 壬 yang Mono 9 申 yang | Madera 1 甲 yang Mono 9 申 yang | Fuego 3 丙 yang Mono 9 申 yang | Tierra 5 戊 yang Mono 9 申 yang | Metal 7 庚 yang Mono 9 申 yang |
| 6 o 9 de Septiembre | VIII | Agua 10 癸 Yin Gallo 10 酉 Yin | Madera 2 乙 Yin Gallo 10 酉 Yin | Fuego 4 丁 Yin Gallo 10 酉 Yin | Tierra 6 己 Yin Gallo 10 酉 Yin | Metal 8 辛 Yin Gallo 10 酉 Yin |
| 8 o 9 de Octubre | IX | Madera 1 甲 yang Perro 11 戌 yang | Fuego 3 丙 yang Perro 11 戌 yang | Tierra 5 戊 yang Perro 11 戌 yang | Metal 7 庚 yang Perro 11 戌 yang | Agua 9 壬 yang Perro 11 戌 yang |
| 7 o 9 de Noviembre | X | Madera 2 乙 Yin Cerdo 12 亥 Yin | Fuego 4 丁 Yin Cerdo 12 亥 Yin | Tierra 6 己 Yin Cerdo 12 亥 Yin | Metal 8 辛 Yin Cerdo 12 亥 Yin | Agua 10 癸 Yin Cerdo 12 亥 Yin |
| 6 o 7 de Diciembre | XI | Fuego 3 丙 yang Rata 1 子 yang | Tierra 5 戊 yang Rata 1 子 yang | Metal 7 庚 yang Rata 1 子 yang | Agua 9 壬 yang Rata 1 子 yang | Madera 1 甲 yang Rata 1 子 yang Agua |
| 5 o 6 de Enero | XII | Fuego 4 丁 Yin Búfalo 2 丑 Yin | Tierra 6 己 Yin Búfalo 2 丑 Yin | Metal 8 辛 Yin Búfalo 2 丑 Yin | Agua 10 癸 Yin Búfalo 2 丑 Yin | Madera 2 乙 Yin Búfalo 2 丑 Yin |

Tabla 2 para localizar el tronco celeste y la rama terrestre del mes de nacimiento.

El amor científico para los chinos

Vamos a poner un ejemplo para que nos quede claro.

Supongamos a alguien nacido el 4 de febrero de 1984. El año 1984 es un año de Madera 1 甲 Yang y Rata 1 子 Yang Agua según la **Tabla 1 para localizar el tronco celeste y la rama terrestre del año de nacimiento, de la página 169**).

Febrero corresponde al mes I según la **Tabla 2 para localizar el tronco celeste la rama terrestre del mes de nacimiento** (recuerden que la numeración del mes la pondremos en números romanos). En esa misma tabla buscaremos el tronco celeste del año, que en 1984 fue el tronco 1 de madera *yang*.

En este ejemplo— que es para el 4 de febrero de 1984— el número romano que corresponde a cualquiera nacido entre el 4 o el 5 de febrero y el 5 o 6 de marzo, es el número romano I.

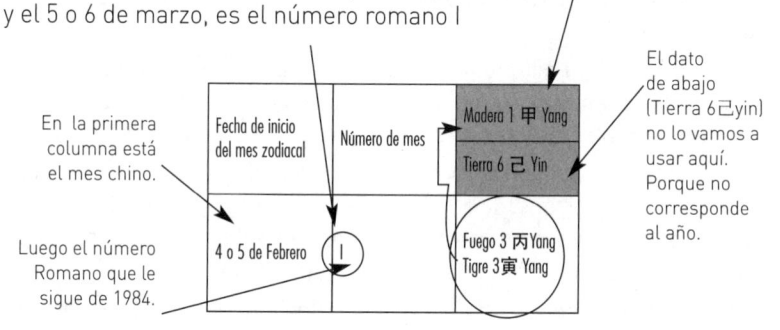

| | Fecha de inicio del mes zodiacal | Número de mes | Madera 1 甲 Yang | |
| --- | --- | --- | --- | --- |
| En la primera columna está el mes chino. | | | Tierra 6 己 Yin | El dato de abajo (Tierra 6 己 yin) no lo vamos a usar aquí. Porque no corresponde al año. |
| Luego el número Romano que le sigue de 1984. | 4 o 5 de Febrero | I | Fuego 3 丙 Yang Tigre 3 寅 Yang | |

Por lo tanto el dato que vamos a usar es el de Fuego 3 丙 *Yang* como tronco celeste del mes y Tigre 3 寅 *Yang* como rama terrestre del mes I.

Volvamos a nuestra carta natal:

Esta es la carta natal ya con los datos del año y del mes bien localizados.

| Hora | Día | Mes I Febrero | Año 1984 |
| --- | --- | --- | --- |
| | | Tronco 3 fuego *yang* Tronco 1 | madera *yang* |
| | | Tigre tres *yang* | Rata 1 *yang* |

El mes del nacimiento refleja la salud de la persona, y si esta es atractiva a los ojos y a los gustos de otros. Si el signo del mes de nacimiento no es compatible con el signo del año de nacimiento, es probable que la persona no sea atractiva a menos que use otros recursos como la ropa y el maquillaje o la cirugía plástica.

Aún así, ya sabemos que hay gustos para todos. Pero es bueno conocer este dato; además, más adelante veremos otros secretos en los cuales usaremos el tronco y la rama del mes.

### Cómo localizar el tronco celeste y la rama terrestre del día de nacimiento

El día del nacimiento es la parte más importante de la carta natal bazi. Es tan importante, que al tronco celeste del día se le llama también *clave maestra, código secreto, yo mismo* y *día maestro*.

Nos importa también la rama terrestre del día de nacimiento, sobre todo porque es el que describe nuestra vida en pareja, el amor, la sexualidad y hacia qué tipo de persona nos sentimos atraídos. Esta rama terrestre se llama también Palacio del matrimonio.

Hasta ahora hemos visto dos troncos celestes y dos ramas terrestres. Para calcular el día necesitamos de toda su atención ya que los vamos a llevar de la mano, no sólo a resolver uno de los secretos milenarios más preciados de la antigua cultura china, sino también los llevaremos de la mano por los caminos del recuerdo —atemorizante para muchos— de la educación básica.

¿Recuerdan cómo hacer una división de «casita»? ¿Recuerdan cómo «despejar» una ecuación de primer grado?

¿Qué entienden si les decimos $n=5(x-1)+\dfrac{x-1+15+y}{4}$?

Un astrólogo chino profesional podría quitarles la pena de tener que buscar los datos de los troncos y ramas del día de nacimiento... lo cual lleva también al cálculo de los troncos y las ramas de la hora de nacimiento. Ese astrólogo seguramente tendrá en su poder un calendario de los diez mil años, que es un calendario especial que contiene ya desarrollados día por día todos los datos de la carta natal completa.

## El amor científico para los chinos

Su estudio requiere meses, cuando no años, para aprender a manejarlo correctamente.

Hay inclusive programas de ordenador que se encargan de sacar la carta natal completa.

Pero estamos en un libro. Y un apasionado de esta disciplina a veces no puede cargar con su calendario todo el tiempo y algunos de esos programas de ordenador pueden llegar a ser costosos o equivocados. ¿Qué tal si un día aparece el amor a primera vista y no tenemos a la mano un artilugio moderno para ver si es conveniente una relación amorosa.

Con aprenderse esta fórmula: $N=\dfrac{5(x-1)+x-1+15+y}{4}$ y recordar las tablas de multiplicar del diez y el doce podremos resolver la siguiente parte de la carta natal sin recurrir a nadie más que a nuestra propia inteligencia... o a los chicos de educación primaria que seguramente tienen más fresco el recuerdo de cómo hacer estas operaciones.

Aquí les vamos a enseñar a sacar el tronco celeste del día de nacimiento y la rama terrestre del día de nacimiento.

Preparen papel y lápiz (con borrador, para que no pierdan la paciencia).

Esta es la fórmula para sacar el número que después utilizaremos para calcular el tronco celeste del día y la rama terrestre del día en la carta natal.

$$n=\dfrac{5(x-1)+x-1+15+y}{4}$$

*n* (ene) es igual al número que vamos a obtener al final. Y se llama **número clave**.

**Primero vamos a obtener el valor de x** (equis).

Equis es igual a los dos últimos dígitos del año de nacimiento para los nacidos hasta 1999. Por ejemplo 1980 es igual a 80. Por lo tanto **x=80**.

Pero todo cambia para los nacidos en el nuevo milenio. Para ellos equis es igual a la suma de 100 más los dos últimos dígitos de los nacidos a partir del 2000. Por ejemplo 2007 es igual a 107 por lo tanto **x=107**

Para los nacidos en 2013, por ejemplo, se suma 100 más 13. El resultado es 113.

Por lo tanto **x=113**

**Después vamos a obtener el valor de y.**

**y** (ye) es igual a la suma de los días a partir del 1º de enero y hasta el día del cumpleaños de la persona a la que se le va a levantar la carta.

Por ejemplo, para una persona que nació el 6 de enero es fácil, porque los días entre el 1º de enero u el 6 de enero son seis.

Pero veamos dos cosas importantes. Los años bisiestos tienen 29 días en febrero, los años que no son bisiestos sólo tienen 28 días en febrero.

Para ahorrarnos el problema de ir por un calendario, **todos los años del dragón, de la rata y el mono son bisiestos.** Pueden comprobarlo.

Esta tabla nos dice cuántos días tiene cada mes. El asterisco (*) les toca a los años bisiestos.

| Ene | Feb | Mar | Abr | May | Jun | Jul | Ago | Sep | Oct | Nov | Dic |
|-----|-----|-----|-----|-----|-----|-----|-----|-----|-----|-----|-----|
| 31 | 28 29* | 31 | 30 | 31 | 30 | 31 | 31 | 30 | 31 | 30 | 31 |

El siguiente paso es sumar los días hasta llegar al día del cumpleaños.

Por ejemplo, para una persona que nació el 13 de abril de 1973, así se calcula el valor de y:

$$y=31+28+31+13$$
$$y=103$$

Vamos a poner un ejemplo de año bisiesto: 27 de junio de 1976 (que es un año de dragón y por lo tanto, bisiesto)

$$y=31+29+31+30+31+27$$
$$y=179$$

Una vez obtenido el valor de x y el valor de y, entonces podemos sacar el número clave.

$$n=\text{número clave.}$$

Recordemos la fórmula secreta.

$$n=5(x-1)+\frac{x-1}{4}+15+y$$

El número clave *n* es igual al resultado que obtendremos de la ecuación anterior. Por eso les hemos dicho que este camino los llevará al recuerdo de la matemática de educación básica. Si tienen dudas o miedo acerca de lo que vamos a ver a continuación, no duden en hacer estos cálculos junto a un estudiante de matemática y verán cómo se

## El amor científico para los chinos

reconcilian con el idioma de Pitágoras. Es más. La astrología china bien podría servir como una herramienta de aprendizaje para los que no se sientan atraídos hacia esta ciencia pero sí hacia la astrología china. Además, la matemática es una terapia sin igual para combatir los principios de Alzhéimer, entre otras enfermedades.

Con este ejemplo vamos a despejar la ecuación: $n=5(x-1)+\dfrac{x-1+15+y}{4}$

*28 de abril de 1984.* Año bisiesto por ser año de la rata.

$$x=84$$

Porque tomamos los dos últimos dígitos del año 1984.
Ahora saquemos el valor de *y*:

$$y= 31+29+31+28$$

Por lo tanto:

$$y= 119$$

Entonces tenemos que *y* es igual a 119 y *x* es igual a 84.

Vamos a colocar el valor de *x* y de *y* en la fórmula para obtener el número clave.

$$n=5(84-1)+\dfrac{84-1+15+119}{4}$$

Luego resolvemos lo que está entre paréntesis:

$$n=5(83)+\dfrac{83+15+119}{4}$$

Luego multiplicamos el contenido del paréntesis por 5:

$$n=415+\dfrac{83+15+119}{4}$$

Luego dividimos *x* (83 en este ejemplo) entre 4 con una calculadora y colocamos el resultado completo (en este ejemplo, es 84÷4=20.75)

$$n=415+27,5+15+119$$

Por último, sumamos todo y el resultado es:

$$n=569,75$$

Luego, aunque suene arbitrario, eliminamos el ,75 (Este paso es confiable, no se resistan y sigan las instrucciones)

El resultado final es: $n=569$

Sigamos con este mismo ejemplo, ya que todavía falta hacer dos cálculos, por que los datos que necesitamos son dos: **El Tronco celeste del día y la Rama terrestre del día.**

Ahora vamos a dividir este 569 del ejemplo, primero entre 10 y luego entre 12. Y vamos a tener que recordar las tablas ya que deberemos dividir como hacíamos en la escuela.

No podemos usar una calculadora para hacer estas divisiones porque lo que necesitamos no es el resultado (cociente), sino el **residuo**.

Sigamos con el mismo ejemplo. El valor de *n* es igual a 569. Lo colocaremos en la casita y luego resolveremos la división tal cual enseñan en algunas escuelas. Estas son las dos divisiones de 569 ya resueltas:

$$\begin{array}{ll} 569 \mid 10 & 569 \mid 12 \\ 069 \;\; 56 & 089 \;\; 47 \end{array}$$

Tronco celeste del día **09**　　　　**05** Rama terrestre del día

$$\begin{array}{r} 56 \\ 10 \overline{)569} \\ -50 \\ \hline 69 \\ -60 \end{array} \qquad \begin{array}{r} 47 \\ 12 \overline{)569} \\ -48 \\ \hline 89 \\ -84 \end{array}$$

Tronco celeste del día **9**　　　　**5** Rama terrestre del día

El primer residuo obtenido es 9, que corresponde al Tronco celeste 9 de agua *yang* y el segundo residuo, que es 5, corresponde a la Rama terrestre 5 que pertenece al signo zodiacal del Dragón.

Ahora, ¡a practicar! Verán que tras unos cuantos intentos podrán resolver perfectamente esta parte, que es la más difícil de la carta natal.

El amor vale la pena ¿no es así? Entonces, ¡vamos! No se desanimen. La matemática sirve para muchas cosas, ¿quién iba a pensar que también servirían para ayudarnos a saber más sobre nosotros, el amor y las personas que nos rodean?

Recuerden que si tienen dudas, pueden consultar a un experto en astrología china, aunque esta ecuación es inédita para Latinoamérica. Pocos estudiosos del tema la conocen en Occidente.

**La hora de nacimiento**, ya expresada en forma de tronco celeste y rama terrestre, la colocaremos en la carta natal de la siguiente manera por medio del siguiente ejemplo:

## El amor científico para los chinos

| Hora | Día 29 | Mes I Febrero | Año 2012 |
|------|--------|---------------|----------|
|      | Tronco celeste 7 Metal *yang* | Tronco celeste 9 agua *yang* | Tronco celeste 9 agua *yang* |
|      | Rama 9 Mono *yang* | Rama 3 Tigre *yang* | Rama 5 Dragón *yang* |

Ejemplo de carta natal sin la hora de nacimiento.

Ya tenemos seis datos de la carta natal. Entonces, vamos a recapitular un poco:

El año de nacimiento nos habla de la personalidad. Ya vimos también que los signos son atraídos por ciertos signos y descubrimos quién es compatible con nosotros por medio de las tablas de compatibilidad rápida que están en las páginas que van de la 174 a la 179.

Ahora sólo nos falta un dato más para terminar con el levantamiento de la carta completa.

### El compañero de ruta, o la hora de nacimiento

La hora de nacimiento también es llamado ascendente.

Esto determinará muchas cosas dentro de la carta natal, pero una de las cosas más importantes es que la hora de nacimiento da más detalles acerca de la personalidad del consultante y nos dice si la persona querrá casarse o no, tener hijos o no y si querrá o tendrá posibilidades de mantener una relación estable. Nos habla de si él o ella es compatible consigo mismo.

Para sacar la columna de la hora de nacimiento, necesitamos, primeramente, la hora de nacimiento de la persona que va a hacerse el análisis.

Las horas chinas, al igual que los meses chinos, son distintas a las horas marcadas por las tradiciones occidentales.

Las horas chinas duran dos horas cada una y cada una de esas horas es gobernada por una rama terrestre (zodíaco chino).

Las horas están marcadas de la siguiente manera:

Para saber la hora china, hay que buscar entre qué horas naciste en esta columna.

| Horas | Compañero de ruta |
|---|---|
| 11 pm a 1 am | Rata 子 |
| 1 am a 3 am | Búfalo 丑 |
| 3 am a 5 am | Tigre 寅 |
| 5 am a 7 am | Conejo 卯 |
| 7 am a 9 am | Dragón 辰 |
| 9 am a 11 am | Serpiente 巳 |
| 11 am a 1 pm | Caballo 午 |
| 1 pm a 3 pm | Cabra 未 |
| 3 pm a 5 pm | Mono 申 |
| 5 pm a 7 pm | Gallo 酉 |
| 7 pm a 9 pm | Perro 戌 |
| 9 pm a 11 pm | Cerdo 亥 |

En estas filas se puede saber cuál es el compañero de ruta, es decir, la rama terrestre de la hora de nacimiento.

Tabla del compañero de ruta

Como pueden ver, las horas chinas comienzan a las once de la noche, no a las 12 de la noche, como en Occidente.

Cualquier persona que haya nacido un minuto después de las 11 de la noche en punto, es como si hubiera nacido durante el día siguiente.

Por ejemplo: una persona que nació a las 11:30 pm (23:30 horas) nació a la hora de la rata, no a la hora del cerdo. Para que este ejemplo sea cerdo, tendría que haber nacido antes de las 23 horas; por ejemplo, antes de o exactamente a las 22 horas con 59 minutos.

Por medio de la tabla del compañero de ruta, ustedes pueden saber cuál es la rama terrestre de la hora de nacimiento, pero aún falta el dato del tronco celeste de la hora de nacimiento. Sin ese dato, la carta sigue incompleta. Para esto, basta consultar una tabla más.

Esta tabla tiene juntos el tronco celeste y la rama terrestre. Para saber estos datos, necesitamos saber el tronco celeste del día de nacimiento primero.

## El amor científico para los chinos

| | Madera 1 甲 Yang | Madera 2 乙 Yin | Fuego 3 丙 Yang | Fuego 4 丁 Yin | Tierra 5 戊 Yang |
|---|---|---|---|---|---|
| Busca aquí el tronco del día de nacimiento → Busca aquí la hora de nacimiento → | Tierra 6 己 Yin | Metal 7 庚 Yang | Metal 8 辛 Yin | Agua 9 壬 Yang | Agua 10 癸 Yin |
| Entre las 23 hasta la 1 horas | 1 Madera Yang 甲 Rata 子 | 13 Fuego Yang 丙 Rata 子 | 25 Tierra Yang 戊 Rata 子 | 37 Metal Yang 庚 Rata 子 | 49 Agua Yang 壬 Rata 子 |
| Entre la 1 hasta las 3 horas | 2 Madera Yin 乙 Búfalo 丑 | 14 Fuego Yin 丁 Búfalo 丑 | 26 Tierra Yin 己 Búfalo 丑 | 38 Metal Yin 辛 Búfalo 丑 | 50 Agua Yin 癸 Búfalo 丑 |
| Entre las 3 hasta las 5 horas | 3 Fuego Yang 丙 Tigre 寅 | 15 Tierra Yang 戊 Tigre 寅 | 27 Metal Yang 庚 Tigre 寅 | 39 Agua Yang 壬 Tigre 寅 | 51 Madera Yang 甲 Tigre 寅 |
| Entre las 5 hasta las 7 horas | 4 Fuego Yin 丁 Conejo 卯 | 16 Tierra Yin 己 Conejo 卯 | 28 Metal Yin 辛 Conejo 卯 | 40 Agua Yin 癸 Conejo 卯 | 52 Madera Yin 乙 Conejo 卯 |
| Entre las 7 hasta las 9 horas | 5 Tierra Yang 戊 Dragón 辰 | 17 Metal Yang 庚 Dragón 辰 | 29 Agua Yang 壬 Dragón 辰 | 41 Madera Yang 甲 Dragón 辰 | 53 Fuego Yang 丙 Dragón 辰 |
| Entre las 9 hasta las 11 horas | 6 Tierra Yin 己 Serpiente 巳 | 18 Metal Yin 辛 Serpiente 巳 | 30 Agua Yin 癸 Serpiente 巳 | 42 Madera Yin 乙 Serpiente 巳 | 54 Fuego Yin 丁 Serpiente 巳 |
| Entre las 11 hasta las 13 horas | 7 Metal Yang 庚 Caballo 午 | 19 Agua Yang 壬 Caballo 午 | 31 Madera Yang 甲 Caballo 午 | 43 Fuego Yang 丙 Caballo 午 | 55 Tierra Yang 戊 Caballo 午 |
| Entre las 13 hasta las 15 horas | 8 Metal Yin 辛 Cabra 未 | 20 Agua Yin 癸 Cabra 未 | 32 Madera Yin 乙 Cabra 未 | 44 Fuego Yin 丁 Cabra 未 | 56 Tierra Yin 己 Cabra 未 |
| Entre las 15 hasta las 17 horas | 9 Agua Yang 壬 Mono 申 | 21 Madera Yang 甲 Mono 申 | 33 Fuego Yang 丙 Mono 申 | 45 Tierra Yang 戊 Mono 申 | 57 Metal Yang 庚 Mono 申 |
| Entre las 17 hasta las 19 horas | 10 Agua Yin 癸 Gallo 酉 | 22 Madera Yin 乙 Gallo 酉 | 34 Fuego Yin 丁 Gallo 酉 | 46 Tierra Yin 己 Gallo 酉 | 58 Metal Yin 辛 Gallo 酉 |

| Busca aquí el tronco del día de nacimiento | Madera 1 甲 Yang | Madera 2 乙 Yin | Fuego 3 丙 Yang | Fuego 4 丁 Yin | Tierra 5 戊 Yang |
|---|---|---|---|---|---|
| Busca aquí la hora de nacimiento | Tierra 6 己 Yin | Metal 7 庚 Yang | Metal 8 辛 Yin | Agua 9 壬 Yang | Agua 10 癸 Yin |
| Entre las 19 hasta las 21 horas | 11 Madera Yang 甲 Perro 戌 | 23 Fuego Yang 丙 Perro 戌 | 35 Tierra Yang 戊 Perro 戌 | 47 Metal Yang 庚 Perro 戌 | 59 Agua Yang 壬 Perro 戌 |
| ¡Entre las 21 hasta las 23 horas | 12 Madera Yin 乙 Cerdo 亥 | 24 Fuego Yin 丁 Cerdo 亥 | 36 Tierra Yin 己 Cerdo 亥 | 48 Metal Yin 辛 Cerdo 亥 | 60 Agua Yin 癸 Cerdo 亥 |

Tabla de troncos celestes y ramas terrestres de la hora de nacimiento

Por último, podemos agregar los datos de la hora de nacimiento a la carta natal. Vamos a poner un ejemplo: 20 de noviembre de 1956 a las 6:15 de la tarde.

| Hora 18:15 | Día 20 | Mes X Noviembre | Año 1956 |
|---|---|---|---|
| Tronco celeste 4 fuego yin | Tronco celeste 8 metal yin | Tronco celeste 6 tierra yin | Tronco celeste 3 fuego yang |
| Rama terrestre 10 gallo yin | Rama terrestre 4 conejo yin | Rama terrestre 12 cerdo yin | Rama terrestre 9 mono yang |

Así concluye el método tradicional para levantar una carta natal Bazi. Sabemos que fue azaroso, difícil y largo de comprender. Pero el amor bien lo vale, ¿no es así?

A continuación veremos ¡por fin! por qué necesitamos todos estos datos. Cada casilla de la carta natal tiene un significado que podemos usar para comprendernos, encontrar una pareja perfecta y para saber qué hacer, cuándo encontraremos el amor y cómo reconocer y reconocernos que, de verdad, el amor es la llave que abre todas las puertas.

## El amor científico para los chinos

**El amor sí tiene edad**
Las cuatro edades de las personas según la astrología china Bazi

Como ya vimos, la carta astral Bazi de la astrología tradicional china está dividida en cuatro columnas. Entre otras características, cada columna representa también una edad en la vida y depende de los años de la persona que consulte este antiguo estudio astrológico, y del enfoque que el astrólogo le dé a cada carta que analiza.

Es muy probable que el consultante sienta afinidad y atracción con signos que son compatibles con los ascendentes, según la edad que tenga.

Por ejemplo, una persona del año del conejo, pero nacida en el mes de la cabra, durante la adolescencia sentirá afinidad con el mono, que es el signo de matrimonio con la cabra, pero que para el conejo representa una combinación difícil. Esta persona tendría un romance adolescente muy atormentado y poco recomendable, pero que le podría ayudar a depurar karma.

Otro ejemplo sería el de una persona adulta del año del mono que haya nacido en un día del perro: es posible que sienta más atracción por personas del año del perro y de los signos compatibles con este —como son el tigre o el caballo— que por los signos compatibles con el año de nacimiento mono. Como perro y caballo no son parejas aparentemente recomendables para un mono, el consultante podría creer que lo están timando. Pero como estamos hablando de un adulto, es probable también que se dé cuenta de que al final de cuentas no somos un ser individual, sino la suma de nuestras partes. (Este es uno de los conceptos del taoísmo que resulta más complicado de entender: la suma da un ser, pero al decir «la suma de nuestras partes», tomamos en cuenta la individualidad de cada parte. Con una parte que falte, lo demás ya no es lo mismo. Si restamos hasta llegar a una sola parte ya no somos más que una individualidad, pero no somos parte del todo. Para saber más, conviene leer el *Tao Te King*).

La astrología china es muy certera mas no es determinista y no se enfoca en un solo rasgo característico del consultante; de allí la importancia fundamental de saber todos los datos del pretendiente o del enamorado a la hora de dejar que el dios Eros nos fleche.

En adelante, haremos un recuento de cada edad.

**Primera edad:** Representada por la rama terrestre de la **hora** de nacimiento o compañero de ruta.

La hora de nacimiento representa la infancia que va desde el momento en que nace el bebé hasta que el niño llega a la pubertad, la edad varía pero se considera hasta llegar a los 12 años más o menos. A esta edad, los chicos sentirán afinidad amistosa con chicos compatibles con su signo de la hora de nacimiento.

Por ejemplo: un bebé que nació a las 13 horas del año 2008 tiene más rasgos de la personalidad caballo, que de su año de nacimiento, que es rata, por lo tanto durante esta edad se llevará bien con niños tigre que son dos años menores que él.

Durante esta etapa, es recomendable revisar cómo se lleva su signo de nacimiento con el signo de la hora de nacimiento, ya que así se podrá prevenir un poco el temperamento del bebé. Si el signo de la hora no es compatible con el signo del año, este chico será rebelde toda la vida.

**Segunda edad:** Representada por la rama terrestre del **mes** de nacimiento.

El mes de nacimiento simboliza la salud y las relaciones con la familia que nos engendró y crió. Comienza a los 12 años (o el comienzo de la pubertad que siempre se da de manera particular, según la genética del chico) y termina al llegar a los 25 años más o menos, aunque en algunos casos, la segunda edad se acaba al llegar a la mayoría de edad (sobre todo en países poco desarrollados donde la adolescencia es un chiste de mal gusto) o al llegar el nacimiento del primer hijo. Es importante remarcar que alrededor de los 25 años el cerebro humano completa su formación total.

En esta etapa, el cuerpo físico juega un factor importantísimo, pues es el momento en que las hormonas hablan a través del muchacho o de la muchacha. Un día se tiene una personalidad, al otro día se tiene una completamente distinta. Esta es la edad más corta del desarrollo, pero —según la medicina china tradicional— si ocurre algo que interrumpa el desarrollo saludable del joven en este momento —por ejemplo un accidente o un vicio que afecte a su salud física, o si se llega a engendrar un bebé antes de que se haya completado el desarrollo de los órganos sexuales— la personalidad ciclotímica del joven se quedaría «atrapada» en esta etapa para siempre.

## El amor científico para los chinos

Se recomienda que durante estos años no se consuman demasiadas grasas animales, ni huevas de pescado; nada de bebidas alcohólicas (sobre todo la cerveza y algunos licores digestivos que son amargos), vinagres, tabaco ni bebidas amargas con alto contenido de cafeína/teína. Todos estos son alimentos de carácter fuego, los cuales afectan a las hormonas, los lóbulos frontales del cerebro y, de hecho, a todas las neuronas con todo y sus sinapsis.[b]

A esta edad somos atraídos por personas con signos iguales y/o compatibles con el signo del mes de nacimiento. Por eso, en esta edad, la atracción hacia otros es física más que nada.

**Tercera edad:** Representada por la rama terrestre del día de nacimiento o palacio de la pareja.

El día de nacimiento simboliza a la edad adulta, que va desde los 20 o 25 años hasta llegar a los 40 o 45 años, momento en que las personas están más involucradas en asuntos amorosos, matrimonio y crianza. Esta es la edad que se llama también *reproductivamente activa*. Debido a que la edad en la cual la gente se casa ha cambiado, y que ahora vivimos muchos más años que en tiempos de la China Imperial, podríamos considerar que la adolescencia se ha extendido a tal grado que la edad reproductiva ha aumentado casi veinte años.

A esta edad, somos atraídos por personas compatibles o iguales al signo del día de nacimiento más que por ningún otro signo. Tanto es así, que al día del nacimiento también se le llama «palacio o residencia de la pareja».

En esta etapa es muy importante realizar la carta natal completa de los pretendientes antes de llegar al matrimonio, ya que eso ayudaría a tener mejor descendencia, que no es otra cosa que la humanidad del futuro, nuestra herencia karmática.

Ya vimos cómo calcular la rama terrestre del día de nacimiento, ¿ven por qué era importante sacar ese cálculo?

---

[b] Fuente: Nèijīng 内經. Este libro tiene varias traducciones en distintos idiomas. En español: González, Roberto. *El canon de las 81 dificultades del Emperador Amarillo*. Ed. Grijalbo, Septiembre 2001. México, DF.

**Cuarta Edad:** Representada por el año de nacimiento o signo del zodíaco.

El año de nacimiento simboliza la personalidad y la suerte concreta. Los instintos le dejan el paso a la intuición y las personas se vuelven más inteligentes, más sensibles y sabias. Esta etapa comienza a partir de los 45 años (o cuando los hijos se van del hogar, o cuando se inicia el proceso de retiro) y se termina con la muerte.

Es a partir de esta edad que la influencia de los ascendentes hora, día y mes dejan de ser tan importantes. La personalidad se agudiza, con todas las virtudes y sus defectos. El día a día se vuelve más importante y aunque la salud es esencial, deja de ser circunstancial para volverse karmática.

En esta etapa vale más la intuición que todo lo demás, así que el ascendente marcado por el tronco celeste del año (es decir, la energía móvil) es vital. Por ejemplo, no es lo mismo ser un mono de 1956 que un mono de 1968, ya que el primero nació en un año de tronco celeste 3 de fuego *yang* (el incendio) y el segundo nació en un año de tronco celeste 5 de tierra *yang* (la montaña). Por lo tanto, el mono de 1956 es un mono de fuego *yang* y el de 1968 es un mono de tierra *yang*. Ambos monos tienen cargas de instintos e intuiciones completamente distintas.

A esta edad, somos más compatibles con los signos afines al signo principal del zodíaco, es decir, al signo del año de nacimiento, pero también somos más afines con las personas que tienen compatibilidad con el tronco celeste del año de nacimiento, lo cual amplía la cantidad de personas compatibles y, con ello, la capacidad de socializar inteligentemente con un espectro mayor de la comunidad en donde el consultante se desenvuelve.

La carta natal ya terminada tiene tantos significados que un libro solo no puede abarcar todo y el tema del amor es el principio de muchos puntos a seguir dentro de la carta natal:

| Tronco celeste de la hora | Tronco celeste del día | Tronco celeste del mes | Tronco celeste del año |
|---|---|---|---|
| Pensamiento<br>Lógica<br>Capacidad<br>Creatividad<br>Profesión | Alma<br>Espiritualidad<br>Individualidad<br>Conexión especial<br>Centro privado | Antepasados<br>Herencias<br>**Características Genéticas**<br>Familia relativa | Suerte<br>Instintos<br>Reacciones<br>Movimientos<br>Sensibilidad |
| Expresividad<br>Profesión<br>Negocios<br>Hijos<br>**Primera edad Infancia** | Sexualidad<br>Emotividad<br>Enamoramiento<br>Pareja<br>**Tercera edad Adultez** | Temario de vida<br>Salud<br>Familia inmediata<br>Padres<br>**Segunda edad Adolescencia** | Personalidad<br>Voz externa «La Máscara»<br>Yo social<br>**Cuarta edad Madurez** |
| Rama terrestre de la hora | Rama terrestre del día | Rama terrestre del mes | Rama terrestre del año |

Las cuatro edades conforman, en resumen, los modos en que nuestra carta natal señala cada parte de nuestras vidas y cómo reaccionamos ante el amor en cada momento de la vida. Por eso este libro, más que un libro de consulta, es una guía para los distintos momentos de la vida, ya que el amor tiene esa manía de venir a nosotros con muchos rostros distintos.

**Pero aún falta más por ver. No hemos terminado... ¡Para nada!**

### Shén shā. Compendio de combinaciones benévolas y malignas en la astrología china

Shén shā 神杀 La sola mención de estas dos palabras despierta conflictos entre los maestros de las artes adivinatorias chinas.

Shén significa Deidad, y Shā significa Muerte. No es, como algunos estudiosos occidentales del siglo XVII pensaron, un dios de la muerte que determina el destino de los hombres. Tampoco es una manera de fatalizar la astrología china, ni nada por el estilo.

Shén shā significa buena fortuna o falta de fortuna; todo depende de qué tan buenas son las combinaciones de energías. Esto demuestra qué signos son benéficos o contraproducentes para cada una de las ramas terrestres y para cada uno de los troncos celestes.

Los maestros de astrología en los monasterios taoístas sabían que la mejor receta para encontrar el amor perfecto dependía de la combinación de energías entre los troncos celestes y las ramas terrestres de la carta astral propia y de la carta natal del dependiente.

Si una persona tiene una carta natal con energías mal combinadas, tiene que buscar una pareja que equilibre esas combinaciones erradas. En cambio, una persona con una carta astral bien combinada chocaría con la carta astral de una persona en desequilibrio. Una cosa viene junto con la otra y la frase «Siempre hay un roto para un descosido» adquiere una connotación muy precisa en la astrología Bazi. En algunos casos, tradicionalmente se recomienda colocar amuletos que repelen la influencia de un signo contraproducente. Pero la experiencia nos ha demostrado que lo que funciona es asociarse, enamorarse y buscar amistades del signo que repele la energía negativa de un signo que se encuentre impidiendo el equilibrio dentro de la carta natal propia. Con suerte, esa persona también buscará a alguien con los signos que la beneficien.

Otra cosa que también funciona es aprovechar los meses, días, años e incluso las horas del signo que nos beneficia, sobre todo cuando este no se encuentra en la carta natal. Eso lo veremos más adelante, con calma.

Como ya sabemos de qué manera calcular la carta natal completa, ahora podemos buscar en ella y en la carta de la pareja o del pretendiente los troncos o ramas del amor.

Las siguientes tablas señalan las energías Shén shā que benefician al tronco celeste del día de nacimiento. Primero veremos la tabla y luego el significado de esas Shén shā, que son dos.

**Shén shā en la carta natal a partir del tronco celeste del día de nacimiento**

Busca tu tronco del día de nacimiento en esta columna

Este signo trae buenas amistades. Relaciones significativas sin atracción sexual

Si tienes este signo en tu carta, tendrás buena suerte y benefactores

| Tronco celeste del día | Hóng yàn 红艳 Pendiente rojo | Guì Rén Persona Noble 貴人 |
|---|---|---|
| 1 Madera yang | Caballo | Búfalo y Cabra |
| 2 Madera yin | Mono | Rata y Mono |
| 3 Fuego yang | Tigre | Gallo y Cerdo |
| 4 Fuego yin | Cabra | Gallo y Cerdo |
| 5 Tierra yang | Dragón | Búfalo y Cabra |
| 6 Tierra yin | Dragón | Rata y Mono |
| 7 Metal yang | Perro | Búfalo y Cabra |
| 8 Metal yin | Gallo | Tigre y Caballo |
| 9 Agua yang | Rata | Conejo y Serpiente |
| 10 Agua yin | Mono | Conejo y Serpiente |

### Significado de la Shēn shā Hóng yàn 红艳 Pendiente Rojo

Amor sin sexo, amor platónico y complicidad. Si en la carta natal aparece este signo, la persona portadora será muy simpática. Atraerá buenas amistades toda la vida, pero no habrá atracción sexual, sólo amistosa. Las personas con este signo son sociables, inteligentes y muy abiertas, pero es posible que a la larga se quejen de ser «siempre amigo, nunca amante». En algunos casos, con la edad, tendrán una buena cantidad de amigos, pero sólo encontrarán a su pareja perfecta si cuentan con otras Shēn shā más atractivas, como son la Flor de Melocotón y el Fénix rojo, que veremos más adelante.

Ejemplo de esto: una persona del día de tronco celeste 8 de metal *yin*, que nació en febrero (mes I) es decir, mes del tigre. Esta persona será atractiva, sí, pero es posible que la busquen más por ser buen amigo que por ser atractivo. El argumento «Te quiero como a un hermano» o «No quiero arruinar nuestra amistad», serán frases que se reiterarán.

Para las personas que <u>no tienen</u> este signo en su carta natal, este signo les traerá buenas noticias y ayuda por parte de amigos. No es una mala Shēn shā, es sólo que… mejor que queden sólo como amigos. Combinada con otras Shēn shā positivas, el pendiente rojo es excelente ya que brinda bondad a la persona, haciendo más atractivas a las personas que son buenas por naturaleza, y deja fuera a los que por neurosis varias gustan de las relaciones conflictivas.

### Significado de la Shēn shā Guì Rén 贵人 Persona Noble

Si aparece cualquiera de estos dos signos en la carta de una mujer, ella le traerá buena suerte a su pareja. Si aparece cualquiera de estos dos signos en la carta de un hombre, siempre es probable que su pareja sea también su benefactor.

Una persona con esta Shēn shā gozará siempre de benefactores, además de la pareja. También serán simpáticos, muy aptos socialmente y pocas veces se verán en preocupaciones.

Es bueno que aparezcan estos signos en la carta natal en la hora, en el día o en el mes. Si no se tienen estos signos, entonces hay que aprovechar los días, meses, años y horas de estos signos.

Por ejemplo. Una persona con un tronco celeste del día de tierra *yang* 5 sin los signos de búfalo o cabra en su carta natal, puede buscar a una persona que haya nacido en los años de la cabra o el búfalo. Las personas de esos signos le traerán muy buena suerte.

Si esta misma persona que nació bajo el signo del tronco celeste de tierra 5 quiere mejorar su suerte, sus probabilidades para poder comprometerse y finalmente casarse serán mayores si aprovecha los días, meses, horas y años de búfalo y cabra. En caso de no contar con dinero para casarse, puede pedir ayuda durante los días de cabra o búfalo, ya que su suerte subirá en esos días. Si quieren saber qué día es, zodiacalmente hablando, recuerden que pueden realizar la fórmula del tronco celeste del día: $n=5(x-1)+\frac{x-1}{4}+15+y$ para luego dividir $\frac{n}{10}$ para saber el tronco celeste del día y $\frac{n}{12}$ para saber la rama terrestre del día.

### Shén shā en la carta natal a partir de la rama terrestre del día de nacimiento

| Busca la rama terrestre del año aquí | Este signo atrae el deseo sexual sin amor | Este signo atrae el matrimonio legítimo duradero | Este signo atrae buen ánimo y buena suerte en el amor |
|---|---|---|---|
| **Rama terrestre del año** | **Táo Huā 桃花 Flor de melocotón** | **Hóng Luán 紅鸞 Fénix rojo** | **Tiān Xǐ 天喜 Gozo celestial** |
| 1 Rata | Rama 10 Gallo | Rama 4 Conejo | Rama 10 Gallo |
| 2 Búfalo | Rama 7 Caballo | Rama 3 Tigre | Rama 9 Mono |
| 3 Tigre | Rama 4 Conejo | Rama 2 Búfalo | Rama 8 Cabra |
| 4 Conejo | Rama 1 Rata | Rama 1 Rata | Rama 7 Caballo |
| 5 Dragón | Rama 10 Gallo | Rama 12 Cerdo | Rama 6 Serpiente |
| 6 Serpiente | Rama 7 Caballo | Rama 11 Perro | Rama 5 Dragón |
| 7 Caballo | Rama 4 Conejo | Rama 10 Gallo | Rama 4 Conejo |
| 8 Cabra | Rama 1 Rata | Rama 9 Mono | Rama 3 Tigre |
| 9 Mono | Rama 10 Gallo | Rama 8 Cabra | Rama 2 Búfalo |
| 10 Gallo | Rama 7 Caballo | Rama 7 Caballo | Rama 1 Rata |
| 11 Perro | Rama 4 Conejo | Rama 6 Serpiente | Rama 12 Cerdo |
| 12 Cerdo | Rama 1 Rata | Rama 5 Dragón | Rama 11 Perro |

### Significado de la Shén shā Táo Huā 桃花 Flor de melocotón

Esta Shén shā es la más popular de todas. Es la que más ha despertado la curiosidad de los entusiastas de la astrología china en toda Asia, al grado que —si revisan con atención en Internet y en sus viajes a cualquier barrio chino— una buena parte de los amuletos para el amor que están a la venta tienen los caracteres chinos o las imágenes de los signos rata, caballo, conejo y gallo.

Estos signos, por sus características, poseen una energía muy pura, por lo tanto, atractiva para todo el mundo. En particular el conejo y el gallo son los signos más llamativos porque también propician la fertilidad.

Cuando aparece este signo en la carta natal, estamos ante una persona que disfruta de su sexualidad. Si este signo aparece en el mes de nacimiento, tenemos a una persona atractiva físicamente. Es posible que haya comenzado a explorar su sexualidad durante la adolescencia.

Si la flor de melocotón aparece en la hora de nacimiento, significa que esa expresión sexual aparecerá antes de la pubertad. En tanto que, una persona con la flor de melocotón en el día de nacimiento gozará de su sexualidad con más facilidad al llegar a la edad adulta.

Las personas que tienen más de una de estas Shén shā en su carta natal —por ejemplo, en el día de nacimiento y en el mes de nacimiento— son más propensas a atraer mucho a la gente al grado de llegar a ser modelos o actores, y su atractivo les abrirá muchas puertas.

Si tienen la flor de melocotón en su mes y día de nacimiento, no sólo serán muy atractivos desde la adolescencia, sino que también tenderán a ser promiscuos y un poco aventurados en la cama.

Para estos signos, basta tener una gran dosis de paciencia y autoestima, para no afectar a terceros y a sí mismos. Aunque, fuera de eso, es posible que disfruten tanto el paseo que también despertarán la envidia de personas con menos suerte.

Otro aspecto negativo es que una persona de la tercera edad sin la flor de melocotón en su carta natal puede contraer alguna enfermedad o desarrollar algún mal relacionado con su aparato reproductor si atraviesa por un año de su flor de melocotón. Por ejemplo, las personas nacidas en los años del tigre, el caballo y el perro que tengan más de sesenta años necesitan poner atención a sus ciclos hormonales, ya que podrían tener problemas relacionados con su aparato reproductivo; por ejemplo en el útero o los ovarios, o en la próstata o en los testículos en el caso de los hombres.

### Significado de la Shén shā Hóng Luán 紅鸞 Fénix rojo

La aparición de esta Shén shā en la carta natal indica a una persona que muy probablemente se case —auspiciosamente— durante algún momento de su vida. Es raro que las personas con este signo en su carta natal se divorcien, y si lo llegan a hacer, seguirán unidas emocionalmente a sus parejas aunque sea por medio de la amistad.

Para estas personas, el matrimonio y la legalidad serán dos cosas muy importantes. Si llegaran a tener este signo combinado con la Shén shā de flor de melocotón, es posible que también disfruten mucho de estar con sus cónyuges, además de que tendrán varios hijos.

A las personas que no tengan este signo en sus carta astral se les recomienda buscar los años, días y meses, y a veces hasta las horas del signo de su Fénix Rojo para proponerse, buscar, concertar y llevar a cabo el matrimonio legal y por la iglesia, en el caso de aquellos que profesen alguna religión.

Si tienen este signo en la carta natal, veremos también que la edad en que la persona contraerá o contrajo matrimonio depende del lugar en que esté ese signo.

Si el signo está en el día de nacimiento, esta persona se casará en la edad adulta. Es posible también que sólo se case una vez en la vida y que este matrimonio dure para siempre. Para muchos expertos y maestros de astrología china, esto es preferible.

Si el signo cae en el mes de nacimiento, esta persona tenderá a casarse siendo muy joven o adolescente.

No es bueno haber nacido a la hora de Fénix rojo ya que eso propicia que la persona desee casarse desde antes de llegar a la pubertad, y que guarde fantasías mal fundamentadas en su mente a una edad en que los otros chicos estarán pensando en jugar. Esta situación hace que el chico o la chica sean un poco como «Susanita[29]».

Esto podría acarrear muchos problemas, incluso de salud y legales. Así que hay que recomendarles a los padres de chicos menores de edad e incluso infantes, que cuiden mucho de sus hijos y sus compañías.

### Significado de la Shén shā Tiān Xǐ 天喜 Gozo celestial

Las personas que tienen Gozo celestial en su carta natal —sea en el mes, el día o la hora de nacimiento— gozan mucho de la vida. Son los optimistas, proactivos y alegres de la humanidad, y eso los hace atractivos para las personas que necesitan a alguien alegre en sus vidas o para las personas que son igual de alegres. Curiosamente, quienes tienen esta Shén shā suelen atraer a personas que son como vampiros, pero rara vez se dan cuenta de que les están robando prana porque tienen tanto que no se sienten amenazados por esto.

En el aspecto negativo, las personas que tienen esta Shén shā en combinación con más troncos celestes y ramas terrestres con el mismo elemento del gozo celestial que les toca tienden a ser muy dulces, pero depresivas al mismo tiempo. Como que tanta dulzura les produce amargura y resultan presa fácil de esos mismos vampiros de prana o de personas que los ven tan *buena gente* que abusan de ellos. Por ejemplo, un cerdo nacido con un tronco celeste 5 de tierra *yang* en el día de nacimiento, con otros troncos celestes de tierra *yin* o *yang* en el mes, hora o año, que haya nacido en la hora del perro (que es el gozo celestial del cerdo) es posible que sea un cerdo depresivo a pesar de gozar de otras combinaciones de elementos que son benéficos.

A las personas que sufren mal de amores y no tienen el gozo celestial en sus cartas natales se les recomienda que busquen personas del signo del gozo celestial que les corresponde a sus signos según las tablas para elevar un poco su ánimo. Por ejemplo, un conejo necesitará buscar a un amigo caballo para sentirse mejor en caso de pasar por un proceso de ruptura o luto. También los meses, días, años e incluso horas del caballo le servirán a este conejo deprimido.

### Cuando las cosas salen mal

Las Shén shā tienen ese nombre porque pueden ser propicias o adversas. Todo depende de dónde aparecen dentro de la carta natal, como pudimos ver en las Shén shā anteriores. Pero las Shén shā que siguen son más adversas que propicias. En todos los casos presentados a continuación, la solución para evitar el daño que provocan es aprovechar la compañía de personas, los días, meses, horas y años del signo contrario al signo que les produce la Shén shā; por ejemplo, si la Shén shā de alguien es el signo del conejo, si tenemos un amigo gallo, puede mejorar la situación. O si buscamos el mes del gallo (septiembre) ese alguien podrá encontrar pareja fácilmente porque el mes del gallo detiene la energía del signo del conejo. También ciertas actividades y dieta pueden ayudar un poco a balancear esta situación. Veremos más ejemplos de esto después de la siguiente tabla.

## Shén shā destructivas en la carta natal a partir de la rama terrestre del día de nacimiento

| Busca la rama terrestre del año aquí | Esta Shén shā afecta a las mujeres | Esta Shén shā afecta a los hombres |
|---|---|---|
| Rama terrestre del año | Guǎ Sù 寡宿 Astro de celibato | Gū Chén 孤辰 Astro de soltería |
| 1 Rata | Rama 11 | Rama 3 |
| 2 Búfalo | Rama 11 | Rama 3 |
| 3 Tigre | Rama 2 | Rama 6 |
| 4 Conejo | Rama 2 | Rama 6 |
| 5 Dragón | Rama 2 | Rama 6 |
| 6 Serpiente | Rama 5 | Rama 9 |
| 7 Caballo | Rama 5 | Rama 9 |
| 8 Cabra | Rama 5 | Rama 9 |
| 9 Mono | Rama 8 | Rama 12 |
| 10 Gallo | Rama 8 | Rama 12 |
| 11 Perro | Rama 8 | Rama 12 |
| 12 Cerdo | Rama 11 | Rama 3 |

### Significado de la Shén shā Guǎ Sù 寡宿 Astro de celibato

Como tal vez pueden ver, son pocos los signos que se repiten en estas columnas. La columna de las Shén shā de astro de celibato, son solamente las ramas terrestres que llevan la energía fija de la energía tierra: perro, dragón, búfalo y cabra. Esta energía afecta principalmente al aparato digestivo, pero cuando hay energía tierra en exceso dentro de la carta natal y sobre todo si se tiene al astro de celibato en el mes, el día (en especial en el día) y la hora, se puede afectar también el estado de ánimo, haciendo a las mujeres con esta energía más propensas a caer en depresión y a provocar situaciones desagradables con sus parejas, ya sea por celos excesivos, personalidad posesiva, pensamientos autodestructivos y tendencia a la codependencia... o simplemente a tener mala suerte para tener pareja y retenerla.

La solución a esto es buscar el signo opuesto, ya sea estableciendo una pareja con el signo opuesto al astro célibe o preparando la «cacería de novio» durante los meses, días, años y hasta en las horas opuestas a los signos del astro célibe.

De todos modos, cuando aparece este astro célibe en la carta natal, las mujeres que lo poseen no sólo carecen de suerte con la pareja, es posible que prefieran no casarse. Si además del astro solitario tienen flor de melocotón, es muy posible que estas mujeres no solo no deseen casarse, sino que disfruten de la soltería y de tener varias aventuras amorosas… en pocas palabras, que les guste vivir como cualquier solterón empedernido. También es probable que no les agrade la idea de tener hijos o que les cueste mucho trabajo tenerlos si es que quieren ser madres.

En los tiempos en que la astrología fue desarrollada, una mujer con estas características era lo peor que podía existir, y si además esta mujer resultaba ser tigre, caballo o perro, era muy probable que fuera asesinada al nacer o durante la infancia. Por eso al astro de celibato se le llama también «estrella de la viuda». Una mujer con estas características era condenada a la soledad, el abandono y abusos crueles, más por superstición que por otra cosa y, en el mejor de los casos, era llevada a los monasterios para vivir allí como monja o criada.

Los tiempos han cambiado y en realidad esta Shén shā no es tan negativa porque muchas mujeres gozan viviendo en su propia piel y pocas desean estar casadas para siempre con una persona, o de plano prefieren en verdad ser célibes y entregar sus vidas a cualquier religión que escojan.

Ya sea soltera con muchos amantes, casada con alguna religión, feliz o miserable, la mujer con el astro de celibato es un faro incandescente que brilla en cualquier círculo social, que posee una capacidad tremenda de raciocinio y que vive todo de manera intensa. Excéntrica, huraña o tremenda como una tormenta, arrasa con el más débil. Sólo es cosa de que decida y asuma muy bien sus sueños, sus responsabilidades y el amor que se tiene a sí misma.

### Significado de la Shén shā Gū Chén 孤辰 Astro de soltería

Esta Shén shā es equivalente a darle una «carta blanca» a un marinero después de meses en altamar. Si ven los signos que aparecen en la columna del astro de soltería, hay sólo cuatro signos que se repiten. El mono, la serpiente, el tigre y el cerdo son los signos más difíciles de complacer en el amor. Por lo tanto, su aparición en la carta natal produce hombres que no se dejan amarrar por cualquiera.

Curiosamente, a los hombres que tienen este astro de soltería en el día de nacimiento, les afecta mucho estar solos. En el fondo desean tener una pareja estable a su lado, pero al mismo tiempo sienten fobia al compromiso.

Si el astro de soltería se encuentra en el mes de nacimiento, este hombre sentirá la necesidad de independizarse y vivir solo desde la adolescencia. Es posible que se case dos o tres veces en la vida y también es muy probable que le dé no miedo sino ¡pánico! tener hijos. Cualquier cosa que implique compromiso, hasta una carrera universitaria, le saca ronchas y le hace sentir congoja, ansiedad, hasta el recuerdo de la escuela primaria le resulta angustioso.

Pueden llegar a ser confundidos con misóginos, pero en realidad se trata de una fobia, ya que se ha visto que en el caso de los hombres homosexuales o transgénero no hay tal misoginia (desprecio y odio por las mujeres). Simplemente no quieren comprometerse con nadie, así sea hombre, mujer o quimera.

No es recomendable forzar a estos hombres al compromiso, pero si ellos quieren controlar esa necesidad de salir corriendo, lo que pueden hacer es buscar una pareja con el signo opuesto al astro de soltería.

Sin embargo, si este hombre tiene astro de soltería y flor de melocotón en su carta natal, será mejor no buscar soluciones. Es posible que el nivel de narcisismo sea tal, que pueden llegar a ser violentos si la pareja —o incluso los padres— los acorralan contra una esquina exigiéndoles que «sienten cabeza».

En ese caso, sólo ellos sabrán si quieren o si realmente desean con todas sus fuerzas vivir con alguien para siempre. Entonces sí se les puede recomendar que busquen a los signos opuestos al astro de soltería (y años luz de terapia).

**Tablas de compatibilidades e incompatibilidades básicas para la astrología china**

Desde hace unos cuarenta años, han sido publicadas y popularizadas en Occidente distintas gráficas de compatibilidad e incompatibilidad, que con seguridad algunos lectores ya conocen. Estas relaciones entre signos están basadas en la teoría de los 5 elementos o Wu Xing, que es a su vez la base de la medicina china tradicional.

Pero este tipo de análisis resulta incompleto ya que se queda únicamente en el análisis de la personalidad del consultante, como veremos en los capítulos siguientes. Estas tablas —con detalles más, detalles menos— fueron publicadas primero en las distintas versiones del *T'ung Shu* o *Libro acerca de todo* que se viene publicando desde tiempos inmemoriales. Ese libro era el único con cierta accesibilidad para cualquiera que supiera leer, pero no tenía el mismo conocimiento de un astrólogo chino calificado. Sólo los estudiosos sabían cómo componer una «sinastría», es decir, una carta natal entre la pareja, la cual era requisito en tiempos imperiales para poder contraer matrimonio.

Sólo una carta natal completa describiría al ser completo. Para que no hubiera después confusiones. «¡Al cliente, lo que pida!», parecía ser el lema en esos tiempos.

El «ser completo» no se queda únicamente con la personalidad representada por la rama terrestre del año de nacimiento, sino que debe tomar todos los signos del zodíaco chino y los signos celestes que, como vimos anteriormente, son diez troncos celestes y doce ramas terrestres distribuidos en cuatro columnas y dos filas con ocho espacios en total. Ocho signos del destino o Bazi.

Pero de todos modos vamos a recapitular esas compatibilidades e incompatibilidades en las tablas que siguen.

**Tabla de incompatibilidades entre energías fijas o tabla de los opuestos complementarios**

Estos signos son aparentemente incompatibles porque sus energías se repelen. Por ejemplo, el fuego y el agua chocan porque el agua apaga el fuego o porque el fuego evapora el agua. Todo depende de su fuerza.

Si en una carta natal hay más signos de fuego, entonces el choque con el agua no ocurre; es más, sería beneficioso que el dueño de esa carta natal con demasiado fuego obtenga algo de agua por medio de su pareja, incluso si su pareja pertenece a un signo opuesto al propio.

Es por eso que algunas personas se casan o emparejan con personas del signo opuesto complementario. Por ejemplo tigres y monos, que por lo general chocan, podrían necesitar el elemento que tiene el otro. Por lo tanto, pueden llegar a adorarse y nada los separará jamás, aunque peleen por la manta durante las noches.

## Tabla de relación entre los opuestos complementarios

| Rama terrestre, orden y signo zodiacal | Razón del choque por las energías fijas | Reacción en la personalidad de ambos signos | Rama terrestre, orden y signo zodiacal |
|---|---|---|---|
| Rama 子 1 Rata agua *yang* | El agua apaga al fuego. El fuego evapora al agua. | Miedo mutuo. Desconfianza. Agresividad. | Rama 午 7 Caballo energía fija fuego *yang* |
| Rama 丑 2 Búfalo tierra *yin* | La dos tierras chocan porque buscan controlar el espacio. | Falta de generosidad, envidia, celos. | Rama 未 8 Cabra tierra *yin* |
| Rama 寅 3 Tigre madera *yang* | La madera atrapa al metal, el metal corta la madera. | Agresión, competencia. Miedo a perder su libertad e independencia. | Rama 申 9 Mono metal *yang* |
| Rama 卯 4 Conejo madera *yin* | La madera rompe al metal *yin*, el metal *yin* lastima a la madera. | Ira, frustración. No hay suficiente fuerza para mantener la unión. | Rama 酉 10 Gallo metal *yin* |
| Rama 辰 5 Dragón Tierra *yang* | Las dos tierras chocan porque buscan controlar el espacio. | Competencia, envidia. Diferentes maneras de ver la vida. | Rama 戌 11 Perro tierra *yang* |
| Rama 巳 6 Serpiente fuego *yin* | El fuego *yin* no puede evaporar el agua *yin*, el agua *yin* no puede apagar el fuego *yin*. | Miedo, frustración. Sus energías no son fuertes, pero se ofenden mutuamente. | Rama 亥 12 Cerdo agua *yin* |

Estas relaciones serán más evidentes entre personas que no estén conscientes de todas las facetas de su persona holística. Es decir, entre aquellos que sólo sigan los dictados de su personalidad (ego), que está definida por el año de nacimiento.

La astrología china ayuda a distinguir que hay más aspectos en la vida, como vimos ya en capítulos anteriores.

Cuando una persona tiene en su propia carta astral al opuesto complementario, tiende a ser contradictorio. El «enemigo» vive dentro de sí mismo y afecta distintos aspectos de la vida.

En cuanto al amor, si el opuesto complementario se encuentra en la rama terrestre del día de nacimiento, signo que aprendimos a calcular anteriormente, la persona tenderá a buscar pleitos con su pareja constantemente, según la fuerza y la cantidad de elementos iguales al opuesto complementario. Por ejemplo, un gallo que nació en el día del conejo, no podrá llegar a tener acuerdos con su pareja. La ira será su mayor problema porque dentro de sí hay choque entre madera *yin* y metal *yin*.

# El amor científico para los chinos

## Tabla de los trinos energéticos

| Signos que conforman el trino energético que puede aparecer o no en la carta natal o entre las dos cartas de la pareja | | | Energía que conforman en conjunto | Características del trino cuando se encuentran en una sola carta natal o en entre las dos cartas de la pareja |
|---|---|---|---|---|
| Rata 子 | Mono 申 | Dragón 辰 | Agua | Comunicación efectiva, vitalidad, balance |
| Caballo 午 | Tigre 寅 | Perro 戌 | Fuego | Alegría, proyectos, cariño |
| Gallo 酉 | Serpiente 巳 | Búfalo 丑 | Metal | Rectitud, compromiso, apoyo |
| Conejo 卯 | Cerdo 亥 | Cabra 未 | Madera | Ternura, benevolencia, erotismo |

Estas combinaciones de energías fijas contenidas en los trinos (conjuntos de tres signos) nos hablan de las compatibilidades de los signos, basados en la energía que deriva de la combinación de los tres. Estos trinos son muy populares en China, tanto, que se los puede encontrar en amuletos de distintos tipos, calidades y precios. La aparición de estos trinos en la carta natal es un muy buen augurio, al grado que se considera «perfecta» la persona que contenga estos trinos y por lo tanto, se las considera «el mejor partido», el marido o la esposa perfectos. Si conocen a alguien con un trino, por ejemplo un cerdo con la hora de la cabra y el mes del conejo; será un excelente amigo, amante, compañero, esposo, etcétera.

## Tabla de las cuatro temporadas

| Signos que conforman una temporada y puede aparecer o no en la carta natal o entre las dos cartas de la pareja | | | Energía que conforma el conjunto | Temporada en que se exaltan las características y se puede concertar matrimonio o iniciar o reparar una relación |
|---|---|---|---|---|
| Cerdo 亥 | Rata 子 | Búfalo 丑 | Agua | Invierno |
| Tigre 寅 | Conejo 卯 | Dragón 辰 | Madera | Primavera |
| Serpiente 巳 | Caballo 午 | Cabra 未 | Fuego | Verano |
| Mono 申 | Gallo 酉 | Perro 戌 | Metal | Otoño |

Al igual que en el ejemplo anterior, las personas que nacen con cualquiera de estos conjuntos de signos, por ejemplo en el mes, la hora y el día de nacimiento, son muy atractivas. Este atractivo surge de la unión de las energías, que conforman una sola y distintiva persona.

Si no aparecen estas tres energías en la carta natal, y una persona quiere casarse, encontrar pareja o estabilizar la relación que ya tiene, puede buscar la temporada adecuada para hacerlo, según la energía que le haga falta en la carta natal. Si sacan la carta natal completa y notan que falta una energía, pueden equilibrarse y llevar adelante proyectos y relaciones durante la temporada que es gobernada por el elemento que les hace falta.

Por ejemplo: una persona cuya carta natal tiene ausencia de agua, puede resolver muchos de sus problemas durante el invierno.

Una persona cuya carta natal y la de su pareja tienen ausencia de metal, puede mejorar la situación aprovechando el otoño para ir de vacaciones con su pareja, para hablar o para iniciar una terapia juntos. El elemento metal contenido en el ambiente les ayudará a conseguir sus objetivos.

## Tabla de las seis combinaciones auspiciosas

| Ramas terrestres que combinan bien como pareja y como amigos porque producen energía al estar juntos | | Energía que producen | Reacción obtenida |
|---|---|---|---|
| Rama 子 1 Rata agua yang | Rama 丑 2 Búfalo tierra yin | Tierra bosque | Creatividad |
| Rama 寅 3 Tigre madera yang | Rama 亥 12 Cerdo agua yin | Madera | Sensualidad |
| Rama 卯 4 Conejo madera yin | Rama 戌 11 Perro tierra yang | Fuego | Alegría |
| Rama 辰 5 Dragón Tierra yang | Rama 酉 10 Gallo metal ying | Metal | Inteligencia |
| Rama 巳 6 Serpiente fuego yin | Rama 申 9 Mono metal yang | Agua | Complicidad |
| Rama 午 7 Caballo fuego yang | Rama 未 8 Cabra tierra yin | Tierra selva | Fertilidad |

Esta combinación de energías, si se encuentra dentro de la carta natal, produce personas cuya característica principal es descrita en la columna de «Reacción obtenida». Estas personas serán confiables y tendrán muchos amigos.

En el caso de que sea una pareja conformada por estas energías, tendremos una pareja con la característica contenida en esa misma columna.

Esta tabla también es muy útil a la hora de buscar una hora propicia para concertar una cita importante con la pareja.

## El amor científico para los chinos

**¡Felicidades! Han dado un primer paso para conocer todos los secretos de la astrología china**

El amor es el que nos lleva a descubrirlo todo, a probarlo todo, a sentirlo todo. El amor es el principio de todo. Sin amor no habría nadie que habitara la tierra, ni animal, ni vegetal ni humano.

El amor es la ley de atracción que cohesiona el todo con el todo. Sólo hace falta comprenderlo desde todos los ángulos y no cabe duda que la astrología china es un ángulo privilegiado. ¡Se puede ver todo!

El amor nos ha llevado a revelar algunos de los secretos de la astrología china, pero deja abierta una ventana para ver los demás aspectos que se pueden analizar por medio de una carta natal china: la salud, la suerte, el dinero.

El amor, como principio de todo, es la puerta de entrada al universo, y este texto es solamente un pequeño ejemplo de esto, es un acto de amor escrito solo para ustedes.

Que el Tao les sea propicio.

# Los desconocidos de siempre

por Susana Tassara

# Parejas, tríos y animales insólitos

Damos una caminata por el Zoo con ojos curiosos, contemplando los matices de alianzas y renuncias de amor, marcadas siempre por la injerencia de un destino imprevisible. La felicidad, la muerte o el misterio son factores imponderables que, a veces, llegan para decidir un final de juego que nadie espera.

Observar la vida, aprender y participar en ella manteniendo despierto el sentido del humor nos hará más adaptables a las sorpresas que presenta nuestra Nueva Era de cambios profundos, ya que en ella podrían surgir malestares que resultarían insoportables si no se aprende a mirar hacia adentro para comprender el nuevo paradigma que rige las relaciones.

La mente humana es famosa por su arte para evitar los choques y saltar por encima de los obstáculos, pero en 2013 el salto es cuántico. La conciencia nos pide hacer frente a ciertas realidades desde el corazón y con los ojos bien abiertos. Todos podemos aprender de los errores pasados, para dejarlos ir y ser capaces de vivir más plenamente el ahora.

### RATA TRAIDORA CON CERDA DESVERGONZADA
Príncipe Carlos de Gales, Inglaterra, 1948
Camila Parker Bowles, Inglaterra, 1947

Todo comenzó con un flechazo mutuo en el ambiente selecto de Londres a principios de la década de los 70. Rata y Cerda estaban en plena juventud, y vivieron su romance plenamente. La Cerda dijo una vez que Charles le propuso matrimonio en aquellos tiempos, pero que ella, a pesar de amarlo, lo rechazó por temor a las obligaciones sociales que le acarrearía un marido príncipe... No es raro que la Cerda, que es cómoda, se haya asustado ante semejante responsabilidad. No obstante, estos dos continuaron con su romance viento en popa hasta que, valga la expresión, Charles se tuvo que ir a navegar en otra popa y bajo otros vientos, porque debía cumplir con sus obligaciones militares en la Marina Inglesa. Cuando volvió de esos viajes, Camila estaba comprometida con un Oficial Conejo llamado Andrew Parker Bowles. El príncipe se ofendió y ni siquiera asistió a la boda, cosa rara puesto que en esos casos, nobleza obliga. La Cerda siguió adelante con su nueva vida, tuvo sus hijos con el Conejo, e incluso hizo a Charles padrino de uno de ellos. Como los límites de la moral establecida no son el fuerte del signo porcino, Camila no tuvo ningún inconveniente en seguir siendo la amante de la Rata Real. Se comenta que cuando Charles se inquietó al respecto, ella le respondió que no valía la pena preocuparse, ya que su propia bisabuela y el bisabuelo del Roedor habían sido amantes toda la vida, a pesar de estar ambos casados con otras personas... Y entonces todos los chanchullos quedaron en secreto y en familia, al más puro estilo inglés desde antes de Enrique VIII hasta hoy mismo.

Así las cosas y todos contentos, hasta que un día el rey, su padre, comenzó a presionar a la Rata para que se casara, pues así lo ordena el protocolo, y además Charles debía darle nietos que serían los futuros reyes, etcétera. La flemática Rata se hacía el disimulado, pero llegó un momento en que ya no pudo escapar a las obligaciones que el deber le imponía. Cuentan las malas lenguas y las orejas que escuchan detrás de las puertas que al consultar a Camila sobre este difícil tema, ella le aconsejó que se casara con la Bufalita Diana Spencer, bien educada y muy joven, ideal para ser la madre de sus hijos. Charles estuvo de acuerdo, y juntos prepararon la trampa para Diana, hasta que al fin la Rata propuso matrimonio a la Bufalita en el mismísimo jardín de los Parker Bowles, después del té de las cinco.

Se casaron en 1981 con gran pompa y gran lujo. Luego de nacidos sus dos herederos, la Rata, que en general tiene el hábito de acumular y acaparar lo que le gusta y ponerse pendenciera si quieren sacarle algo, se portó como un cobarde cuando Diana lo confrontó por su infidelidad: «Oh, dijo, no soy el primero ni seré el último de los Príncipes de Gales que tiene una amante...».

A todo esto, la Cerda desvergonzada se divorció de su marido acusándolo de infidelidad, y continuó dedicada a montar a caballo, tomar whisky y curtir con Charles, un estilo de vida bastante típico del común de los Jabalíes. La Bufalita sufría en silencio y le puso a Camila un apodo que le va muy bien a la cara: «Rottweiler». Alguien colocó una grabadora en la intimidad de la Cerda y el Roedor, y esas llamadas «grabaciones del amor», dieron la vuelta al mundo en cinco minutos.

El forúnculo reventó, todos pudieron oír a la Rata diciéndole al Rottweiler que él quería quedarse a vivir dentro de sus pantalones y reencarnarse en tampón femenino en su próxima vida. El escándalo fue grande, pero al menos le dio fuerzas a Diana para divorciarse de tan desagradable marido, y mudarse con sus hijos a otra parte. Pero el destino fue aciago. Poco tiempo después, y justo cuando vivía un romance con la Cabra Musulmana Dodi Fayad, Diana y su nuevo amor murieron en un extraño accidente automovilístico.

Hace unos años ya, y sin ningún cargo de conciencia, la Rata Traidora y la Cerda desvergonzada se casaron ante la Iglesia y los reyes de Inglaterra. El obispo les dio la bendición y corrió un tupido velo sobre las acciones pasadas de los novios, de modo que no quedó ninguna duda sobre la integridad, la honestidad y la nobleza de ambos. La gente vitoreó «¡Vivan los novios!» y a otra cosa mariposa.

### BÚFALO TIRANO CON BÚFALA MANDONA, BÚFALA SUMISA Y CONEJA PERDIDA EN LA MANADA
Juan Manuel de Rosas, Buenos Aires, 1793
Agustina López de Osornio, Buenos Aires, 1769
Manuelita Rosas y Ezcurra, Buenos Aires, 1817
Encarnación Ezcurra, Buenos Aires, 1795

Es impresionante encontrar tantas pezuñas en una misma familia, hollando el barro de los campos que se apropiaban, empujando dentro de sus establos el gran número de hacienda que se agenciaban y estableciendo el orden social que más les convenía a ellos, con la obstinación y la perseverancia famosas del Buey.

Se sabe que este signo es conservador y rutinario, pero... en el caso de doña Agustina y su hijo Juan Manuel, hay que ver que sus costumbres de mantener la estabilidad a cualquier precio costó la vida de muchos inocentes. Y en lo moral, Juan Manuel exageró la tendencia a denunciar la paja en el ojo ajeno y llevar bien plantada la viga en el propio.

La Búfala Madre parió 20 hijos... Es sabido que este signo lleva el peso de la responsabilidad, y si sale fanático como Agustina, también se la impone hasta a quien no la quiere... Ella era mandona, era la fuerza femenina doméstica y dominadora, la que no sólo manda, sino también tiraniza. Manejaba todas las riendas en su familia, y concentraba la descarga neurótica en su hijo mayor, el Búfalo Juan Manuel, a quien le enseñó el orden y la sumisión impuestos a cualquier precio. Su marido era un Dragón bonachón que no necesitaba más que atender (un poco) su propio trabajo, sin desaforarse, puesto que la Búfala vivía ocupada en obtener ella misma más y más de todo, especialmente dinero. Ella llegaba tan al extremo en ese camino del deber y del respeto por la tradición, que se creía muy patriota por defender a ultranza los intereses patrimoniales: los particulares primero, los del Estado después. Se ocupaba tanto de todo (se sabe que su signo no considera sutilezas) que, a pesar de creerse «perfecta», se llevó una gran sorpresa un día en la estancia. Cuentan los historiadores que su Dragón marido le dijo de repente: «Agustinita, vos sabés que yo te quiero mucho, ¿verdad?»... Y acto seguido la ató a un árbol y le propinó dos o tres rebencazos[30] en las nalgas.

Así pues el Búfalo Restaurador mamó leche de Búfala mandona desde la cuna, y con el tiempo se volvió tan dictador que parece haber encarnado todos los rasgos negativos del signo Buey, hasta volverse ciego ante sus propias aberraciones de conducta. Sin embargo, en su tierna juventud, supo reaccionar contra la férrea voluntad de su madre castradora: conoció a la encantadora Conejita Encarnación, y quiso casarse con ella. Aunque la Madre Buey se opuso a esta unión con todas sus fuerzas, Juan Manuel mintió y le dijo que Encarnación estaba embarazada, obligando así a su madre a aceptar la boda, puesto que para la Búfala Mandona, mantener su renombre de «intachable moral» ante la gente era la técnica habitual para sostener su propia arrogancia.

Desgraciadamente, con el correr del tiempo, esa misma arrogancia en exceso rígida, se agranda y se cristaliza en Juan Manuel. Su personalidad llega a extremos de obstinación psicótica en los que ordena degollar a quien no piensa como él. Moraleja: Cuidarse de los arranques de un Búfalo desenfrenado.

No olvidemos que un aspecto importante de este signo es su dedicación tenaz al trabajo, y Juan Manuel fue activísimo en esto. Él y su familia poseían saladeros, comerciaban cueros, sebo, lana, y mulas para el Perú; tenían mucho ganado y buenas cosechas de granos. Era lo normal para todas aquellas familias llegadas de España: primero comerciar y luego concentrarse en aumentar sus fortunas en rico y generoso suelo sudamericano. Pero en el caso del Búfalo Tirano, los problemas y el sufrimiento de los inocentes comenzaron cuando su rol político fue creciendo hasta convertirlo en jefe indiscutido del país, con poder ilimitado y caprichoso. Fue un tirano necio y sangriento que se deleitaba imponiendo alrededor sus decisiones sádicas y burlonas.

Su matrimonio con la Conejita Encarnación tiene buena prensa, pero investigando un poco, se nota que el Búfalo no estaba nunca muy cerca de ella. A juzgar por la voluminosa correspondencia que enviaba la Coneja, él se lo pasaba en campaña por aquí o por allá, o simplemente en retiros campestres, cosa que les encanta hacer a los bueyes, claro. Ella que, como buena Coneja, era amable y diplomática, y adoraba a Juan Manuel hasta el punto de darle prioridad sobre las necesidades afectivas de sus hijos, hacía un trabajo enorme para apoyar los planes de su marido y negociaba con todo tipo de gente, ya fuesen fieles o enemigos, defendiendo la causa de Juan Manuel.

Encarnación se metía así en bretes nada fáciles y, cuando se leen algunas de sus cartas a Rosas, es recurrente su manera de pedirle ayuda, a veces casi implorante, a veces como con frustración y rabia. Le pide que le dé instrucciones, que le indique, que le conteste, etcétera. Él pasa grandes lapsos sin responder, aunque es ella misma la que le relata clara y detalladamente lo que sucede en Buenos Aires, los ambientes caldeados, los riesgos de traición; en fin, lo ayuda en todo y hasta le advierte los peligros que podría estar corriendo su vida, y por las manos de quién podría ser envenenado.

Encarnación, que empezó a ocuparse de política como devota servidora de su esposo y con una fe total en la validez de su sistema de gobierno, termina siendo una emisaria ocupada de trabajos poco dignos, de bajas intrigas, de engaños orquestados para ensuciar y amenazar a otros que eran inocentes, con tal de defender los planes del tirano. De todos modos quedan dudas sobre la satisfacción de Encarnación como mujer de aquel que tenía mujeres por todos lados, dispuestas a acostarse con él a cambio de un par de (pequeños) favores. No obstante, salta a la vista que la Coneja fue valiente consejera y su mejor ministro. Arriesgó mucho y su salud se resintió.

La Astrología cuenta que si el Conejo se ve envuelto en compromisos demasiado restrictivos, se enferma; y más aún si lo dejan solo y no tiene a quién «pasarle la pelota». Encarnación se enfermó hasta el punto de máxima gravedad, y murió en 1838, siete años antes que su propia suegra. Durante los peores tiempos de su agonía, fue atendida y cuidada con esmero por Eugenia Castro, una joven criollita, casi una niña, que vivía bajo la protección de los Rosas porque era huérfana. En cuanto quedó viudo, el Búfalo Tirano la hizo su amante, y la mantuvo «cautiva» durante muchos años en su habitación privada, viviendo detrás de un biombo que retiraban por las noches, para que Eugenia entrase a la cama del Restaurador, donde hicieron varios hijos que Juan Manuel nunca reconoció.

Mientras tanto la Búfala Sumisa, hija legítima de Encarnación y del Tirano, parece haber tomado para sí todas las virtudes del signo del Buey. Era dulce y obediente, y hacía todo lo que su «Tatita» le ordenaba, hasta llegar a obedecerle en manías y caprichos que resultaban castradores para la propia Manuelita. Ella era la muchacha encantadora que alegraba las grandes reuniones sociales en Palermo, donde asistían a menudo embajadores y personajes políticos extranjeros que negociaban con la Argentina. Amena y atractiva, la joven Búfala era admirada por todos, sirviendo así de bello «anzuelo» para Rosas. Sin embargo, su padre la tiranizaba y ni siquiera le permitía disfrutar tranquilamente con su novio Máximo Terrero, el cual la amaba tanto como ella a él.

Cuenta la historia que si los jóvenes se sentaban a charlar en el salón, Rosas mandaba a sus pequeños hijos bastardos a espiar lo que sucedía y a reportarle todo lo que hacían. Y éste es apenas un pequeño ejemplo de su típico sadismo burlón, al que Manuelita se había acostumbrado y aguantaba sin chistar. Sin embargo, con la lealtad de que es capaz la Búfala de alma noble, Manuelita cuidaba amorosamente de todos los hijos no reconocidos de Juan Manuel como lo que realmente eran: sus queridos hermanitos. Durante muchos años este Tirano le prohibió a su hija el noviazgo, y sobre todo el casamiento. Cruelmente la mantuvo en una soltería estéril, viviendo totalmente dominada por sus caprichos. Es muy extraña esta relación Búfalo-Búfala, en la que la víctima se somete enteramente al victimario, confundiendo ciegamente amor filial con codependencia neurótica. Cuando las circunstancias exteriores dieron por tierra con el poder de «Tatita», la Búfala Sumisa, si bien lo acompañó al exilio en Southampton, al fin pudo casarse con su amado Terrero. Tuvieron dos hijos y, aunque ya maduritos, vivieron felices y comieron perdices con salsa inglesa.

## TIGRE ARMADO LAS AMA A TODAS
### Francisco «Pancho» Villa, México, 1878

Fiera al fin, este hombre Tigre es muy truculento. Puede violar, robar y matar sin ningún remordimiento. Pero no por eso se lo puede llamar insensible... Llora gruesas, abundantes y hasta sinceras lágrimas cuando se conmueve ante la injusticia...

Entender a un Tigre tal cual es no resulta tarea fácil para el común de los mortales.

Gran defensor de las causas nobles, no dudará en destruirte si te juzga indigno de éstas. Probablemente no te comerá, pero te clavará un zarpazo con su garra sucia y te morirás de la infección. Pero si te juzga digno, tendrás el privilegio de ser su amigo, su compañero, su socio en aventuras increíbles que sólo a su lado podrás vivir. Te adoptará con toda naturalidad, de igual a igual. Si te ama, te amará con toda su pasión (¡que es mucha!), al menos hasta que aparezca otra fascinación y lo arrastre a una nueva cacería.

Pancho Villa se casó por la ley 70 veces, o sea, cada vez que se enamoró. Un historiador que rastreó de cerca los amores del Tigre pudo censar un total de 29 esposas legales y 25 hijos reconocidos. Las otras 40 mujeres prefirieron no dar detalles y guardar para sí mismas el recuerdo de su amor. Muchas de ellas fueron «Adelitas», las valientes mujeres que andaban en campaña con los revolucionarios, ayudando y sirviendo en la causa del «Centauro del Norte», como llamaban al Tigre por su inigualable habilidad como jinete.

Pancho siempre defendió la lucha de los pobres y los oprimidos de México. Ya desde jovencito comenzó su cruzada justiciera a sangre y fuego. Era hijo de gente pobre, y su familia trabajaba duramente en una hacienda. Una mañana en que el Tigre volvía de recoger el ganado del patrón, oyó horribles gritos ahogados de mujer y se acercó al cuarto de donde provenían; entró, y allí encontró al hijo del patrón violando a una niña de doce años: la hermana de Pancho Villa. El Tigre sacó su 38, lo apoyó en la sien de Rubén López Negrete, y le voló los sesos.

A partir de eso ya quedó dibujado su destino. Se fue a caballo a la sierra, sabiendo que la ley estaba al servicio de los patrones, y esos montes salvajes serían su único hogar durante largo tiempo. Allí vivió entre cuatreros y bandoleros, perfeccionó el difícil arte de la subsistencia marginal y aprendió a conocer las sierras como la palma de su mano. Sabiéndose perseguido a causa de su primer crimen, abandonó su nombre original (Doroteo Arango) y se llamó Francisco Villa, como su abuelo paterno.

Pancho Villa dedicó toda su vida y su energía a luchar por los derechos de los campesinos de su patria, y jamás los traicionó.

A partir de 1872, el inmenso territorio de México estaba dominado por otro Tigre, el autócrata Porfirio Díaz, un dictador que no vio ningún inconveniente en reelegirse como presidente durante 33 años consecutivos. Su mandato era típico de los dictadores. Este Tigre se jactaba del progreso del país gracias a las inversiones europeas y norteamericanas, poniendo así la nación en manos de extranjeros con licencia para adueñarse de todo y relegar al pueblo mexicano y a los indígenas a una pobreza lindante con la esclavitud. Se sabe que cuando el Tigre tiene mala entraña es capaz de transformarse en un patán de la peor ralea que existe.

Los crueles latifundistas extranjeros abusaban de la mano de obra campesina vendiéndole los alimentos básicos para la subsistencia, de manera que el campesino estuviese siempre en deuda con el patrón. A nadie le importaba la salud y mucho menos la educación de estas familias de campesinos que formaban la gran mayoría de los mexicanos. Si alguien osaba quejarse, «nomás» le daban de palos hasta que se quedara tranquilo.

## Los desconocidos de siempre

Cuando el Porfiriato[31] ya estuvo bien avanzado y putrefacto, y su dirigente Tigre más viejo que Matusalén, surgió una Cabra de buena cuna llamado Francisco Madero, que comenzó a formar un partido «anti reeleccionista», con la intención de llamar a elecciones democráticas como Dios manda. Aunque sabia e inteligente, la Cabra es mansa, de modo que este Tigre arrogante y despótico metió preso a Madero en menos de lo que canta un gallo. La Cabra, que detesta la violencia y la prepotencia, se escapó de prisión y se fue a Estados Unidos a preparar su venganza. Desde allí, bien cobijada en su confortable I-SHO-KU-JU, se puso a escribir y a publicar los motivos por los cuales había que deshacerse de ese Porfirio porfiado, y llamó a los mexicanos a levantarse en armas contra el tirano. La Cabra, que no es directa ni nunca se atrevería a desafiar a nadie a la lucha, es una experta en convencer a otros para que la defiendan.

Por supuesto que los mexicanos la escucharon. Un pueblo agotado, hambriento y explotado durante largos años empezó a considerar que —quizás— se vislumbraba una salida al final del túnel. La ideología progresista de la Cabra determinó el momento en que la vida del Tigre Villa cambió para siempre. Uno de los militantes de Madero explicó a Pancho la situación del país, pidiéndole su participación en la revolución del pueblo contra el Porfiriato, ya que este régimen despiadado era la causa de la desgracia de los pobres y de la marginalización de tanta gente valiosa. El felino, a pesar de no haber ido jamás a la escuela (aprendió a leer y a escribir en una de sus estadías en la cárcel) era lúcido y sincero, y la posibilidad de defender la causa de su propio pueblo le tocó el corazón y le encendió la adrenalina. Ya se sabe que cuando el Tigre es de buena entraña y tiene un propósito claro se vuelve imparable e insumergible. Pancho luchó apasionadamente en pos de la justicia y la libertad desde 1910 hasta 1916.

Se sabe que si le das rienda a un Tigre para actuar, luego no puedes pretender decirle cómo hacerlo... Pancho Villa y Pascual Orozco (otro revolucionario, un Caballo desbocado) atacaron y vencieron en Ciudad Juárez a las fuerzas de Porfirio, desobedeciendo a la Cabra Madero, que nunca estuvo de acuerdo con ese ataque. Sin embargo, el Caballo y el Tigre, triunfantes, armaron tal revuelo de saqueos, fusilamientos y venganzas, que el tirano Porfirio abandonó el poder y huyó despavorido a Francia. »¿No era eso lo que queríamos? —le preguntaron a su líder— pues ya está hecho». A Madero lo llamaron

«El Apóstol», porque era buen cristiano y quería justicia por las buenas.

Los revolucionarios estaban más que dispuestos a seguir peleando por la causa del pueblo y soñaban con la unión de todos los mexicanos a través del reconocimiento de sus derechos. En el Norte Villa y en el Sur el temible Conejo Emiliano Zapata jamás traicionaron al pueblo.

En 1911 queda elegido por voto Madero, pero esta Cabra oblicua y pasiva parece no estar a la altura de la situación. Se rodea de gente que había pertenecido al régimen porfirista, no quiere devolver las tierras a la gente que la trabaja, y traiciona los principios de la auténtica causa zapatista-villista, amén de cometer muchos otros errores casi horrores. Orozco, como buen Caballo loco, empieza a cambiar de bandos según le da la gana. El Mono Carranza, otro revolucionario luchador al principio, también se cambia de camiseta según su propio interés, cosa muy común en los Monos poco evolucionados. Y Obregón, un Dragón engreído, se rebeló contra los verdaderos designios democráticos de la revolución, ya que lo único que él quería era ser presidente, a cualquier precio. Toda esta confusión no condujo a nada bueno.

Tanto en la primera como en la segunda etapa de la revolución mexicana, los únicos fieles al pueblo y a la causa justa fueron Villa y Zapata. Ambos murieron asesinados a traición, por hombres que se declaraban «demócratas más educados y más civilizados» que ellos. Triste y amargo fin para dos héroes auténticos. Hoy el Tigre y el Conejo tienen un lugar de honor en el Museo Nacional de México, pero ya hace mucho tiempo que la verdadera causa mexicana ha quedado petrificada en la historia, mientras el pueblo, hasta hoy mismo, continúa siendo víctima de la miseria y la injusticia, en un México asolado por la más cruda y sangrienta violencia, bajo el dominio de los «señores de la droga».

### CONEJA AUDAZ Y TALENTOSA CON DRAGÓN BOXEADOR
Edith Piaf, Francia, 1915
Marcel Cerdán, Argelia, 1916

Sin hogar y sin amor desde la pequeña infancia, ya desde su adolescencia la Coneja subsiste cantando en las calles de París.

Sus primeros amores le dan un bebé que muy pronto se enferma y muere. Llegado su momento clave, ella se aferra a la única oportunidad de cantar en un espectáculo de variedades y va sobreviviendo gracias a su propia voz y a su garra (de gato). Físicamente menuda y enfermiza, encuentra fuerzas para afianzarse en su arte y aún le sobran energías para ayudar a otros: Yves Montand, Charles Aznavour, Brassens y muchos más se cobijaron bajo el tibio encanto de esta Coneja excepcional, artista osada y poeta que supo expresar el alma de la canción popular.

Como buena Coneja de Madera, es solidaria, generosa, original, da sin esperar nada a cambio. Pero... y el amor ? Después de tantas idas y venidas en el área de los romances, la llegada del Dragón a su vida fue decisiva; Edith y Marcel tuvieron una relación maravillosa que sólo puede compararse con esos amores totales que existen exclusivamente en las canciones. Pasión, devoción, entrega, los dos vivían en constante embeleso ante el feliz encuentro. Nada mejor para la Conejita que refugiarse en la fuerza y la osadía de este Dragón, a quien llamaban «El bombardero de Marruecos» pues con sus rápidos puños volteaba sin piedad a todo contrincante que encontraba en el ring.

¡Al fin la Coneja cuenta con un par de brazos fuertes para protegerla! A su vez, el Dragón se beneficia de la agudeza y del compañerismo de ella. Marcel apreciaba mucho la personalidad de Edith, quien organizaba su vida, le compraba su ropa y hasta decidía contratos de box y lugares para las peleas. Se amaban con locura. Él era campeón mundial indiscutido, y ella estrella de la canción, ya famosa en todo el mundo. Pero este paraíso no dura mucho. Ya sea por traumas del pasado o por constelaciones desordenadas, la novela termina mal. Al cabo de un año de felicidad completa, Marcel muere en un accidente de avión mientras volaba a encontrarse con Edith. La Conejita no se recuperaría nunca de esta pérdida. Ella misma sufre accidentes de automóvil y se refugia en la morfina, que lentamente la llevará a la muerte. Aunque nadie supo amarla como el Dragón Marcel, Edith pasó sus últimos años casada con el músico griego Theo Sarapo, una Rata de Fuego 20 años menor que ella. Juntos cantaron ¿*De qué sirve el amor?* que fue un gran éxito en 1962. Desafortunadamente, el destino de Theo también fue marcado por un horrible accidente automovilístico, que le arrancó la vida cuando apenas tenía 34 años. Sus restos descansan en el cementerio Père Lachaise de París, junto a la tumba de Edith.

## CONEJO DE LA SUERTE CON LIEBRE GATÚBELA
Brad Pitt, USA, 1963
Angelina Jolie, USA, 1975

Esta pareja de Conejos son símbolos sexuales para muchísimas personas. Salen primeros en las encuestas sobre gente excepcionalmente *sexy* que organizan las revistas del corazón de Estados Unidos y, cada uno por su lado, antes de conocerse, fueron considerados «amantes fatales» por el reguero de corazones rotos que dejaban a su paso cada vez que encontraban un nuevo «affair», lo cual ocurría bastante seguido. Por supuesto que en la astrología se sabe que los Conejos-Gatos son los seductores por excelencia, los que poseen el secreto de la eterna juventud y un encanto irresistible. Brad siempre tuvo cara de buen chico, el rostro típico del hombre americano, pero sazonado con la astucia que le confiere su signo. Angelina, en cambio, de todas las actrices de su generación, es la de rasgos más exóticos, y exhala un aura de misterio que probablemente ha heredado de la parte felina del signo.

Ella es hija de una pareja de Tigres, y ha confesado que le resultó muy duro crecer en un hogar donde papá y mamá andaban siempre a los zarpazos. A los Conejos no les gusta la violencia, son de modales suaves y amables, y esperan que los demás los traten del mismo modo. El padre de Jolie es el famoso *vaquero de medianoche* de un metro noventa de altura, quien engañaba con otras mujeres a la madre, una bella actriz de origen canadiense-francés, que decía llevar en su sangre algo de india de la tribu *iroquois*. Las frecuentes infidelidades del marido provocaron el divorcio. Angelina siempre estuvo a favor de su madre, hasta tal punto que por muchos años ni siquiera quiso ver a su padre, ni tampoco hablarle; según dice la astrología, el Conejo puede ser muy vengativo si se siente traicionado. Durante su adolescencia, alrededor de los 14 años, esta Gatita se hacía cortes en el propio cuerpo, se lastimaba; parecía haber optado por el autocastigo más que por la venganza. Es común que los niños se sientan inconscientemente culpables por el divorcio de sus padres, pero, ¿tanto?

Pasaron varios años y Angelina comenzó a incursionar por el mundo del cine y del *glamour*. Adoptó el estilo rebelde, vivió episodios lésbicos con algunas chicas, escandalizó al público americano cuando besó a su hermano apasionadamente en la boca encima de un escenario, en el momento de recibir un premio, y se enamoró de Billy Bob Thornton, un Cabra rockero 20 años mayor que ella. La misteriosa Gata llevaba colgada una botellita llena de sangre del Cabra alrededor del cuello... Cuando se casaron, escribió con sangre el nombre de Billy en la espalda de su traje de novia. Estas cosas no son típicas del signo, aunque dicen que un Conejo que se siente amenazado no dudará en aplicar tácticas subversivas para lograr sus fines.

El Conejillo Brad es muy diferente. Es hijo de un matrimonio estable y provinciano de la clase media estadounidense. Sus padres eran de religión bautista y ahora son evangelistas. Cuando Brad era un niño, cantaba en el coro de la iglesia bautista, como todo buen chico del interior de Estados Unidos. Bello y astuto, el muchacho se abrió camino solito y se fue a California a estudiar interpretación, acompañado por la proverbial suerte del Conejo y protegido por la sagacidad y el olfato oportunista que caracterizan al signo. En las clases de teatro desarrolló su innato temperamento artístico y pronto comenzó a trabajar un poco en cine y en TV. Su interpretación del mochilero seductor y sinvergüenza en el film *Thelma and Louise* fue el golpe maestro que le abrió las puertas de la fama, y de repente todas las mujeres del mundo quisieron ser Geena Davis por un rato.

Tuvo muchos amores de juventud de corta duración, y a menudo estaba de novio con sus compañeras de trabajo en los platós. Su romance con la Rata Rubia Gwyneth Paltrow hizo algunas olas en la prensa, pero no prosperó. La Rata es demasiado ansiosa para el blando Conejo. Luego fue el turno de la Mona Jennifer Aniston.

Ella conquistó a Brad con su alegría y vivacidad; formaron una pareja estable y las piruetas juguetonas de Jennifer sacaban al Conejo de los estados taciturnos y distantes que a veces aparecen en la vida íntima del nativo de este signo. Lo más impactante fue que la astuta Mona le puso el anillo al dedo y se casaron en Malibu con gran despliegue de lujo y de abundancia, en una fiesta millonaria.

Pero según la astrología, el Mono y el Conejo no son buena dupla para el matrimonio. El Mono esconde sus sentimientos mientras planea sus jugadas egoístas, y el Conejo es inescrutable y circunspecto en cuanto a las suyas. Este no es terreno fértil para la confianza, de modo que a larga siempre habrá entre ellos rivalidades mezquinas y hostilidades encubiertas. A pesar de todo, perseveraron cinco años, durante los cuales él quería tener hijos y ella no, y al final del lustro, Brad se dio cuenta de que no sería feliz con Jennifer ni disfrazado de mono. Corría el año 2005 y en ese entonces él estaba filmando *Mr and Mrs Smith* con Angelina, quien ya sabemos que donde pone el ojo pone la garra. El Conejo y la Gata empezaron a verse y a enamorarse en la vida real, y como cosa del diablo, ella quedó inmediatamente embarazada de su primera hija, Shiloh.

La Mona obtuvo el divorcio mientras Brad y Angelina abrían casa juntos, dedicándose con esmero a aumentar la familia lo más posible, actitud natural en todos los conejos. Como resultaba difícil producir conejitos a la misma velocidad que lo hacen los lepóridos, adoptaron tres criaturas: Zahara, Maddox y Pax. Luego Angelina dio a luz a los mellizos Knox y Vivienne.

Hasta hoy día, papá y mamá dicen estar más que satisfechos con su relación amorosa y con el compromiso que implica mantener la conejera llena de retoños felices. Eso no les impide seguir trabajando en cine, ya que son de las estrellas más buscadas para filmar. Parece que la fusión del «buen muchacho» con la «chica rebelde» dio un resultado excelente. Brad dice que ella es la mejor mamá del mundo. Poco importa, entonces, que la liebre posea una colección de cuchillos en el hogar; tal vez ese es el único recuerdo que guardó de las andanzas de su tierna juventud sobre el zinc caliente.

Lo bueno es que su pasión sigue intacta; Angelina es embajadora de buena voluntad de las Naciones Unidas, y participa activamente en la defensa de las tribus africanas sin hogar y sin derechos, exigiendo trato humanitario y digna protección para los miles de refugiados inocentes y echados injustamente al olvido. Brad, por su parte, ha demostrado que algunos hombres norteamericanos también tienen agallas: tras la devastación de New Orleans, provocada por el terrible huracán Katrina, este Conejo contrató todo tipo de expertos en casas sostenibles de mantenimiento a bajo costo, los puso a trabajar, y ha construido hasta la fecha 60.000 hogares para los grupos más carenciados de las víctimas del huracán. Cuando todo estuvo listo y las familias a salvo, fue a hablar con las autoridades de la zona, para preguntarles por qué no hacían ellos un esfuerzo para concretar soluciones plausibles y económicas para todos los damnificados.

Desde la más remota antigüedad, el Conejo es símbolo de resurrección y de fertilidad. Era el animal favorito de Afrodita, diosa griega del amor, y de Ostara, diosa germánica que simboliza la primavera y la renovación de la vida que ésta trae todos los años. Por eso Ostara (Easter) enseñó que los huevos de Pascua del Hemisferio Norte los traen los conejos (de chocolate), que no son ovíparos pero que representan la reproducción y el retorno de la luz después del frío invierno. ¡Larga vida a los Conejos solidarios!

**DRAGONA ODALISCA CON BUEY GUARDIÁN Y CONEJO GOLEADOR**
Shakira Mebarak, Colombia, 1977
Antoñito de la Rúa, Argentina, 1973
Gérard Piqué, España, 1987

Esta Dragona barranquillera deslumbra desde su más tierna infancia. Su nombre significa «agradecida» en el idioma de su padre, que es de origen libanés. De modo que ya desde la cuna, ella tiene la suerte de estar bien ubicada ante las jerarquías angélicas, las cuales enseñaron que dar las gracias es la acción más positiva que un ser humano pueda realizar. Buen mantra para el Dragón de Fuego que, según la astrología, podría desarrollar cierta tendencia a la megalomanía.

Shakira escribió su primer poema a los cuatro años, y su primera canción a los ocho. La canción la dedicó a su padre, quien llevaba siempre puestas gafas oscuras después de la muerte accidental de uno de sus hijos varones. La letra de *Gafas Oscuras* comienza diciendo «tus gafas oscuras me hacen sentir que yo soy de otro lugar»... ¡Muy cierto! Nunca veremos Dragones metidos en mundos de pena o de sombras. Shakira aprende danza del vientre, que es la danza de sus abuelas ancestrales, y después se entrega de lleno a cantar y a bailar. Gana varios concursos de talento juvenil en su país, y a sus catorce años, Sony lanza su primer álbum: *Magia*. Por supuesto, eso es exactamente lo que hacen los Dragones: MAGIA.

Esta Dragona provocadora inspira a la gente, genera su propio impulso, motiva y exalta a quien la escucha y la mira bailar. Avanza, empuja sus fichas y no se queda sentada esperando su destino. Luego llega a su vida el Búfalo Antoñito. Flechazo mutuo y relación amorosa que dura diez años. Por supuesto que el Búfalo es también su representante, ya que los Bueyes nunca desdeñan una oportunidad de hacer dinero; tienen un enfoque materialista de la vida y su principal preocupación es mejorar su posición y su seguridad. De modo que es fácil imaginar la exaltación de Antoñito cuando encontró esta mina de oro en carne y hueso, con sonrisa luminosa y el mejor trasero de Colombia.

Y Shakira, no sólo realizó el sueño de miles de colombianas (tener un novio argentino de aspecto viril y sensual), sino que además obtuvo grandes beneficios a través de este buen negociador-protector de su carrera. Sabemos que los Dragones, a veces, se obnubilan tanto con sus visiones de grandeza, que pasan por alto mil detalles importantes y acaban quemados en su propio fuego. En cambio el Búfalo pone el lomo, trabaja, persevera y triunfa. Este Buey manejó y logró un contrato millonario entre Shakira y Live Nation (la productora más importante del mundo, madrina de Madonna y de muchos otros monstruos sagrados). ¿Condiciones? Durante diez años y por un valor de entre 70 y 100 millones de dólares. Hoy en día, Live Nation considera a Shakira la cantante más importante de su generación.

Hasta la fecha, la Dragona ya ha superado los 140 millones de dólares y lleva vendidos más de 70 millones de discos; le concedieron dos Grammys y siete Grammys Latinos. La leyenda antigua dice que el Dragón duerme sobre montañas de oro en una cueva, pero, en este caso, la Dragona realiza gira tras gira y no cesa de bailar en los escenarios del mundo, así que ¿tal vez le toca al Buey ser el guardián del oro?

Los negocios prosperan a las mil maravillas. En muchas fotos, la prensa muestra a esta pareja en escenas de gran compañerismo, paseando tranquilos en el campo, o de compras por Miami Beach. Ella siempre brinda su ancha sonrisa angelical; él sólo pone cara inexpresiva de centinela neutral. ¿Y del amor cómo andamos? Hubo rumores de boda, pero no. Hubo rumores de que ella quería un hijo, pero él no. Tal vez el Buey, que a la larga puede ser frío y poco emotivo, no puede profundizar en el amor temperamental de la Dragona, quien necesita diversiones, amigos, variedad, y sobre todo una causa por la cual luchar. Para ser feliz, este signo necesita un propósito, una misión. Si no los tiene, pierde presión y se vuelve indiferente y opaco. Shakira es solidaria. Creó la fundación Pies Descalzos, a través de la cual brinda ayuda, sostén y educación a los niños víctimas de la violencia en Colombia. Es embajadora de la UNICEF. Trabaja con pasión en ALAS (América Latina

Acción Solidaria) fundación que promueve salud, educación y nutrición para todos los niños pobres de América Latina.

Está comprometida no sólo con palabras, sino también con donaciones: 25.000 dólares una vez, 40.000 dólares otra vez... etcétera. Mientras tanto, el Buey tiene amantes secretas, y llegan hasta Shakira los indicios de sus traiciones. Duro golpe, ya que el Dragón no es tan fuerte como parece, a pesar de que su encanto agresivo lo protege. En 2010, ambos anuncian el final del romance y su separación. Como para rematar la desdicha, aparece una tal Marina Gallo anunciando a los cuatro vientos que ella ha sido la amante del Búfalo durante su noviazgo con Shakira... Menos mal que el Dragón no es muy sentimental, ni muy romántico.

Al poco tiempo, Dragona de Fuego se cruza con Conejo de Fuego en el continente africano... Se enciende la gran fogata de complicidades, y comienza la aventura. Gérard es Conejo prolijo, hijo de la alta burguesía catalana y famoso futbolista. Alto y atractivo, a veces modela ropa masculina, lo cual no sorprende, ya que nadie puede ignorar la fineza, el buen gusto y el encanto de los Conejos. La Dragona, por su parte, también tiene sangre catalana por línea materna, como se puede ver claramente en su segundo apellido: Ripoll.

La astrología auspicia un matrimonio realista y positivo en la combinación de estos dos animales. La vivacidad y la alegría del Dragón pueden aportarle bríos al introvertido Conejo, quien, a su vez, le brindará al Dragón sensatez y diplomacia.

Por lo pronto se los ve felices y contentos, disfrutando con su pequeño hijo Milan, que parece haber llegado justo a tiempo para colmar el gran deseo de ser madre que latía desde hace tiempo en el corazón de la Dragona. Es temprano todavía en este romance; sólo el tiempo podrá decirnos si la pareja logrará profundizar y establecerse en sabio equilibrio de felicidad.

**SERPIENTE SEXÓPATA CON TIGRESA DESUBICADA**
John F. Kennedy, USA, 1917
Marilyn Monroe, USA, 1926

En general hay mucha atracción entre Tigres y Serpientes. El magnetismo de uno se detiene ante el poder hipnótico del otro y viceversa, de manera que se observan con interés mutuo y la combinación de ambos genera pasión y deseo, aunque probablemente la relación sexual sea el único lazo que pueden mantener. El Tigre es desafiante y competitivo, la Serpiente es perspicaz y calculadora. En esta pareja siempre habrá lucha por el dominio, ya sea ésta abierta o solapada.

En el caso de Marilyn y Kennedy, ya la carrera empieza desigual desde el vamos. Ella es huérfana, insegura, inestable, y bellísima. Él es presidente de la nación, casado y adicto al sexo. Así que es obvio quién tiene el dominio y quién lo entrega todo.

Se conocieron en una fiesta que reunía artistas de cine y personajes políticos, en la cual el Ofidio se juró capturar a la Tigresa y así lo hizo esa misma noche. En un cuarto apartado de la casa hicieron el amor, y a partir de allí la Serpiente llamaba a la Tigresa cuando quería sexo, a pesar de que uno de sus consejeros le advirtió que el *affair* con Marilyn podría llegar a ser peligroso, ya que ella era depresiva, consumía cocaína, tomaba barbitúricos y tenía muchos amigos comunistas. En aquellos tiempos, la palabra «comunismo» era una mala palabra en Estados Unidos.

Kennedy era un mujeriego incorregible y según contó más tarde su hermano Bob, no podía pasar más de dos o tres días sin tener sexo porque le aparecían terribles dolores de cabeza y otros variados trastornos. En un libro escrito por una antigua becaria de la Casa Blanca de la época, se relata que «Jack» se acostaba con las jóvenes becarias tanto como le era posible, sin por eso sufrir las serias consecuencias políticas que afectaron a Clinton a causa de Lewinsky.

La Tigresa protagonizó varios casamientos de corta duración, y muchas aventuras con otros hombres, pero esta mujer, que había pasado su infancia en orfanatos, tenía un hambre insaciable de amor y no podía satisfacerlo con facilidad. Su padre abandonó a su madre cuando Marilyn nació. Su madre fue encerrada en un hospital psiquiátrico y probablemente los genes del desequilibrio mental afectaron a su hija. La Tigresa llegó a ser rica, famosa y el mejor símbolo sexual indiscutible de su época. Sin embargo, no pudo ser feliz nunca, siempre vivió acosada por la depresión y las consecuencias de medicamentos fortísimos que le daban sus psiquiatras.

Con la exuberancia natural del temperamento Tigre, no sorprende que la Felina se encontrara frecuentemente fuera de lugar. En la celebración del cumpleaños del presidente en Madison Square Garden, ella le cantó el *Happy Birthday* con un vestido de red dorado que la exhibía prácticamente desnuda, y con un tono tan sexy que por momentos le faltaba el aire en la voz. Resulta muy curioso que, delante de todo el país, la Tigresa pusiera en evidencia, inconscientemente, la personalidad lasciva de Kennedy. A partir de allí, él trató de alejarla con la ayuda de su hermano, el Búfalo Bob.

La tarea no es fácil, ya que Marilyn dice que está totalmente enamorada del presidente. En medio de ese tira y afloja, y tras el fracaso de su último matrimonio, nuestra Tigresa se recluye en su casa de California a lamer las muchas heridas que se habían ido acumulando en su pobre corazón. En un radiante día de verano del 62, su criada la encuentra muerta, desnuda y tendida boca abajo en su cama, con el teléfono descolgado... La autopsia declara que murió a las 3:30 de la madrugada por exceso de barbitúricos... Los testigos del barrio dicen que hubo una ambulancia estacionada allí durante largas horas, y que de ella bajaron varios enfermeros y algunos funcionarios del gobierno, entre los cuales creen haber reconocido a Bob Kennedy. Estos personajes retiraron el cadáver, y se llevaron también varios efectos personales de la Tigresa, entre ellos el famoso «diario rojo», donde Marilyn narraba todos sus encuentros con su amado Ofidio «Jack», e incluso describía muchas conversaciones que éste había tenido con su hermano en presencia de ella.

Los resultados de esa autopsia nunca fueron revelados a nadie, y a los médicos que quisieron examinar el cuerpo se les prohibió hacerlo. Una nube negra de silencio y de secretos se instaló sobre la verdadera historia del escabroso romance entre la Tigresa y la Serpiente. «Jack», que en unas cuantas ocasiones había corrido peligro de muerte como consecuencia de varias cirugías en su columna vertebral, y había salido airoso de todas ellas, murió asesinado por un «loco» al año siguiente de la desaparición de Marilyn.

Así el Felino y el Ofidio, en sus luchas por el dominio, crean conflictos y fuertes animosidades que destruyen su relación. Acaban favoreciendo recíproca desconfianza y, en vez de gozar en Eros, se autocondenan en Tanatos. Sería bueno que «limpiaran karma» y utilizaran su enorme poder para hacer el amor y no la guerra.

## YEGUA MADRINA SIN CENCERRO GUÍA UN GRUPO DE ANIMALES VARIADO
Salma Hayek, México, 1966

El Caballo de Fuego es doble Fuego, doble magnetismo personal, doble ímpetu, doble velocidad... Estos ejemplares sólo nacen una vez cada 60 años. Son excitables y de sangre ardiente ¡y Salmita no es la excepción a la regla!

Cuando era niña, sus padres la enviaron a un colegio de monjas.

Horarios, obligaciones y disciplina son tan contrarios al indomable temperamento equino, que Salma desarrolló dislexia, y además, aterrorizó a las monjas con travesuras indecibles, hasta que afortunadamente la sacaron de ese lugar.

El Caballo le tiene horror al encierro, y le gusta obedecer sólo a sus propios impulsos. Es de mente muy rápida y puede seguir varias corazonadas al mismo tiempo. Así pues, Salma incursiona en el mundo de la actuación y, aunque su éxito no fue inmediato, ya se sabe que el Caballo es veloz y persuasivo para lograr las cosas que se propone. Además, cuando está lanzado en algo que le interesa, es capaz de trabajar 25 horas seguidas sin dormir y sin comer.

Esta yegüita de ojos brujos sabe lo que quiere y no parará de galopar hasta obtenerlo. En 1989 alcanzó la fama en México por su actuación en la telenovela *Teresa*, y, haciendo honor al antiguo refrán: «los más deliciosos perfumes vienen en frascos pequeños», su atractivo sexual concentrado en 1,57 m y en su par de tetas más que exuberante, arrasa con la atención del público masculino. Y perdura. ¿Quién no recuerda la escena del premiado film mexicano *Y tu mamá también* (Alfonso Cuarón, 2001) en la que los jóvenes protagonistas se masturban a dúo evocando la imagen de Salmita como inspiración erótica?

En 1994 ella es la protagonista de *El Callejón de los Milagros*, película dirigida por Jorge Fons, la cual ha ganado más premios que cualquier otro film mexicano de la historia del cine. A partir de allí, aprovechando la habilidad innata del Caballo para los negocios, Salma, rápida y briosa, evalúa astutamente la situación y se va «al Norte» a estudiar interpretación en California. En 1995 ya obtiene un buen rol en *Desperado*, junto a Antonio Banderas. La cosas van bien, su trabajo progresa, pero la Yegua de Fuego, trabajadora de por sí, rinde mucho más y resulta más eficiente cuando ella misma es responsable de sus tareas y lleva la batuta para desarrollar sus coloridas ideas; a este signo no le gusta que lo dirijan.

Salma es muy mexicana, muy mujer, de modo que abre una productora dedicada a temas latinos, a temas femeninos, a temas de lucha. Su empresa se llama «Ventanarosa», y allí Salma produce *Frida* en 2000, y la interpreta tan bien, que ese año gana una nominación al Oscar como Mejor Actriz. Y como no le gusta que la supervisen, ahora más que nunca persistirá en seguir su propio camino, aunque algunos amores queden tirados al borde de éste... Así quedó abandonado en México el Perro musical Luis Miguel, cuando ella decidió irse a vivir a Estados Unidos. El Caballo se enamora rápido, pero igual de rápido se desenamora. Esta Salma lleva detrás una variada tropilla de cortejantes, que la siguen sin que ella lleve puesto ningún cencerro. En Estados Unidos, el Búfalo inglés Edward Atterton (cinturón negro de karate), el Gallo Edward Norton, la Rata Ben Affleck y el Jabalí Josh Lucas, fueron todos amantes y amados de la exótica diosa azteca.

Aunque el Caballo es egocéntrico, este rasgo no le impide, cuando se siente libre, dedicar un poco de su inagotable energía al servicio de los demás. Salma es activista en la lucha contra la violencia doméstica y milita a favor de todos los derechos de la mujer. Heroína multitarea, nunca pierde de vista sus propios intereses: en 2007 al fin afianza su posición de única CEO de «Ventanarosa» y también se casa con el multimillonario Francois Henri Pinault, un Tigre francés que posee un imperio. A veces viven juntos y a veces en casas separadas. La astrología china dice que tal vez el Tigre podría ser la mejor pareja para el Caballo. De todos modos, de esta unión nació la primera hija de Salma, llamada Valentina. No solamente madrina sino también madraza, la famosa Yegua Hayek continuaba alimentando con leche materna a Valentina cuando la niña ya había cumplido más de un año. En esa época, en uno de sus viajes a África en plan de ayuda humanitaria, Salma dio de mamar a un bebé africano desnutrido la leche de su legendario pecho. No creo que haya muchas otras integrantes del signo Caballo capaces de una acción tan desprejuiciada y generosa.

Salma es feliz y continúa su briosa cabalgata por la vida de manera totalmente independiente, triunfa en su carrera y es amada por su Tigre, aunque a veces al felino le parezca que ella exagera un poquito en los desafíos. Por ejemplo, cuando México le ganó a Francia en fútbol, Salma llenó la casa de banderines y escudos mexicanos, e invitó amigos a celebrar el triunfo azteca. Fue muy osado hacerle eso al Tigre, que justamente es un mal perdedor. Ah, pero al Caballo nunca le falta el sentido del humor, y por lo demás, es como dicen los amigos: ¡al que no le guste que se vaya al diablo!

### CABRA DESCOCADA CON ANIMALES DE AMBOS SEXOS
Rodolfo Valentino, Italia, 1895

Algo de verdad debe haber en la expresión «loco como una cabra», que existe desde hace tanto tiempo y sigue en vigencia aún hoy.

En el caso de Valentino no diremos loco, sino alocado. Este Cabra era mimado y problemático desde niño. Su padre era italiano, y su madre, francesa. No fue buen alumno y faltaba a clase en el colegio cada vez que podía. Al fin la madre lo convence y él logra terminar un curso de horticultura. Pero ya en 1912 se va de Italia a Francia y en París dilapida todo su dinero en un año. Bueno, ya se sabe que a la Cabra le encantan las cosas finas. Luego llama a su mamá para que lo ayude a volver a Italia. Vuelve, pero no trabaja, de modo que sus tíos deciden enviarlo a Nueva York a buscar fortuna. Como de costumbre, Rodolfo se gasta todo el dinero de golpe, y durante un tiempo vive en la calle. ¡Qué horror, con la necesidad imperiosa que tiene la Cabra de mantener el I-SHO-KU-JU (techo, vestimenta y comida) en equilibrio a toda costa para no enloquecer!

Trabaja ocasionalmente como camarero, bailarín y gigoló. Al fin el millonario gay Cornelius Bliss lo contrata como jardinero y vive una aventura con él, de modo que Valentino ya cuenta con un I-SHO-KU-JU más que cómodo y, de paso, se dedica a hacer amistades en el ambiente de la alta sociedad. A todas las Cabras les gusta tener amigos ricos y famosos, que ellas saben conquistar por su dulzura, sensibilidad y gracia. En una de esas fiestas fastuosas, Valentino conoce a la rica heredera chilena Blanca de Saulles. Rodolfo y Blanca se vuelven inseparables. No se sabe muy bien si tenían sexo, pero poco tiempo después de conocer a este Cabra, Blanca se divorció de su marido acusándolo de infidelidad y fue respaldada por Valentino en este trámite. El escándalo se hizo grande, porque Blanca le disparó un tiro a su ex, y Valentino se encontró de repente implicado en el terrible episodio. Como es bien sabido, a la Cabra no le gustan los escándalos.

Rodolfo huyó a Hollywood y allí cambió su apellido original (Guglielmi) por el de Valentino; un poco para que ya no lo asociaran con Blanca, y otro poco porque los estadounidenses no podían pronunciar «Guglielmi». En California conoció al famoso actor del cine mudo Norman Kerry, quien le aconsejó probar suerte en eso. La Cabra, que en su ductilidad suele también tener veta artística, le hizo caso. Así nació Rudolph Valentino, el primer símbolo sexual *latin lover* del cine. En 1921, cuando actuó en la película *Los Cuatro Jinetes del Apocalipsis*, ya se había ganado al público femenino de Estados Unidos, que lo apodó «Piernas de tango». Cuando interpretó *El Sheik* en ese mismo año, y *Sangre y Arena* en 1922, ya era la mayor estrella masculina del cine de su tiempo. Las mujeres del público estaban locas por él y todo marchaba sobre ruedas, pero Valentino no estaba satisfecho, pues como buena Cabra quejosa, decía que no ganaba suficiente dinero. Se fue de gira a bailar con la troupe de la Mona Natacha Rambova. Tuvieron mucho éxito: Rodolfo ganaba 7.000 dólares a la semana.

A partir de su relación con Cornelius, Rodolfo frecuentaba los crípticos ambientes gay de la época, pero en 1919, mientras estaba de novio con el periodista francés André Daven, Rodolfo se casa con la actriz gay Serpiente Jane Acker. Este matrimonio era una cobertura para la homosexualidad de ambos, pero de todos modos sólo duró un mes.

La Mona Rambova era bailarina y diseñadora de vestuarios para el cine, y además solía producir algún film cuando encontraba la oportunidad, ya que ¿quién en el Zoo podría ser más oportunista que el Mono? Nadie. La cuestión es que Cabra y Mona contraen matrimonio, lo cual le cuesta a él varias semanas en la cárcel, ya que los trámites de su divorcio de la Serpiente Acker no estaban completamente terminados, y la ley lo encarceló por bígamo.

La Mona es muy creativa, y la Cabra lo es también cuando se

siente apoyada, de manera que durante los tres años que vivieron juntos, ella diseñó mucho vestuario, y él publicó su propio libro de poesía. Sin embargo, las tres producciones cinematográficas que Rambova produjo y Rodolfo protagonizó fueron tres tremendos fracasos. Esta relación también terminó en divorcio: la astrología dice que el Mono no se toma a la Cabra muy en serio, y que ésta no aguanta las burlas del Simio, que le destrozan el sistema nervioso.

Después de este divorcio, Valentino fue operado de una úlcera perforada y, justo cuando se estaba recuperando, sufrió una brutal peritonitis y murió de golpe ese mismo año, cuando apenas tenía 31 recién cumplidos. La noticia de su repentina muerte dejó desoladas a miles de mujeres que lo adoraban a través de las películas, y provocó varios suicidios entre sus numerosas fans.

### MONO PATAFÍSICO[33] CON DRAGONA DANZANTE
Boris Vian, Francia, 1920
Ursula Kubler, Suiza, 1928

En la Astrología China, el dúo Mono-Dragón es famoso por su afinidad. Y Boris era un Mono excepcional. Sin prejuicios, buen músico y divertido escritor, fue un observador brillante de su tiempo y de la sociedad que lo rodeaba. Su visión aguda de las taras socialmente aceptadas le hacía reaccionar con canciones, novelas, poemas y comentarios que delataban males que muy pocos, en esa época, se dignaban considerar importantes: el racismo contra los negros, la pedofilia en el ámbito eclesiástico y el enfermizo apego a las guerras de los militares. Este auténtico artista era a la vez crítico ácido, humorista y un gran sentimental; un cóctel fascinante burbujeando en su personalidad Mono, la cual desplegaba en su agitada vida social. Era protagonista infaltable de las mejores veladas de la era de oro del jazz en Saint Germain des Près, donde, a pesar de padecer un problema cardíaco crónico, tocaba la trompeta en compañía de Django Reinhardt y otros grandes músicos. Después de diez años y dos hijas con su primera mujer, Boris se separa de ella, quien a la sazón lo engañaba con Jean Paul Sartre («Jean Sol Partre» lo llama el Mono en su novela *La Espuma de los Días*). En esta etapa difícil llega hasta él la Dragona Ursula, una bailarina joven que frecuentaba el medio. Se desata el amor y se van a vivir juntos en total felicidad. Ella baila en el ballet de Roland Petit, y estudia con ¡Maurice Béjart!

La astrología enseña que el Dragón y el Mono son capaces de reforzar sus aspectos positivos y lograr juntos una unidad y un éxito perdurables. Y así siguió esta pareja, ambos sacándole chispas al arte, y cultivando el sentido poético de la vida. Viven en el apartamento contiguo al de Jacques Prévert, y con él y otros ilustres hacen reuniones de Patafísica (la ciencia de las soluciones imaginarias...) donde el humor y la libre asociación generan una filosofía del absurdo con profundas raíces en el surrealismo de la vida.

El Mono tiene una mente demasiado adelantada para su época, y la opinión general no apreció mucho sus novelas. A pesar de que éstas se harían famosas posteriormente, sólo Raymond Queneau, Prévert y otros espíritus libres las valoraron cuando Boris las creó. Así un buen día, Bison Ravi (uno de sus pseudónimos) decidió dedicarse a las canciones, ya que, según él mismo dijo, «se puede meter una novela entera en una sola canción». Basta un único ejemplo para demostrarlo: veinticinco años después de la muerte de Vian, su tema *El Desertor*, una balada en contra de la guerra, seguía siendo favorita y era la más cantada en todos los conciertos de la juventud francesa.

Este cometa esclarecedor se apagó de repente a los 39 años, como consecuencia del mal que lo asedió desde la infancia. La Dragona organizó toda su obra y fundó el Museo Boris Vian, para regocijo de todos los que lo comprendimos y lo amamos. Entre las muchas cartas que le escribió a Ursula, una frase resuena como el núcleo duro del conflicto del signo Mono: «Es raro, cuando escribo en broma parezco sincero, y cuando escribo de verdad, creen que bromeo».

### GALLO POLÉMICO CON YEGUAS FINÍSIMAS
Roman Polanski, Francia, 1933
Sharon Tate, USA, 1943
Emmanuelle Seigner, Francia, 1966

El Gallo es muy conocido por su eficiencia en la organización de tareas, su atención racional y analítica ante asuntos pendientes, su agenda bien prolija y sus plumas brillantes. Pero fundamentalmente es famoso y admirado por esa costumbre ancestral que tiene de anunciar con su canto la salida del sol cada mañana, la llegada de la luz que invita a la labor cotidiana.

¿Y qué pasa cuando un Gallo se aventura en las tinieblas? ¿Qué trayectorias bizarras le esperan si el ave se ve obligada a atravesar un destino penumbroso desde el comienzo?

Roman es judío polaco. Nació en París, pero su familia volvió a Polonia poco antes del comienzo de la Segunda Guerra Mundial. Su padre pasó años en un campo de concentración nazi y su madre murió en Auschwitz. Roman logró escapar del gueto y fue un niño errante por los campos de Polonia, ayudado por familias paisanas católicas que le daban, a veces, comida y cama. A los 21 años realizó su primer cortometraje y ganó algunos premios en Polonia, antes de abocarse de lleno y para siempre a la realización cinematográfica, con algunas incursiones en dirección teatral e incluso en la actuación.

Desde su primer éxito internacional (*El cuchillo bajo el agua*) ya se veía que este Gallo no era del común de los pollos; el film cuestionaba la mente siniestra de un asesino y la trampa mortal que le tendió el destino. Siguió con *Repulsión*, indagando el infierno existencial de una mujer esquizofrénica... La lista sería larguísima, ya que su trabajo es abundante e imparable, transcurriendo menos de dos años entre una obra y otra. Su investigación del *lado oscuro* se revela incluso en sus comedias, como en *El baile de los vampiros*, donde al personaje que interpreta Sharon Tate la raptan los vampiros y la llevan a un palacio endemoniado... La bellísima Yegua estadounidense Sharon Tate fue el gran amor de Roman y viceversa, de modo que se casan y se van a vivir a California.

Luego, Polanski realiza *El bebé de Rosemary* (1968). Este Gallo, al que le gusta jugar con fuego, parece la excepción que confirmaría la regla de los Gallos, quienes en general prefieren jugar a salvo en gallinero conocido. ¿Quién no sufrió la angustia de Rosemary cuando vio esa película? Una mujer inocente prisionera de un complot diabólico... ¿y embarazada del Anticristo?... Brrr.... ¿Será que el Gallo fue a hurgar demasiado lejos en los secretos de la oscuridad? Tal vez sí. En 1969, mientras él estaba en Londres por trabajo, unos «vampiros» de carne y hueso mataron a Sharon Tate a puñaladas en su propia casa, donde se hallaba en compañía de amigos íntimos que no querían dejarla sola con su embarazo de 8 meses. Juntos aguardaban el retorno de Polanski para dos o tres días más tarde. Nunca volvieron a verlo. Todo el grupo fue asesinado brutalmente por la secta del maniático Charles Manson, más diabólico en la realidad que cualquier demonio del cine.

Después de semejante desgracia, el Gallo se recluyó durante un tiempo y tuvo que aprender a aceptar la amargura de estos hechos. Muchos años después, durante una entrevista, declaró: «Lo que más lamento de toda mi vida es no haber estado en casa la noche del asesinato de Sharon».

Gallo al fin, se refugió en el trabajo intenso y produjo tanta obra que sería imposible citarla. Obtuvo en total y hasta la fecha 28 nominaciones para el Oscar y recibió 8 estatuillas, sin contar otros numerosos premios que ganó en Europa. En 1977 se escapó de los Estados Unidos, donde la ley lo perseguía, acusado de violación de una menor. Polanski se declaró inocente. Se quedó en Francia, desde donde peleó el caso hasta obtener el cargo «sexo ilegal con una menor», pero ya no violación. Sea lo que fuere, allí quedó indeleble esa mancha en su plumaje. Sin embargo, su obra continuó viento en popa, su talento intacto. Aunque en la Astrología China no es muy común esta afición del Gallo por los Caballos, en 1989 Roman se casa con Emmanuelle Seigner, otra Yegua de raza, actriz francesa 30 años menor que él. En cuanto a su preferencia en mujeres, Polanski es de esos bajitos feúchos y carismáticos que, un poco al estilo de Rod Stewart, logran conquistar bellísimas mujeres, altas, rubias y esculturales. La Caballita le dio al Gallo dos hijos, un varón llamado Elvis, y una niña llamada... ¡Morgana! Según las leyendas de la Historia Antigua, Morgana era la misteriosa Reina de las Hadas, sin que nadie haya podido todavía determinar con claridad si estaba al servicio del Bien o del Mal... Incorregible Gallo, éste. Aventurero inusual de las penumbras, continúa empecinado en desafiar, contra y a pesar de todo, al elemento oscuro, secreto y peligroso de la existencia humana.

## PERRA ÍDOLA CON RATA GRITONA Y MONO EN BABIA
Madonna Ciccone, USA, 1958
Sean Penn, USA, 1960
Guy Ritchie, Inglaterra, 1968

Lo mejor de esta Perra siempre fue su olfato. A pesar de sus comienzos inclementes como camarera de un Dunkin Donuts al llegar a New York en 1977 con sólo 35 dólares en el bolsillo, su hocico fino le indicaba que el destino la estaba llamando por el lado del espectáculo en los escenarios. Ya en su Michigan natal había dado sus tímidos primeros pasos de baile, pero en la Gran Manzana, las posibilidades son infinitas... Estudió danza y hasta llegó a bailar en la *troupe* de Alvin Ailey. ¡Buen comienzo!

El signo Perro no suele estar demasiado interesado ni concentrado en el dinero como podría ocurrir, por ejemplo, con la Serpiente. Sin embargo, la Perrita Madonna tiene un empuje firme y la seguridad innata de que llegará al pináculo de lo que se propone. Con sus dos primeros novios músicos, ya empieza a cantar y a tocar en dos bandas que le sirvieron de práctica para lo que lograría más adelante. Trabaja mucho, y empiezan a aparecer en las carteleras sus propias canciones. Cuando lanza *Like a Virgin*, salta al número uno de las canciones más escuchadas en Estados Unidos.

Dice la Astrología China que el Perro no suele ser muy materialista, pero esta «Material Girl» no cesa de empujar sus fichas hacia el dinero y el éxito que desea. En 1984 ya posee un grupo grande de *fans* que la imitan; copian no sólo su actitud, sino también su estilo y su vestimenta. El *look* era ropa negra, cuero, puntillas blancas desgarradas en el escote, pulsos de peleador callejero, bisutería y crucifijos católicos a modo de collares; zapatos animal print, y en las piernas, pantis negros de red con agujeros. Ese look hizo furor y todavía rige hoy (casi 30 años más tarde), en algunos ambientes del *rock* y del *pop*. Al año siguiente, la Perra conoce al Ratón Sean Penn, y se casa con él. Este Ratón es un muy talentoso actor, actorazo, diremos. En la Astrología China se comenta que los dos animalitos son independientes, y que Rata y Perro son ambos afectuosos. Pero al cabo de tres años de matrimonio, éstos se separan, ya que Madonna se queja de recibir malos tratos. Hay que considerar que ambos estaban forjando apasionadamente sus respectivas carreras, y que la ansiedad histriónica de la Rata no se presta para mucha paciencia ante las tantas vueltas que da el Perro antes de echarse a dormir...

En 1989 Madonna lanza *Like a Prayer*, un éxito mundial que la revista *Rolling Stones* clasificó entre los 500 mejores álbumes de la historia. Madonna ya es la figura que siempre quiso ser, y la Rata sale a triunfar en cine, interpretando roles serios y profundos que hipnotizan desde el alma, en el más puro estilo Rata.

La Perra entra en una gran época de liberación del inconsciente. Mientras el público la aclama *ídola*, el Papa y el Vaticano la consideran sacrílega; ella se desata en escena, se abraza a un Cristo negro para besarlo, se ubica como esclava sexual en jaula de oro, se frota el sexo con un crucifijo... y ya en 1990 presenta escenas de *bondage* y sadomasoquismo con corpiños puntiagudos como embudos. Llueven el éxito y los dólares, mientras se la acusa de porno por su libro *Erotica*. Ella explica con desparpajo que simplemente está mostrando, abiertamente, lo que aquellos que la critican hacen a escondidas.

Creadora de su propia terapia, ¿tal vez todo esto haya sido el resultado de una infancia difícil, huérfana de madre y bajo el peso emocional de un padre italiano de cultura católica? Cabe recordar el nombre de su álbum más famoso: *The Immaculate Collection*. Pero la cosa no parece ser tan obsesiva, ya que la diva atraviesa etapas diferentes según va pasando el tiempo. Por ejemplo, se le ocurre aparecer vestida de vaquera, prolija, con camisa a cuadros y sombrero texano sobre rubios rizos, y en otra ocasión logra consagrarse como madura cantante y actriz cuando hace *Evita*. De repente se enamora del atlético Caballo cubano Carlos León, y da a luz a su hija Lourdes. Lo del Caballo pasa rápido, como suele ocurrir con los equinos.

Tal vez en busca de una verdad más profunda, Madonna se acerca a las enseñanzas de la Kahbalah (sabiduría mística del Judaísmo), se va a vivir a Inglaterra y conoce al Mono en Babia, con quien se casa en el año 2000. Guy Ritchie es un muchacho inglés de buena familia, productor de cine ni fu ni fa, diez años más joven que la *ídola*. El Mono también kabbalea, y juntos hacen un bebé: Rocco. De Guy se sabe que cursó la secundaria en un colegio para disléxicos, del cual lo echaron por «mala conducta». Durante los años con Mono, la Perra no para de crear; hace cine, funda negocios de ropa, adopta chicos, es cada vez más millonaria y al final se termina separando de este Mono, quien, interrogado con respecto al divorcio por la revista *Esquire*, no halla nada mejor que decir «Sí, Madonna es muy fuerte y logra todo lo que se propone, pero ella también es retrasada»... ¿Cómo? ¿*también*?... ¿Será que él nunca pudo superar el trauma de la dislexia? En 2006, la diva presentó *Confessions Tour*, que produjo 250 millones de dólares y se convirtió en la gira mejor remunerada de la historia. A los 52 años, y fiel a su olfato y pata de perro, Madonna sigue girando por el mundo, acompañada por veinteañeros «paseadores» modelos de belleza, mientras continúa planeando su futuro sin necesidad de escuchar «la voz del amo».

### CERDO AGUDO PERO GRAVE, GALLINA CON SOMBRERO, MONA ELÉCTRICA Y CACHORRITA DE LA CALLE
Woody Allen, USA, 1935
Diane Keaton, USA, 1946
Mia Farrow, USA, 1945
Soon-Yi Previn, Corea, 1970

Este Cerdo nació en Brooklyn, New York, y como muchos otros hombres bajo las mismas circunstancias, creyó que el amor sofocante de su dominante madre fue el motivo por el cual nunca pudo vencer las crisis y los sufrimientos de la adolescencia. Woody nunca ocultó sus neurosis, sea cual fuere la razón que las originó. Se ha declarado a sí mismo claustrofóbico y agorafóbico al mismo tiempo, inseguro y nervioso al extremo. Hizo de su locura personal el punto fuerte de su personalidad y ganó mucho dinero exponiéndola en sus películas. Al comienzo fue comediante humorístico en el teatro y clarinetista en una orquesta. Con el clarinete fue bastante malo; pero en la comedia encontró una veta de oro para canalizar su constante verborragia y su amor por la ironía y el absurdo de las situaciones humanas, que él supo retratar con agudeza en la pantalla.

El Jabalí es jovial y sencillo y, cuando arremete en su trabajo, tiene fuerzas hasta para regalar, porque le encanta llevar a término su tarea. Así también Woody, quien filma sin pausa una película por año a partir de 1969. *Guau*, a ese ritmo, sería imposible no aprender a hacer buen cine. Bien dicen que es la práctica lo que hace la perfección. En el caso de este Cerdo, parece que la realidad y la ficción se entretejieron demasiado, hasta llevarlo a un grado de confusión que con el tiempo resultó muy dañina, quizás no para él mismo, pero sí para otros seres humanos de su entorno íntimo.

Es cierto que las personas que jamás han trabajado en un plató no podrán imaginarse nunca lo intrincado y surrealista que puede llegar a ser el mundo de la realización de cine. Sin embargo, no todos los directores van a parar al sillón del psicoanalista, ni acaban diciendo: «lo único que realmente me interesa es hacer una buena película», como ha declarado Allen al ser interrogado sobre ciertas transgresiones en su vida personal.

El Jabalí es natural, bonachón y buen amigo. No le gustan las peleas ni las confrontaciones y tiene la piel gruesa, de manera que aguanta sin reaccionar muchas tonterías o agresiones que le llegan de los demás. El público cinéfilo internacional aprecia mucho a Woody y le tiene afecto. También le tienen cariño sus actores y actrices, y varias de éstas han vivido amores apasionados con él, a pesar del aspecto físico de Allen: flaco, alfeñique, bajito, miope y muy feúcho... Con tan poco *hardware* que mostrar, apostó todo a la mente (tal vez por eso su cabeza fue tomando esa forma de gran pera invertida) y al sexo, gran talismán patrimonial del signo Cerdo.

La primera esposa-actriz fue Louise Lasser, una Tigresa que, a pesar de ser de su misma generación, (apenas 4 años más joven), no lo pudo aguantar como pareja más de dos años. La segunda, Diane Keaton, es del signo Gallo y ganó su único Oscar gracias a la famosa *Annie Hall*, película que en 1977 le aportó también al Jabalí las dos primeras estatuillas de las 3 que posee. Sabemos que las mujeres Gallo son detallistas y eficientes, pero no demasiado sensuales. La capacidad analítica del ave probablemente le advirtió que estaba enganchada con un egocéntrico extremadamente sexual y totalmente insensible a las críticas. Diane no estaba dispuesta a seguir al Cerdo ciegamente; ella no es una mujer dominable, y hasta su estilo es bastante andrógino, por no decir directamente masculino. Le gusta usar bombines y sombreros, trajes negros o marrones tipo frac, camisas blancas con pajaritas y gafas de profesora. Este romance desparejo no duró mucho tampoco, pero la amistad entre ambos se mantuvo y se mantiene hasta hoy mismo. Ya lo había dicho la astrología hace muchos siglos: entre el pulcro Gallo y el Cerdo de la pocilga, es mejor ser sólo amigos.

Woody le lleva a Diane 11 años, y 10 a Mia Farrow, su siguiente pareja. Tal vez se podría pensar que esta diferencia de edad le concedía a él un poco mas de madurez que a ellas. Error. Al cabo de 30 años de terapia psicoanalítica, Woody declara en una entrevista: «Estar en pareja no debería dar trabajo; debería ser como un hobby, o como un paseo en bote, algo que te encanta hacer y que funciona sin necesidad de esforzarse para lograrlo». Pues vaya uno a saber quién sería su psicoanalista, pero no parece muy maduro que un hombre de 60 años piense en el matrimonio como un adolescente lo imagina a los 14. Woody agregó: «Esforzarte por mejorar tu matrimonio es un eufemismo para esconder que tienes problemas». ¿No será que «tener problemas» en el matrimonio es un eufemismo para esconder que no quieres esforzarte por mejorarlo? Ya se sabe que el Cerdo es cómodo, pero es raro encontrar un porcino que sea tan tacaño como éste en el plano afectivo. Tal vez la gran confusión surgió por haber mezclado la fantasía del cine, donde todo es posible y el director hace lo que le viene en gana, con la realidad de las relaciones humanas, donde todo es equilibrio de espejos y constelación.

Mia Farrow fue su pareja durante 12 años, un verdadero récord de estabilidad para ambos, ya que ella también venía de dos divorcios sucesivos. Mia nació y creció en el mundo del cine; su padre era productor, y su madre, Maureen O'Sullivan, fue la esposa de Tarzán en la pantalla durante más de cinco años. A pesar de que no le gustaban las escenas que tenía que hacer con Chita, en la vida real tuvo una hija Mona. Sería difícil adivinar cómo era la relación de la Monita con su padre, pero sabemos que sus dos primeros maridos le llevaban muchos años, sobre todo el Conejo Frank Sinatra, quien era 30 años mayor. Entonces cuando Mia encontró a Woody, 10 años de diferencia no le parecieron tantos, y hasta creyó que ya se estaba curando de su complejo de Electra.

El Cerdo y la Mona tuvieron un hijo llamado Satchel Ronan. Pero cabe destacar que convivían también con muchos niños adoptados que la Mona había traído al hogar, algunos durante su relación con

Woody y otros antes, cuando vivía con la Serpiente musical André Previn. Al cabo de varios años juntos, el Cerdo y el Mono decidieron vivir en casas separadas, pero seguían en pareja y trabajaron juntos en varios films nominados para Oscars. Aunque Allen sólo recibió tres estatuillas, en total obtuvo 14 nominaciones.

El Mono y el Jabalí tienen sus oportunidades como pareja, pero ya se sabe que los defectos de cada uno irritan sobremanera al otro, de modo que el Mono, que es más astuto, no puede contener la picazón mental y se burla del Jabalí, mientras que éste, que detesta los planteos tortuosos, puede llegar a hartarse y responder como un patán, con un verdadero golpe bajo de dientes afilados. Y en esta historia, eso fue exactamente lo que ocurrió.

La pequeña Soon-Yi era una Perra nacida y abandonada en Corea, su país de origen. Mia Farrow la adoptó cuando tenía 7 años y le dio un hogar neoyorquino muy confortable y una familia con un montón de hermanos con quienes jugar. Soon-Yi no había cumplido ni 10 años cuando el Jabalí se integró a la familia y pasó a ser la figura paterna de todos esos niños, incluido el suyo. Así las cosas, el tiempo fue pasando y realmente parecía que el Cerdo y la Mona al fin llevarían adelante la relación de pareja más larga de sus vidas. Pero al llegar al décimo segundo aniversario, la Mona encontró fotos de Soon-Yi, desnuda y en poses abiertamente sexuales, en los cajones de Woody.

A esas alturas, la Perra ya era una joven mujer de 22 años, y el Cerdo tenía 57 bien cumplidos. La cachorra se fue detrás de su amo, como suelen hacer todos los canes. Mia recibió el peor golpe de su vida, y denunció a Woody por abuso sexual, alegando que la niñera vio al Cerdo manoseando indebidamente a Daisy, otra hija adoptiva de 5 años de edad. El escándalo fue espectacular, pero finalmente la ley no pudo probar si lo que decía la niñera era cierto o no. Por mucho que su famosa madre judía le hubiese traumatizado la infancia a Woody, suena como una insana y retorcida venganza ir a anunciarle, en su vejez, que la que era su nieta es ahora su nuera. De todos modos, el Jabalí ya no tiene derecho a acercarse a los niños, y su propio hijo biológico, Satchel Ronan Farrow, no quiere verlo más. Cuando fue interrogado acerca del porqué de esta decisión, el joven declaró que su padre creó una situación demasiado difícil para él: «soy el hermano de mi madrastra y mi madre es la suegra de mi padre». Ni los griegos de la antigüedad imaginaron un mito para este tipo de planteamiento; ya no se trata solamente de «un viejo con una joven», sino de algo mucho más tóxico. Allen ha dicho varias veces que «la vida es una experiencia trágica donde nada parece tener sentido». Sin embargo, su creencia según la cual la felicidad humana no está incluida en el plan universal, no le da ningún derecho a abusar de seres desprotegidos e inmaduros. La «experiencia trágica» que dice vivir, es probablemente el resultado que le toca por haber traicionado, a sabiendas, las lealtades humanas más significativas de la vida.

Al Mono se le recomienda que no sea tan vanidoso como para creerse el más astuto de todos, ya que puede tener un infierno en su propia casa y no darse cuenta de ello hasta que el fuego ya ha llegado al techo. Y el Cerdo, que es más tosco, entenderá si le decimos sencillamente: ¡por favor, no sea tan cerdo!

# Cómo seducen los animales a través del estilo

por Claudia Pandolfo

# *Rata*

## MUJER

Muy seductora, no dejará nada librado al azar. Tal vez aparente espontaneidad, pero tiene todo bajo control. A la hora de enamorar, se gasta hasta lo que no tiene para brillar, e invierte bien. Le gusta mostrarse con buenos escotes, grandes rajas o hiperminis. El rojo —más que un color— es su aliado. Tacones hasta para ir a la frutería, jamás un par de chancletas (ni en soledad). La melena, perfectamente acicalada, brillante, perfumada, cepillada.

## Cómo seducen los animales a través del look

Es la mujer que al amanecer de una noche aciaga está como para protagonizar una película; nunca se la ve en fuera de juego. Cuida su imagen hasta para sí misma.

Las garras pintadas de su inseparable rojo, y los dientes, impecables, deberán estar con buena salud para poder destacarlos con una boca perfectamente delineada a tono con su labial. Sus ojos también estarán delineados, y sus pestañas bien cargadas con rímel. Maquillarse es una condición vital: no puede salir a la calle sin maquillaje. Tanto es su afán de perfección, que atenderá hasta el mínimo síntoma de cansancio, y para eso irá a un *spa* o, si no le da el bolsillo, hará una máscara de pepinos para desinflamar los ojos y borrar las ojeras.

La previa a una cita está meticulosamente pensada. Primero, se relaja escuchando música que la estimula («nada de nostalgia»), después se va poniendo todo el guardarropa, lo combina a prueba y error y deja las opciones sobre la cama. Si ella imagina que cierta blusa será destruida porque él se la arrancará con los dientes, preferirá una de menor calidad. Y sí, la ratita cuida su presupuesto hasta las últimas consecuencias, y le gusta dominar todas las situaciones. Por eso, después de su obligado baño de espuma, velas aromatizadas y música zen, medita concienzudamente para decidir si va a estar igual de ardiente con aquella blusa que puede permitirse que le rompan a jirones.

En la intimidad es muy clásica, elegirá usar un conjunto negro y tipo adolescente, bien sencillito. También le encanta esperarlo desnuda en la cama... eso sí, bien perfumada.

**Cómo la seducen**

Se fija mucho en la mirada y la sonrisa. Los dientes tienen que estar perfectos. El hombre que la seduzca debe vestirse de forma armoniosa, tiene que ser elegante y la combinación de los colores es fundamental, aunque no le gusta mucho lo obvio. Un tema importante son los zapatos, y también las medias, porque si no combinan se le bajará la libido muchííísimo, a profundidades inalcanzables.

Con el hombre que la atrae va a los hechos, no le gustan las vueltas ni los regodeos. Es concreta. Sexualmente activa, si él huele bien, no importa nada más, arremeterá sin pudor. Es atrevida y la excita el sexo en lugares no ortodoxos.

Cuando ella es la invitada, espera un detalle que la sorprenda, le encantan los hombres con imaginación. No espera de ellos regalos triviales o comunes. Le gusta, por ejemplo, un paseo en globo aerostático.

## Hombre

Es superclásico y está a la moda pero con cara de Mike Jagger, es decir, no tiene aspecto de buen chico. Usa un buen tejano con una camiseta lisa (sólo lisas, sin marcas ni fantasías) o una buena camisa celeste o blanca. Todo de buena calidad. En síntesis: ropa y colores clásicos, con un estilo desestructurado; siempre elige lo más. El fetiche son los zapatos. Buenos, de marca, bonitos y clásicos, fundamentalmente tienen que ser cómodos... Los zapatos tienen que hacerlo sentir a gusto. A veces, para reafirmar la conexión con la tierra, calza botas de nobuk altas, bien gastadas, pero con ropa nueva porque la rata hombre ama los contrastes.

No usa perfumes, cree que son para «viejas» o «metrosexuales». Piensa que las mujeres mueren por el olor de su piel, así que nada de «mariconadas». Por eso, alguna que otra vez considera que puede usar alguna fragancia si le agrega picantes y pimienta (¿¿¡!??). Los calzoncillos tienen que ser bóxer, negros o grises, o a rayas negras y grises. Es tan detallista que puede ir al gimnasio sólo para que el bóxer le quede bien.

Controla de tal manera el estilo que cuida no llegar a la perfección, lo peor sería lucir muy atildado. Siempre tiene que haber un detalle fuera de lugar que demuestre que es un rebelde: la corbata floja, los puños de la camisa desabotonados, el tejano con una leve rotura, el cinturón gastado, los zapatos divinos pero sin lustrar.

No se pasa de la raya porque lo que definirá su estilo no será su éxito, sino su brillante conversación, su inigualable simpatía y su irresistible personalidad.

Los accesorios le informarán a la dama que también se trata de un esteta: un reloj increíble, un buen cinturón.

Acicalará su pelaje según la mujer que quiera conquistar. Si se trata de una mujer fatal, llevará el cabello húmedo y bien peinado. Si se trata del estilo adolescente (el que prefiere), lo llevará seco, alborotado.

Está al tanto de la movida «fashionista», y por eso elegirá llevarla al mejor restaurante y tomar el mejor vino. Como no gasta en vano, si una rata te ofrece estos manjares, será que ya está conquistado.

### Cómo lo seducen

Le gusta la mujer que se arregla, que usa buenos escotes, tacones y buenos aros. Se enamora de la mujer insinuante, que lo provoque... Eso lo ratonea aún más. No mirará a quienes sean obvias, ni a las que estén a la caza, o se muestren y muestren demasiado. El tema fetichista de la ropa interior realmente no lo vuelve loco... A veces se lo cuestiona, viendo el empeño que ponen algunas en tales prendas.

¿Lugares para desplegar su plan de acción? Un bar, un cóctel, una galería de arte, librerías, velas, una buena comida, buen vino y, por supuesto, una charla encantadora: humor, referencias intelectuales mezcladas con frases esnobs y esas cosas... Las chicas, antes que todo, tienen que ser bellas, y si no son muy bellas, deben tener muy buen gusto... Ah, ¡y por lo menos tres neuronas...! Las superficiales y poco inteligentes, fuera. No dan ni para un café. También le atrae el estilo de mujer que de vez en cuando usa cierto toque masculino: una corbata con blazer y tejanos, por ejemplo, no está nada mal. Una mujer guapa pero ordinaria lo hace mirar para otro lado, ¡a menos que necesite con urgencia una visita higiénica...!

No se detiene mucho en «admirarlas», prefiere sacarles la ropa interior... pero una buena braga los atormenta.

La señorita en cuestión debe llevar un buen perfume, puesto en los lugares indicados, pero que no lo ahogue. Igualmente prefiere los aromas mezclados de un rico champú, alguna crema y/o aceite para el cuerpo. Poca pintura en la cara, sólo un brillo suave en la boca en lo posible y poco rímel.

Otro punto fundamental son las manos. Se fija mucho en ellas, que las uñas tengan esmalte, que estén bien cuidadas y suaves. Nada de callosidades en las palmas, ni durezas en los dedos... y ni hablemos de tierrita bajo las uñas.

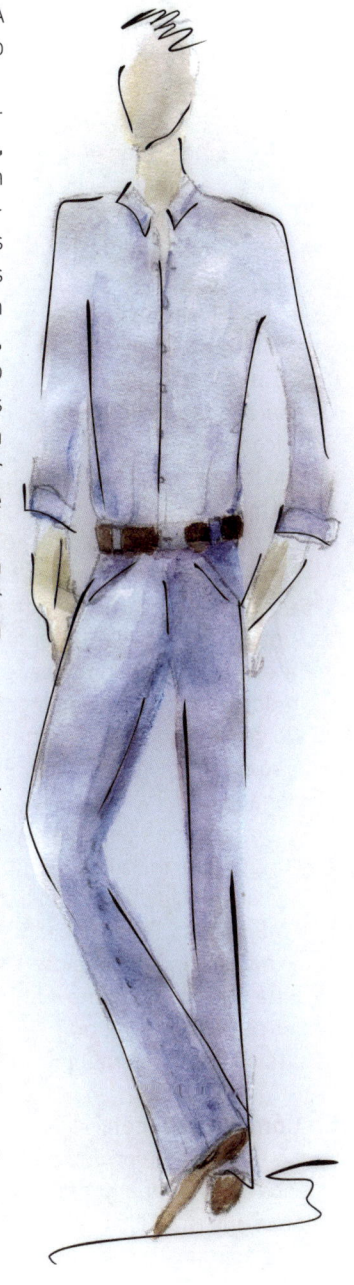

# Búfalo

### Mujer

Es la madame Bovary del zodíaco, compra todo indiscriminadamente y crea deudas por doquier con tal de tener un vestido nuevo, un par de zapatos que la enamoraron. Le gusta tener.

Se preocupa mucho por su imagen. Para gustar y conquistar no escatima «esfuerzos». Adora verse con ropa ajustada, que marque su figura. Todo debe estar perfectamente combinado aunque la moda dicte lo

## Cómo seducen los animales a través del look

contrario. Se arregla desde el pelo hasta la punta de los pies. No es haragana cuando se trata de gustar, pone toda la carne en el asador. Ama la bisutería y las joyas con brillos y destellos para su cornamenta. Es la clienta perfecta de las tiendas de accesorios, todo, pero todo todo.

Tacones altos, de todos los colores, botas de todos los materiales, panties para diferentes ocasiones. Con su guardarropa se pueden hacer tres.

La boca es roja con brillo, y el perfume intenso. La presencia de la búfala se hace sentir. Es muy llamativa. Sólo en un mundo de ciegos pasaría desapercibida... pero hasta cierto punto, porque se las arreglaría para que la escucharan. Su presencia es magnética y su cuerpo fuerte.

Sensual y femenina cuida sus piernas pero no tanto sus manos. Las embellece con joyas, preferentemente rubíes u ónix, pero no las protege con cremas.

Su fuerte es la lencería. Ama vestirse con conjuntos violetas de satén, encaje y cintas. En el encuentro íntimo es inolvidable, se permite todo. Puede presentarse ante el hombre deseado vestida sólo con una tiara de diamantes y un portaligas, nada más.

Le gusta la conquista como a nadie, pierde la cabeza en esos momentos ultra ardiente.

### Cómo la seducen

El hombre que la seduce debe tener mucho poder social y económico (billetera mata galán). La enamoran las sonrisas y los labios gruesos; eso es lo primero que llama su atención. Para ella los hombres deben ser divertidos y preocuparse mucho por su aspecto. Le gusta que usen camisetas tipo polo, tejanos clásicos y, si deben usar traje, tendrá que ser de una firma internacional. No soporta la ropa barata en un hombre; ni lo mira. Tiene un gran talento para posicionarlos socialmente. En el varón prefiere el pelo superprolijo, rechaza las barbas pero adora a los que tienen pelo en pecho. Le gusta el olor del hombre con mezcla de perfume y habano.

Para seducirla, tiene que pasarla a buscar en un coche de lujo, enviarle flores y presentarse con regalos; le encanta que lo obsequien joyas y artículos de lujo.

Adora que él no use calzoncillos.

Si tuviera que elegir un sitio perfecto, sería la soledad de una montaña, o estar embarcados en medio de la nada para entregarse al sexo sin ninguna clase de tapujos. Es todo o nada.

## Hombre

Es el más esteta del horóscopo chino. Muy refinado, prefiere ponerse alpargatas si no puede acceder a aquellos pares de zapatos caríííiísimos. Como es muy diplomático y le gusta cuidar a su pareja, si no le gusta lo que ella lleva puesto le informará con delicadeza que no le queda bien para que no lo use nunca más.

Si bien adora estar cómodo, busca la manera de gustar. Es esa clase de hombre que provoca que una mujer se dé la vuelta para mirarlo —o mejor dicho para admirarlo—, es hermoso, masculino y con buen porte.

Maestro de la seducción y del buen gusto, sabe de moda y de combinaciones de colores como ninguno. Si su dinero se lo permite, invierte en su vestidor. Le gustan los trajes a medida, los zapatos italianos y los tejidos ingleses.

Si lleva ropa formal elegirá un abrigo de buen corte. Cuando se lo quite, lucirá un traje increíble, digno de una portada de revista internacional.

Si su estilo es urbano usará el tejano top combinado con una camisa pastel y chaqueta del mejor cuero. Es un hombre que dedica tiempo a su cuidado personal, desde su perfume hasta su corte de pelo, todo está perfecto y en su lugar. Como su ámbito, su casa o su oficina, de ultradiseño moderno a todo trapo.

En la intimidad lo veremos con bóxer, pero de algodón, porque —como dijimos anteriormente— le gusta estar cómodo.

### Cómo lo seducen

Le gustan las relaciones sólidas, lo atraen las mujeres con carreras profesionales, exitosas y coquetas, muy coquetas.

Muere por las que se arreglan, tienen las manos perfectas y el cabello bien peinado. No lo atraen las mujeres con minis ni pantalones cortos. Eso de provocar es para que lo utilicen sólo en la intimidad.

Para seducirlo, habrá que ofrecerle un buen manjar, y si es con etiqueta mejor, estar vestida con exquisitez y atender los buenos modales (tragar antes de hablar).

Para la intimidad, la mujer de un búfalo debe usar lencería de primera porque la libido de él puede sufrir un bajón irrecuperable si al tocar la textura de la tela nota que se trata de un material barato. Lo excitan sobremanera los encajes y las transparencias.

Si le concedieran un deseo, pediría que ella se vistiera con tangas infartantes y corsetería transparente que lo fulmine. Eso sí, su mujer deberá ser muy cariñosa y dulce además de una excelente amante.

Cómo seducen los animales a través del look

# Tigre

## MUJER

Los puntos fuertes de una tigresa son su andar y su porte. Si se viste para una primera cita, los colores serán nítidos para no distraer, quizá blanco, quizá negro, quizá rojo, nada intermedio.

## Cómo seducen los animales a través del look

Después de la primera cita le gusta que la conozcan, entonces se pondrá mucho color bien combinado; elegirá naranja, verde (su preferido), uva, y hará las combinaciones más audaces. Durante el verano mostrará ambos hombros con una camiseta sin tirantes o sólo uno con una excelente camisola y un buen pantalón de pitillo.

Las tigresas con buen busto se animan a un escote profundísimo y tratan de marcar el trasero con un pantalón con buena caída o una falda en tono oscuro. Otra opción es una camisa transparente con volados para remar su majestuoso cuello. Los vestidos de verano o las blusas sin espalda son su ABC.

Para recordar a sus ancestros hace honor a los estampados que reproducen la piel de animales donde sea: zapatos, cartera, cinturón, vestido o un vaporoso *foulard*. Por supuesto no todo junto, un solo detalle.

Para la ropa interior elige blanco estilo angelical... será para despistar. Le encanta confundir. Cuando los encuentros se repiten usa rojo coral o negro infartante y muchas veces transparencias porque le gusta camuflarse entre las luces y sombras de la selva pasional.

### Cómo la seducen

El corte del pantalón del hombre debe ser excelente: que le quede perfecto y tenga el largo adecuado, y además que se note su buena calidad. Las camisas, siempre de la talla que debe usar, ni más grandes ni más pequeñas y por supuesto con un estilo moderno, eso la mata. Obviamente es muy exigente con el aspecto del caballero.

No le gustan los slips, prefieren los bóxer (y si son a rayas finitas, mejor). La alucina un buen perfume que le quede bien a él, a su piel. El pelo lo debe llevar corto; el largo es para la adolescencia.

Que la mimen con flores —en lo posible jazmines—, bombones y alguna joya de vez en cuando. Aunque es muy práctica, este tipo de regalos la enternece.

Le encanta el hombre con un buen traje azul noche o negro. Para la vida cotidiana, tejanos, zapatillas, y playeras. Para el aire libre le fascina que él use bermudas. Muere por las piernas de los hombres.

Le gusta el hombre en forma, que se preocupe por su cuerpo, que no se abandone (jamás un vago mirando la tele en un sillón; comenzará a rugir) tampoco le gustan los fanáticos narcisistas. Para belleza, está ella.

La tigresa tiene una particularidad, la enamora que él adivine qué le gusta. Por eso, mejor, acudir a una pitonisa.

## Hombre

Es básico, tejanos y botas, con alguna camiseta o camisa; no acostumbra acicalarse de más. Si el tigre es ya maduro y debe usar traje, lo preferirá azul, acompañado con una corbata clásica y camisa blanca. No es aburrido, tiene encanto pero con una base muy clásica.

No se pone perfume antes de salir, le gusta una prenda a la cual haya «perfumado» en otra ocasión y volver a ponérsela para sentir el aroma impregnado con antelación.

Los colores que prefiere son el azul y toda su gama. Es reiterativo con eso, si bien usa muchos tonos, cuando tiene que lucirse, el azul es el elegido.

Si invita a una mujer a un restaurante, la llevará a uno relativamente íntimo pero bien iluminado, sin grandes pretensiones de decoración. Prefiere que todo esté puesto en la calidad del alimento, la música y la comodidad.

### Cómo lo seducen

Las mujeres que avanzan y que no sólo esperan ser seducidas, las que invitan a jugar a cazar y ser cazadas. Las transgresoras en lo que sea, desde un detalle en la ropa hasta en el modo de bailar. Lo curioso del hombre tigre es que lo seducen las mujeres a quienes teme.

Las que son prácticas y se visten para estar cómodas pero siempre que muestren algo (obvio que según la temperatura) porque al tigre le gusta ver una linda espalda, mirar piernas... Adora las mujeres que no tienen problema en mostrar lo que quieran y puedan, en lucir su pelo (¡largo, siempre!), descubrir su piel, su boca perfecta con los dientes hermosos. Le gusta que la mujer siempre huela exquisitamente pero sin demasiado perfume, porque les agrega un sabor distinto.

Lo seduce que en la intimidad la mujer tenga puestos zapatos o zapatillas, tal vez medias, acompañando su desnudez total o parcial. Es capaz de hacerle el amor a una mujer con las bragas puestas.

Claramente le bajan la libido olores que no sean agradables a narices sensibles. Específicamente, si no le agrada el ph de una mujer, no la vuelven a ver.

A algunos los deserotiza muchísimo el cigarrillo, pero pueden aprender a convivir con eso. El tigre no tolera a las mujeres de voz aguda, o que sean desafinadas, poco atléticas (sin equilibrio, sedentaria en demasía o «culo pesado»).

Le gusta mucho cuando tienen un estilo propio o formado por ella misma.

Cómo seducen los animales a través del look

# Conejo

### MUJER
Es la que siempre está en pareja, odia estar sola. Usa más que nada colores neutros: negro, gris, blanco, marrón. No le gustan mucho los estampados grandes.

## Cómo seducen los animales a través del look

Para pantalones, prefiere los tejanos muy ceñidos o las mallas, que combina con zapatos sin tacón o botas. Camisetas más bien sueltas, nada apretado, y algún abrigo negro o gris o una chaqueta tejana.

Le encanta llevar pendientes chicos o grandes y carteritas, bandoleras, o bolsos grandes. No le gustan las medias tintas.

Prefiere las faldas corte plato, *evasé*[33] o tubo. Hiperfemenina.

Le encanta estar perfumada, siempre con esencias importadas con bases florales; y para todos los días, las fragancias bien refrescantes, con notas de limón. Tambien elige los aromas bien dulces y frescos, que parecen desprenderse de la fragancia corporal. Se pone crema de la cabeza a los pies, le fascina la piel húmeda. Tiene su ritual: se unta de crema totalmente y espera en bata que la crema se absorba, y luego se viste.

Para erotizar a su pareja elegirá prendas interiores de encaje y bragas diminutas. Las bragas tienen que estar perfectas, si no, caerá en depresión profunda. Tal vez sea un mal recuerdo de la famosa advertencia materna: «Mirá si te pasa algo y te tiene que atender un médico».

Siempre le gusta mostrarse lo más natural posible. Es hábil para el equilibrio: ni muy muy ni tan tan. Femenina hasta la médula, no le agrada exponerse mucho. Y lo más importante: delinear muy bien los ojos, enmarcarlos con un excelente rímel, lucir los labios frescos y... a la guerra.

**Cómo la seducen**

No soporta el exceso de atildamiento en un hombre; rechaza a los que se emborrachan y son insoportablemente babosos, o muy creídos y egocéntricos. Tampoco tolera a los que saben de todo y en la charla hablan de política y fútbol como si supieran (o como si le interesara a la coneja). Le gusta que ellos lleven marcas icónicas que les sienten bien u otras que los hagan lucir vigorosos. Le van los hombres a la moda, informales, pero nunca metrosexuales. Odia que él tarde en el baño más que ella. Le gustan los chicos más simples: con estilo y listo.

Para el momento ardiente, lo quiere con bóxers muy ajustados o un traje de baño mínimo que marque bien sus atributos.

La cita perfecta sería ir a comer a un buen restaurante, tomar unas copas y después un café o mirar una película tranquilos y, quizá, no terminen de verla. Prefiere un ambiente con fragancias frescas y suaves. Adora las puestas en escena para seducir. Pero siempre que parezca espontáneo. «Parece» es la palabra clave, que «parezca» pero que no lo sea: Cada detalle está pensado y predestinado: la comida, la bebida y todo lo demás. De él pide, sobre todo, que se haya esmerado: sábanas y toallas limpias.

## Hombre

Es irresistible, romántico y tierno. Le encanta el lujo y es muy antojadizo, por eso siempre está con su tarjeta de crédito dispuesto a comprar lo que le place. La ropa lo puede y es un dandi; elige bien y sabe lo que se puede poner y lo que no. Es de los que saben que la imagen dice mucho, así que se preocupa. Si le gusta un corte de pantalón, por ejemplo, se compra dos o tres por las dudas, usa las cosas que compra, no despilfarra en nada. Su gusto es muy definido y su elección muy rigurosa. Si elige una camisa, quiere esa, no una parecida, y no es un capricho: sabe exactamente lo que busca. Prefiere los zapatos cómodos en tonos básicos (negro o marrón chocolate). Las zapatillas serán ultradeportivas, para que pueda correr mejor. Los perfumes lo atrapan, siempre tiene más de una fragancia, y a veces da la impresión de que los colecciona. Como le encanta viajar al exterior, cuando puede investiga todo para estar superinformado, y luego impartir cátedra. Te contará dónde comprar cual o tal cosa y te aconsejará bien ya que es muy generoso con la información. Le encanta la conquista, así que siempre está bien acicalado, preparado para la ocasión.

### Cómo lo seducen

Cuando le gusta una mujer no para hasta tener su teléfono. La prefiere *sexy*, pero sólo para él. Deberá ser una mujer con buen gusto, a quien le encante el lujo y sepa arreglarse: ni de más ni de menos, lo suficiente para que se note que su ropa es de buena calidad, pero sin ostentación de marca. Poco pero bueno. Que se vea prolija en sus cuidados, depilada, bien las uñas, buen cabello, «sin raíces»... eso no lo soporta. Si se cuida la silueta, mejor. Le gusta ver cuerpos armoniosos y que vistan diseños relevantes. Nada común. Le atrae la mujer exótica, que lleve puesto algo que lo transporte a otros lugares, un chal de la India, un brazalete de Guatemala.

Como es aficionado a los eventos sociales, la mujer tiene que estar dispuesta a acompañarlo en su agitada agenda, con lo cual su vestidor al menos debe ser más que nada inteligente, como para que una prenda buena combine con otras muchas, menos únicas. Le puede perdonar que se equivoque con algún detalle, lo que no admiten es que lleve un par de zapatos equivocados o que por comodidad use zapatos sin tacón y no los taconazos tan anhelados por él. Le resultan irresistibles las mujeres con buena lencería, corsé, transparencias, puntillas, encajes... y la lista es interminable. Este conejo es un gran voyerista: nunca se cansa de mirar.

Cómo seducen los animales a través del look

# Dragón

## Mujer

La mujer dragón se caracteriza por tener buen gusto y sencillez en su indumentaria. Es clásica, pero siempre con algún toque de distinción que llamará la atención. Odia los brillos. Un ámbar colgado de su cuello, un par de zapatos retro, un abrigo de lana o algunos pendientes comprados en cierto rincón de México serán fetiches para ella.

Busca atuendos despojados porque odia la superproducción. Su arma letal es mostrar poco, casi insinuar más que mostrar. Si tiene buenas piernas, elige que se luzcan a través de alguna transparencia. Es muy sutil.

## Cómo seducen los animales a través del look

Aunque tenga unas piernas de diosa jamás aceptará ponerse pantalones muy cortos (¿dónde está la estirpe?). Si la elección es un vestido, lo preferirá sin espalda.

Le gusta seducir con un buen perfume colocado en lugares estratégicos. No se maquilla mucho, con sólo un buen rímel y un labial tenue hará estragos. Si bien a la hora de fascinar con sus alas invierte mucho, intenta que no se note, como si lo que llevara hubiera caído del cielo. Eso sí, es muy pulcra, y el día «D» estará impecable, estrenando conjuntito de la mejor calidad de algodón vichy verde prusiano, o impactará con un vestido de satén francés con cuello de visón.

Cuando la cosa ya marcha y él se ha convertido en su pareja, considera las bondades del factor sorpresa y decide audazmente vestirse sin ropa interior; dice que eso los mata.

En esta mujer, la premisa «menos es más» cuadra a la perfección.

### Cómo la seducen

Le gustan los hombres pulcros pero no muy coquetos. Que sean caballeros, pero no melosos. Que se vistan de acuerdo con su edad pero siempre sencillo. Pueden llegar a tener mal gusto, eso se arregla; pero, ¿sucio, desaliñado? ¡Ni hablar!

En lo primero que se fija es en los zapatos, la pueden como a nadie, y el otro tema son las manos. Tienen que ser finas, suaves y sin ornamentación, ni anillos, ni pulseras, nada de nada. Mientras las mira, delira pensando en los posibles recorridos de esos dedos sobre su humanidad.

El olor es muy importante. Si el perfume es almizclado, una mujer dragón cae rendida a sus pies. La enamora que le lleven flores, bombones o algún detalle. Que el elegido sea atento con ella, que se perciba que se arregló para la ocasión (pero no demasiado); y es fundamental que use calzoncillos tipo bóxer, si no saldrá eyectado ipso facto.

Para los encuentros románticos no espera ser la anfitriona sino la agasajada para que la mimen y le den los gustos (si recibe en su casa siempre atiende y se brinda sin límites y entonces termina por ocuparse de todo). Prefiere que la sorprenda con un lugar muy romántico. Le gusta sentir que el encuentro fue pensado y organizado especialmente para ella.

Para una dragona, el olfato es superimportante, y las texturas también. Prefiere un lugar acogedor, alegre, olorcito suave y fresco (frutal, cítrico, vainilla). Música tranquila pero no melosa, ¡porfa! nada de «música romántica» porque le daría risa. Un lugar relajado, simple y tranquilo. Si es al aire libre (la cena), mucho mejor, una terraza, un jardín, con el olor de las flores acompañando la noche. Eso sí le parece romántico.

## Hombre

El hombre dragón nunca pasa inadvertido: resulta llamativo por su manera de vestir o por su personalidad. Original y exótico, es muy elegante, cuidadoso y aplicado pero, una ave rara al fin, llevará la corbata puesta de una manera novedosa, usará chaquetas con cortes y colores no vistos. Pasa horas buscando algo que lo sorprenda, se preocupa mucho por su aspecto y necesita que su pareja sea su mejor público. Si opta por un jean de corte bajo lo usará con cinturón (por las dudas), el reloj en la derecha —y si puede y le da el bolsillo— será de una marca de lujo. Es el príncipe de los cielos que siente que los grandes diseñadores pensaron en él a la hora de inspirarse. Si reconoce el talento en alguna mujer, ella lo encantará.

Para un aspecto informal, le gustan las camisas por fuera, un buen abrigo de lino y mocasines. O puede jugarse con un par de pantalones de diseño de autor para combinar exquisitamente con una chaqueta de corte a la cintura. Ahora sí, si no lo miran, determinará que se equivocó y revisará su guardarropa una vez más para no volver a errar.

Le gustan las fragancias, pero considera que la que elija debe estar casi inventada para él, porque si se entera de que alguien más de su círculo la usa, la dejará automáticamente. Como se considera un ser único, no se identifica con nadie, ni ídolos, ni actores con talento ni premiados. Por eso no ostenta marcas ni viejos clichés de la moda.

### Cómo lo seducen

Le gustan las mujeres que estén enteradas de las últimas tendencias en el arte, la moda, la música, el cine. Les pide que sean sus verdaderas geishas.

Le encanta la mujer que se viste a la moda, que se arregle pero que no se extralimite con grandes rajas o profundos escotes. Adora que la dama a quien conquista piense en una noche especial y que prepare todo el ambiente, una buena comida elaborada con sabores exóticos, casi de chef, y que luego ella lo guíe hacia dónde ir y le proponga el encuentro más ardiente. Se muere por las que se atreven a disfrazarse, las mujeres de mente abierta, aquellas a quienes les pueda proponer hasta un trío. Le gusta la mujer escandalosamente erótica, que no tenga prejuicios ni inhibiciones. Todos los chiches: portaligas, encajes, tanga, corsé de cuero o vinilo, botas bucaneras.

Lo atraen los desafíos. Buscará a la mujer imposible, la más mona y mejor arreglada de una fiesta, oficina o disco... y una vez que la elija, lo

Cómo seducen los animales a través del look

hará para siempre y se la llevará a pasear por lugares exóticos y celestiales, descubrirá un mundo nuevo para que su amada suspire feliz y sienta que él es un conquistador. Será fiel porque sellará su compromiso para siempre.

# Serpiente

**MUJER**

Es la seductora del horóscopo. Le gusta arreglarse, sabe que a la hora de romper corazones se pondrá una buena falda porque, asegura, «los hombres no se resisten a ella».

Calzada con unos *stilleto*, su andar sinuoso hechiza. Otra buena opción a la hora de estar divina son los shorts, en invierno o verano. Su sangre fría se lo permite.

Sus ojos tienen mucho magnetismo, por eso los lleva bien maquillados; quiere matar con su mirada e hipnotizar así a sus presas. Inútil resistirse. Es adicta a la moda húmeda: charol, labios con brillo, piel muy humectada, pelo con crema fijadora. Le gusta aquello de ser inaprensible.

Los accesorios son importantes en la medida que acompañen su deseo de hechizar; por ejemplo, un colgante tintineante y colorido se convertirá en el objeto de juego mientras inmoviliza a la presa con sus devaneos y vaivenes. Todo es movimiento suave y ondulante.

Su baile demuestra la seguridad que tiene en su cuerpo flexible, que se mueve al compás de cualquier ritmo sin perder la bendita elegancia. Kim Basinger es el perfecto ejemplo.

Una mujer serpiente siempre está preparada para un encuentro íntimo: no la va a pillar desprevenida, y por eso su lencería es refinada para acentuar sus brillantes escamas. Tendrá lencería a estrenar de color negro, bronce o verde, con encaje y muy sugestiva. Nada mejor que tener una amiga serpiente para que nos diga qué sujetador usar o qué color nos conviene y dónde adquirirlo.

Es muy pasional y se toma en serio el tema de la conquista; es sabia en el Kamasutra. Está al tanto de todas las novedades de los *sex shop*, sabe de sexo como nadie y es maestra en el Tao del sexo.

### Cómo la seducen

Adora a los hombres con buena espalda y buen andar. La ropa informal debe componerse de tejanos y una camisa, en lo posible a rayas, pero es fundamental —si ya pasaron los 40— que no se presenten con zapatillas. Sí se permite calzado con diseño informal.

Le gusta que la halaguen con regalos, desde perfumes hasta alhajas. El aspecto del hombre ideal es el de un ejecutivo creativo. La debe excitar desde el primer momento. Él debe cumplir sus deseos eróticos, seguirle el juego. Es bastante lanzada cuando se siente atraída por alguien, pero si no responde a su encanto, lo ignorará por siempre (y no le perdonará semejante desprecio).

Disfruta cuando el hombre la invita a salidas pasionales y fogosas, y si le regala lencería para que disfruten juntos. Le encanta pasar días *de la cama al salón de estar* y retozar al sol calentándose la sangre. No olvidemos el jacuzzi, pero únicamente en compañía.

## Hombre

Es el signo más instintivo del horóscopo, sagaz como pocos. Un mago. Cuando tiene un objetivo claro, su energía se condensa. Se fija en su aspecto y cuida su pulcritud porque eso acentúa más su magnetismo. Se encanta con su reflejo, por eso nunca evita tener un espejo a su alcance. Pero el espejo nunca le devuelve el mismo aspecto, la misma imagen. Su atuendo dependerá del estilo de la mujer deseada. Puede ser un clásico, a veces *hippie* y otras, *rocker*. Necesita mutar de piel porque, al fin, es una serpiente. Lo que no cambia es su atractivo sexual, su estilo a la moda y su maestría en el dominio de su cuerpo. El lenguaje corporal lo maneja como nadie. Seductor, coqueto, ama los tatuajes y tiene varias horas de vuelo en el gimnasio. Su cuerpo es su mejor vestimenta. El hombre serpiente siempre está impecable, solo o acompañado, preparado para poder usar su enorme poder de atracción.

En su vestidor puedes encontrar desde unas botas de reptil hasta unos mocasines canadienses. Se viste según la agenda que tiene.

No concibe comprarse ninguna prenda de segunda mano, no comprende cuál es el negocio, se fija en todo, cada detalle de su indumentaria debe estar sencillamente perfecto. Si un suéter tiene la desgracia de tener una pelotita, lo regala, lo elimina de su sagrado guardarropa. Sólo puede acceder a pasarle la maquinita si se trata de uno muy especial. Tampoco tolera el mínimo roce de su calzoncillo 100% algodón. Es el hombre que en el momento de ser un clásico tiene puesto un jean planchado con una línea bien definida.

Para conquistar se perfuma, se viste bien y usa su simpatía. Coquetea mucho con su presa y juega con la histeria. Es sinuoso.

### Cómo lo seducen

Es muy selectivo a la hora de elegir a la mujer deseada. Quiere una que esté bien vestida, que sea limpia, educada, elegante y sencilla pero capaz de atraer la mirada de otros hombres. Cuando se enamora, hay que brindarle mucha seguridad. Le encanta mostrar a su mujer, y si es conocida, mejor, porque adora que lo admiren y de ese modo también se asegura de informar que ella es suya. Por eso, para seducirlo hay que mirarlo solo a él, y vestirse para él. Le encantan las mujeres con vestiditos de lentejuelas, que parezcan sus propias escamas. Lo seducen las piernas de la mujer y su mirada. Si llevan tacones altos, mejor. Es un don Juan por naturaleza, que sigue derramando su magnetismo hacia otras mujeres porque necesita dejar fluir su encanto. Lo subyuga que la

## Cómo seducen los animales a través del look

mujer tenga buen gusto, que conozca buenos restaurantes, lugares exclusivos, y si están de moda, mejor. Si la mujer logra conquistarlo y le asegura que lo querrá para siempre, le pedirá que se casen porque su mayor objetivo es la vida familiar. Quien lo atrape deberá ser excelente amante, y mantener un contacto físico fluido y exigido. No le gusta la lencería, prefiere fascinarse con el cuerpo al desnudo y entregarse a la suavidad de la piel de una mujer (¡a hidratarse, chicas!). Cuando una mujer tiene la piel suave y brillante logrará eyectarlo a la estratósfera sin prisa pero sin pausa.

Lo excita mucho que lo toquen en medio de una charla, cuando todavía no hay ninguna seguridad, o que lo llamen por su nombre propio. En retribución, siempre sabrá lo que te gusta. Un peligro.

# Caballo

**MUJER**

Le encanta mostrar las piernas y el escote. Tiene debilidad por las medias de cuanto diseño haya en el mercado. Los perfumes la pierden. En verano, las fragancias florales o cítricas; y en invierno, dulces pero suaves. Le encantan los vestidos pegados al cuerpo y se dedica mucho para lucir bien, es la adicta al gimnasio y a las maratones.

Cuando está de conquista, se viste sobria y elegante pero con algo muy sexy. Elige el negro aunque en verano prefiere los colores fuertes con estampados, los géneros suaves, y si son sueltos, mejor.

No le gustan las prendas apretadas, opta por la comodidad. Le encantan las faldas o los vestidos largos, y un detalle de color en zapatos, cinturón y cartera. Usa buen maquillaje pero no excesivo; se hace notar. Lleva mucho traje pantalón, que puede ser amplio, recto o con vuelo en la pantorrilla.

A las yeguas les entusiasma arreglarse y preparar el «estilo» con anticipación pero sin que se note mucho el toque.

Siempre descontractura con algún toque de color o un accesorio que corte. Zapatos, cinturón y cartera, detalles de color turquesa, anaranjado, una pashmina o joya plateada. Pendientes muy llamativos

Cuando pasa a una relación íntima va poco a poco, generalmente espera que el hombre dé el primer paso; se reserva mucho para el primer encuentro a solas, para el inicio de la intimidad. Le encanta transformarse en una mujer muy atractiva: un fino conjunto (con portaligas incluido) es parte de lo que puede llegar a ponerse. Elige el negro y el fucsia, su combinación favorita. ¡Bragas muy pequeñas!

**Cómo la seducen**

La inteligencia parece ser la condición número uno. Culto, amable y seguro de sí, él deberá ser un jinete elegante y ubicado, nada de hombres vanidosos.

Le gusta la previa de la previa. Lo quiere sobrio y permite lo informal, si es de buena calidad. A ella la atraen los hombres altos. Si viste con camisa, tiene que ser lisa o con fantasía de diseño original.

Si querés conquistar a una yegua, nunca te pongas un pantalón beige ni una camiseta polo. Le gustan los hombres con tejanos blancos y camisetas básicas (cuello redondo o V). Para la yegua lo máximo es un potro vestido con camisa, blazer de moda y zapatillas. Sus calzoncillos tendrán que ser tipo bóxer de algodón liso de marcas internacionales reconocidas en blanco o negro, si no, no pasás.

Jamás te pondrás un pijama. Para dormir, camiseta de algodón, o nada. La cita ideal para un caballo es estar vestida muy elegante y con una cena a la luz de las velas. Le gusta esperar a su gallardo jinete con dos copas de la mejor uva a 18 °C, con una buena comida. Más tarde, se entregará por completo a quien pueda dominar a esta salvaje desbocada e insaciable.

## Hombre

Vive para el amor, está dotado para la seducción, dócil, lleno de imaginación. Pero también es Otelo reencarnado, y más vale no provocarlo. Su estética es la de un hombre bien puesto con un buen pasar económico. De apariencia impecable, estará con traje de corte recto, seguramente de crepe o de alpaca, en tonos de gris o negro combinado con corbata lisa o a rayas diagonales y camisas haciendo juego, quizá lisas o en composé. Para la moda informal elegirá un tejano de corte clásico, sin pinzas, y lo llevará con camiseta y una buena chaqueta de cuero. No puede faltar el pañuelo en el bolsillo superior de la chaqueta.

Como buen potro que es, hace culto de su cuerpo practicando en aparatos para fortalecer su musculatura o corriendo por las mañanas. Necesita verse bien y que lo adulen todo el tiempo. Lleva a todas partes su agua y sus barritas de cereal. Es el tipo de hombre que necesita estar estimulado por su pareja, por eso es muy exquisito a la hora de elegir con quién estar.

### Cómo lo seducen

Le gustan las mujeres que siempre estén dispuestas a seguirles el tranco. Mira a las que tienen un aspecto tranquilo, sin grandes exuberancias, «tipo madre abnegada o hija pródiga», de trato suave y reposado, cabello al natural y preferentemente largo, nada de cambios bruscos de color ni de corte. Tampoco nada de hablar fuerte, comer con la boca abierta, reírse a carcajadas. Él preferirá a la que todas las mujeres quisiéramos de nuera, de trato amable y perfil bajo, prolija, hacendosa. La que deja todo por su pareja y lo sigue, la mejor alumna en el colegio, la que no trae disgustos a los padres; en fin, la que no da trabajo. Una chica que se porte bien en público pero muy mal en la cama. Una que para un cóctel pueda usar un prolijo vestidito color marfil a la rodilla, tacones bajos, cartera de mano recatadamente colgada en su antebrazo, sin ningún detalle que llame la atención y sin embargo...

Al caballo lo seduce que esta chica, abnegada y prolija, que lo vuelve loco, cambie radicalmente en sus citas y lo enamore usando portaligas o una enagua de raso, o que sea capaz de desnudarse en la playa y tener sexo en cualquier parte sin tapujos ni represiones... Eso sí, en lo social, la más recatada del mundo. La chica seria tendrá que desatarse en la intimidad, porque le gustan las yeguas desbocadas. Le genera fantasías el sadomasoquismo, con ella vestida completamente de cuero y látigo en mano. Lo alucina por completo el vestidito de gasa tirado en el suelo, mientras su dueña se calza las botas bucaneras, lazos rojos en el cuello y el antifaz de Gatúbela (como en *Catwoman*); con eso relinchará toda la noche.

Cómo seducen los animales a través del look

*Cabra*

## Mujer

Es la más refinada, intuitiva y creativa del horóscopo. Necesita estar rodeada de belleza, armonía y buen gusto. Como se dice en China, necesitan del I-Shoku-Ju, o sea techo, comida y vestimenta. Y quien la seduzca debe estar a la altura de las circunstancias. Es muy astuta para conquistar, sabe elegir lo que le queda bien. Se apoya con marcas y grandes diseñadores si su economía se lo permite. También se rodea de asesores para poder brillar y así vestirse y enamorar. Necesita la aprobación para ir segura por la vida y saber que lo que se puso le queda bien.

Como es muy detallista se arregla desde el pelo, el corte y el peinado hasta los dedos de los pies. Se vestirá de una moda *casual* pero avanzada, con actitud audaz y desafiante, que seguramente impondrá como moda. Siempre marcará su cintura. Prefiere el verde y el anaranjado, y para los estampados adora los cuadros y el de flores, pero detesta soberanamente los estampados que reproducen la piel de animales.

Es amante de los zapatos, las sandalias y las botas. Las patitas bien calzadas y cuidadas con bailarinas, zapatillas o borcegos.

En los momentos más ardientes se disfrazará de mujer maravilla, mujer policía, o chica *play boy*. No tiene prejuicios ni inhibiciones. El ambiente debe ser muy agradable, de un buen gusto y un refinamiento sin precedentes, ya que es una sibarita excelente. Adora los conjuntos de algodón, cómodos y suavecitos. Nada de cintas ni encajes.

### Cómo la seducen

Le gustan los hombres bien vestidos, perfumados, originales y creativos. Los desprolijos, los desaliñados, los que no se apasionan por un proyecto y los que no tienen imaginación para organizar una cita le bajan la libido. Le interesan los hombres que planifican con detalle el encuentro, cuantos más detalles, más pasión. La excita que lleguen al clímax paso a paso, como si escalaran una montaña.

Todo el aspecto del hombre que quiera atraerla debe ser muy *cool*, tener algo que ella nunca vio, que la sorprenda: un corte de pantalón de vanguardia, una camisa con un estampado desconocido o el último perfume de Tom Ford. No mira a los hombres que no están a la moda, ni a los que van a lugares comunes. Son mujeres muy exquisitas y muy difíciles de complacer.

## Hombre

Es muy seductor e interesante. Le gusta como a nadie la conquista, y hace de la seducción un verdadero arte. Sabe que brilla y sobresale sobre el resto. Es seguro de sí mismo pero necesita la mirada del otro como nadie, el elogio de aquello en lo que pone tanta pasión, sea una comida, su aspecto personal o la ambientación para la cita. Le gusta que lo mimen y que tengan palabras especiales para él, momentos especiales, lugares especiales, olores y comidas especiales. Y si la pareja de este hombre cabra no es tan creativa, él encontrará la forma de convertirla, porque tiene ese don.

Prefiere las camisas entalladas y, como tiene piernas muy delgadas, jamás lo verás con bermudas o shorts, prefiere los pantalones anchos de lino. Para calzar prefiere zapatillas urbanas o de lona, jamás un zapato de cuero. Los colores tierra son los que elige.

A veces agrega un detalle indígena, un bolso tejido, guantes de vicuña, un buen *foulard*, un gorro andino, para recordar de dónde vienen.

Es el hombre al que todo le queda bien, y lo sabe.

Se perfuma bastante y se acicala siempre que puede. Llega a bañarse más de una vez al día.

Como es divertido, su seducción pasa por el humor, inventa, fantasea, hace de la nada el lugar en el mundo, es un alquimista. Le gusta la mujer chic, que se arregle, que esté siempre a tono con el lugar, que no desencaje; de lo contrario no la verá más. Para él es fundamental lucir a su compañera y que la elogien.

### Cómo lo seducen

Con refinamiento, buen gusto, buenos modales, buen perfume. La mujer que caiga en sus redes debe saber comer y tiene que saber mimarlo en sus gustos. Nada de ir vestida sencilla y descuidada por la vida si una cabra es tu pareja, será una tortura escucharlo cuando señale cada detalle fuera de lugar. Le baja la libido que las mujeres sean insulsas o negligentes en su cuidado personal. Por ejemplo, uñas rotas: ¡un oprobio!

Le encantan los juegos en el amor y no tiene ningún tipo de prejuicios. Le gusta la mujer desafiante, que se anime y lo siga en sus juegos y propuestas. Adora hacer magia dentro de su mundo. Una cita perfecta debe ser muy creativa, con un toque que lo saque de un lugar seguro, incluso que ella tenga un aspecto diferente, que sea capaz de transformarse en otra persona; esas cosas son las que le suben la adrenalina.

Cómo seducen los animales a través del look

# Mono

### Mujer
Es la más cómoda y práctica del horóscopo, pero no por eso menos seductora. Siempre se viste con lo que sabe que le queda bien, pero debe sentirse con libertad de movimientos.

## Cómo seducen los animales a través del look

Coquetea con su cabello, lo lleva suelto. Sorprende alguna vez, llevándolo recogido, siempre y cuando haya comprobado fehacientemente que le queda genial. Le gustan mucho los sombreros.

Se maquilla los ojos siempre, y sólo usa algún brillo para los labios. Le gusta mostrar sus hombros, la espalda, las piernas, que sabe que son su fuerte, y las muestra en cuanta oportunidad se le presente. Los pies ocupan un lugar de privilegio, los exalta con sandalias hiperdelicadas con mucho tacón, otra de sus armas fatales. Como buen Mono, tiene el don de usarlos como si fueran sus manos, por eso para algunos hombres son inolvidables... puede hacer cualquier cosa con ellos.

Atenta a todos los detalles, resulta muy divertida. Le gusta el hombre con mucho humor porque ella también lo disfruta. En su indumentaria no se exige ser explícitamente *sexy*, en ese papel se siente ridícula; prefiere ser «diferente», una camisola estampada, una túnica *hippie* o un vestido «setentero».

Para el momento ardiente llevará la melena suelta, simplemente porque no quiere ni imaginarse la posibilidad de lucir desgreñada si lleva el pelo recogido. Piensa en todo, no sólo en el antes sino también en el después. Es muy original y divertida y nada fácil de ser seducida.

### Cómo la seducen

El primer impacto visual significa el cien por cien del resultado de la conquista. Él tiene que estar impecablemente limpio; ella no se preocupa mucho por si está bien vestido, por el contrario, hasta la conmueve un reo consuetudinario.

Es la que mira los glúteos masculinos. Se muere por tocarlos. Le encanta la previa y que el hombre comande todo el operativo, le cede el control y ella se relaja y goza.

Se muere por la originalidad, pero no es que tenga mucha exigencia: no está todo el tiempo pidiendo piruetas. El ambiente, si es una primera cita, tiene que ser un lugar neutral, puede que la excite un hotel alojamiento o algo por el estilo, cosa de poder huir si el evento prometía más de lo que fue. No le gustan los fuegos artificiales sin pólvora.

Si está con pareja estable puede ser que acepte un buen hotel (sólo de 5 estrellas para arriba), cosa de disfrutar de punta a punta. Aprecia que la atienda bien y no tener que preocuparse por nada. Nunca un camping, ni un tráiler, nada de contigo pan y cebolla. La cuestión estética es casi excluyente. No puede ver a su alrededor objetos feos o de mal gusto, simplemente pierde el interés por completo.

## Hombre

Multifacético como ninguno. Es refinado, culto y estético. Este último punto se lo toma muy en serio. Es de los que, si descubren un kilo de más, correrán al gimnasio a transpirar la camiseta hasta que la báscula marque el peso indicado.

El culto a la belleza también se refleja en el amor hacia los objetos bellos, el lujo, la buena comida y los hoteles 7 estrellas. Para conseguirlo, trabaja muy duro para poder luego entregarse a los placeres. Invierte mucho en ropa, en telas refinadas, buenos zapatos. Su guardarropa parece el de un comprador compulsivo por la cantidad y la variedad, pero todo es de un gusto incomparable.

Disfruta mucho de la vida y de sus parejas.

Usa perfume, un básico en sus conquistas, igual que el particular tono de su piel, que luce como si viviera todo el año en verano. Se viste con tonos claros, camisas lisas, nada de dibujos y no más de tres colores encima. Prefiere el corte angosto en los pantalones y puede arriesgarse con una chaqueta de cuello mao. Elige trajes de lino en colores tierra, *nude* y natural. Le gustan a morir los chales y los pañuelos, que luce con trajes o con tejanos. Se sabe mirado y marca tendencia.

### Cómo lo seducen

Para seducirlo hay que ser una maga. Le gusta la mujer apasionada, alegre y divertida, que no lleve un solo estilo y que pueda cambiar su aspecto para impactarlo siempre como si fuera la primera vez.

Para una noche de amor, se enciende con una mujer *supersexy* pero para un día de campo la prefiere tipo aldeana. Les gustan las mujeres desafiantes, un poquito rebeldes, que sean originales en su indumentaria y que lo sepan llevar. No le gustan las mujeres obedientes en la moda, que sigan cánones preestablecidos. Si una invitación pide «rigurosa etiqueta» y ella aparece con vestido corto, lo enamorará. Él la acompañará calzándose unas zapatillas de loneta; nunca la va a dejar sola. Adora que la pareja proponga citas divertidas y que se preocupe en preparar el ambiente.

Si quieres conquistarlo, invitalo a la terraza de tu casa, con comida exótica, un buen *blues* y vestidos para desnudarse o bailar mejilla contra mejilla y, disfrutar cada momento. Quizá debas usar unos buenos tacones, vestido transparente, debajo un corsé, un *coulotte*, ligas, portaligas. Así el mono disfruta, juega y enrosca su cola entre tantas prendas. Para él será un paraíso.

Cómo seducen los animales a través del look

*Gallo*

## Mujer

Apasionada y obsesiva, se entrega por completo al amor cuando lo encuentra. Es un poco controladora y no hay detalle que se le pase por alto, como si anotara todo lo que le gusta a su amado para complacerlo. Su aspecto siempre es un tanto atildado y no se relaja ni aun casada, con varios años de matrimonio encima. Necesita sentir que siempre está divina, bien vestida. Va una vez por semana a la peluquería porque se tranquiliza teniendo el cabello siempre peinado, y las manos y los pies impecables.

Busca modelos exclusivos, géneros únicos. Si ella no lo sabe hacer, buscará alguna modista de confianza a la que le controlará todas sus puntadas. Le tiene que quedar como parte de su plumaje, y lucirlo. Al primero que se lo muestra es a su pareja. Si el veredicto es positivo, después se lo pondrá ante la sociedad, segura de sí misma.

Usa casi siempre los colores pastel, y dice que ningún hombre se le resiste. Seduce con su cuerpo, aunque tenga sobrepeso, por eso las prendas que usa deben marcar bien todas sus curvas. Tacones siempre, nada de comodidades, aunque la mate el dolor de pies. Nunca sale sin maquillarse, porque si no se siente desnuda.

### Cómo la seducen

Le gustan los hombres que la miran, los que observan y hacen acotaciones sobre lo que tiene puesto. No le atraen los distraídos. Si se corta el pelo, que él se dé cuenta; si no le dice nada, se escuchará su cacareo por hooooras.

Se viste y se prepara tanto para su pareja, que necesita hombres que le presten mucha atención. De él exige que sea pulcro, y que no repita las prendas en cada cita. Le gusta prolijo, con las camisas almidonadas, los tejanos con la raya bien marcada y que los combine con un blazer o un cárdigan de lana o hilo.

Le fascinan los trajes de lino en colores naturales. Que use un buen perfume pero que no invada el de ella. En la playa le gusta verlo en bermudas en telas lisas, sin paisajes, o con diseños bien sobrios.

En la cama, no quiere ver calzoncillos, sólo a él tal como vino al mundo.

El lugar ideal para un encuentro romántico sería en un restaurante con música de violines. Que la comida sea gourmet, que todos los sabores se disfruten con un buen vino, y que él nunca deje de elogiarla. Luego, para el momento de la intimidad, elige una habitación muy confortable en un buen hotel, donde él despliegue toda su ternura y su pasión.

## Hombre

De gran corazón, sólido, valiente y eficiente. Sabe acaparar la atención cuando lo necesita. Un poco estructurado, planea las citas con antelación y, si le cambian los planes, ya verán lo que es un gallo enojado. Puede comenzar a demostrar su orgullo y el buen nombre de un gran gallo de pelea.

Le gusta dedicarle tiempo a su aspecto personal; su vestidor es muy prolijo, quizás ordene la ropa por color. Las camisetas polo son su debilidad y las tiene en todos los colores. Usa siempre el mismo perfume. Prefiere trajes sin chaleco. Los tiene en verde musgo, gris, negro y azul noche. Usa el mismo estilo de zapatos siempre. Para la ropa de todos los días usa náuticos en todos los tonos y combinaciones. Acompaña los trajes con zapatos abotinados. Es más audaz con las camisas: le gustan con todo tipo de dibujos: rayadas, escocesas, a cuadros y floreadas. Con los pantalones es más selectivo, rectos y de cuatro bolsillos. Los tiene en denim azul, natural y negro.

Su ropa interior: bóxer ajustados de algodón en color negro. Dedica mucho tiempo a su casa, a decorarla como él quiere hasta el más mínimo detalle. El confort es primordial, aunque tenga una sola habitación, parecerá digna de una exposición.

### Cómo lo seducen

La mujer que lo seduzca debe ser buena compañera y hogareña. A pesar de que el gallo sale mucho del gallinero en busca de una compañía, le gusta la mujer gallina, bien de su casa. Y lo percibe desde la primera salida. Lo seduce la mujer prolija, bien arreglada, trabajadora y con gustos de alto vuelo. Que se vista con estilo, que tenga encanto y que sea un placer para su vista. Le gusta admirarla y estudiarla. Anhela que ella se esmere, que no le dé lo mismo ponerse tal o cual cosa. Que piense en él a la hora de vestirse porque es una forma de excitarlo.

Lo pone caliente la mujer sugerente, que muestre lo necesario y que se destaque entre todas. Si la ve seduciendo a otro hombre, se terminó. Eso no lo perdona, aunque a todo el mundo le parezca una tontería, él no lo tolera. Dice que para muestra basta sólo un botón.

Como le encanta estar en su hogar la cita ideal sería allí. Cocinaría para ella, le haría un camino lleno de velas hasta la mesa y en la cama la llenaría de pétalos de rosas, para ese encuentro que presupone será un éxito.

Prepara todo para ese momento, la charla será directa pero muy seductora y siempre con mucho humor, porque el gallo se esconde detrás del humor. Espera que ella esté preparada con algún conjunto especial, quizás de encaje rojo, que él irá quitando con suaves caricias y su gran pico.

Cómo seducen los animales a través del look

*Perro*

## Mujer

Divertida, sensual y original. Fiel aunque impredecible, es capaz de vestirse llamativa y luego arrepentirse e irse corriendo a su casa. Muy femenina, para las conquistas usa esas dotes como nadie.

Lleva faldas o vestidos, en general de colores neutros acompañados por el rojo, siempre presente en algún detalle: uñas, labios, zapatos.

Ama el estilo «años 50», cintura de avispa, el «nuevo estilo» que creó Dior. Cintura bien marcada, faldas amplias a la rodilla, pantalones entubados. Alguna boina o sombrero para desestructurar.

Cuando se arregla de manera informal, el estilo es camisa floreada o blanca con algún tejano. El pelo suelto con un buen par de pendientes.

Le gustan las fragancias en perfumes, aceites y aromatizantes. Las usa todas pero sin que le adormezcan el olfato.

A la hora de la intimidad no tiene reparos; si bien es muy tímida, cuando se siente segura de su pareja no tiene límites en su imaginación. Ella estará provocativa con su ropa interior de algodón con lunares y puntillas en un ambiente con velas, unos buenos *blues* o jazz para acompañar el encuentro.

### Cómo la seducen

Si bien consigo misma es muy detallista, no exige lo mismo en el hombre.

Que huela rico es una de las condiciones más básicas; el olfato debe darle la información necesaria para despertar su loco deseo.

Se fija mucho en los zapatos porque le dan mucha información: si él es moderno, convencional, descuidado o directamente guarro. La combinación con los calcetines es otro punto que no deja escapar.

Para una cita informal le gusta el hombre con tejanos y camisa. Si la ocasión lo requiere, le agrega una chaqueta. Un ejemplo del estilo que ama es Caetano[35] en «Fina Estampa». Retozaría con él toda la eternidad.

Le baja la libido que usen *slip*, con un hombre con bóxer de tela moverá el trasero muy contenta.

En la playa ni mira a un hombre con un tanga. Y menos si es un chucho escuálido.

Para ella, la cita perfecta es estilo *Media noche en París*, por el clima, el jazz, los lugares, el buen vino, el baile y la moda.

## Hombre

Es avasallante, muy seductor y magnético. Le encanta vestirse de colores oscuros, quizás un jersey con una chaqueta de cuero y un tejano negro. Tiene que sentir que su cuello está muy bien abrigado (tal vez por aquello de que no le gustan las correas). Le encantan los pañuelos o las *pashminas* para envolver su cuello.

Usa blazers con camisetas y pantalones de vestir color natural. Le gusta perfumarse y dejarse la barba rala. LLeva su cabellera larga o corta; no tiene término medio, su pelaje está siempre limpio y brillante. Es deportivo, le gusta la vida al aire libre y no le va mucho eso de usar ropa interior. No sigue las grandes marcas, pero sí la tendencia de la temporada.

Le encantan la buena comida, un buen vino, los viajes, los juegos y elige muy bien su cama y su colchón. La casa debe ser muy cómoda. Le gusta vivir con temperatura ambiente; odia los extremos: ni mucho frío ni mucho calor, por eso sus ambientes siempre están climatizados. Cuando llega a su casa después de un largo día de trabajo adora bañarse, ponerse sólo su bata y quedarse descalzo.

### Cómo lo seducen

Es muy observador y estudia mucho a la mujer que le gusta, la mide, la mira, la prueba. La mujer que lo enloquece es la que muestra mucha piel; ama la piel femenina bien humectada, suave y bronceada, lista para que la besen apasionadamente.

Le encantan los tobillos de la mujer, sobre todo si el zapato tiene pulsera a su alrededor, porque así los destaca. Y si usa pulsera o tobilleras... Grrr, se vuelve loco. Otra cosa que lo fascina son los pantalones, y que muestren sus patitas.

Las espaldas desnudas o los grandes escotes lo matan; siempre que ellas muestren mucha piel estará fascinado. Le gusta que la mujer se cuide, con la piel tersa, lozana. Muere por las plantas de los pies suaves, y que lo acaricien con ellas. Por lo tanto, no puede estar con una pareja cuya piel emita un sonido áspero cuando la mime. Y para el cabello: le encanta acariciar la cabeza de la dama, pero se convertirá en un cachorrito si ella le rasca su osamenta.

El ambiente ideal para una cita perfecta es un picnic en algún parque a la luz de una vela... Si no estuviese prohibido, harían el amor allí mismo. En su terraza, le encantará preparar una carne al asador con mucho hueso mientras escuchan al gran Frank. La invitará a bailar bajo

Cómo seducen los animales a través del look

un cielo urbano, con los ladridos de algún amigo callejero.

Otro lugar para encontrarse con ella es en su cama; no hay como su cama, no la cambia por nada. Para la noche apasionada la prefiere desnuda, pero durante la cena se babeará mientras ve a la dama con su sujetador con tirantes hiperfinos.

# Cerdo

### MUJER

Su arma es aparentar que no seducen. Pero claramente sí sabe de qué se trata. Le encantan los vestidos y probablemente más los mini, acompañados siempre de unos buenos tacones altos.

Cómo seducen los animales a través del look

En verano le gusta estar bronceada, su estilo será ponerse un vestido blanco o negro, con tirantes entrados, ultrafemenino, que le permita mostrar sus hombros, y llevará algun chal para poder jugar con él.

Adora el blanco, el amarillo y el anaranjado. Podría vestirse siempre con esos colores aunque también elige el negro; pero jamás de los jamases marrón y violeta. Sus accesorios preferidos son los aros, los anillos (¡¡muchos!!) y perfume suave con fragancia a rosas o gardenias, nunca el jazmín: lo odia.

Como detesta lo obvio, el conjunto interior tiene que ser blanco y de encajes bordados. Para los corsés, las ligas, las medias, y las transparencias hay tiempo. ¡¡LAS USARÁ TODAS!! Es una de las tantas propietarias de los disfraces *sexies*. Cuando sepa que tendrá una noche ardiente, se lo pondrá antes de llegar a casa, debajo de su formal ropa de trabajo. Dejar que piensen que lo tuvo puesto todo el día es su carta en la manga.

**Cómo la seducen**
Cuando está siendo seducida se queda sin palabras o pregunta mucho.

Para asegurarse su corazón, hay que ir directo al grano. No entiende de metáforas ni de indirectas; nunca se da cuenta de que intentan seducirla. Eso sí, una noche apasionada se apagará si él es grosero o se expresa vulgarmente. No lo puede soportar; le produce una impresión de espanto indescriptible.

Se fija en el modo en que él se viste, esencialmente si está limpio y huele bien. Odia las uñas sucias o los pelos en las orejas (¡¡qué se le va a hacer!!) o la cera en los oídos («¡siempre la veo, creeme!»). Puede aducir la excusa más increíble con tal de salir huyendo de allí. Tampoco tolera los señores con camisas floreadas tipo italiano. Le gusta el hombre elegante, perfumado y vestido con traje o un buen traje sin chaleco, zapatos siempre lustrados. Si está de ropa informal le encanta verlo con tejanos, camisa y chaqueta deportiva; siempre perfumado, por favor. Quizás, antes que una cena, prefiere un superdesayuno porque disfruta mucho del sexo tempranero. Decididamente opta por los bóxers, pero depende de la ocasión... los slips blancos o negros la matan bien muerta.

Para el encuentro ideal le gusta un terreno neutro, en una terraza cerca del mar en una noche cálida. Por supuesto él siempre llega primero (ojo con este detalle) y la espera en la barra; ella querrá que él la vea entrar para mostrarle su sensual andar.

## Hombre

El hombre cerdo no acepta medias tintas: O adora el perfume (tanto como para tener repartida la misma fragancia en la oficina, en el coche y en su casa) o lo detesta hasta sentir náuseas y preferir el olor femenino natural. Se arregla muy poco, pero es muy selectivo.

Si usa tejanos, que tengan *spandex*, el corte quizá será Oxford y seguramente con algún detalle en los bolsillos. Las camisas entalladas.

Usa zapatillas urbanas, y en verano alpargatas; si son azules con vivos en blanco, mejor. Gusta de las sandalias y las chanclas con bermudas pero nunca para la playa, allí usará *shorts* para poder practicar cualquier deporte acuático o alguno de alto riesgo.

Su estilo es fresco pero muy específico: cierto color, cierto corte, cierta marca, cierto entalle, cierta textura. Nunca un traje. Si tiene un evento que requiera ese formalismo, se las arreglará astutamente para elegir un traje sin chaleco muy especial.

Para su ropa interior elige los bóxer de *lycra*, no los cambia por nada. Para dormir será la prenda ideal: nunca un pijama. Si hace frío, bastará con una camiseta blanca.

Para conquistar, se calzará unos tejanos y cubrirá su torso con una camisa, seguramente de colores claros. En el pelo no usa ni gel ni tinte, pero lleva un corte especial.

### Cómo lo seducen

Lo que más lo seduce de una mujer son las piernas; por lo tanto le fascina verlas con minifalda, pero que no muestren de más. No así con los escotes. Le encanta que la espalda o el abdomen queden al descubierto, pero nunca todo junto. Le gustan las mujeres casi al natural, sin maquillaje. Prefiere el cabello recogido: adora el cuello femenino.

Recibirlo con una buena carne o un exquisito pescado sería tener la mitad de la batalla ganada. Para la pasión no exige demasiado arreglo, sólo una hermosa braga y ya.

Es clave baja, poca luz y, ante todo, confort, jamás lo invites a hacerlo sobre una mesa. Increíblemente, no le gustan las que están fuera de su peso. Gráciles y livianas como libélulas. Si comen mal, con ruidos o la boca abierta estamos en un serio problema. Algunos cerdos utilizan sus dones de bailarines para seducir, por lo tanto: ¡a tomar clases!

Cómo seducen los animales a través del look

# *Enamorándonos*

## La Rata

**HOMBRE RATA - MUJER RATA:** Para conquistar a una mujer Rata hay que evitar ayudarla cuando ella se muestra como una débil criatura. Se debe entrar en su juego y no salir corriendo y gritando que uno quiere ser independiente. Una falta bastante frecuente de la mujer Rata es tratar de remodelar a su media naranja, amasarla a su antojo, como si ésta no tuviera derecho a guardar su propia personalidad. Sepan que no existe mejor método para perder a un hombre.

**HOMBRE RATA - MUJER BÚFALO:** Frente al hombre Rata —que no pierde jamás un segundo— la mujer Búfalo, casi inmóvil, observa cómo se agita. Desde pequeña, ella imaginó su programa de vida y trazó su ruta con un empecinamiento proporcional a su peso. Para ella, el matrimonio es la vía normal; tener hijos, alcanzar su papel de mujer, y casarse con un hombre Rata: una verdadera felicidad. La Búfala no retrocede frente a ningún esfuerzo. El hombre Rata deberá tener en cuenta sus diferencias de carácter, que tal vez no aparezcan en la juventud, con la pasión inicial. Sin embargo, la pareja se complementará sin grandes choques.

**MUJER RATA - HOMBRE BÚFALO:** La mujer Rata mira con sus ojos movedizos e infrarrojos al hombre Búfalo, y se deja impresionar con facilidad. Adora esta sensación y piensa que ha encontrado un apoyo sólido y firme para el largo camino de la vida en pareja. Enfrentarán problemas de pareja, pero los resolverán con voluntad de hierro y saldrán adelante. Y al cabo de cierto tiempo, cuando se conozcan mejor, vivirán en paz y serenidad.

**HOMBRE RATA - MUJER TIGRE:** La mujer Tigre es locamente apasionada en la cama y perfectamente fiel cuando ha sido conquistada. Independiente a ultranza, se siente libre de todo lazo y evita el conformismo. El hombre Rata se siente homenajeado cuando ella lo elige, y sabe que sólo el amor hará fuerte su unión. Por lo tanto, el señor roedor deberá rebuscárselas para que la llamita del piloto no se apague nunca. Y no le faltan medios para lograrlo.

**MUJER RATA - HOMBRE TIGRE:** Cuando la mujer Rata descubre al hombre Tigre, se queda con la boca abierta en total adoración y necesita hacérselo saber. Pero hay un pequeño problema: al Tigre le fastidia que se ocupen demasiado de él y que lo mimen como a un bebé. Entonces, a la mujer Rata le conviene tener una ocupación o seguir una carrera que le lleve cierto tiempo para que el Tigre espere más aliviado su regreso. Si el Tigre es fiel, esta pareja podrá durar mucho tiempo.

**HOMBRE RATA - MUJER CONEJO:** El hombre Rata sabe que la mujer Conejo valora por sobre todas las cosas una vida tranquila. Hay que domesticarla con un amor que le dé tranquilidad. El pobre roedor deberá tener siempre presente la desconfianza, pero irá construyendo lentamente un terreno en el que ella será reina. Y así formarán un nido de amor tranquilo, feliz, con un encontronazo tal vez de tanto en tanto, pero en resumidas cuentas extremadamente placentero. A la mujer Conejo le gustará esto, ya que odia los *shocks* emocionales, las heridas que provocan algunas pasiones y las aventuras movilizadoras.

**MUJER RATA - HOMBRE CONEJO:** La enloquecida actividad de la mujer Rata sorprenderá siempre al hombre Conejo, que ve las cosas con mucha más calma, medida y prudencia. Este Bugs Bunny pide sólo una cosa: un certificado de seguridad material. De vez en cuando, un huracán de locura sacudirá la rigidez del presupuesto, pero es necesario para su mente lúdica. La pareja seguirá su evolución normal, porque mucho amor y algo de paciencia mantendrán una sólida unión de estos dos seres que en un principio eran tan diferentes.

**HOMBRE RATA - MUJER DRAGÓN:** Por lo general se dice que la mujer Dragón tiene la certeza de no haber conocido el fracaso en el amor. Si ella elige al hombre Rata, él estará convencido durante toda su vida de que fue él quien eligió y tomó su decisión. Mejor no desengañarlo. Si ella acepta casarse con un hombre Rata es porque lo ama. Además, se especializa en preparar un cóctel de entusiasmo delirante y frío alejamiento, de efecto inmediato, que volverá loco de amor al hombre Rata. Esta pareja podrá ser inmensamente feliz si el señor roedor acepta la autoridad de la dragona. De lo contrario: pronóstico reservado.

**MUJER RATA - HOMBRE DRAGÓN:** ¿Sabe el hombre Dragón que la tradición china dice que él nunca es tan feliz como cuando está solo? En verdad, nadie se resiste a un Dragón enamorado. La mujer Rata lo sabe muy bien y es cierto que las cálidas proezas del Dragón tienen mucho encanto, pero primero debe asegurarse de que los desbordes del dragón no sean excesivos. Esta pareja tiene todo para ser un éxito, y con el tiempo —ojalá que lo más tarde posible— su pasión excepcional podrá volverse una acaramelada ternura.

**HOMBRE RATA - MUJER SERPIENTE:** La Serpiente, esa gran seductora, hará del hombre Rata —trabajador, atento, rápido, servicial— un *bocato di cardinale*. Lejos de sentirse molesto, el roedor no tendrá suficientes palabras para describir su felicidad, fascinado por la imaginación y el humor ofídicos. Es fácil imaginar a esta pareja milagrosa: el espíritu unido a la vivacidad, la astucia a la agitación, la brillantez intelectual a la memoria. Maravillosa unión donde tal vez faltará un poco de ternura para los hijos que vendrán. En medio de esa danza de palabras y de ideas, ¿quién se ocupará de preparar el biberón? Los chicos tendrán que arreglarse un poco solos.

**MUJER RATA - HOMBRE SERPIENTE:** El hombre Serpiente es un ser exclusivo, lleno de encanto y de pasión. Si bien se siente feliz de unirse con la mujer Rata, inmediatamente la invita a considerarlo el ombligo del mundo. Ella sólo debe ocuparse de él. El hombre Serpiente no tiene la intención de ser un modelo de fidelidad. La ratita, que había sucumbido bajo su encanto, pasa luego por períodos de dudas hasta comprender mejor que lo que cuenta es saber amar.

**HOMBRE RATA - MUJER CABALLO:** Por su carácter apasionado, la mujer Caballo responde con mucho ahínco y pasión a las llamadas del hombre Rata. La dulce equina ama con toda su alma y con todo su cuerpo, y esta pasión sin frenos va a inquietar tal vez al humilde roedor, que nunca pidió tanto. La mujer Caballo puede volverse egocéntrica y él a veces puede lamentar haber encendido la llamarada. Si no tiene firmes las riendas de su corcel, se arriesga a no encontrarla una noche al volver de la oficina.

**MUJER RATA - HOMBRE CABALLO:** El hombre Caballo vive absorbido por el trabajo que debe asumir para mantener a la familia. «Hay un tiempo para todo», piensa. Se siente feliz al ser elegido por una mujer Rata muy activa y hábil en resolver todo tipo de problemas. A veces, él preferiría que ella fuera más loca, más apasionada. De vez en cuando se pregunta: «¿Qué pasó? ¿Me casé con una secretaria perfecta? ¿Dónde están los tumultuosos éxtasis tropicales del amor?». Hará falta una muy buena cintura para que funcione de nuevo esta pareja unida para lo mejor y lo peor.

**HOMBRE RATA - MUJER CABRA:** Cuando él la encontró, quedó asombrado. El roedor, activo hasta la agitación maníaca, que vive gracias a su razonamiento, su lógica y su memoria, se encontró delante de un enigma: una naturaleza puramente afectiva. No entiende nada más. Pero no tarda mucho en darse cuenta de que esta deliciosa criatura espera de él una cierta protección. Ella se entrega en la medida en que el hombre Rata le haga esta promesa. Nada mejor para un roedor, ya que habrá conseguido un ser totalmente consagrado a su persona, y además extremadamente alegre y optimista.

**MUJER RATA - HOMBRE CABRA:** La mujer Rata también queda conmocionado al encontrarse con el hombre Cabra; su desenvoltura y sus costumbres —desconocidas hasta entonces— la dejan boquiabierta. Sin embargo, da la impresión de que él necesitara de ella. La mujer Rata capta: su enamorado caprino está dispuesto a todos los esfuerzos pero necesita su ayuda. La vida será maravillosa con él. Además, están aseguradas las noches ardientes.

**HOMBRE RATA - MUJER MONO:** La mujer Mono es la más astuta de todo el zoológico chino. Sin embargo, ella no dirige su vida sentimental con habilidad. Se dice a menudo que eso viene de su gran lucidez: nadie le enseña nada. El hombre Rata deberá tratar con mucho tacto y dulzura a su simia compañera para conservar su amor, aceptando que ella viva sólo en el presente, único modo para la Mona de mostrar que está feliz y que desea seguir así.

**MUJER RATA - HOMBRE MONO:** El hombre Mono habrá tenido que dar muchas vueltas para conquistar a una ratita. Levemente sorprendida, esta pareja reúne a una mujer cercana a la hiperactividad con un hombre plástico, astuto y siempre divertido. Él aporta a la vida de la Rata, tan concreta, un soplo de fantasía. Charlar con él es como disfrutar de fuegos artificiales en el carnaval carioca. La Rata se siente asustada y fascinada a la vez, cuando descubre que el Mono es capaz, cuando quiere, de mostrarse extremadamente concreto. Y eso enamora a la Rata.

**HOMBRE RATA - MUJER GALLO:** La mujer Gallo, digámoslo de una vez por todas, es un ser bastante egoísta. Pero la juventud, divino tesoro, tiene más atracciones que Disneylandia, y el hombre Rata no verá los defectos de su plumífera compañera. Sin embargo, si en vez de estar siempre atareado fuese un sentimental, no tardaría en constatar que sus estados de ánimo preocupan bastante poco a hembra de gallo.

**MUJER RATA - HOMBRE GALLO:** La mujer Rata está de lo más orgullosa de haber seducido a un Gallo. ¿Él es fiel? La ratita tiene la suficiente sabiduría como para no hacerse jamás esa pregunta tan peligrosa. Si acepta que el Gallo revolotee sin hacer demasiadas averiguaciones, ella logrará ser feliz al estar acompañada por alguien tan admirado. Son sólo juegos.

**HOMBRE RATA - MUJER PERRO:** Con esta unión, el hombre Rata consigue la mujer más agradable y más honesta de todas. Para él, ella encarnará la seducción, la alegría, el encanto y una amable sociabilidad. El roedor no lamentará nada: él pondrá doble dosis de dinamismo y ella su presencia radiante en la casa. Como la perrita es inquieta y pesimista por naturaleza, deberá ser calmada y abrazada efusivamente para que se sienta en paz.

**MUJER RATA - HOMBRE PERRO:** La Rata no duda de las cualidades del Perro y se agarra a él como una sanguijuela. Para hacerlo feliz, tiene que ayudarlo a superar sus angustias. Debe enseñarle a relajarse, a confiar en ella y debe convencerlo de que ella es un ser fiel con quien estará unido para siempre. Una forma de darle tranquilidad es llevar una vida planificada y sin grandes sorpresas.

**HOMBRE RATA - MUJER CERDO:** El hombre Rata no descubrirá de inmediato todas las cualidades de la mujer cerda. Se dará cuenta de que tiene que protegerla para que esta santa no se deje comer viva por su bondad natural hacia los demás. Muchos no son dignos de ella y no merecen que se sacrifique de ese modo. La mujer Cerdo necesita mucho tiempo para decidirse a unir su vida con un hombre Rata. Pero cuando lo hace, la pareja será definitiva.

**MUJER RATA - HOMBRE CERDO:** El cerdo aprecia la compañía en todo momento, y mucho. Sin embargo, seguramente meditará antes de pronunciar el esperado «Sí» que lo una a una mujer Rata. La familia de ella pensará que no resulta una buena unión, porque cree que el porcino es incapaz de arreglárselas en la vida. Pero este santo se da maña para salir adelante. Y la Rata lo sabe.

## El Búfalo

**HOMBRE BÚFALO - MUJER RATA:** La mujer Rata mira con sus ojos movedizos e infrarrojos al hombre Búfalo, y se deja impresionar con facilidad. Adora esta sensación y piensa que ha encontrado un apoyo sólido y firme para el largo camino de la vida en pareja. Enfrentarán problemas de pareja, pero los resolverán con voluntad de hierro y saldrán adelante. Y al cabo de cierto tiempo, cuando se conozcan mejor, vivirán en paz y serenidad.

**MUJER BÚFALO - HOMBRE RATA:** Frente al hombre Rata —que no pierde jamás un segundo— la mujer Búfalo, casi inmóvil, observa cómo se agita. Desde pequeña, ella imaginó su programa de vida y trazó su ruta con un empecinamiento proporcional a su peso. Para ella, el matrimonio es la vía normal; tener hijos, alcanzar su papel de mujer, y casarse con un hombre Rata, una verdadera felicidad. La Búfala no retrocede frente a ningún esfuerzo. El hombre Rata deberá tener en cuenta sus diferencias de carácter, que tal vez no aparezcan en la juventud, con la pasión inicial. Sin embargo, la pareja se complementará sin grandes choques.

**HOMBRE BÚFALO - MUJER BÚFALO:** Hay que admitir que los Búfalos no son tan sentimentales como quisiéramos. Cuando están juntos en una relación amorosa, no le dan al sentimiento una importancia capital y viven la sexualidad como un ameno entretenimiento que no conectan demasiado con el corazón y sus movidas. Si existe un sincero entendimiento entre ellos, la complicidad y la complementariedad las encontrarán en cualquier otro terreno.

**HOMBRE BÚFALO - MUJER TIGRE:** Por ser impetuosa y desear conocer todo de inmediato, la mujer Tigre seguramente tuvo algunas aventuras antes de fijar sus ojitos fosforescentes sobre el hombre Búfalo. Ella necesita saber que es la que elige y no que es elegida. La mujer Tigre rara vez es pasiva; se puede adivinar con facilidad que el hombre Búfalo encuentra en ella una pareja a su altura en el regocijante te-rreno sexual. Para que se quede con él, no tiene más que ser él mismo, y traerle un ramito de flores silvestres o un ramo de rosas (siempre en número impar) cuando las fechas se lo aconsejen.

**MUJER BÚFALO - HOMBRE TIGRE:** la mujer Búfalo resulta ser una enamorada congénita. Todo le da placer, todo es pura felicidad. Agrega a las satisfacciones sexuales el entusiasmo de su sentimentalidad, y así se entiende con el Tigre, con quien comparte estos deliciosos gustos. Para ella, el sexo se acompaña de palabras de amor. Con los años, la mujer Búfalo se dejará llevar por el sentido común y tratará más bien de asegurarse una buena jubilación.

**HOMBRE BÚFALO - MUJER CONEJO:** Como es fiel y tierna al mismo tiempo, cuando la mujer Conejo conquista al Búfalo y lo instala en su casa, sigue siendo amante y lo llena de atenciones. Es capaz de ciertas travesuras para evitar la monotonía y odia los melodramas y las rupturas. Será dulce y encantadora con su Búfalo, aunque de tanto en tanto pueden tener una escena, cosa de poner un poco de pimienta a esta unión feliz.

**MUJER BÚFALO - HOMBRE CONEJO:** La mujer Búfalo amará que su pareja le enseñe lo que ella ignora y que los encuentros sexuales formen parte del programa de la materia. El hombre Conejo debe saber que, para que su vida de pareja sea un éxito, tiene que transformarla en un festival de sensualidad. El resto, los regalitos y otros espejismos, pasan a un segundo plano para la mujer Búfalo.

**HOMBRE BÚFALO - MUJER DRAGÓN:** La tan cotidiana vida del Búfalo un día es sorprendida por un fresco y refrescante tornado: una mujer Dragón ha tocado a su puerta. Todo se desorganiza, lo común se vuelve excepcional y cada día es imprevisible. Nada será igual a partir de ese momento para el Búfalo. Todo resultará más hermoso y tendrá más brillo, habrá sorpresas a cada paso. Ella lo transformará en su esclavo y él, al borde del delirio, se rendirá a sus pies.

**MUJER BÚFALO - HOMBRE DRAGÓN:** Cuando una mujer Búfalo se encuentra con un Dragón, ella olvida los miles de defectos que cree tener y se siente una diosa bajo la mirada luminosa del Dragón. Hace suyos todos los proyectos que él propone, y su único deseo es no separarse más de tan fabulosa criatura. ¿Es amor o embrujo? A su lado, ella siente que se transforma en alguien mejor. Los lances apasionados de los dragones están a la altura de los del Búfalo. Se entregarán al amor con pasión, y ella no se lamentará por nada.

**HOMBRE BÚFALO - MUJER SERPIENTE:** Si el buen Búfalo cruza el camino de la Serpiente, se arriesga a ser identificado, catalogado, apreciado y deglutido. Se sentirá orgulloso de que una persona de la fineza y la elegancia de la Serpiente pose su interés en su pesada silueta para tratar de conquistarlo. Rápidamente se dará cuenta de las exquisiteces sexuales que le depara esta unión. Vivirán en una armonía inesperada, llena de magníficos descubrimientos y rebosante de placer.

**MUJER BÚFALO - HOMBRE SERPIENTE:** Cuando una mujer Búfalo no quiere por nada del mundo dejarse conquistar por el hombre Serpiente, no queda más que el método de Napoleón: «La única victoria es la fuga». Pero tratar de escapar de una Serpiente resulta una *misión* *imposible*: volverá a atrapar a quien quiera. La mujer Búfalo no tiene la menor posibilidad de zafarse. Sólo le queda mirarlo fijamente, y aceptar que ha sido hipnotizada. Como el hombre Serpiente es extremadamente celoso, empleará toda su astucia para mantenerla encerrada en el apartamento o en la casa de fin de semana, y como compensación la cubrirá de amor.

**HOMBRE BÚFALO - MUJER CABALLO:** La prestigiosa mujer Caballo sabrá seducir al hombre Búfalo. Sin embargo, con el tiempo ella puede presentar aspectos propios de una mujer nerviosa. El Búfalo no se cansará jamás de ella, aunque se vayan desgastando los méritos que presentaba al principio; él restará importancia al hecho porque su lado filosófico hace que valore la gentileza y el encanto de la mujer Caballo. Ella le devolverá con creces ciertas alegrías particulares.

**MUJER BÚFALO - HOMBRE CABALLO:** Cuando la mujer Búfalo conozca en profundidad a este personaje excepcional que atrapó en sus redes, estará sumamente sorprendida. Va a descubrir la intensidad de las emociones que él siente. Los deseos del Caballo son imperiosos. Ceder es embarcarse para siempre. La mujer Búfalo tendrá que habituarse, pero será recompensada. En realidad es ella quien lo lleva de las riendas, aprovechando el lado romántico del equino.

**HOMBRE BÚFALO - MUJER CABRA:** Encontrarse con una Cabra deparará algunas sorpresas al Búfalo, pero después de las primeras sacudidas nunca más podrá vivir sin ella: se hará adicto. Estará enamorado, trastornado, sacudido y conquistado. No tendrá más tranquilidad; a la seguridad, adiós, adiós. La Cabra apreciará su amor y hará su parte. El Búfalo deberá prestar atención y cuidar a la cabrita si no quiere que se le escape para el monte.

**MUJER BÚFALO - HOMBRE CABRA:** El hombre Cabra deberá trabajar para asegurar la existencia material de la mujer Búfalo. Ella, por su parte, deberá despertarlo por la mañana, ayudarlo a preparar sus cositas para ir al trabajo, reconfortarlo cuando sople el viento Norte, levantarle el ánimo si un despido se anuncia en el horizonte. Las noches serán buenas si las utilizan para apasionantes diálogos amorosos. Todo esto hará que el caprino no se aburra y evitará que un día parta hacia otros parajes.

Enamorándonos

---

**HOMBRE BÚFALO - MUJER MONO:** El hombre Búfalo nunca apreciará en su justa valía la clarividencia de la mujer Mono, que adivina el fondo de sus pensamientos antes de que él mismo los haya incluso pensado. Ella vive un escalón por encima de la lucidez; para alcanzarla se necesita el mismo grado alfa o, en su defecto, mucho amor. Sin embargo, el hombre Búfalo deberá impedir que la simia se aburra y que se ponga a mirar alrededor: todos saben que el pasto del vecino siempre parece más verde.

**MUJER BÚFALO - HOMBRE MONO:** un Mono no es fiel por naturaleza, pero puede serlo por amor e incluso por facilidad. La mujer Búfalo está dominada más por la sexualidad a la Marguerite Duras que por el sentimiento. Su debilidad no es precisamente el corazón, y menos la razón. Pero ella será el elemento central de una casa llena de alegría, papilla de calabaza, risas infantiles. El Mono estará bastante animado con tanto jolgorio.

**HOMBRE BÚFALO - MUJER GALLO:** La mujer Gallo siempre tiene encanto. El hombre Búfalo la ha visto rodeada por una corte de novios y pretendientes. Ella siempre le ha parecido un ser excepcional que no podría merecer. Y sin embargo es a él a quien ella mira y elige. ¿Cómo puede ser? El hombre Búfalo, robusto y metódico, da prioridad absoluta a sus exigencias profesionales. Si ama a la mujer Gallo, asegurará su existencia como si fuera la suya. Y eso es algo que la mujer gallo adora.

**MUJER BÚFALO - HOMBRE GALLO:** El hombre Gallo no se mataría por ser fiel a la Búfala, pero anda cacareando para que todos sepan cuán celoso es. Su mujer le pertenece y no debería ver a nadie más. Es un buen dato para la Búfala saber que el gallináceo ama charlar y que no está con ella sólo para hacer el amor, aunque esta sea una actividad altamente apreciada por ambos. A tener en cuenta que el Gallo es glotón, y entonces podrá ser hipnotizado con tortas de crema y fresas mientras los chicos cantan a coro sus canciones preferidas.

**HOMBRE BÚFALO - MUJER PERRO:** La calma y la serenidad de un Búfalo son un remedio maravilloso para la mujer Perro, quien, cuando pierda la esperanza, podrá dejarse llevar hasta ser invisible entre sus brazos. Él la protege, ella lo necesita. Sería superfluo insistir en la fidelidad de la Perra. Como el Búfalo no se queda atrás, todo hace pensar que esta pareja recorrerá un largo camino. Para la mujer Perro su casa es su lugar en el mundo; no hay sitio mejor para ella: «Hogar, dulce hogar». El Búfalo, al regresar del trabajo, desde el umbral mirará embelesado el encantador nidito creado por la perruna dedicación. ¿Qué más se puede pedir?

**MUJER BÚFALO - HOMBRE PERRO:** El hombre Perro encuentra en la mujer Búfalo una *partenaire* ideal. Ella está enamorada del amor, y entonces ama si se siente físicamente atraída por el pretendiente. Si se da con el Perro, serán dos almas gemelas, dos fieles corazones, dos ternuras reunidas. El Perro habrá hecho la elección correcta: ella sabe recibir, puede ocuparse de los enfermos, atiende la educación de los hijos e incluso cada noche encuentra el tiempo, las ganas y las fuerzas para brindarle a su marido todo lo que necesita en materia amorosa.

**HOMBRE BÚFALO - MUJER CERDO:** Por encima de todo, la mujer Cerdo ama la vida. Y aún por encima de la vida, ama el amor. Una vez que hayan calmado los primeros instintos con el Búfalo, se creará un equilibrio entre ellos. Si bien ella aspira a una especie de amor universal, tendrá que limitarse a satisfacerlo con el Búfalo, por las buenas costumbres, claro. Él es estable, sólido, equilibrado; con gran capacidad amatoria. La mujer Cerdo no se verá privada. Con el tiempo las cosas se calmarán un poco, y tal vez ella creerá que él se ha cansado, pero la Cerda sabe, sin embargo, que tiene la mejor parte.

**MUJER BÚFALO - HOMBRE CERDO:** cuando un Cerdo encuentra una Búfala, si está libre de ataduras, piensa que una especie de hada madrina se la ha puesto en el camino. No hay nada que deje de hacer para tratar de acercarse a ella, hablarle y declararle su amor. Él desea encontrar una mujer que acepte sus sueños extravagantes, y que esté dispuesta a pasar a los «trabajos prácticos». La Búfala puede estar disponible y no oponerse a participar en semejantes experimentos. Después de estos ejercicios preliminares, convencidos de que están hechos para amarse, deciden unir sus vidas. Pimienta.

## *El Tigre*

**HOMBRE TIGRE - MUJER RATA:** Cuando la mujer Rata descubre al hombre Tigre, se queda con la boca abierta en total adoración y necesita hacérselo saber. Pero hay un pequeño problema: al Tigre le fastidia que se ocupen demasiado de él y que lo mimen como a un bebé. Entonces, a la mujer Rata le conviene tener una ocupación o seguir una carrera

## Enamorándonos

que le lleve cierto tiempo para que el Tigre espere más aliviado su regreso. Si el Tigre es fiel, esta pareja podrá durar mucho tiempo.

**MUJER TIGRE - HOMBRE RATA:** La mujer Tigre es locamente apasionada en la cama y perfectamente fiel cuando ha sido conquistada. Independiente a ultranza, se siente libre de todo lazo y evita el conformismo. El hombre Rata se siente homenajeado cuando ella lo elige, y sabe que sólo el amor hará fuerte su unión. Por lo tanto, el señor roedor deberá rebuscárselas para que la llamita del piloto no se apague nunca. Y no le faltan medios para lograrlo.

**HOMBRE TIGRE - MUJER BÚFALO:** la mujer Búfalo resulta ser una enamorada congénita. Todo le da placer, todo es pura felicidad. Agrega a las satisfacciones sexuales el entusiasmo de su sentimentalidad, y así se entiende con el Tigre, con quien comparte estos deliciosos gustos. Para ella, el sexo se acompaña de palabras de amor. Con los años, la mujer Búfalo se dejará llevar por el sentido común y tratará más bien de asegurarse una buena jubilación.

**MUJER TIGRE - HOMBRE BÚFALO:** Por ser impetuosa y desear conocer todo de inmediato, la mujer Tigre seguramente tuvo algunas aventuras antes de fijar sus ojitos fosforescentes sobre el hombre Búfalo. Ella necesita saber que es la que elige y no que es elegida. La mujer Tigre rara vez es pasiva; se puede adivinar con facilidad que el hombre Búfalo encuentra en ella una pareja a su altura en el regocijante terreno sexual. Para que se quede con él, no tiene más que ser él mismo, y traerle un ramito de flores silvestres o un ramo de rosas (siempre en número impar) cuando las fechas se lo aconsejen.

**HOMBRE TIGRE - MUJER TIGRE:** En otros tiempos, dos nativos de este signo tenían que casarse muy jóvenes si no querían provocar las iras familiares, cual culebrón caribeño. El amor era para ellos un terreno de exploración sin límites, pero debían a veces ceder frente a los imperativos familiares. Hoy en día, las cosas han cambiado y los Tigres pueden retozar por eróticas praderas, intrigados con las múltiples reacciones que pueden sentir o provocar. Un verdadero baile de sensaciones. Pero, para que dos Tigres permanezcan largo tiempo unidos, el sexo deberá bailar con la música del corazón, en una unión psico-físico-espiritual total. Si no...

**HOMBRE TIGRE - MUJER CONEJO:** Cuando la mujer Conejo se encuentra con el Tigre, se queda medio atónita, dubitativa e incluso puede volverse desconfiada. ¿Es eso lo que ella desea para su vida? Para entregarse, deberá dejarse guiar por las fuerzas de la jungla, cediendo frente a sus instintos. Los placeres estarán garantizados y su felicidad podría ser casi total, en el caso de que durara para siempre. Pero ambos animalitos son capaces de ir en búsqueda de nuevas aventuras; tal vez deban establecer un pacto de independencia recíproca.

**MUJER TIGRE - HOMBRE CONEJO:** La mujer Tigre se siente encantada en los brazos de ese hombre al que tanto le gusta hacer el amor. Pero la vida nos da sorpresas, y ella va a constatar rápidamente que el conejillo es prudente y un poquito monótono, capaz de sorprenderse con las audacias de la felina; a veces le cuesta seguirle el ritmo. El Conejo deberá encontrar una solución frente a sus pedidos de libertad y de independencia. Vivir y dejar vivir. Podrán decirse palabras de amor, que, si bien no son más que palabras, siempre vienen bien a nivel auricular. Es cierto que después de haber descargado cada uno como loco durante el día, podrán encontrarse por la noche con un humor más relajado.

**HOMBRE TIGRE - MUJER DRAGÓN:** Al encontrarse con un Tigre, la mujer Dragón decide ipso facto que ese cuerpo atigrado debe ser suyo. Si hay TELEKTONON[36], la corriente pasa a mas de 3000 voltios. A partir de ese momento, nada será igual para el Tigre, y probablemente tampoco para la Dragona. «Gran enamoramiento». El Tigre deberá ejercer todos sus poderes de seducción para explorar las capacidades de la mujer Dragón, y ser capaz de sorprenderla siempre, y jamás decepcionarla. Tendrá que recordar que la felicidad se riega todos los días y no dejarse cegar por este amor que supera todo lo imaginado.

**MUJER TIGRE - HOMBRE DRAGÓN:** Después del primer fogonazo, la mujer Tigre irá descubriendo al hombre Dragón día a día. En verdad, sólo podrá verlo tal como es cuando la pirotecnia se haya apaciguado. No por eso dejará de amar a su quimérico caballero, pero lo hará sabiendo a qué atenerse. Una solución posible es que él ejerza una actividad profesional en la que ella pueda ayudarlo. Y pueden permitirse ciertas extravagancias, como hacer un viaje en primera clase alrededor del mundo durante un año sabático. Coherente consigo misma, la tigresa acepta esta existencia que le depara las satisfacciones soñadas, e incluso más.

**HOMBRE TIGRE - MUJER SERPIENTE:** Con la Serpiente entramos en un mundo nuevo, damos un paso hacia el más allá. Y también el Tigre, el rey de los elegantes, el *partenaire* prestigioso, el hombre soñado, se dejará conquistar por el encanto fascinante de esta mujer. La desea, la quiere, la obtiene. Con el paso del tiempo y de la vida en común, el Tigre, que se mantiene bello y seductor, comienza a despertar los celos del ofidio, que son una maldita enfermedad. El felino se dará el gusto, y como ella tampoco es muy fiel que digamos, habrá en la vida de esta pareja días extraños en los que los terribles amantes se pelearán y se sacarán pedazos hasta comprender que un buen pacto secreto de respeto mutuo es una institución muy útil.

**MUJER TIGRE - HOMBRE SERPIENTE:** La sabiduría popular china aconseja huir de la Serpiente para no ser seducidos. Y la tigresa, tan segura de sí misma, se queda como si nada. «Vamos a ver», piensa la santa, y termina fagocitada como la abuelita de Caperucita Roja. La boa constrictor es un amante exclusivo que la enrosca en sus brumas hasta ahogarla, y despierta en la mujer Tigre su innata pasión por la independencia y la libertad. Ella tratará de zafarse, pero el ofidio ya ha organizado un argumento tipo ¡*Átame!*[37]. Como en la película, la tigresa encuentra en esta vida agradables compensaciones.

**HOMBRE TIGRE - MUJER CABALLO:** Frente a la mujer Caballo, el Tigre se queda absorto con la forma violenta en que manifiesta sus sentimientos. Cuando ella ama, lo hace con cada una de las células de su cuerpo. Susceptible, insegura de sí misma, no soporta que el Tigre le haga el menor comentario cercano a la crítica. Él descubrirá que las cosas no son como parecían al principio. Sin embargo, un Tigre no cambia fácilmente de idea, y sólo le pide a Dios que la mujer Caballo logre controlar su emotividad. Él sabrá valorar la fidelidad equina, rasgo del cual carece en general. Nadie es perfecto

**MUJER TIGRE - HOMBRE CABALLO:** Cuando la ve, el Caballo pierde el paso. Admiración, orgullo, amor, todos los sentimientos hierven en él. La tigresa está feliz, ya que lo encuentra encantador. Pero al conocer mejor a este hombre excepcional, al que acaba de conquistar con suma facilidad, y con quien piensa compartir el resto de sus días, la mujer Tigre pasa de sorpresón a sorpresón. No puede creer la intensidad de las emociones equinas, que corren como tren bala sin freno de seguridad. El Caballo la considera una criatura soñada, de la cual se enamora hasta el paroxismo. La tigresa tendrá que valorar el carácter exclusivo de este amor, y si sabe domarlo con delicadeza, el caballito terminará por hacer lo que ella quiera.

**HOMBRE TIGRE - MUJER CABRA:** Si el hombre Tigre ama a las mujeres románticas y sentimentales, se tirará a los pies de la Cabra. Ella será siempre joven, sin reglas estrictas ni programas fijados de antemano, y el Tigre responde a su independencia y sus propios caprichos, por lo tanto formarán una pareja que desconocerá la vida tranquila. Se amarán como chicos irresponsables en medio de una existencia hecha de imprevistos, de cambios, pasiones y pequeñas crisis. Instintivamente dependiente, la Cabra seguirá al Tigre en todas sus ideas, adoptará sus teorías, sin aplicarlas necesariamente. En esta unión, cada uno aportará sus propios deseos, haciendo la vida agradable y llena de variaciones.

**MUJER TIGRE - HOMBRE CABRA:** A pesar de su naturaleza, el hombre Cabra debe ser capaz de asegurar el bienestar material de su hogar, dulce hogar. La mujer Tigre lo ayudará en esta difícil tarea, y el cabrito, agradecido, la amará. Estará feliz y lleno de buen humor, y se sentirá más que satisfecho. Cuando estén solos, con una sed de amor que resistirá los años y los vendavales, harán festivales-maratones con fuegos de artificio incluidos en los que cada uno buscará darle más placer al otro.

**HOMBRE TIGRE - MUJER MONO:** Cuando la Mona se da cuenta de que el Tigre la ama, no logra quedarse más en su lugar. La seducen el brillo distinguido, la presencia elegante del felino. Con perfecta lucidez, ella capta inmediatamente lo que puede obtener de esta unión. Si decide quedarse con el Tigre, deberá renunciar a una parte de su simiesca naturaleza. Queridas hermanas monitas: no digan todo lo que saben, escondan esa lucidez extraterrestre. El amor es ciego, no traten de cambiar al Tigre. Él prefiere no ver. Sólo así este amor durará.

**MUJER TIGRE - HOMBRE MONO:** El hombre Mono sabe bien quién es esta tigresa, y si la ama, se hace cargo de sus defectos y de sus virtudes. Al mono no le cuesta casi nada conquistar a la mujer Tigre porque la enreda con sus discursos y fábulas. Para que esta relación dure, la tigresa tendrá que estar muy enamorada y perdonar al Mono su lado mentiroso. Si deciden permanecer juntos, deberán aceptarse tal como son, sin tratar de transformar al otro. En la edad adulta, no le pidamos peras al olmo.

**HOMBRE TIGRE - MUJER GALLO:** ¡Que no hará la gallita con tal de hacerse amar por el Tigre! Justamente porque ella adora el brillo y todo lo que reluce —aunque no sea oro—, la mujer Gallo es atraída por el felino. Este santo se deja seducir con tanto pavoneo y tanto desfile de plumas multicolores. El problema es que ella tiene algunos defectitos que taladran los nervios: glotona, ama los chismes y los cuentos. Si surgen dificultades, el Tigre sabrá resolverlas. Le dirán que ella no es muy fiel que digamos. No hay problema: él tampoco lo es siempre.

**MUJER TIGRE - HOMBRE GALLO:** Desde el momento en que la mujer Tigre oyó hablar del Gallo y de sus múltiples conquistas, decidió probar suerte y tratar de conquistarlo. Ninguno de los dos es conocido por su fidelidad, por su constancia ni por su virtud. Ambos toman el amor como un juego, una prenda de circo, un divertido combate. El vanidoso Gallo quiere que todos sepan que está saliendo con la tigresa; con eso le basta. Sin embargo, como es un sentimental, nuestra dama estará fascinada frente a la sensibilidad que el gallináceo esconde bajo las plumas.

**HOMBRE TIGRE - MUJER PERRO:** La mujer Perro, que personifica la lealtad total, se interesará por la vida del Tigre como si fuera su propia existencia. Ella será carne de su carne. El felino obtendrá muchas satisfacciones de esta unión: se siente adorado, le juran fidelidad de por vida, y casa confortable mantenida y cuidada con esmero. A veces pensará que su compañera es un premio Nobel, ¿pero es eso lo que busca? Él encontrará un alma devota y fiel; ella encontrará una gran protección. Su unión puede llegar a ser perfecta...

**MUJER TIGRE - HOMBRE PERRO:** Cuando el Perro divisa a la tigresa, no puede creer el brillo aterciopelado de semejante animal. Se enamorara ahí mismo, con el triste convencimiento de que nunca estará a la altura de ella. Efectivamente, una vez calmados los primeros ardores, la mujer Tigre reclamará un poco de Independencia. Él se muestra afectuoso, tierno, delicado, mimoso, no hace jamás ninguna pregunta que se vuelva en su contra. Al fin y al cabo, ella se dará cuenta de que ha recibido una buena porción de la parte hermosa de la vida.

**HOMBRE TIGRE - MUJER CERDO:** La mujer Cerdo no sabe disimular, y desgraciadamente ese es un elemento muy necesario en la vida de pareja. Ella, que tiene un corazón puro y sin malicia, va de frente. El Tigre descubre rápidamente que la mujer Cerdo tiene defectos como todo el mundo: es sumamente perezosa, pero logrará zafarse con astucia de los duros y aburridííííísimos trabajos domésticos. Odiará las correrías del Tigre y sólo se tranquilizará cuando vuelva satisfecho al hogar.

Sin embargo, como la mujer Cerdo es sabia y holgazana, sorteará el trámite de las discusiones.

**MUJER TIGRE - HOMBRE CERDO:** El Cerdo es honesto y franco. No sabe esconder nada. La tigresa podría engañarlo fácilmente, pero no lo hará, ya que encuentra en él ternura, presencia, afecto lleno de admiración y de satisfacciones sexuales. La mujer Tigre, que es bella, brillante, elegante, se sorprenderá disfrutando como loca entre los brazos de este hombre, siempre listo para arrastrarla por el fango. Ambos comparten el gusto por la buena vida, el confort que en este bajo mundo se consiguen con algo de dinero.

## *El Conejo*

**HOMBRE CONEJO - MUJER RATA:** La enloquecida actividad de la mujer Rata sorprenderá siempre al hombre Conejo, que ve las cosas con mucha más calma, medida y prudencia. Este Bugs Bunny pide sólo una cosa: un certificado de seguridad material. De vez en cuando, un huracán de locura sacudirá la rigidez del presupuesto, pero es necesario para su mente lúdica. La pareja seguirá su evolución normal, porque mucho amor y algo de paciencia mantendrán una sólida unión de estos dos seres que en un comienzo eran tan diferentes.

**MUJER CONEJO - HOMBRE RATA:** El hombre Rata sabe que la mujer Conejo valora por sobre todas las cosas una vida tranquila. Hay que domesticarla con un amor que le dé tranquilidad. El pobre roedor deberá tener siempre presente la desconfianza, pero irá construyendo lentamente un terreno en el que ella será reina. Y así formarán un nido de amor tranquilo, feliz, con un encontronazo tal vez de tanto en tanto, pero en resumidas cuentas extremadamente placentero. A la mujer Conejo le gustará esto, ya que odia los golpes emocionales, las heridas que provocan algunas pasiones y las aventuras movilizadoras.

**HOMBRE CONEJO - MUJER BÚFALO:** La mujer Búfalo amará que su pareja le enseñe lo que ella ignora y que los encuentros sexuales formen parte del programa de la materia. El hombre Conejo debe saber que, para que su vida de pareja sea un éxito, tiene que transformarla en un festival de sensualidad. El resto, los regalitos y otros espejismos, pasan a un segundo plano para la mujer Búfalo.

**MUJER CONEJO - HOMBRE BÚFALO:** Como es fiel y tierna al mismo tiempo, cuando la mujer Conejo conquista al Búfalo y lo instala en su casa, sigue siendo amante y lo llena de atenciones. Es capaz de ciertas travesuras para evitar la monotonía y odia los melodramas y las rupturas. Será dulce y encantadora con su Búfalo, aunque de tanto en tanto pueden tener una escena, cosa de poner un poco de pimienta a esta unión feliz.

**HOMBRE CONEJO - MUJER TIGRE:** La mujer Tigre se siente encantada en los brazos de ese hombre al que tanto le gusta hacer el amor. Pero la vida nos da sorpresas, y ella va a constatar rápidamente que el conejillo es prudente y un poquito monótono, capaz de sorprenderse con las audacias de la felina; a veces le cuesta seguirle el ritmo. El Conejo deberá encontrar una solución frente a sus pedidos de libertad y de independencia. Vivir y dejar vivir. Podrán decirse palabras de amor, que, si bien no son más que palabras, siempre vienen bien a nivel auricular. Es cierto que después de haber descargado cada uno como loco durante el día, podrán encontrarse por la noche con un humor más relajado.

**MUJER CONEJO - HOMBRE TIGRE:** Cuando la mujer Conejo se encuentra con el Tigre, se queda medio atónita, dubitativa e incluso puede volverse desconfiada. ¿Es eso lo que ella desea para su vida? Para entregarse, deberá dejarse guiar por las fuerzas de la jungla, cediendo frente a sus instintos. Los placeres estarán garantizados y su felicidad podría ser casi total, en el caso de que durara para siempre. Pero ambos animalitos son capaces de ir en búsqueda de nuevas aventuras; tal vez deban establecer un pacto de independencia recíproca.

**HOMBRE CONEJO - MUJER CONEJO:** Los dos conejitos pasan su vida buscando el alma gemela, y al final la encuentran. Sin embargo, se permitirán ciertas aventuras previas para instruirse. La mujer Conejo, que es una especie de experta en materia de amores, tratará de estimular al Conejo y convencerlo de que la fidelidad es un gesto que vuelve.

**HOMBRE CONEJO - MUJER DRAGÓN:** La llegada de una mujer Dragón a la vida del Conejo es un acontecimiento del cual se hablará mucho en los medios de difusión. Como ella está llena de ideas propias y es capaz de tomar el autobús en cualquier momento, el Conejo deberá arreglárselas para volverse indispensable. Y algo fundamental:

jamás debe esperar que ella se ocupe del arreglo de un dobladillo descosido, de planchar un cuello de una camisa o cosas así. Se pondría como loca.

**MUJER CONEJO - HOMBRE DRAGÓN:** Aquí sí hay esperanzas de hacer una vida juntos. Ella tiene derecho a preguntarse si podrá conservarlo para la eternidad o si una de sus mejores amigas vendrá a robárselo. Deberá estar siempre lista para defender su tesoro. Los dragones son fuera de serie, pero tienen instrucciones de uso bastante complicadas.

**HOMBRE CONEJO - MUJER SERPIENTE:** Puede ser una unión muy equilibrada si la Serpiente ama realmente al Conejo y si está decidida a hacerse amar, no tendrá muchos inconvenientes para anexarlo íntegramente y convertirse en su bombón de chocolate, casi a pesar de él. Si el señor Conejo no desea ser deglutido, que empiece a correr hacia el Norte y pare cuando llegue a Panamá.

**MUJER CONEJO - HOMBRE SERPIENTE:** Ya es casi inútil anunciar que el hombre Serpiente es uno de los más seductores del horóscopo chino y aledaños. Con suma facilidad, la mujer Conejo quedará convertida en mujer feliz. Ella no sentirá jamás anillos de acero que se enrosquen hasta inmovilizarla ni manos brutales que la asfixien. Todo será mucho más sutil: un rapto legal en el que secuestrada y secuestrador, consumidos por la pasión, rezarán a Dios para que ningún policía los encuentre.

**HOMBRE CONEJO - MUJER CABALLO:** Si el Conejo logra seducir a la mujer Caballo, se dará cuenta velozmente de que para ella el amor no es sólo un sentimiento que le hace latir el corazón. Es una especie de incendio de pasión que no deja nada en pie a su paso, y hace arder cuanto encuentra en su camino. El pobre conejito deberá tener vocación de bombero si desea aventurarse en este hipódromo de placeres. No resultará decepcionado, ya que ella es capaz de todo y aún más cuando está enamorada. Se recomienda curso preparatorio.

**MUJER CONEJO - HOMBRE CABALLO:** El señor Caballo adora las conquistas. Cuando se encuentra con la mujer Conejo no tiene más que un deseo: seducirla. Y ella, que aprecia ser cortejada y que no quiere quedarse a vestir santos, aceptará esa catarata de homenajes con total sinceridad. Como en el fondo es santa, no opondrá demasiada resistencia para salir a galopar como prueba de ensayo. El nerviosismo equino tal vez la espante, pero deberá superarlo con la profundidad de sus propias convicciones frente a un personaje tan importante, inquie-tante y a veces pelotazo como el Caballo.

**HOMBRE CONEJO - MUJER CABRA:** El momento en que el Conejo descubre a la Cabra siente tal emoción que apenas puede creerlo. Ella es demasiado guapa, demasiado encantadora, demasiado divertida y él no puede creer que exista alguien así. La unión no tarda en ser definitiva; se aman, se gustan, y compiten con sus respectivos encantos naturales. El Conejo tendrá la inmensa alegría de constatar que nada, salvo el amor que ella siente por él, podría haber atado a la cabrita. Y eso no es poca cosa.

**MUJER CONEJO - HOMBRE CABRA:** La mujer Conejo encuentra fascinante la total falta de lógica del hombre Cabra. Él vive una existencia dominada por la sensualidad afectiva y sexual. La coneja descubre que está frente a quien le enseñará el amor. Y el caprino es un excelente profesor. Ambos odiarán el yugo cotidiano y la vida rutinaria, de los cuales se defenderán como de la peste. Si las noches de amor están garantizadas, formarán una pareja divertida y enamorada, llena de fantasía.

**HOMBRE CONEJO - MUJER MONO:** En el momento en que el Conejo descubre a la simia siente que hasta ese instante ha vivido en cámara lenta. La mona, que odia los horarios fijos y las tareas de rutina, quedará fascinada frente a la inconsciencia total del Conejo, que no piensa en el futuro ni en el pago de impuestos. La mona adora el vértigo y hará todo para conquistarlo: comerá guisos de lengua, se vestirá con lentejuelas multicolores, será imprevisible, sorprendente. Pero atención, Conejo, la mona es ante todo extremadamente lúcida, y las apariencias no la engañan. Ten cuidado.

**MUJER CONEJO - HOMBRE MONO:** Esta combinación presenta ciertos puntos a tener en cuenta. La mujer Conejo deberá jugar el papel de la enamorada reservada al borde del mutismo, para dar rienda suelta al aparente hombre dominante, tan frecuente por estos lugares. La lucidez del Mono no dejará ninguna independencia a la coneja. Los salvará su amor por la vida de familia. No son constantes ni virtuosos, pero si se aceptan tal como son podrán fortalecer y sostener una unión que parecía precaria.

**HOMBRE CONEJO - MUJER GALLO:** El Conejo se quedará embobado frente a la elegante opulencia de la mujer Gallo. Si ella decide capturarlo, sabrá qué hacer para transformar al movedizo conejito en un multiuso objeto de deseo. Todo irá bien, y el hipnotizado señor Conejo le llevará el desayuno a la cama a la mujer Gallo. Sin embargo, frente a las adversidades ella saldrá a luchar y pondrá las cosas en su lugar gracias a su fuerza y su capacidad extraordinarias. El Conejo estará sumamente agradecido.

**MUJER CONEJO - HOMBRE GALLO:** La mujer Conejo es una persona refinada y encantadora, y el hombre Gallo desborda prestancia y brillo. Su unión es casi inevitable y la vida parece sonreírles. Sin embargo, el Gallo, con su franqueza un tanto rústica puede llegar a ser hiriente. La coneja lo ama y lo soportará, pero los demás la mirarán con una cierta y secreta lástima, pensando que el amor la ha cegado. Claro que ellos ignoran hasta qué punto el señor Gallo puede ser agradable e indispensable en la vida cotidiana.

**HOMBRE CONEJO - MUJER PERRO:** La mujer Perro no podría protagonizar *La insoportable levedad del ser*. Frente a ella, el Conejo se siente un haragán que descuida sus deberes más elementales. Tiene que tomar en cuenta la psicología original de su pareja sin vivirla como una agresión y sin querer modificar una personalidad innata. La mujer Perro es así, no lo hace a propósito, y sería injusto reprocharle su modo de ser. Ella es totalmente confiable, y si él logra darle seguridad, la mujer Perro se volverá más optimista.

**MUJER CONEJO - HOMBRE PERRO:** La mujer Conejo descubre al Perro y cree que vislumbra una nueva faceta de la humanidad. El canino no está seguro de sí mismo, detesta los imprevistos y siempre está preparado para lo peor. Además tiene una extraña noción de la fidelidad. Para combatir la angustia existencial del Perro, la conejita deberá repetirle al oído que está loca por él. Igual, nada logrará calmarlo por completo... él una vez más se sentirá en su propia película de catástrofe. ¡Guau! ¡Guau!

**HOMBRE CONEJO - MUJER CERDO:** Esta dama es una enamorada de la naturaleza y de la belleza, y el señor Conejo descubrirá rápidamente que ella también es sensual, apasionada e imaginativa. Con seguridad se entenderán en el plano sexual, materia básica de la mujer Cerdo, y en la cual concentra todo su talento pedagógico: es una especie de maestra de la sensualidad. La unión se concretará rápido y puede llegar a ser perfecta. Ojito con las crisis porcinas de celos.

**MUJER CONEJO - HOMBRE CERDO:** El Cerdo logra conquistar a la mujer Conejo con perseverancia y tenacidad. Se las arreglará para que la coneja no se arrepienta. La mima, le enseña las materias pendientes en juegos amorosos para hacerle descubrir un *amor sin barreras* ni tabúes. Si existe entre ellos una armonía física y sentimental, la mujer Conejo creerá estar tocando el cielo con las manos y haber alcanzado el punto G. Él será posesivo y protector, y jugará a ser el jefe de familia. Si la coneja expresara una décima parte de sus críticas hacia él, al Cerdo se le rompería el corazón. Es mejor no hablar y disfrutar.

## El Dragón

**HOMBRE DRAGÓN - MUJER RATA**: ¿Sabe el hombre Dragón que la tradición china dice que él nunca es tan feliz como cuando está solo? En verdad, nadie se resiste a un Dragón enamorado. La mujer Rata lo sabe muy bien y es cierto que las cálidas proezas del Dragón tienen mucho encanto, pero primero debe asegurarse de que los desbordes del dragón no sean excesivos. Esta pareja tiene todo para ser un éxito, y con el tiempo —ojalá que lo más tarde posible— su pasión excepcional podrá volverse una acaramelada ternura.

**MUJER DRAGÓN - HOMBRE RATA**: Por lo general se dice que la mujer Dragón tiene la certeza de no haber conocido el fracaso en el amor. Si ella elige al hombre Rata, él estará convencido durante toda su vida de que fue él quien eligió y tomó su decisión. Mejor no desengañarlo. Si ella acepta casarse con un hombre Rata es porque lo ama. Además, se especializa en preparar un cóctel de entusiasmo delirante y frío alejamiento, de efecto inmediato, que volverá loco de amor al hombre Rata. Esta pareja podrá ser inmensamente feliz si el señor roedor acepta la autoridad de la dragona. De lo contrario: pronóstico reservado.

**HOMBRE DRAGÓN - MUJER BÚFALO**: Cuando una mujer Búfalo se encuentra con un Dragón, ella olvida los miles de defectos que cree tener y se siente una diosa bajo la mirada luminosa del Dragón. Hace suyos todos los proyectos que él propone, y su único deseo es no separarse más de tan fabulosa criatura. ¿Es amor o embrujo? A su lado, ella siente que se transforma en alguien mejor. Los lances apasionados de los dragones están a la altura de los del Búfalo. Se entregarán al amor con pasión, y ella no se lamentará por nada.

**MUJER DRAGÓN - HOMBRE BÚFALO**: La tan cotidiana vida del Búfalo un día es sorprendida por un fresco y refrescante tornado: una mujer

Dragón ha tocado a su puerta. Todo se desorganiza, lo común se vuelve excepcional y cada día es imprevisible. Nada será igual a partir de ese momento para el Búfalo, Todo resultará más hermoso y tendrá más brillo, habrá sorpresas a cada paso. Ella lo transformará en su esclavo y él, al borde del delirio, se rendirá a sus pies.

**HOMBRE DRAGÓN - MUJER TIGRE**: Después del primer fogonazo, la mujer Tigre irá descubriendo al hombre Dragón día a día. En verdad, sólo podrá verlo tal como es cuando la pirotecnia se haya apaciguado. No por eso dejará de amar a su quimérico caballero, pero lo hará sabiendo a qué atenerse. Una solución posible es que él ejerza una actividad profesional en la que ella pueda ayudarlo. Y pueden permitirse ciertas extravagancias, como hacer un viaje en primera clase alrededor del mundo durante un año sabático. Coherente consigo misma, la tigresa acepta esta existencia que le depara las satisfacciones soñadas, e incluso más.

**MUJER DRAGÓN - HOMBRE TIGRE**: Al encontrarse con un Tigre, la mujer Dragón decide ipso facto que ese cuerpito atigrado debe ser suyo. Si hay TELEKTONON, la corriente pasa a mas de 3000 voltios. A partir de ese momento, nada será igual para el Tigre, y probablemente tampoco para la Dragona. «Gran enamoramiento». El Tigre deberá ejercer todos sus poderes de seducción para explorar las capacidades de la mujer Dragón, y ser capaz de sorprenderla siempre, y jamás decepcionarla. Tendrá que recordar que la felicidad se riega todos los días y no dejarse cegar por este amor que supera todo lo imaginado.

**HOMBRE DRAGÓN - MUJER CONEJO**: Aquí sí hay esperanzas de hacer una vida juntos. Ella tiene derecho a preguntarse si podrá conservarlo toda la eternidad o si una de sus mejores amigas vendrá a robárselo. Deberá estar siempre lista para defender a su tesoro. Los dragones son fuera de serie, pero tienen instrucciones de uso bastante complicadas.

**MUJER DRAGÓN - HOMBRE CONEJO**: La llegada de una mujer Dragón a la vida del Conejo es un acontecimiento del cual se hablará mucho en los medios de difusión. Como ella está llena de ideas propias y es capaz de tomar el autobús en cualquier momento, el Conejo deberá arreglárselas para volverse indispensable. Y algo fundamental: jamás debe esperar que ella se ocupe del arreglo de un dobladillo descosido, de planchar un cuello de una camisa o cosas así. Se pondría como loca.

**HOMBRE DRAGÓN - MUJER DRAGÓN**: Son dos virtuosos totales en el arte de conquistar al prójimo. Tienen numerosos encantos naturales para seducir y se agregan ardides para tirar al *partenaire* sobre la alfombra. La lucha entre ellos sería inútil porque conocen las mañas del otro. Cuando dos dragones se enamoran, forman una pareja impermeable a la acción de los demás; estarán unidos por la ternura, la pasión y la complicidad. Vivirán en una especie de isla inaccesible, algo como el pico del Aconcagua. Su casa no será un modelo de orden y progreso, pero sus relaciones sexuales serán un ejemplo para la humanidad.

**HOMBRE DRAGÓN - MUJER SERPIENTE**: Cuando el Dragón encuentre a la Serpiente, ni vale la pena que se resista. Cada uno encontrará en el otro atracciones y sorpresas varias, satisfacciones inesperadas e imprevistas. Serán felices a pesar de la mala onda de los malditos celos de la Serpiente. Bastará que el Dragón esté contento para que lo ponga en formol. Su unión resultará demasiado interesante y sensual... ¡Mejor no arriesgarse a quebrarla con otras aventuras!

**MUJER DRAGÓN - HOMBRE SERPIENTE**: Las demandas de un hombre Serpiente son muy difíciles de rehusar. Lo digo por experiencia propia. Si decide que la mujer Dragón será suya, es mejor que ella acepte el trámite ipso facto: con o sin lucha, el resultado será el mismo. La dragona quedará completamente bajo su control remoto. Pero, queridos lectores, se puede ser muy feliz si uno es deglutido por una Serpiente. Sexo y alegrías con garantía por varios años.

**HOMBRE DRAGÓN - MUJER CABALLO**: El Dragón que está siempre brillando en la cresta de la ola, y es esencialmente urbano, mundano, encuentra en la mujer Caballo un modelo de sociabilidad, encanto y simpatía, y se lanza a la conquista. No te preocupes: ya la tiene en el bolsillo. La mujer Caballo, en su ansiedad congénita, dudará de todo y llegará a preguntarse si merece ser amada por tan quimérico personaje. El Dragón tendrá que tranquilizarla con atenciones varias, pero bien vale la pena, ya que un amor de Caballo es algo difícil de olvidar.

**MUJER DRAGÓN - HOMBRE CABALLO**. La mujer Dragón quedará deslumbrada al descubrir la verdadera naturaleza del espécimen que ha caído en sus coquetas redes. El Caballo tiene deseos imperiosos e impacientes. Para él, cada día debe ser un amor a primera vista, y ella deberá estar preparada para salir a galopar a las horas más inusitadas. La mujer Dragón debe saber que si cede frente al brioso equino la unión será por los siglos de los siglos. No vale hacer una pausa, ni permiso para bajarse de la montura. El Caballo se ama primero y luego ama al otro. Si ella lo soporta, conocerá el amor en todas sus versiones: espiritual, sentimental, intelectual, sexual. ¡Salud!

**HOMBRE DRAGÓN - MUJER CABRA**: El señor Dragón pensaba que había perdido su capacidad de asombro, pero descubre que la conserva cuando encuentra a la mujer Cabra. Este capricho veneciano resulta un enigma, un ser lleno de encanto, travieso, exquisito, imprevisible, siempre joven, lleno de sorpresas y de inversiones amorosas. El Dragón quedará flechado con la cabrita, un regalo de la vida. Su unión será agitada como un pisco[38] con hielo granizado y limón bebido en alguna caleta de Valparaíso.

**MUJER DRAGÓN - HOMBRE CABRA**: El hombre Cabra, como la mujer Cabra, tendrá tendencia a esperar todo del ser amado. Esta sabia costumbre es algo extraña y sorprendente para nuestras almas occidentales. Si la mujer Dragón se enamora, tendrá que soportar este pequeño defecto. Deberá controlar que no le falte nada al simpático caprino, que encima es conocido por su afición a las saltarinas andanzas. En fin, la mujer Dragón tendrá una vida bien ocupada.

**HOMBRE DRAGÓN - MUJER MONO**: La gran lucidez de la mujer Mono puede llegar a ser un obstáculo para su vida amorosa. No acostumbra decirse a sí misma que hay que «saber ignorar» ciertas cosas; es implacable para constatar la dura realidad. La relación con el Dragón será posible si él se dispersa menos y le asegura a la mona días novedosos, siempre diferentes. El Dragón, que se creía un genio, tendrá adicción por la clarividencia y la extralucidez de la simia.

**MUJER DRAGÓN - HOMBRE MONO**: El Mono se casa joven o no se casa más, y eso es otra consecuencia de su devastadora lucidez. Se dejará llevar por la llamada de la selva. El señor Mono se pregunta para qué jurar fidelidad si el futuro nos trae un infinito número de sorpresas. Para subyugarlo, la mujer Dragón deberá inventar juegos, números de magia, adivinanzas, tendrá que saber contar cuentos, jugar a la canasta uruguaya, y cantar canciones de Caetano Veloso con acompañamiento de guitarra para no perder el amor de semejante hombre Mono. Puede terminar matándose de risa.

**HOMBRE DRAGÓN - MUJER GALLO**: No hay gallina en el horóscopo chino; entiéndanme bien: estamos frente a la mujer Gallo. OM, OM, OM.

### Enamorándonos

Le encanta lucirse, vestirse bien, y varias veces se olvida de ser discreta. Comparte con el Dragón el amor por el brillo y el gusto por la primera fila. Cuando estén bien seguros de amarse y su pasión les deje tiempo libre para estudiarse, la mujer Gallo admirará sin reservas el aire desenvuelto y lleno de empuje del Dragón y cantarán la balada como John y Yoko.

**MUJER DRAGÓN - HOMBRE GALLO**: Por su naturaleza volátil, el Gallo habrá picoteado a diestra y siniestra antes de distinguir a la mujer Dragón entre la multitud. Y el señor Gallo tal vez querrá tener contrato de exclusividad. Podrán llegar a ser felices si ella presta atención a las capacidades intelectuales del Gallo y se comporta con menos intolerancia. Tiene que reconocer que su compañero no vale sólo por su plumaje y que el papel protagonista debe ser compartido.

**HOMBRE DRAGÓN - MUJER PERRO**: El Dragón es un ser brillante por naturaleza, y puede llamar la atención que se fije en una mujer Perro. Sin embargo, su unión es posible si ambos deciden intentarlo con altas dosis de amor. La actitud dominante del hombre Dragón trae seguridad a la siempre ansiosa perrita. Ella siente que al lado de semejante personaje nada grave podrá sucederle y que es un bajón seguir siendo melancólica.

**MUJER DRAGÓN - HOMBRE PERRO**: Si al Perro se le cruza en el camino una mujer Dragón, descubrirá que ella es la mujer de sus sueños y dedicará su vida a tratar de conquistarla. Su mayor defecto: cree que es difícil concretar su propia felicidad. Por otro lado, es celoso, y el brillo natural de la dragona no hace más que sacar el Otelo que se agazapa en su interior. Si bien su unión parece a primera vista una mala combinación, la fidelidad incondicional del Perro será una base duradera para lo que emprendan.

**HOMBRE DRAGÓN - MUJER CERDO:** Antes que nada, la mujer Cerdo es una enamorada de la vida. Y se entrega al amor en todas sus formas, tamaños y colores. Está a favor de grandes bacanales alrededor del Obelisco, como en la antigua Grecia, y piensa que sólo el amor físico y espiritual podrá cambiar al mundo. El encuentro con un hombre excepcional como el Dragón es una explosión en su cerda vida. Él se enamorará de su ingenuidad y de su sensual pureza. Los primeros encuentros del quinto tipo serán hirvientes, ardientes, admirables, sincrónicos. Ambos creerán que viven en un sueño, aunque el Dragón a veces piense que la cerdita pasa demasiado tiempo preparando la sopa y lavando los platos.

**MUJER DRAGÓN - HOMBRE CERDO**: el lema básico del Cerdo es amar y ser amado. Cuando descubra a la mujer Dragón se frotará los ojos porque pensaba que no existían mujeres tan bellas y brillantes. El cerdito irá directo al grano. La mujer Dragón, asombrada por su franqueza, no se opondrá a las intenciones porcinas. Aunque sea en secreto, ella también sueña y tiene su sensibilidad y su idealismo. Nada los separará, ya que han encontrado el mejor terreno de entendimiento: amor, sexo y amplias facilidades para su práctica, investigación y desarrollo.

## La Serpiente

**HOMBRE SERPIENTE - MUJER RATA**: El hombre Serpiente es un ser exclusivo, lleno de encanto y de pasión. Si bien se siente feliz de unirse con la mujer Rata, inmediatamente la invita a considerarlo el ombligo del mundo. Ella sólo debe ocuparse de él. El hombre Serpiente no tiene la intención de ser un modelo de fidelidad. La ratita, que había sucumbido bajo su encanto, pasa luego por períodos de dudas hasta comprender mejor que lo que cuenta es saber amar.

**MUJER SERPIENTE - HOMBRE RATA**: La Serpiente, esa gran seductora, hará del hombre Rata —trabajador, atento, rápido, servicial— un *bocato di cardinale*. Lejos de sentirse molesto, el roedor no tendrá suficientes palabras para describir su felicidad, fascinado por la imaginación y el humor ofídicos. Es fácil imaginar a esta pareja milagrosa: el espíritu unido a la vivacidad, la astucia a la agitación, la brillantez intelectual a la memoria. Maravillosa unión donde tal vez faltará un poco de ternura para los hijos que vendrán. En medio de esa danza de palabras y de ideas, ¿quién se ocupará de preparar el biberón? Los chicos tendrán que arreglarse un poco solos.

**HOMBRE SERPIENTE - MUJER BÚFALO**: Cuando una mujer Búfalo no quiere por nada del mundo dejarse conquistar por el hombre Serpiente, no queda más que el método de Napoleón: «La única victoria es la fuga». Pero tratar de escapar de una Serpiente resulta una *misión imposible*: volverá a atrapar a quien quiera. La mujer Búfalo no tiene la menor posibilidad de zafarse. Sólo le queda mirarlo fijamente, y aceptar que ha sido hipnotizada. Como el hombre Serpiente es extremadamente celoso, empleará toda su astucia para mantenerla encerrada en el apartamento o en la casa de fin de semana, y como compensación la cubrirá de amor.

**MUJER SERPIENTE - HOMBRE BÚFALO**: Si el buen Búfalo cruza el camino de la Serpiente, se arriesga a ser identificado, catalogado, apreciado y deglutido. Se sentirá orgulloso de que una persona de la fineza y la elegancia de la Serpiente pose su interés en su pesada silueta para tratar de conquistarlo. Rápidamente se dará cuenta de las exquisiteces sexuales que le depara esta unión. Vivirán en una armonía inesperada, llena de magníficos descubrimientos y rebosante de placer.

**HOMBRE SERPIENTE - MUJER TIGRE**: La sabiduría popular china aconseja huir de la Serpiente para no ser seducidos. Y la tigresa, tan segura de sí misma, se queda como si nada. «Vamos a ver», piensa la santa, y termina fagocitada como la abuelita de Caperucita Roja. La boa constrictor es un amante exclusivo que la enrosca en sus brumas hasta ahogarla, y despierta en la mujer Tigre su innata pasión por la independencia y la libertad. Ella tratará de zafarse, pero el ofidio ya ha organizado un argumento tipo *¡Átame!*. Como en la película, la tigresa encuentra en esta vida agradables compensaciones.

**MUJER SERPIENTE - HOMBRE TIGRE**: Con la Serpiente entramos en un mundo nuevo, damos un paso hacia el más allá. Y también el Tigre, el rey de los elegantes, el *partenaire* prestigioso, el hombre soñado, se dejará conquistar por el encanto fascinante de esta mujer. La desea, la quiere, la obtiene. Con el paso del tiempo y de la vida en común, el Tigre, que se mantiene bello y seductor, comienza a despertar los celos del ofidio, que son una maldita enfermedad. El felino se dará el gusto, y como ella tampoco es muy fiel que digamos, habrá en la vida de esta pareja días extraños en los que los terribles amantes se pelearán y se sacarán pedazos hasta comprender que un buen pacto secreto de respeto mutuo es una institución muy útil.

**HOMBRE SERPIENTE - MUJER CONEJO**: Ya es casi inútil anunciar que el hombre Serpiente es uno de los más seductores del horóscopo chino y aledaños. Con suma facilidad, la mujer Conejo quedará convertida en una mujer feliz. Ella no sentirá jamás anillos de acero que se enrosquen hasta inmovilizarla ni manos brutales que la asfixien. Todo será mucho más sutil: un rapto legal en el que secuestrada y secuestrador, consumidos por la pasión, rezarán a Dios para que ningún policía los encuentre.

**MUJER SERPIENTE - HOMBRE CONEJO**: Puede ser una unión muy equilibrada si la Serpiente ama realmente al Conejo y si está decidida a hacerse amar, no tendrá muchos inconvenientes para anexarlo íntegramente y convertirse en su bombón de chocolate, casi a pesar de él. Si el señor Conejo no desea ser deglutido, que empiece a correr hacia el Norte y pare cuando llegue a Panamá.

**HOMBRE SERPIENTE - MUJER DRAGÓN**: Las demandas de un hombre Serpiente son muy difíciles de rehusar. Lo digo por experiencia propia. Si decide que la mujer Dragón será suya, es mejor que ella acepte el trámite ipso facto: con o sin lucha, el resultado será el mismo. La dragona quedará completamente bajo su control remoto. Pero, queridos lectores, se puede ser muy feliz si uno es deglutido por una Serpiente. Sexo y alegrías con garantía por varios años.

**MUJER SERPIENTE - HOMBRE DRAGÓN**: Si el Dragón se cruza con la Serpiente, ni vale la pena que se resista. Cada uno encontrará en el otro atracciones y sorpresas varias, satisfacciones inesperadas e imprevistas. Serán felices a pesar de la mala onda de los malditos celos de la Serpiente. Bastará que el Dragón esté contento para que lo ponga en formol. Su unión resultará demasiado interesante y sensual... ¡Mejor no arriesgarse a quebrarla con otras aventuras!

**HOMBRE SERPIENTE - MUJER SERPIENTE**: ¿Pueden unirse dos Serpientes? Hmm... Difícil. Sin embargo, por su sabiduría son capaces de vislumbrar cuánta felicidad podrían brindarse mutuamente. A nivel sexual, conocerán horas de alto vuelo, y su unión podría resultar particularmente armoniosa. En lo social, nada impide pensar que serán rivales debido a sus mismos talentos y fuerza. Si existe entre ellos un amor suficientemente fuerte y si se confirma su legendaria sabiduría, serán aliados y cómplices. Nadie con dos dedos de frente puede desaconsejar esta unión.

**HOMBRE SERPIENTE - MUJER CABALLO**: Un dato clave para usted, señor Serpiente: la mujer Caballo es una gran *enamorada del amor*, una apasionada. Para ella, el amor es mucho más que un sentimiento que hace latir el corazón: es un cortocircuito que sacude todo su ser, de la cabeza a los pies, sin que se escape ninguna célula. Frente a semejante entusiasmo, el hombre Serpiente se siente superado, desarmado, bombardeado, derretido, fagocitado. Resumiendo: la mayoría de las veces, marcha derechito hacia el Registro Civil.

**MUJER SERPIENTE - HOMBRE CABALLO**: El hombre Caballo es un gran conquistador, y cuando se encuentra con la Serpiente no desea otra cosa que seducirla. La Serpiente acepta sus declaraciones y se tira de cabeza en sus brazos, rendida a sus encantos, y abandona cualquier veleidad del tipo «Movimiento de liberación femenina». Ella siente tan profundamente que es él quien decide todo, de manera automática, inexorable, que renuncia a sus pretensiones feministas y acepta, sumisa, atravesar la pampa al galope, caso extremadamente inusual en una Serpiente.

**HOMBRE SERPIENTE - MUJER CABRA**: Al cruzarse con una criatura tan deliciosa como la Cabra, el hombre Serpiente tiene la tentación inmediata de atraparla y poseerla. El ofidio odiará la confianza natural de la Cabra para relacionarse con otros hombres. Si sus vidas siguen un mismo curso, él descubrirá todo lo que ella puede darle sin peso ni medida, y cuando finalmente se dé cuenta de que ha hallado la alegría del corazón y las alegrías de la carne, tomará a la cabrita bajo su cuidado, y así ella podrá zafarse de los problemas materiales. Unión duradera.

**MUJER SERPIENTE - HOMBRE CABRA**: Desde el instante en que la mujer Serpiente ve al hombre Cabra, desea enroscársele para siempre. Sólo deberá tratar de atraer la atención del caprino durante el tiempo necesario para que él la distinga y ella pueda hipnotizarlo. Divertido, ligero y bailarín, el hombre Cabra adora dejarse amar y sentirse deseado. Uno se pregunta si pertenece a este mundo o si hay un error... Pero la Serpiente no duda un segundo y lo hace puré: ese divino ordenador ha sido programado para que le enseñe el amor. Y se muestra sumamente eficaz.

**HOMBRE SERPIENTE - MUJER MONO**: La Mona logrará realizar este acto memorable en su vida: sorprender al hombre Serpiente. Al lado de ella, todos tienen la impresión de que están durmiendo. Incluso el ofidio, tan despierto y activo, siente que piensa y actúa en cámara lenta en comparación con el estilo de la monita. Ella no se da cuenta de que es tan original porque encuentra normal su forma de ser y su frecuencia ultrasónica. La santa admira al hombre Serpiente, que recibe su recompensa como Dios manda. La lucidez de la Mona puede volverse en contra de ella misma: daría lo que no tiene por vivir un «amor ciego». *Misión imposible*.

**MUJER SERPIENTE - HOMBRE MONO**: Las relaciones entre la Serpiente y el Mono son clásicas y equilibradas. Ella es refinada y sutil, y él tiene lucidez y habilidades. La mujer Serpiente, frente a esta paridad de fuerzas, sabe actuar con astucia y deja que el Mono crea que maneja los hilos. Ambos están dotados para la vida de familia. Encuentran en sus relaciones amorosas un acuerdo sumamente agradable y placentero: sus posibles disputas terminan con escenas eróticas de antología tras de las cuales cada uno le da la razón al otro.

**HOMBRE SERPIENTE - MUJER GALLO**: Lo repito nuevamente para que no haya confusión: una mujer Gallo no tiene nada que ver con una gallina. Sabe perfectamente lo que quiere: le hace entender de inmediato al hombre Serpiente que adoraría unir su vida a la de él, y le evita así los trámites previos del flirteo, noviazgo o cosa que se le parezca. En general, ella es quien toma la decisión, y arrastra a su pareja en estado de conmoción. Sus relaciones físicas serán perfectas y ocuparán mañanas, tardes o noches enteras. El hombre Serpiente será saciado, pero cuidado: que la saciedad no se convierta en hartazgo.

**MUJER SERPIENTE - HOMBRE GALLO**: Si el Gallo encuentra a la Serpiente en un momento de sus vidas en que ambos están sin ataduras sentimentales, su unión será prácticamente inevitable. Están hechos el uno para el otro. El Gallo es franco, honesto y un poco susceptible; puede llegar a ser hiriente pero a menudo ignora que los otros también son capaces de serlo. La Serpiente está dispuesta a soportarlo y acepta de él ciertas verdades bien dichas porque no puede cortar su adicción por el señor Gallo.

**HOMBRE SERPIENTE - MUJER PERRO**: El único reproche que podría hacerle el hombre Serpiente a la mujer Perro es que a fuerza de esmero y buena voluntad puede resultar un poco plomo. Este defecto corresponde exactamente al de los perros en China: falta de despreocupación, de levedad, de diversión. En lo físico, esta santa acepta el «deber conyugal» pero le faltan ardor y fuego. El ofidio estará orgulloso de tener una pareja fiel. Él, en cambio, no lo será tanto, y soportará con gran dificultad esa leal mirada perruna que se posará sobre su persona cada vez que la señora Perro huela una falta.

**MUJER SERPIENTE - HOMBRE PERRO**: Cuando el Perro encuentra a la Serpiente, sabe que su búsqueda ha finalizado: ella es su oscuro objeto de deseo, y como gran cabeza dura, logrará conquistarla. En la intimidad, será tierno, afectuoso, lleno de atenciones. Pero le faltará alegría... La Serpiente deberá acostumbrarse a este mal humor tan típico del Perro, y además darle confianza y tranquilizarlo permanentemente.

La Serpiente será recompensada con altas dosis de erotismo y sensualidad, que valen esos sacrificios y aún más.

**HOMBRE SERPIENTE - MUJER CERDO**: Como la simpática porcina adora la vida en todos sus aspectos y la belleza en todas sus formas, le encanta soñar con el hombre ideal e imaginar las escenas más audaces fuera de toda censura... Y cuando descubre al hombre Serpiente, sabe que el período de caza ha terminado: la tierra prometida ha sido alcanzada. Ella será una excelente pareja para él. Se entenderán a las mil maravillas: feliz por naturaleza, la mujer Cerda brindará al ofidio esos momentos memorables que justifican la vida.

**MUJER SERPIENTE - HOMBRE CERDO**: La tenacidad del señor Cerdo es a toda prueba. Cuando sea conquistado por el misterio de la mujer Serpiente, no cesará hasta conseguir su amor. El Cerdo sabe que ella, tan encantadora, podría lamentar a veces no estar con alguien más brillante, y hará todo para que esta sensación no la invada, para demostrarle que le puede brindar una enorme felicidad. El Cerdo deberá dedicarse cada día a retenerla a través de los maravillosos e inagotables juegos del amor. Sin falsos pudores, se entregarán en cuerpo y alma a tan fascinante empresa.

## *El Caballo*

**HOMBRE CABALLO - MUJER RATA**: El hombre Caballo vive absorbido por el trabajo que debe asumir para mantener a la familia. «Hay un tiempo para todo», piensa. Se siente feliz al ser elegido por una mujer Rata muy activa y hábil en resolver todo tipo de problemas. A veces, él preferiría que ella fuera más loca, más apasionada. Cada tanto se pregunta: «¿Qué pasó? ¿Me casé con una secretaria perfecta? ¿Dónde están los tumultuosos éxtasis tropicales del amor?». Hará falta una muy buena cintura para que funcione de nuevo esta pareja unida para lo mejor y lo peor.

**MUJER CABALLO - HOMBRE RATA**: Por su carácter apasionado, la mujer Caballo responde con mucho ahínco y pasión a las llamadas del hombre Rata. La dulce equina ama con toda su alma y con todo su cuerpo, y esta pasión sin frenos va a inquietar tal vez al humilde roedor, que nunca pidió tanto. La mujer Caballo puede volverse egocéntrica y él a veces puede lamentar haber encendido la llamarada. Si no tiene firmes las riendas de su corcel, se arriesga a no encontrarla una noche al volver de la oficina.

**HOMBRE CABALLO - MUJER BÚFALO**: Cuando la mujer Búfalo conozca en profundidad a este personaje excepcional que atrapó en sus redes, estará sumamente sorprendida. Va a descubrir la intensidad de las emociones que él siente. Los deseos del Caballo son imperiosos. Ceder es embarcarse para siempre. La mujer Búfalo tendrá que habituarse, pero será recompensada. En realidad es ella quien lo lleva de las riendas, aprovechando el lado romántico del equino.

**MUJER CABALLO - HOMBRE BÚFALO**: La prestigiosa mujer Caballo sabrá seducir al hombre Búfalo. Sin embargo, con el tiempo ella puede presentar aspectos propios de una mujer nerviosa. El Búfalo no se cansará jamás de ella, aunque se vayan desgastando los méritos que presentaba al principio; él restará importancia al hecho porque su lado filosófico hace que valore la gentileza y el encanto de la mujer Caballo. Ella le devolverá con creces ciertas alegrías particulares.

**HOMBRE CABALLO - MUJER TIGRE**: Cuando la ve, el Caballo pierde el paso. Admiración, orgullo, amor, todos los sentimientos hierven en él. La tigresa está feliz, ya que lo encuentra encantador. Pero al conocer mejor a este hombre excepcional, al que acaba de conquistar con suma facilidad, y con quien piensa compartir el resto de sus días, la mujer Tigre pasa de sorpresón a sorpresón. No puede creer la intensidad de las emociones equinas, que corren como tren bala sin freno de seguridad. El Caballo la considera una criatura soñada, de la cual se enamora hasta el paroxismo. La tigresa tendrá que valorar el carácter exclusivo de este amor, y si sabe domarlo con delicadeza, el caballito terminará por hacer lo que ella quiera.

**MUJER CABALLO - HOMBRE TIGRE**: Frente a la mujer Caballo, el Tigre se queda absorto con la forma violenta en que manifiesta sus sentimientos. Cuando ella ama, lo hace con cada una de las células de su cuerpo. Susceptible, insegura de sí misma, no soporta que el Tigre le haga el menor comentario cercano a la crítica. Él descubrirá que las cosas no son como parecían al principio. Sin embargo, un Tigre no cambia fácilmente de idea, y sólo le pide a Dios que la mujer Caballo logre controlar su emotividad. Él sabrá valorar la fidelidad equina, rasgo del cual carece en general. Nadie es perfecto

**HOMBRE CABALLO - MUJER CONEJO**: El señor Caballo adora las conquistas. Cuando se encuentra con la mujer Conejo no tiene más que un deseo: seducirla. Y ella, que aprecia ser cortejada y que no quiere quedarse a vestir santos, aceptará esa catarata de homenajes con total sinceridad. Como en el fondo es santa, no opondrá demasiada resistencia para salir a galopar como prueba de ensayo. El nerviosismo equino tal vez la espante, pero deberá superarlo con la profundidad de sus propias convicciones frente a un personaje tan importante, inquie-tante y a veces pelotazo como el Caballo.

**MUJER CABALLO - HOMBRE CONEJO**: Si el Conejo logra seducir a la mujer Caballo, se dará cuenta velozmente de que para ella el amor no es sólo un sentimiento que le hace latir el corazón. Es una especie de incendio de pasión que no deja nada en pie a su paso, y hace arder cuanto encuentra en su camino. El pobre conejito deberá tener vocación de bombero si desea aventurarse en este hipódromo de placeres. No resultará decepcionado, ya que ella es capaz de todo y aún más cuando está enamorada. Se recomienda curso preparatorio.

**HOMBRE CABALLO - MUJER DRAGÓN**: La mujer Dragón quedará deslumbrada al descubrir la verdadera naturaleza del espécimen que ha caído en sus coquetas redes. El Caballo tiene deseos imperiosos e impacientes. Para él, cada día debe ser un amor a primera vista, y ella deberá estar preparada para salir a galopar a las horas más inusitadas. La mujer Dragón debe saber que si cede frente al brioso equino la unión será por los siglos de los siglos. No vale hacer una pausa, ni permiso para bajarse de la montura. El Caballo se ama primero y luego ama al otro. Si ella lo soporta, conocerá el amor en todas sus versiones: espiritual, sentimental, intelectual, sexual. ¡Salud!

**MUJER CABALLO - HOMBRE DRAGÓN**: El Dragón que está siempre brillando en la cresta de la ola, y es esencialmente urbano, mundano, encuentra en la mujer Caballo un modelo de sociabilidad, encanto y simpatía, y se lanza a la conquista. No se preocupa: ya la tiene en el bolsillo. La mujer Caballo, en su ansiedad congénita, dudará de todo y llegará a preguntarse si merece ser amada por tan quimérico personaje. El Dragón tendrá que tranquilizarla con atenciones varias, pero bien vale la pena, ya que un amor de Caballo es algo difícil de olvidar.

**HOMBRE CABALLO - MUJER SERPIENTE**: El hombre Caballo es un gran conquistador, y cuando se encuentra con la Serpiente no desea otra cosa que seducirla. La Serpiente acepta sus declaraciones y se tira de cabeza en sus brazos, rendida a sus encantos, y abandona cualquier veleidad del tipo «Movimiento de liberación femenina». Ella siente tan profundamente que es él quien decide todo, de manera automática, inexorable, que renuncia a sus pretensiones feministas y acepta, sumisa, atravesar la pampa al galope, caso extremadamente inusual en una Serpiente.

**MUJER CABALLO - HOMBRE SERPIENTE**: Un dato clave para usted, señor Serpiente: la mujer Caballo es una gran *enamorada del amor*, una apasionada. Para ella, el amor es mucho más que un sentimiento que hace latir el corazón: es un cortocircuito que sacude todo su ser, de la cabeza a los pies, sin que se escape ninguna célula. Frente a semejante entusiasmo, el hombre Serpiente se siente superado, desarmado, bombardeado, derretido, fagocitado. Resumiendo: la mayoría de las veces, marcha derechito hacia el Registro Civil.

**HOMBRE CABALLO - MUJER CABALLO**: Bellos, elegantes, llenos de brío, enamoradizos... y además, se aman mutuamente. Comparten los mismos gustos, que no son precisamente simples ni tranquilos. Los mueve una pasión común: *amor, amor, amor*. En este interesante aspecto podrían estar equinamente saciados, pero sin embargo, al unirse dos caballos, la ansiedad existencial y la falta de paz se multiplican geométricamente. Esto se puede transformar en una especie de programa diario, algo como «El concurso de la angustia», en el cual no se entregan premios. Uno de los dos equinos deberá, a través de terapias alternativas de relajación o de kilos de tranquilizantes, alcanzar un cierto equilibrio y tomar las riendas de la pareja para que no sucumba bajo olas de adrenalina.

**HOMBRE CABALLO - MUJER CABRA**: ¿Podrá el Caballo contraer el compromiso de tener una Cabra como compañera de vida? No hay ninguna duda de que la ama y la adora hasta los huesos, pero tendrá que ver si logra satisfacer las exigencias de la Cabra en todo sentido. Ella, diosa de la fantasía, de la improvisación cotidiana, del odio a la rutina, no lo esperará con un plato de puchero recién hecho sobre la mesa. El Caballo tendrá que acostumbrarse a los sándwiches o llevarla, como corresponde, a comer a buenos restaurantes. Pero, gracias a la Cabra, su vida en blanco y negro se transformará en una película 3D con palomitas de maíz incluidas. La Cabra, en cambio, tendrá quien le asegure la existencia. Buena unión.

**MUJER CABALLO - HOMBRE CABRA**: Este es el caso inverso al anterior: al Señor Cabra le toca tomar decisiones e ir a buscar los dinerillos para hacer frente al temporal de la cotidianeidad. Sin embargo, es bien sabido que en sus genes está escrito con letras mayúsculas y subrayado: «Se acepta todo tipo de ayuda, material, líquida o gaseosa». Por diversos caminos intentará que la mujer Caballo salga al ruedo, pero ella, sabia, vislumbrando los manejos caprinos, se limitará a hacer que la vida de ambos dentro de la casa sea lo más feliz posible, y eso no es poco. Con el tiempo, el hombre Cabra comprenderá que ésa es la mejor solución.

**HOMBRE CABALLO - MUJER MONO**: En teoría pueden llegar a formar una pareja sobre la cual se podría escribir un libro en las selvas guatemaltecas. Sin embargo, el problema de esta extraña unión reside en que tienen diferentes modos de ser y de pensar. La lucidez implacable de la Mona puede llegar a entrar en conflicto con los dramas existenciales del Caballo, que es romántico, imaginativo, ilógico y sentimental. Si están en el TAO, se complementarán: la simia trazará la senda y el equino le dará vuelo. Ojo con la rivalidadddd.

**MUJER CABALLO - HOMBRE MONO**: Ya hemos dicho que la fogosa mujer Caballo galopa permanentemente detrás del amor. Ama amar y ser amada. Este requisito debe ser incorporado por el refinado y lúcido Mono, que deberá emplear todas sus traviesas técnicas para satisfacerla. Al mismo tiempo, tiene que tranquilizarla, serenarla cuando se desboca, y apaciguarla en caso de una tormenta intensa. Al cabo de años de dudas y de tanteos en la oscuridad, pueden llegar a compartir la existencia, lejos de la monotonía y del aburrimiento cotidiano. Tendrán, tal vez, algunos problemas materiales, porque el Mono no es el funcionario modelo.

**HOMBRE CABALLO - MUJER GALLO**: En el momento en que la mujer Gallo se encuentra con el Caballo, siente una sacudida total de la estantería. La prestancia del equino no pasa inadvertida frente a sus gallináceos ojos. Él también quedará deslumbrado. Ella es extremadamente comunicativa y sociable, serena y segura de sí misma, justo lo que el señor Caballo necesita, porque no se siente seguro de nada y teme siempre una calamidad. Ella se transformará en su seguridad mental y tal vez hasta real. Buscará una actividad suficientemente elegante como para que le interese y convenientemente bien paga como para que le convenga para redondear y llegar a fin de mes. Si cada uno pone una gota de sentido común, lograrán una vida sin mayores trastornos.

**MUJER CABALLO - HOMBRE GALLO**: Con el pasar del tiempo, el Gallo comprende que debe dejar de cacarear tanto y empezar a pensar en una sana vida de familia. Cuando esto ocurre, la mujer Caballo con todos sus atractivos llamará su atención y lo dejará pensando en lo feliz que sería si viviera con ella. No es que piense serle fiel, porque no firma contratos de exclusividad. Pero hete aquí que nuestro querido gallináceo se vuelve celoso. La mujer Caballo es su más preciado bien y nadie debe tocar su tesoro. ¡Sufre de exclusividad unilateral agravada! Un mal que desgraciadamente es bastante frecuente, tanto en China como en estas latitudes.

**HOMBRE CABALLO - MUJER PERRO**: La mujer Perro y el hombre Caballo son muy emotivos. Ambos viven a los saltos, temblando entre peligros reales y artificiales. Además, ella es pesimista y él inseguro. Uno puede preguntarse qué va a buscar uno en el otro. Sin embargo, por una alquimia extraña que sólo sabios chinos sabrían dilucidar, pueden llegar a tranquilizarse mutuamente. Su unión puede ser una especie de terapia de grupo. Podrán vivir en paz e incluso con serenidad. La fidelidad de ella es total, de esas que hoy en día ya son leyenda. Agradecido, el Caballo apreciará el gesto y sabrá devolverlo. En este singular caso, la fidelidad es recíproca.

**MUJER CABALLO - HOMBRE PERRO**: El Perro es el hombre más original que podría encontrar la mujer Caballo. En medio de tantas frivolidades y apariencias, el canino busca en la multitud a la mujer de su vida, con la cual se casará para la eternidad. No entra en su cabeza que uno se enamore de alguien y que no se case. Si la equina resulta la feliz elegida, conocerá la fidelidad, la gentileza, la constancia de un enamorado leal y cumplidor. Pero está el revés de la medalla: los celos. ¡Y bueh! Nadie es perfecto. Y sabemos que no es lo que se dice un amante espléndido, no es para matarse de risa, y, como todo celoso, es un poco desgraciado. Sin embargo, su amor es tal y su fidelidad tan grande, que bien vale la pena construir una historia con él.

**HOMBRE CABALLO - MUJER CERDO**: Hay poca gente que ama la vida tanto como la mujer Cerda. Cuando conozca al Caballo, va a esperar todo de él: amor, ternura, sexo, amabilidad, lujuria, sensualidad. El equino la encuentra encantadora, digna de su ternura y de su amor, pero llena de ilusiones ingenuas y sueños locos. Tal vez, eso hará más fácil su primer contacto. Ella encontrará en el señor Caballo la posibilidad de fundar un hogar con una prole numerosa y multiestelar. Tanta pasión femenina, tanto amor sin límites por la realidad terminarán tranquilizando al Caballo, que empezará a disfrutar de las cosas presentes sin tantas vueltas intelectualoides.

**MUJER CABALLO - HOMBRE CERDO**: El sueño recurrente del hombre Cerdo es ser amado. No tiene otra ambición en la vida que revolcarse en el lodo de la pasión. Cuando la mujer Caballo se cruza en su camino, su corazón le dice que tal criatura podrá colmar su increíble necesidad de amar. En los primeros encuentros, la mujer Caballo se queda algo sorprendida ante una concepción tan arcaica y brutal del amor. Pero en el fondo está encantadísima. ¿Por qué no? Si esas bases sólidas funcionan, la unión podrá ser un macromambo total.

## La Cabra

**HOMBRE CABRA - MUJER RATA**: La mujer Rata también queda en estado de conmoción al encontrarse con el hombre Cabra; su desenvoltura y sus costumbres —desconocidas hasta entonces— la dejan boquiabierta. Sin embargo, da la impresión de que él necesitara de ella. La mujer Rata capta: su enamorado caprino está dispuesto a todos los esfuerzos pero necesita su ayuda. La vida será maravillosa con él. Además, están aseguradas las noches ardientes.

**MUJER CABRA - HOMBRE RATA**: Cuando él la encontró, quedó asombrado. El roedor, activo hasta la agitación maníaca, que vive gracias a su razonamiento, su lógica y su memoria, se encontró delante de un enigma: una naturaleza puramente afectiva. No entiende nada más. Pero no tarda mucho en darse cuenta de que esta deliciosa criatura espera de él una cierta protección. Ella se entrega en la medida en que el hombre Rata le haga esta promesa. Nada mejor para un roedor, ya que habrá conseguido un ser totalmente consagrado a su persona, y además extremadamente alegre y optimista.

**HOMBRE CABRA - MUJER BÚFALO**: El hombre Cabra deberá trabajar para asegurar la existencia material de la mujer Búfalo. Ella, por su parte, deberá despertarlo por la mañana, ayudarlo a preparar sus cositas para ir al trabajo, reconfortarlo cuando sople el viento Norte, levantarle el ánimo si un despido se anuncia en el horizonte. Las noches serán buenas si las utilizan para apasionantes diálogos amorosos. Todo esto hará que el caprino no se aburra y evitará que un día parta hacia otros parajes.

**MUJER CABRA - HOMBRE BÚFALO**: Encontrarse con una Cabra deparará algunos sorpresas al Búfalo, pero después de los primeros encuentros nunca más podrá vivir sin ella: se hará adicto. Estará enamorado, trastornado, sacudido y conquistado. No tendrá más tranquilidad; a la seguridad, adiós. La Cabra apreciará su amor y hará su parte. El Búfalo deberá prestar atención y cuidar a la cabrita si no quiere que se le escape para el monte.

**HOMBRE CABRA - MUJER TIGRE**: A pesar de su naturaleza, el hombre Cabra debe ser capaz de asegurar el bienestar material de su hogar, dulce hogar. La mujer Tigre lo ayudará en esta difícil tarea, y el cabrito, agradecido, la amará. Estará feliz y lleno de buen humor, y se sentirá más que satisfecho. Cuando estén solos, con una sed de amor que resistirá los años y los vendavales, harán festivales-maratones con fuegos de artificio incluidos en los que cada uno buscará darle más placer al otro.

**MUJER CABRA - HOMBRE TIGRE**: Si el hombre Tigre ama a las mujeres románticas y sentimentales, se tirará a los pies de la Cabra. Ella será siempre joven, sin reglas estrictas ni programas fijados de antemano, y el Tigre responde a su independencia y sus propios caprichos, por lo tanto formarán una pareja que desconocerá la vida tranquila. Se amarán como chicos irresponsables en medio de una existencia hecha de imprevistos, de cambios, pasiones y pequeñas crisis. Instintivamente dependiente, la cabrita seguirá al Tigre en todas sus ideas, adoptará sus teorías, sin aplicarlas necesariamente. En esta unión, cada uno aportará sus propios deseos, haciendo la vida agradable y llena de variaciones.

**HOMBRE CABRA - MUJER CONEJO**: La mujer Conejo encuentra fascinante la total falta de lógica del hombre Cabra. Él vive una existencia dominada por la sensualidad afectiva y sexual. La coneja descubre que está frente a quien le enseñará el amor. Y el caprino es un excelente profesor. Ambos odiarán el yugo cotidiano y la vida rutinaria, de los cuales se defenderán como de la peste. Si las noches de amor están garantizadas, formarán una pareja divertida y enamorada, llena de fantasía.

**MUJER CABRA - HOMBRE CONEJO**: El momento en que el Conejo descubre a la Cabra siente tal emoción que apenas puede creerlo. Ella es demasiado guapa, demasiado encantadora, demasiado divertida y él no puede creer que exista alguien así. La unión no tarda en ser definitiva; se aman, se gustan, y compiten con sus respectivos encantos naturales. El Conejo tendrá la inmensa alegría de constatar que nada, salvo el amor que ella siente por él, podría haber atado a la cabrita. Y eso no es poca cosa.

**HOMBRE CABRA - MUJER DRAGÓN**: El hombre Cabra, como la mujer Cabra, tendrá tendencia a esperar todo del ser amado. Esta sabia costumbre es algo extraña y sorprendente para nuestras almas occidentales. Si la mujer Dragón se enamora, tendrá que soportar este pequeño defecto. Deberá controlar que no le falte nada al simpático caprino, que encima es conocido por su afición a las saltarinas andanzas. En fin, la mujer Dragón tendrá una vida bien ocupada.

**MUJER CABRA - HOMBRE DRAGÓN**: El señor Dragón pensaba que había perdido su capacidad de asombro, pero descubre que la conserva cuando encuentra a la mujer Cabra. Este capricho veneciano resulta un enigma, un ser lleno de encanto, travieso, exquisito, imprevisible, siempre joven, lleno de sorpresas y de inversiones amorosas. El Dragón quedará flechado con la cabrita, un regalo de la vida. Su unión será agitada como un pisco con hielo granizado y limón bebido en alguna caleta de Valparaíso.

**HOMBRE CABRA - MUJER SERPIENTE**: Desde el instante en que la mujer Serpiente ve al hombre Cabra, desea enroscársele para siempre. Sólo deberá tratar de atraer la atención del caprino durante el tiempo necesario para que él la distinga y ella pueda hipnotizarlo. Divertido, ligero y bailarín, el hombre Cabra adora dejarse amar y sentirse deseado. Uno se pregunta si pertenece a este mundo o si hay un error... Pero la Serpiente no duda un segundo y lo hace puré: ese divino ordenador ha sido programado para que le enseñe el amor. Y se muestra sumamente eficaz.

**MUJER CABRA - HOMBRE SERPIENTE**: Al cruzarse con una criatura tan deliciosa como la Cabra, el hombre Serpiente tiene la tentación inmediata de atraparla y poseerla. El ofidio odiará la confianza natural de la Cabra para relacionarse con otros hombres. Si sus vidas siguen un mismo curso, él descubrirá todo lo que ella puede darle sin peso ni medida, y cuando finalmente se dé cuenta de que ha hallado la alegría del corazón y las alegrías de la carne, tomará a la cabrita bajo su cuidado, y así ella podrá zafarse de los problemas materiales. Unión duradera.

**HOMBRE CABRA - MUJER CABALLO**: Este es el caso inverso al anterior: al Señor Cabra le toca tomar decisiones e ir a buscar los dinerillos para hacer frente al temporal de la cotidianeidad. Sin embargo, es bien sabido que en sus genes está escrito con letras mayúsculas y subrayado: «Se acepta todo tipo de ayuda, material, líquida o gaseosa». Por diversos caminos intentará que la mujer Caballo salga al ruedo, pero ella, sabia, vislumbrando los manejos caprinos, se limitará a hacer que la vida de ambos dentro de la casa sea lo más feliz posible, y eso no es poco. Con el tiempo, el hombre Cabra comprenderá que ésa es la mejor solución.

**MUJER CABRA - HOMBRE CABALLO**: ¿Podrá el Caballo contraer el compromiso de tener una Cabra como compañera de vida? No hay ninguna duda de que la ama y la adora hasta los huesos, pero tendrá que ver si logra satisfacer las exigencias de la Cabra en todo sentido. Ella, diosa de la fantasía, de la improvisación cotidiana, del odio a la rutina, no lo esperará con un plato de puchero recién hecho sobre la mesa. El Caballo tendrá que acostumbrarse a los sándwiches o llevarla, como corresponde, a comer a buenos restaurantes. Pero, gracias a la Cabra, su vida en blanco y negro se transformará en una película 3D. La Cabra, en cambio, tendrá quien le asegure la existencia. Buena unión.

**HOMBRE CABRA - MUJER CABRA**: Cuando estos dos ejemplares se encuentran, no tardan mucho en descifrarse mutuamente. Fantasiosos, caprichosos, artistas, sin ganas de insertarse demasiado en el sistema, enseguida se reconocen como de la misma raza. Ninguno de los dos tomará decisiones ni se transformará en jefe de familia, ya que no consideran indispensables esas tareas. Dejarán para mañana lo que puedan hacer hoy, ayer y anteayer. Formarán una pareja insólita y bohemia que desconocerá todo tipo de reglas y normas, pero los chicos serán felices.

**HOMBRE CABRA - MUJER MONO**: No es fácil que la extralúcida Mona logre entenderse con la nebulosa forma de ser del hombre Cabra. Le será difícil evitar ponerse nerviosa, porque no comparten los mismos puntos de vista. Inteligente en descubrir los errores ajenos, la Mona logrará irritar al caprino, y la vida no les será fácil. Paradójicamente, su unión puede llegar a perdurar si ella aporta razonamientos dignos de Pitágoras y él poesías dignas de Rubén Darío.

**MUJER CABRA - HOMBRE MONO**: El Mono puede caer en las redes de la Cabra con recibo firmado y todo, claro que tendrá que cambiar su actitud natural y renunciar a ir de liana en liana conquistando amores. Muy enamorada, la Cabra valorará en su justa medida las delicias del amor. Si él logra contentarla, ella será dulce y alegre; si no, retomará su manía de quejarse y gemir durante horas. El Mono debe ser precavido y saber a qué atenerse.

**HOMBRE CABRA - MUJER GALLO**: El señor Cabra es un artista imaginativo, y lo enloquece el modo en que se viste la mujer Gallo, que une elegancia con simplicidad. Ella lo encuentra simpático y se deja seducir. Como es una mujer orquesta, se ocupa de todo en la casa, es hábil para arreglarlo todo y es muy servicial. Esta actitud y su habilidad natural constituyen una gran seguridad para el hombre Cabra, que tendrá la impresión de haberse ganado la lotería.

**MUJER CABRA - HOMBRE GALLO**: Cuando el Gallo conoce a la Cabra, piensa que ella podría hacerlo muy feliz. Y en sus brazos ya no se preocupa por los problemas del gallinero. Pero le costará ser fiel; como es machista, cree que si ella está satisfecha no debe exigir nada más. Padece cierto micromambo al respecto, ya que el mismo liberal gallináceo puede transformarse en el más terrible de los hombres celosos. A pesar de todo, con el goce del amor con sexo consolidarán la pareja.

**HOMBRE CABRA - MUJER PERRO**: El hombre Cabra necesita que todo el tiempo lo tranquilicen, y la mujer Perro vive siempre temiendo lo peor, así que la unión puede ser dificultosa. Sin embargo, cada uno terminará calmando al otro con largas confidencias. Es posible que hagan el amor como un exorcismo contra el miedo y se convenzan de que la vida puede transcurrir serenamente. Tal vez alcancen la tan añorada paz. La fidelidad extrema de la Perra hará que el caprino pierda sus angustias. Sus vidas pueden llegar a entrar en el TAO.

**MUJER CABRA - HOMBRE PERRO**: La mujer Cabra tiene oportunidades de ser una excelente compañía para el hombre Perro, y cuando él lo advierte la atrae, la observa de arriba abajo y luego se le declara. A veces cae en cierta melancolía y puede volverse celoso: una palabra, un nombre, una alusión son suficientes para despertar sus celos. La Cabra es leal, se ríe de sus sospechas injustificadas y lo tranquiliza a fuerza de alegría y constancia.

**HOMBRE CABRA - MUJER CERDO**: La Cerda es apasionada e insaciable y espera con impaciencia a aquel que la educará en las mil sutilezas de la vida sexual y anexos. El caprino será aceptado como profesor, y ella le pagará tantos bellos momentos llevando adelante una casa FENG-SHUI donde todo funciona a las mil maravillas. En el arte del TELEKTONON, es una de esas uniones donde ambas partes están en armonía y comparten todo por partes iguales.

**MUJER CABRA - HOMBRE CERDO**: El hombre Cerdo, como su nombre lo indica, odia el amor casto. Para él, el amor incluye todas las gamas del solfeo: pasión, complicidad, ternura y sexo en una libertad total y sin límites. Cuando conoce a la Cabra, se da cuenta de que acaba de descubrir la perla negra. Desea una unión definitiva con franqueza recíproca, que durará años. La Cabra, sorprendida de que alguien pueda amar de tal modo, se tirará rápidamente de cabeza y criará numerosos cerditos en un corral lleno de vida.

## El Mono

**HOMBRE MONO - MUJER RATA**: El hombre Mono habrá tenido que dar muchas vueltas para conquistar a una ratita. Levemente sorprendente, esta pareja reúne a una mujer cercana a la hiperactividad con un hombre plástico, astuto y siempre divertido. Él aporta a la vida de la Rata, tan concreta, un soplo de fantasía. Charlar con él es como disfrutar de fuegos artificiales en el carnaval carioca. La Rata se siente asustada y fascinada a la vez, cuando descubre que el Mono es capaz, cuando quiere, de mostrarse extremadamente concreto. Y eso enamora a la Rata.

**MUJER MONO - HOMBRE RATA:** La mujer Mono es la más astuta de todo el zoológico chino. Sin embargo, ella no dirige su vida sentimental con habilidad. Se dice a menudo que eso viene de su gran lucidez: nadie le enseña nada. El hombre Rata deberá tratar con mucho tacto y dulzura a su simia compañera para conservar su amor, aceptando que ella viva sólo en el presente, único modo para la Mona de mostrar que está feliz y que desea seguir así.

**HOMBRE MONO - MUJER BÚFALO**: un Mono no es fiel por naturaleza, pero puede serlo por amor e incluso por facilidad. La mujer Búfalo está dominada más por la sexualidad a la Marguerite Duras que por el sentimiento. Su debilidad no es precisamente el corazón, y menos la razón. Pero ella será el elemento central de una casa llena de alegría, papilla de calabaza, risas infantiles. El Mono estará bastante animado con tanto jolgorio.

**MUJER MONO - HOMBRE BÚFALO**: El hombre Búfalo nunca apreciará en su justa valía la clarividencia de la mujer Mono, que adivina el fondo de sus pensamientos antes de que él mismo los haya incluso pensado. Ella vive un escalón por encima de la lucidez; para alcanzarla se necesita el mismo grado alfa o, en su defecto, mucho amor. Sin embargo, el hombre Búfalo deberá impedir que la simia se aburra y que se ponga a mirar alrededor: todos saben que el pasto del vecino siempre parece más verde.

**HOMBRE MONO - MUJER TIGRE**: El hombre Mono sabe bien quién es esta tigresa, y si la ama, se hace cargo de sus defectos y de sus virtudes. Al mono no le cuesta casi nada conquistar a la mujer Tigre porque la enreda con sus discursos y fábulas. Para que esta relación dure, la tigresa tendrá que estar muy enamorada y perdonar al Mono su lado macaneador. Si deciden permanecer juntos, deberán aceptarse tal como son, sin tratar de transformar al otro. En la edad adulta, no le pidamos peras al olmo.

**MUJER MONO - HOMBRE TIGRE**: Cuando la Mona se da cuenta de que el Tigre la ama, no logra quedarse más en su lugar. La seducen el brillo distinguido, la presencia elegante del felino. Con perfecta lucidez, ella capta inmediatamente lo que puede obtener de esta unión. Si decide quedarse con el Tigre, deberá renunciar a una parte de su simiesca naturaleza. Queridas hermanas monitas: no digan todo lo que saben, escondan esa lucidez extraterrestre. El amor es ciego, no traten de cambiar al Tigre. Él prefiere no ver. Sólo así este amor durará.

**HOMBRE MONO - MUJER CONEJO**: Esta combinación presenta ciertos puntos a tener en cuenta. La mujer Conejo deberá jugar el papel de la enamorada reservada al borde del mutismo, para dar rienda suelta al aparente hombre dominante, tan frecuente por estas tierras. La lucidez del Mono no dejará ninguna independencia a la coneja. Los salvará su amor por la vida de familia. No son constantes ni virtuosos, pero si se aceptan tal como son podrán fortalecer y sostener una unión que parecía precaria.

**MUJER MONO - HOMBRE CONEJO**: En el momento en que el Conejo descubre a la simia siente que hasta ese instante ha vivido en cámara lenta. La mona, que odia los horarios fijos y las tareas de rutina, quedará fascinada frente a la inconsciencia total del Conejo, que no piensa en el futuro ni en el pago de impuestos. La mona adora el vértigo y hará todo para conquistarlo: comerá guisos de lengua, se vestirá con lentejuelas multicolores, será imprevisible, sorprendente. Pero atención, Conejo, la mona es ante todo extremadamente lúcida, y las apariencias no la engañan. Cuidado.

**HOMBRE MONO - MUJER DRAGÓN**: El Mono se casa joven o no se casa más, y eso es otra consecuencia de su devastadora lucidez. Se dejará llevar por la llamada de la selva. El señor Mono se pregunta para qué jurar fidelidad si el futuro nos trae un infinito número de sorpresas. Para subyugarlo, la mujer Dragón deberá inventar juegos, números de magia, adivinanzas, tendrá que saber contar cuentos, jugar a la canasta uruguaya, y cantar canciones de Caetano Veloso con acompañamiento de guitarra para no perder el amor de semejante hombre Mono. Puede terminar matándose de risa.

**MUJER MONO - HOMBRE DRAGÓN**: La gran lucidez de la mujer Mono puede llegar a ser un obstáculo para su vida amorosa. No acostumbra decirse a sí misma que hay que «saber ignorar» ciertas cosas; es implacable para constatar la dura realidad. La relación con el Dragón será posible si él se dispersa menos y le asegura a la mona días novedosos, siempre diferentes. El Dragón, que se creía un genio, tendrá adicción por la clarividencia y la extralucidez de la simia.

**HOMBRE MONO - MUJER SERPIENTE**: Las relaciones entre la Serpiente y el Mono son clásicas y equilibradas. Ella es refinada y sutil, y él tiene lucidez y habilidades. La mujer Serpiente, frente a esta paridad de fuerzas, sabe actuar con astucia y deja que el Mono crea que maneja los hilos. Ambos están dotados para la vida de familia. Encuentran en sus relaciones amorosas un acuerdo sumamente agradable y placentero: sus posibles disputas terminan con escenas eróticas de antología tras las cuales cada uno le da la razón al otro.

**MUJER MONO - HOMBRE SERPIENTE**: La Mona logrará realizar este acto memorable en su vida: sorprender al hombre Serpiente. Al lado de ella, todos tienen la impresión de que están durmiendo. Incluso el ofidio, tan despierto y activo, siente que piensa y actúa en cámara lenta en comparación con el estilo de la monita. Ella no se da cuenta de que es tan original porque encuentra normal su forma de ser y su frecuencia ultrasónica. La santa admira al hombre Serpiente, que recibe su recompensa como Dios manda. La lucidez de la Mona puede volverse en contra de ella misma: daría lo que no tiene por vivir un «amor ciego». *Misión imposible.*

**HOMBRE MONO - MUJER CABALLO**: Ya hemos dicho que la fogosa mujer Caballo galopa permanentemente detrás del amor. Ama amar y ser amada. Este requisito debe ser incorporado por el refinado y lúcido

Mono, que deberá emplear todas sus traviesas técnicas para satisfacerla. Al mismo tiempo, tiene que tranquilizarla, serenarla cuando se desboca, y apaciguarla en caso de tormenta intensa. Al cabo de años de dudas y de tanteos en la oscuridad, pueden llegar a compartir la existencia, lejos de la monotonía y del aburrimiento cotidiano. Tendrán, tal vez, algunos problemas materiales, porque el Mono no es el funcionario modelo.

**MUJER MONO - HOMBRE CABALLO**: En teoría pueden llegar a formar una pareja sobre la cual se podría escribir un libro en las selvas guatemaltecas. Sin embargo, el problema de esta extraña unión reside en que tienen diferentes modos de ser y de pensar. La lucidez implacable de la Mona puede llegar a entrar en conflicto con los dramas existenciales del Caballo, que es romántico, imaginativo, ilógico y sentimental. Si están en el TAO, se complementarán: la simia trazará la senda y el equino le dará vuelo. Ojo con la rivalidadddd.

**HOMBRE MONO - MUJER CABRA**: El Mono puede caer en las redes de la Cabra con recibo firmado y todo, claro que tendrá que cambiar su actitud natural y renunciar a ir de liana en liana conquistando amores. Muy enamorada, la Cabra valorará en su justa medida las delicias del amor. Si él logra contentarla, ella será dulce y alegre; si no, retomará su manía de quejarse y gemir durante horas. El Mono debe ser precavido y saber a qué atenerse.

**MUJER MONO - HOMBRE CABRA**: No es fácil que la extralúcida Mona logre entenderse con la nebulosa forma de ser del hombre Cabra. Le será difícil evitar ponerse nerviosa, porque no comparten los mismos puntos de vista. Inteligente en descubrir los errores ajenos, la Mona logrará irritar al caprino, y la vida no les será fácil. Paradójicamente, su unión puede llegar a perdurar si ella aporta razonamientos dignos de Pitágoras y él poesías dignas de Rubén Darío.

**HOMBRE MONO - MUJER MONO**: Son dos figuras especulares que no pueden dejar de reconocerse, que no pueden ignorar los puntos fuertes y débiles del otro. No hay escapatoria: vivirán en una armonía perfecta o en una completa incomprensión. El contacto y el conocimiento del otro es inmediato y total. Dan la impresión de conocerse de toda la vida. Compartirán no sólo el amor sino también un conjunto de ideas y puntos de vista. Sumarán inteligencia y eficacia. Podrán llegar a ser la pareja perfecta: amantes, amigos, cómplices. Si dejan de lado el espinoso capítulo de la fidelidad, podrán fluir en el TELEKTONON de la sincronía.

**HOMBRE MONO - MUJER GALLO**: Como la mujer Gallo es sociable y comunicativa y el Mono odia la soledad, formarán una de esas parejas mundanas con la casa llena de amigos que los invitarán, a su vez, a comidas elegantes en sus mansiones. Evitarán el cara a cara. El poco tiempo compartido a solas lo utilizarán en sesiones de alto voltaje carnal, y quedará poco espacio para diálogos platónicos (ninguno se quiere aburrir). Si surge un problema de dinero, la mujer gallo estará dispuesta a trabajar y rápidamente alcanzará las altas esferas. El Mono, agradecido.

**MUJER MONO - HOMBRE GALLO**: Es archisabido que el Gallo viene con un pequeño defecto de fábrica: es infiel y celoso al mismo tiempo. (Ustedes me dirán que no es el único... om, om, om). La Mona, independiente por naturaleza, tendría ganas de salir corriendo o de partirle un jarrón de la dinastía Ming en la cabeza. Sin embargo, el placer que saben prodigarse mutuamente es el secreto de su inexplicable unión. Ella no será apacible ni silenciosa. Se harán ruidosos reproches pero firmarán acuerdos de paz al instante, y no precisamente por escrito.

**HOMBRE MONO - MUJER PERRO**: La mujer Perro es una gran emotiva que logrará seducir con sus suspiros al Mono, que detesta los corazones áridos y secos. Hay que tener en cuenta que entre ambos existen grandes diferencias: la mujer Perro es idealista, y el Mono, un realista sarcástico. Sus burlas podrían provocar en la canina un cierto rencor que, como la polilla, empezaría a destruir la relación. Se vislumbran en el horizonte nubes negras de tormenta: a preparar impermeables, botas de agua y paraguas.

**MUJER MONO - HOMBRE PERRO**: El hombre Perro no es precisamente un compendio de alegría y dinamismo. La Mona, por su forma de ser, no tardará en considerarlo un pelotazo, y hasta pensará que es una droga la legendaria fidelidad del Perro. Lo único que puede llegar a divertirla es la seriedad con que el Perro se toma las cosas del querer. Si bien ella encuentra totalmente divertidos dichos procedimientos amatorios, estará encantada de ser la feliz destinataria.

**HOMBRE MONO - MUJER CERDO**: Cuando el Mono le pide a la Cerda que sea su mujer, ella, feliz hasta las pezuñas, se enrojecería si este no fuese su color natural. La porcina siente que ocupar toda su vida en hacer feliz a semejante espécimen va a ser una tarea divinamente agradable. Él no es extraordinariamente bello, pero ella tampoco. La mujer Cerdo dirigirá todo pero le hará creer al Mono que está esperando sus instrucciones, cosa de mantenerle el ego en alza. Podrán crear una de esas parejas que ustedes seguramente conocen, sin grandes problemas, con una felicidad muy tranquila y serena.

**MUJER MONO - HOMBRE CERDO**: El Cerdo cae de rodillas frente a la Mona, y ella, que justamente estaba buscando entre los saldos un alma gemela, lo recibe con los brazos abiertos. Él quiere una unión definitiva e inmediata, de esas en serio, con anillo y todo, de las que no se puede zafar. Tal vez no sea una historia loca de pasión desenfrenada, pero esta manera de amar le dará a la Mona la certeza de una unión duradera, sólida, basada en la sensualidad, la estabilidad y también una multitud de cerditos.

## El Gallo

**HOMBRE GALLO - MUJER RATA**: La mujer Rata está de lo más orgullosa de haber seducido a un Gallo. ¿Él es fiel? La ratita tiene la suficiente sabiduría como para no hacerse jamás esa pregunta tan peligrosa. Si acepta que el Gallo revolotee sin hacer demasiadas averiguaciones, ella logrará ser feliz al estar acompañada por alguien tan admirado. Son sólo juegos.

**MUJER GALLO - HOMBRE RATA**: La mujer Gallo, digámoslo de una vez por todas, es un ser bastante egoísta. Pero la juventud, divino tesoro, tiene más atracciones que Disneylandia, y el hombre Rata no verá los defectos de su plumífera compañera. Sin embargo, si en vez de estar siempre atareado fuese un sentimental, no tardaría en constatar que sus estados de ánimo preocupan bastante poco a la mujer gallo.

**HOMBRE GALLO - MUJER BÚFALO**: El hombre Gallo no se mataría por ser fiel a la Búfala, pero anda cacareando para que todos sepan cuán celoso es. Su mujer le pertenece y no debería ver a nadie más. Es un poco machista. Es un buen dato para la Búfala saber que el gallináceo ama charlar y que no está con ella sólo para hacer el amor, aunque esta sea una actividad altamente apreciada por ambos. A tener en cuenta que el Gallo es glotón, y entonces podrá ser hipnotizado con tortas de crema y fresas mientras los chicos cantan a coro sus canciones preferidas.

**MUJER GALLO - HOMBRE BÚFALO**: La mujer Gallo siempre tiene encanto. El hombre Búfalo la ha visto rodeada por una corte de novios y pretendientes. Ella siempre le ha parecido un ser excepcional que no podría merecer. Y sin embargo es a él a quien ella mira y elige. ¿Cómo puede ser? El hombre Búfalo, robusto y metódico, da prioridad absoluta a sus exigencias profesionales. Si ama a la mujer Gallo, asegurará su existencia como si fuera la suya. Y eso es algo que la mujer Gallo adora.

**HOMBRE GALLO - MUJER TIGRE**: Desde el momento en que la mujer Tigre oyó hablar del Gallo y de sus múltiples conquistas, decidió probar suerte y tratar de conquistarlo. Ninguno de los dos es conocido por su fidelidad, por su constancia ni por su virtud. Ambos toman el amor como un juego, una prenda de circo, un divertido combate. El vanidoso Gallo quiere que todos sepan que está saliendo con la tigresa; con eso le basta. Sin embargo, como es un sentimental, nuestra dama estará fascinada frente a la sensibilidad del gallináceo, que esconde bajo las plumas.

**MUJER GALLO - HOMBRE TIGRE**: ¡Que no hará la mujer Gallo con tal de hacerse amar por el Tigre! Justamente porque ella adora el brillo y todo lo que reluce —aunque no sea oro—, la mujer Gallo es atraída por el felino. Este santo se deja seducir con tanto pavoneo y tanto desfile de plumas multicolores. El problema es que ella tiene algunos defectitos que taladran los nervios: glotona, ama los chismes y los cuentos. Si surgen dificultades, el Tigre sabrá resolverlas. Le dirán que ella no es muy fiel que digamos. Ningún problema: él tampoco lo es siempre.

**HOMBRE GALLO - MUJER CONEJO**: La mujer Conejo es una persona refinada y encantadora, y el hombre Gallo desborda prestancia y brillo. Su unión es casi inevitable y la vida parece sonreírles. Sin embargo, el Gallo, con su franqueza un tanto rústica puede llegar a ser hiriente. La coneja lo ama y lo soportará, pero los demás la mirarán con una cierta y secreta lástima, pensando que el amor la ha cegado. Claro que ellos ignoran hasta qué punto el señor Gallo puede ser agradable e indispensable en la vida cotidiana.

**MUJER GALLO - HOMBRE CONEJO**: El Conejo se quedará embobado frente a la elegante opulencia de la mujer gallo. Si ella decide capturarlo, sabrá qué hacer para transformar al movedizo conejito en un multiuso objeto de deseo. Todo irá bien, y el hipnotizado señor Conejo le llevará el desayuno a la cama a la mujer Gallo. Sin embargo, frente a las adversidades ella saldrá a luchar y pondrá las cosas en su lugar gracias a su fuerza y su capacidad extraordinarias. El Conejo estará sumamente agradecido.

**HOMBRE GALLO - MUJER DRAGÓN:** Por su naturaleza volátil, el Gallo habrá picoteado a diestra y siniestra antes de distinguir a la mujer Dragón entre la multitud. Y el señor Gallo tal vez querrá tener contrato de exclusividad. Podrán llegar a ser felices si ella presta atención a las capacidades intelectuales del Gallo y se comporta con menos intolerancia. Tiene que reconocer que su compañero no vale sólo por su plumaje y que el papel protagonista debe ser compartido.

**MUJER GALLO - HOMBRE DRAGÓN:** No hay gallina en el horóscopo chino; entiéndanme bien: estamos frente a la mujer Gallo. OM, OM, OM. Le encanta lucirse, vestirse bien, y varias veces se olvida de ser discreta. Comparte con el Dragón el amor por el brillo y el gusto por la primera fila. Cuando estén bien seguros de amarse y su pasión les deje tiempo libre para estudiarse, la mujer Gallo admirará sin reservas el aire de moda y lleno de empuje del Dragón y cantarán la balada como John y Yoko.

**HOMBRE GALLO - MUJER SERPIENTE:** Si el Gallo encuentra a la Serpiente en un momento de sus vidas en que ambos están sin ataduras sentimentales, su unión será prácticamente inevitable. Están hechos el uno para el otro. El Gallo es franco, honesto y un poco susceptible; puede llegar a ser hiriente pero a menudo ignora que los otros también son capaces de serlo. La Serpiente está dispuesta a soportarlo y acepta de él ciertas verdades bien dichas porque no puede cortar su adicción por el señor Gallo.

**MUJER GALLO - HOMBRE SERPIENTE:** Vuelvo a repetirlo para que no haya confusión: una mujer Gallo no tiene nada que ver con una gallina. Sabe perfectamente lo que quiere: le hace entender de inmediato al hombre Serpiente que adoraría unir su vida a la de él, y le evita así los trámites previos de flirteo, noviazgo o cosa que se le parezca. En general, ella es quien toma la decisión, y arrastra a su pareja en estado de conmoción. Sus relaciones físicas serán perfectas y ocuparán mañanas, tardes o noches enteras. El hombre Serpiente será saciado, pero cuidado: que la saciedad no se convierta en hartazgo.

**HOMBRE GALLO - MUJER CABALLO:** Con el pasar del tiempo, el Gallo comprende que debe dejar de cacarear tanto y empezar a pensar en una sana vida de familia. Cuando esto ocurre, la mujer Caballo con todos sus atractivos llamará su atención y lo dejará pensando en lo feliz que sería si viviera con ella. No es que piense serle fiel, porque no firma contratos de exclusividad. Pero hete aquí que nuestro querido gallináceo se vuelve celoso. La mujer Caballo es su más preciado bien y nadie debe tocar su tesoro. ¡Sufre de exclusividad unilateral agravada! Un mal que desgraciadamente es bastante frecuente, tanto en China como en estas latitudes.

**MUJER GALLO - HOMBRE CABALLO**: En el momento en que la mujer Gallo se encuentra con el Caballo, siente una sacudida total de la estantería. La prestancia del equino no pasa inadvertida frente a sus gallináceos ojos. Él también quedará deslumbrado. Ella es extremadamente comunicativa y sociable, serena y segura de sí misma, justo lo que el señor Caballo necesita, porque no se siente seguro de nada y teme siempre una calamidad. Ella se transformará en su seguridad mental y tal vez hasta real. Buscará una actividad suficientemente elegante como para que le interese y convenientemente bien paga como para que le convenga para redondear y llegar a fin de mes. Si cada uno pone una gota de sentido común, lograrán una vida sin mayores trastornos.

**HOMBRE GALLO - MUJER CABRA**: Cuando el Gallo conoce a la Cabra, piensa que ella podría hacerlo muy feliz. Y en sus brazos ya no se preocupa por los problemas del gallinero. Pero le costará ser fiel; como es machista, cree que si ella está satisfecha no debe exigir nada más. Padece cierto micromambo al respecto, ya que el mismo liberal gallináceo puede transformarse en el más terrible de los hombres celosos. A pesar de todo, con el goce del amor con sexo consolidarán la pareja.

**MUJER GALLO - HOMBRE CABRA**: El señor Cabra es un artista imaginativo, y lo enloquece el modo en que se viste la mujer Gallo, que une elegancia con simplicidad. Ella lo encuentra simpático y se deja seducir. Como es una mujer orquesta, se ocupa de todo en la casa, arreglar cosas y es muy servicial. Esta actitud y su habilidad natural constituyen una gran seguridad para el hombre Cabra, que tendrá la impresión de haber ganado la lotería.

**HOMBRE GALLO - MUJER MONO**: Es archisabido que el Gallo viene con un pequeño defecto de fábrica: es infiel y celoso al mismo tiempo. (Ustedes me dirán que no es el único... OM, OM, OM). La Mona, independiente por naturaleza, tendría ganas de salir corriendo o de partirle un jarrón de la dinastía Ming en la cabeza. Sin embargo, el placer que saben prodigarse mutuamente es el secreto de su inexplicable unión. Ella no será apacible ni silenciosa. Se harán ruidosos reproches pero firmarán acuerdos de paz al instante, y no precisamente por escrito.

## Enamorándonos

**MUJER GALLO - HOMBRE MONO**: Como la mujer Gallo es sociable y comunicativa y el Mono odia la soledad, formarán una de esas parejas mundanas con la casa llena de amigos que los invitarán, a su vez, a comidas elegantes en sus mansiones. Evitarán el cara a cara. El poco tiempo compartido a solas lo utilizarán en sesiones de alto voltaje carnal, y quedará poco espacio para diálogos platónicos (ninguno se quiere aburrir). Si surge un problema de dinero, la mujer Gallo estará dispuesta a trabajar y rápidamente alcanzará las altas esferas. El Mono, agradecido.

**HOMBRE GALLO - MUJER GALLO**: Ambos son Gallos, por lo tanto se conocen incluso antes de que se encuentren por primera vez: no van a descubrir la pólvora. Y son encantadores, civilizados, gastadores, aman el brillo, están dotados de un gran sentido práctico. En realidad, no pueden no entenderse. Podrán formar una pareja macromámbica y tener una existencia pintoresca y animada. No amasarán una fortuna pero tampoco vivirán en la indigencia. Mejor que los asesore un economista competente. Si se casan, háganlo bajo el sistema de separación de bienes. Nadie sabe. Como ambos son infieles y celosos practiquen un poco de diplomacia y eviten a los amigos esas aburridas escenas de gallinero.

**HOMBRE GALLO - MUJER PERRO**: La mujer Perro es tan emotiva que se altera por la menor cosa. El Gallo, en su vanidad, adora pensar que su sola presencia conquista a la mujer Perro. Como él es amable con todos, se mostrará atento a los cambios climáticos de la Perra y tratará de hacerla feliz. Frente a tanta buena voluntad, la canina recuperará la siempre añorada alegría. Tendrá una gran necesidad de ser protegida y el Gallo cuenta con medios de sobra para hacerlo. Y sin embargo, la mitológica y legendaria fidelidad de la Perra Penélope compensará las andanzas volátiles del Gallo Ulises.

**MUJER GALLO - HOMBRE PERRO**: El Perro, constante y soporíficamente fiel, descubrirá que la Gallita es alguien muy diferente a él. La seducción forma parte de su modo de ser, y no busca necesariamente casarse. Si llegan a formar una pareja, el Perro sumará a sus innatas dudas metafísicas una bien real: lo roerán los celos frente a la menor mirada espermática dirigida a su atractiva consorte. Si el Perro piensa que poniendo una cara larga logrará retenerla, desde estas líneas le suplicamos que cambie de táctica; sólo su infinita ternura y su fidelidad absoluta podrán hacer que esta unión, un tanto frágil, dure años.

**HOMBRE GALLO - MUJER CERDO**: Como al hombre Gallo le encanta pasarlo bien y para la mujer Cerdo la vida es como una mazorca de maíz bien amarilla a la que hay que clavarle el diente, podemos suponer que la relación entre ellos seguirá el camino al paraíso. Pero este señor debe tener cuidado con los gastos desmesurados porque a la mujer Cerdo no le deberá faltar lo necesario para dar a de comer a la rechoncha familia. Podrán reírse, gozar y disfrutar del festín de la vida en un macromambo sensual y hedonista. La mujer Cerdo sabia ignorará las distraídas escapadas amorosas del Gallo, captando que lo hace más por costumbre que por un verdadero deseo.

**MUJER GALLO - HOMBRE CERDO**: La ambición del Cerdo se limita a amar y ser amado. Según él, la vida debe desarrollarse siguiendo un esquema tradicional que está en vigor desde hace siglos y que consiste en: estar de novios, casarse, tener hijos. La mujer Gallo no será el ama de casa ideal que el Cerdo siempre soñó, sin embargo, como esta combinación astral provoca amores ardientes, los primeros tiempos transcurrirán consagrados a Eros, al sexo por la mañana, luego comerán algo y retornarán la actividad sexual por la tarde y por la noche. Luego el tiempo traerá el sosiego y podrán dedicarse a las tareas domésticas y a pelearse como el resto de los mortales.

## *El Perro*

**HOMBRE PERRO - MUJER RATA**: La Rata no duda de las cualidades del Perro y se agarra a él como una sanguijuela. Para hacerlo feliz, tiene que ayudarlo a superar sus angustias. Debe enseñarle a relajarse, a confiar en ella y debe convencerlo de que ella es un ser fiel con quien estará unido para siempre. Una forma de darle tranquilidad es llevar una vida planificada y sin grandes sorpresas.

**MUJER PERRO - HOMBRE RATA**: Con esta unión, el hombre Rata consigue la mujer más agradable y más honesta de todas. Para él, ella encarnará la seducción, la alegría, el encanto y una amable sociabilidad. El roedor no lamentará nada: él pondrá doble dosis de dinamismo y ella su presencia radiante en la casa. Como la perrita es inquieta y pesimista por naturaleza, deberá ser calmada y abrazada efusivamente para que se sienta en paz.

**HOMBRE PERRO - MUJER BÚFALO**: El hombre Perro encuentra en la mujer Búfalo una pareja ideal. Ella está enamorada del amor, y entonces ama si se siente físicamente atraída por el pretendiente. Si se da con el Perro, serán dos almas gemelas, dos fieles corazones, dos ternuras reunidas. El Perro habrá hecho la elección correcta: ella sabe recibir, puede ocuparse de los enfermos, atiende la educación de los hijos e incluso cada noche encuentra el tiempo, las ganas y las fuerzas para brindarle a su marido todo lo que necesita en materia amorosa.

**MUJER PERRO - HOMBRE BÚFALO**: La calma y la serenidad de un Búfalo son un remedio maravilloso para la mujer Perro, quien, cuando pierda la esperanza, podrá dejarse llevar hasta ser invisible entre sus brazos. Él la protege, ella lo necesita. Sería superfluo insistir en la fidelidad de la Perra, Como el Búfalo no se queda atrás, todo hace pensar que esta pareja recorrerá un largo camino. Para la mujer Perro su casa es su lugar en el mundo; no hay sitio mejor para ella: «Hogar, dulce hogar». El Búfalo, al regresar del trabajo, desde el umbral mirará embelesado el encantador nidito creado por la perruna dedicación. ¿Qué más se puede pedir?

**HOMBRE PERRO - MUJER TIGRE**: Cuando el Perro divisa a la tigresa, no puede creer el brillo aterciopelada de semejante animal. Se enamorara ahí mismo, con el triste convencimiento de que nunca estará a la altura de ella. Efectivamente, una vez calmados los primeros ardores, la mujer Tigre reclamará un poco de Independencia. Él se muestra afectuoso, tierno, delicado, mimoso, no hace jamás ninguna pregunta que se vuelva en su contra. Al fin y al cabo, ella se dará cuenta de que ha recibido una buena porción de la torta de la vida.

**MUJER PERRO - HOMBRE TIGRE**: La mujer Perro, que personifica la lealtad total, se interesará por la vida del Tigre como si fuera su propia existencia. Ella será carne de su carne. El felino obtendrá muchas satisfacciones de esta unión: se siente adorado, le juran fidelidad de por vida, y casa confortable mantenida y cuidada con esmero. A veces pensará que su compañera es un premio Nobel, ¿pero es eso lo que busca? Él encontrará un alma devota y fiel; ella encontrará una gran protección. Su unión puede llegar a ser perfecta...

**HOMBRE PERRO - MUJER CONEJO**: La mujer Conejo descubre al Perro y cree que vislumbra una nueva faceta de la humanidad. El canino no está seguro de sí mismo, detesta los imprevistos y siempre está preparado para lo peor. Además tiene una extraña noción de la fidelidad. Para combatir la angustia existencial del Perro, la conejita deberá repetirle al oído que está loca por él. Igual, nada logrará calmarlo por completo... él una vez más se sentirá en su propia película de género catástrofe. ¡Guau! ¡Guau!

**MUJER PERRO - HOMBRE CONEJO**: La mujer Perro no podría protagonizar *La insoportable levedad del ser*. Frente a ella, el Conejo se siente un haragán que descuida sus deberes más elementales. Tiene que tomar en cuenta la psicología original de su pareja sin vivirla como una agresión y sin querer modificar una personalidad innata. La mujer Perro es así, no lo hace a propósito, y sería injusto reprocharle su modo de ser. Ella es totalmente confiable, y si él logra darle seguridad, la mujer Perro se volverá más optimista.

**HOMBRE PERRO - MUJER DRAGÓN**: Si al Perro se le cruza en el camino una mujer Dragón, descubrirá que ella es la mujer de sus sueños y dedicará su vida a tratar de conquistarla. Su mayor defecto: cree que es difícil concretar su propia felicidad. Por otro lado, es celoso, y el brillo natural de la dragona no hace más que sacar el Otelo que se agazapa en su interior. Si bien su unión parece a primera vista una mala combinación, la fidelidad incondicional del Perro será una base duradera para lo que emprendan.

**MUJER PERRO - HOMBRE DRAGÓN**: El Dragón es un ser brillante por naturaleza, y puede llamar la atención que se fije en una mujer Perro. Sin embargo, su unión es posible si ambos deciden intentarlo con altas dosis de amor. La actitud dominante del hombre Dragón trae seguridad a la siempre ansiosa perrita. Ella siente que al lado de semejante personaje nada grave podrá sucederle y que es un bajón seguir siendo melancólica.

**HOMBRE PERRO - MUJER SERPIENTE**: Cuando el Perro encuentra a la Serpiente, sabe que su búsqueda ha finalizado: ella es su oscuro objeto de deseo, y como gran cabeza dura, logrará conquistarla. En la intimidad, será tierno, afectuoso, lleno de atenciones. Pero le faltará alegría... La Serpiente deberá acostumbrarse a este mal humor tan típico del Perro, y además darle confianza y tranquilizarlo permanentemente. La Serpiente será recompensada con altas dosis de erotismo y sensualidad, que valen esos sacrificios y aún más.

**MUJER PERRO - HOMBRE SERPIENTE**: El único reproche que podría hacerle el hombre Serpiente a la mujer Perro es que a fuerza de esmero y buena voluntad puede resultar un poco plomo. Este defecto corresponde exactamente al de los perros en China: falta de despreocupación, de levedad, de diversión. En lo físico, esta santa acepta el «deber conyugal» pero le faltan ardor y fuego. El ofidio estará orgulloso de tener una pareja fiel. Él, en cambio, no lo será tanto, y soportará con gran dificultad esa leal mirada perruna que se posará sobre su persona cada vez que la señora Perro huela una falta.

**HOMBRE PERRO - MUJER CABALLO**: El Perro es el hombre más original que podría encontrar la mujer Caballo. En medio de tantas frivolidades y apariencias, el canino busca en la multitud a la mujer de su vida, con la cual se casará para la eternidad. No entra en su cabeza que uno se enamore de alguien y que no se case. Si la equina resulta la feliz elegida, conocerá la fidelidad, la gentileza, la constancia de un enamorado leal y cumplidor. Pero está el revés de la medalla: los celos. ¡Y bueh! Nadie es perfecto. Y sabemos que no es lo que se dice un amante espléndido, no es para matarse de risa, y, como todo celoso, es un poco desgraciado. Sin embargo, su amor es tal y su fidelidad tan grande, que bien vale la pena construir una historia con él.

**MUJER PERRO - HOMBRE CABALLO**: La mujer Perro y el hombre Caballo son muy emotivos. Ambos viven a los saltos, temblando entre peligros reales y artificiales. Además, ella es pesimista y él inseguro. Uno puede preguntarse qué va a buscar uno en el otro. Sin embargo, por una alquimia extraña que sólo sabios chinos sabrían dilucidar, pueden llegar a tranquilizarse mutuamente. Su unión puede ser una especie de terapia de grupo. Podrán vivir en paz e incluso con serenidad. La fidelidad de ella es total, de esas que hoy en día ya son leyenda. Agradecido, el Caballo apreciará el gesto y sabrá devolverlo. En este singular caso, la fidelidad es recíproca.

**HOMBRE PERRO - MUJER CABRA**: La mujer Cabra tiene oportunidades de ser una excelente compañía para el hombre Perro, y cuando él lo advierte la atrae, la observa de arriba abajo y luego se le declara. A veces cae en cierta melancolía y puede volverse celoso: una palabra, un nombre, una alusión son suficientes para despertar sus celos. La Cabra es leal, se ríe de sus sospechas injustificadas y lo tranquiliza a fuerza de alegría y constancia.

**MUJER PERRO - HOMBRE CABRA**: El hombre Cabra necesita que todo el tiempo lo tranquilicen, y la mujer Perro vive siempre temiendo lo peor, así que la unión puede ser dificultosa. Sin embargo, cada uno terminará calmando al otro con largas confidencias. Es posible que hagan el amor como un exorcismo contra el miedo y se convenzan de que la vida puede transcurrir serenamente. Tal vez alcancen la tan añorada paz. La fidelidad extrema de la Perra hará que el caprino pierda sus angustias. Sus vidas pueden llegar a entrar en el TAO.

**HOMBRE PERRO - MUJER MONO**: El hombre Perro no es precisamente un compendio de alegría y dinamismo. La Mona, por su forma de ser, no tardará en considerarlo un pelotazo, y hasta pensará que es una droga la legendaria fidelidad del Perro. Lo único que puede llegar a divertirla es la seriedad con que el Perro se toma las cosas del querer. Si bien ella encuentra totalmente divertido dichos procedimientos amatorios, estará encantada de ser la feliz destinataria.

**MUJER PERRO - HOMBRE MONO**: La mujer Perra es una gran emotiva que logrará seducir con sus suspiros al Mono, que detesta los corazones áridos y secos. Hay que tener en cuenta que entre ambos existen grandes diferencias: la mujer Perro es idealista, y el Mono, un realista sarcástico. Sus burlas podrían provocar en la canina un cierto rencor que, como la polilla, empezaría a destruir la relación. Se vislumbran en el horizonte nubes negras de tormenta: a preparar impermeables, botas de agua y paraguas.

**HOMBRE PERRO - MUJER GALLO**: El Perro, constante y soporíficamente fiel, descubrirá que la Gallita es alguien muy diferente a él. La seducción forma parte de su modo de ser, y no busca necesariamente casarse. Si llegan a formar una pareja, el Perro sumará a sus innatas dudas metafísicas una bien real: lo roerán los celos frente a la menor mirada espermática dirigida a su atractiva consorte. Si el Perro piensa que poniendo una cara larga logrará retenerla, desde estas líneas le suplicamos que cambie de táctica; sólo su infinita ternura y su fidelidad absoluta podrán hacer que esta unión, un tanto frágil, dure años.

**MUJER PERRO - HOMBRE GALLO**: La mujer Perro es tan emotiva que se altera por la menor cosa. El Gallo, en su vanidad, adora pensar que su sola presencia logró conquistar a la mujer Perro. Como él es amable con todos, se mostrará atento a los cambios climáticos de la Perra y tratará de hacerla feliz. Frente a tanta buena voluntad, la canina recuperará la siempre añorada alegría. Tendrá una gran necesidad de ser protegida y el Gallo cuenta con medios de sobra para hacerlo. Y sin embargo, la mitológica y legendaria fidelidad de la Perra Penélope compensará las andanzas volátiles del Gallo Ulises.

**HOMBRE PERRO - MUJER PERRO**: Aunque se conocen demasiado bien, como para necesitar presentaciones, se sorprenderán al encontrarse por primera vez: verán en el otro el mismo ideal y la misma melancolía. El único obstáculo que existirá entre ellos serán los malditos celos. Cada uno está convencido de haber enganchado a un personaje de película que todos querrán arrebatarle. Tendrán que hacer esfuerzos para liberarse de ese sentimiento invasor y destructivo o firmar con sangre, sudor y lágrimas un contrato de posesión recíproca y exclusiva. Ojo con la claustrofobia, que de la fidelidad tampoco hay que abusar.

**HOMBRE PERRO - MUJER CERDO**: El día en que el melancólico Perro se encuentra con la mujer Cerdo se da cuenta de que la vida puede ser una exquisita torta de chocolate de la cual se pueden comer porciones hasta hartarse. Más vale tarde que nunca. Imposible resistirse al encanto de la porcina, tierna como un jamón de Parma, y el Perro ni siquiera lo intentará, encantado de sentirse como nuevo a su lado. El hogar dulce hogar creado por ellos será el único centro de interés de la mujer Cerdo, que se dedicará a hacer felices a sus seres queridos; al estilo *La familia Ingalls*[39]. Una receta: el mejor antídoto contra los molestos celos caninos es la tierna sensualidad cochina. Varias dosis, si es necesario.

**MUJER PERRO - HOMBRE CERDO**: El hombre Cerdo es un investigador del insondable misterio de la existencia humana y el sueño porcino por excelencia: amar y ser amado. Se prepara meticulosamente para llegar a crear una familia y hacerse cargo de los gastos familiares. Cuando se encuentra con la mujer Perro, una felicidad inmensa lo inunda: ella es bella, sabia, y fundamentalmente fiel. El Cerdo será el hombre más feliz del mundo. La Perra, a pesar de estar enamorada, conservará una nota de melancolía innata que el Cerdo no logrará disipar. Cuándo él le pregunte que más le falta para ser feliz, la Perra le responderá que ya lo es, a su manera, y el cerdito no tendrá ninguna posibilidad de resolver este pequeño problema existencial.

# *El Cerdo*

**HOMBRE CERDO - MUJER RATA**: El cerdito aprecia la compañía en todo momento, y mucho. Sin embargo, seguramente meditará antes de pronunciar el esperado «Sí» que lo una a una mujer Rata. La familia de ella pensará que no resulta una buena unión, porque cree que el porcino es incapaz de arreglárselas en la vida. Pero este santo se da maña para salir adelante. Y la Rata lo sabe.

**MUJER CERDO - HOMBRE RATA**: El hombre Rata no descubrirá de inmediato todas las cualidades de la mujer Cerdo. Se dará cuenta de que tiene que protegerla para que esta santa no se deje comer viva por su bondad natural hacia los demás. Muchos no son dignos de ella y no merecen que se sacrifique de ese modo. La mujer Cerdo necesita mucho tiempo para decidirse a unir su vida con un hombre Rata. Pero cuando lo hace, la pareja será definitiva.

**HOMBRE CERDO - MUJER BÚFALO**: cuando un Cerdo encuentra una Búfala, si está libre de ataduras, piensa que una especie de hada madrina se la ha puesto en el camino. No hay nada que deje de hacer para tratar de acercarse a ella, hablarle y declararle su amor. Él desea encontrar una mujer que acepte sus sueños extravagantes, y que esté dispuesta a pasar a los «trabajos prácticos». La Búfala puede estar disponible y no oponerse a participar en semejantes experimentos. Después de estos ejercicios preliminares, convencidos de que están hechos para amarse, deciden unir sus vidas.

**MUJER CERDO - HOMBRE BÚFALO**: Por encima de todo, la mujer Cerdo ama la vida. Y aún por encima de la vida, ama el amor. Una vez que hayan calmado los primeros instintos con el Búfalo, se creará un equilibrio entre ellos. Si bien ella aspira a una especie de amor universal, tendrá que limitarse a satisfacerlo con el Búfalo, por las buenas costumbres, claro. Él es estable, sólido, equilibrado; con gran capacidad amatoria. La mujer Cerdo no se verá privada. Con el tiempo las cosas se calmarán un poco, y tal vez ella creerá que él se ha cansado, pero la mujer Cerdo sabe, sin embargo, que tiene la mejor parte.

**HOMBRE CERDO - MUJER TIGRE**: El Cerdo es honesto y franco. No sabe esconder nada. La tigresa podría engañarlo fácilmente, pero no lo hará, ya que encuentra en él ternura, presencia, afecto lleno de admiración y de satisfacciones sexuales. La mujer Tigre, que es bella, brillante, elegante, se sorprenderá disfrutando como loca entre los brazos de semejante hombre, siempre listo para arrastrarla por el fango. Ambos comparten el gusto por la buena vida, el confort que en este bajo mundo se consigue con algo de dinero.

**MUJER CERDO - HOMBRE TIGRE**: La mujer Cerdo no sabe disimular, y desgraciadamente ese es un elemento muy necesario en la vida de pareja. Ella, que tiene un corazón puro y sin malicia, va de frente. El Tigre descubre rápidamente que la mujer Cerdo tiene defectos como todo el mundo: es sumamente perezosa pero logrará zafarse con astucia de los duros y aburridíííííísimos trabajos domésticos. Odiará las correrías del Tigre y sólo se tranquilizará cuando vuelva satisfecho al hogar. Sin embargo, como la mujer Cerdo es sabia y holgazana, sorteará el trámite de las discusiones.

**HOMBRE CERDO - MUJER CONEJO**: El Cerdo logra conquistar a la mujer Conejo con perseverancia y tenacidad. Se las arreglará para que la coneja no se arrepienta. La mima, le enseña las materias pendientes en juegos amorosos para hacerle descubrir un *amor sin barreras* ni tabúes. Si existe entre ellos una armonía física y sentimental, la mujer Conejo creerá estar tocando el cielo con las manos y haber alcanzado el punto G. Él será posesivo y protector, y jugará a ser el jefe de familia. Si la coneja expresara una décima parte de sus críticas hacia él, al Cerdo se le rompería el corazón. Es mejor no hablar y disfrutar.

**MUJER CERDO - HOMBRE CONEJO**: Esta dama es una ena-morada de la naturaleza y de la belleza, y el señor Conejo descubrirá rápidamente que ella también es sensual, apasionada e imaginativa. Con seguridad se entenderán en el plano sexual, materia básica de la mujer Cerdo, y en la cual concentra todo su talento pedagógico: es una especie de maestra de la sensualidad. La unión se concretará rápido y puede llegar a ser perfecta. Ojito con las crisis porcinas de celos.

**HOMBRE CERDO - MUJER DRAGÓN**: el lema básico del Cerdo es amar y ser amado. Cuando descubra a la mujer Dragón se frotará los ojos porque pensaba que no existían mujeres tan bellas y brillantes. El cerdito irá directo al grano. La mujer Dragón, asombrada por su franqueza, no se opondrá a las intenciones porcinas. Aunque sea en secreto, ella también sueña y tiene su sensibilidad y su idealismo. Nada los separará, ya que han encontrado el mejor terreno de entendimiento: amor, sexo y amplias facilidades para su práctica, investigación y desarrollo.

**MUJER CERDO - HOMBRE DRAGÓN**. Antes que nada, la mujer Cerdo es una enamorada de la vida. Y se entrega al amor en todas sus formas, tamaños y colores. Está a favor de grandes bacanales alrededor del Obelisco, como en la antigua Grecia, y piensa que sólo el amor físico y espiritual podrá cambiar al mundo. El encuentro con un hombre excepcional como el Dragón es una explosión en su vida. Él se enamorará de su ingenuidad y de su sensual pureza. Los primeros encuentros del quinto tipo serán hirvientes, ardientes, admirables, sincrónicos. Ambos creerán que viven en un sueño, aunque el Dragón a veces piense que la cerdita pasa demasiado tiempo preparando la sopa y fregando los platos.

**HOMBRE CERDO - MUJER SERPIENTE**: La tenacidad del señor Cerdo es a toda prueba. Cuando sea conquistado por el misterio de la mujer Serpiente, no cesará hasta conseguir su amor. El Cerdo sabe que ella, tan encantadora, podría lamentar a veces no estar con alguien más brillante, y hará todo para que esta sensación no la invada, para demostrarle que le puede brindar una enorme felicidad. El Cerdo deberá dedicarse cada día a retenerla a través de los maravillosos e inagotables juegos del amor. Sin falsos pudores, se entregarán en cuerpo y alma a tan fascinante empresa.

**MUJER CERDO - HOMBRE SERPIENTE**: Como la simpática porcina adora la vida en todos sus aspectos y la belleza en todas sus formas, le encanta soñar con el hombre ideal e imaginar las escenas más audaces fuera de toda censura... Y cuando descubre al hombre Serpiente, sabe que el período de caza ha terminado: la tierra prometida ha sido alcanzada. Ella será una excelente *partenaire* para él. Se entenderán a las mil maravillas: feliz por naturaleza, la mujer Cerdo brindará al ofidio esos momentos memorables que justifican la vida.

**HOMBRE CERDO - MUJER CABALLO**: El sueño recurrente del hombre Cerdo es ser amado. No tiene otra ambición en la vida que revolcarse en el lodo de la pasión. Cuando la mujer Caballo se cruza en su camino, su corazón le dice que tal criatura podrá colmar su increíble necesidad de amar. En los primeros encuentros, la mujer Caballo se queda algo sorprendida ante una concepción tan arcaica y brutal del amor. Pero en el fondo está encantadísima. ¿Por qué no? Si esas bases sólidas funcionan, la unión podrá ser un macromambo total.

**MUJER CERDO - HOMBRE CABALLO**: Hay poca gente que ama la vida tanto como la mujer Cerdo. Cuando conozca al Caballo, va a esperar todo de él: amor, ternura, sexo, amabilidad, lujuria, sensualidad. El equino la encuentra encantadora, digna de su ternura y de su amor, pero llena de ilusiones ingenuas y sueños locos. Tal vez, eso hará más fácil su primer contacto. Ella encontrará en el señor Caballo la posibilidad de fundar un hogar con una prole numerosa y multiestelar. Tanta pasión, tanto amor sin límites por la realidad terminarán tranquilizando al Caballo, que empezará a disfrutar de las cosas presentes sin tantas vueltas intelectualoides.

**HOMBRE CERDO - MUJER CABRA**: El hombre Cerdo, como su nombre lo indica, odia el amor casto. Para él, el amor incluye todas las gamas del solfeo: pasión, complicidad, ternura y sexo en una libertad total y sin límites. Cuando conoce a la Cabra, se da cuenta de que acaba de descubrir la perla negra. Desea una unión definitiva con franqueza recíproca, que durará años. La Cabra, sorprendida de que alguien pueda amar de tal modo, se tirará rápidamente de cabeza y criará numerosos hijos en un corral lleno de vida.

**MUJER CERDO - HOMBRE CABRA**: La mujer Cerdo es apasionada e insaciable y espera con impaciencia a aquel que la educará en las mil sutilezas de la vida sexual y anexos. El caprino será aceptado como profesor, y ella le pagará tantos bellos momentos llevando adelante una casa FENG-SHUI donde todo funciona a las mil maravillas. En el arte del TELEKTONON, es una de esas uniones donde ambas partes están en armonía y comparten a partes iguales.

**HOMBRE CERDO - MUJER MONO**: El Cerdo cae de rodillas frente a la Mona, y ella, que justamente estaba buscando entre los saldos un alma gemela, lo recibe con los brazos abiertos. Él quiere una unión definitiva e inmediata, de esas en serio, con anillo y todo, de las que no se puede zafar. Tal vez no sea una historia loca de pasión desenfrenada, pero esta forma de amar le dará a la Mona la certeza de una unión duradera, sólida, basada en la sensualidad, la estabilidad y también una multitud de hijos.

**MUJER CERDO - HOMBRE MONO**: Cuando el Mono le pide a la mujer Cerdo que sea su mujer, ella, feliz hasta las pezuñas, se enrojecería si este no fuese su color natural. La porcina siente que ocupar toda su vida en hacer feliz a semejante espécimen va a ser una tarea divinamente agradable. Él no es extraordinariamente bello, pero ella tampoco. La mujer Cerdo dirigirá todo pero le hará creer al Mono que está esperando sus instrucciones, cosa de mantenerle el ego en alza. Podrán crear una de esas parejas que ustedes seguramente conocen, sin grandes problemas, con una felicidad y serena.

**HOMBRE CERDO - MUJER GALLO**: La ambición del Cerdo se limita a amar y ser amado. Según él, la vida debe desarrollarse si-guiendo un esquema tradicional que está en vigor desde hace siglos y que consiste en: estar de novios, casarse, tener hijos. La mujer Gallo no será el ama de casa ideal que el Cerdo siempre soñó, sin embargo, como esta combinación astral provoca amores ardientes, los primeros tiempos transcurrirán consagrados a Eros, al sexo por la mañana, luego comerán algo y retomarán la actividad sexual por la tarde y por la noche. Luego el tiempo traerá el sosiego y podrán dedicarse a las tareas domésticas y a pelearse como el resto de los mortales.

**MUJER CERDO - HOMBRE GALLO**: Como al hombre Gallo le encanta pasarlo bien y para la mujer Cerdo la vida es como una mazorca de maíz bien amarillo, a la que hay que clavarle el diente, podemos suponer que la relación entre ellos seguirá el camino al paraíso. Pero este señor debe tener cuidado con los gastos desmesurados porque a la mujer Cerdo no le deberá faltar lo necesario para dar a de comer a la rechoncha familia. Podrán reírse, gozar y disfrutar del festín de la vida en un macromambo sensual y hedonista. La mujer Cerdo sabia ignorará las distraídas escapadas amorosas del Gallo, captando que lo hace más por costumbre que por un verdadero deseo.

**HOMBRE CERDO - MUJER PERRO**: El hombre Cerdo es un investigador del insondable misterio de la existencia humana y el sueño porcino por excelencia: amar y ser amado. Se prepara meticulosamente para llegar a crear una familia y hacerse cargo de los gastos familiares. Cuando se encuentra con la mujer Perro, una felicidad inmensa lo inunda: ella es bella, sabia, y fundamentalmente fiel. El Cerdo será el hombre más feliz del mundo. La Perra, a pesar de estar enamorada, conservará una nota de melancolía innata que el Cerdo no logrará disipar. Cuándo él le pregunte que más le falta para ser feliz, la Perra le responderá que ya lo es, a su manera, y el Cerdo no tendrá ninguna posibilidad de resolver este pequeño problema existencial.

**MUJER CERDO - HOMBRE PERRO**: El día en que el melancólico Perro se encuentra con la mujer Cerdo se da cuenta de que la vida puede ser una exquisita torta de chocolate de la cual se pueden comer porciones hasta hartarse. Más vale tarde que nunca. Imposible resistirse al encanto de la porcina, tierna como un jamón de Parma, y el Perro ni siquiera lo intentará, encantado de sentirse como nuevo a su lado. El hogar dulce hogar creado por ellos será el único centro de interés de la

## Enamorándonos

mujer Cerdo, que se dedicará a hacer felices a sus seres queridos; estilo *La familia Ingalls*. Una receta: el mejor antídoto contra los molestos celos caninos es la tierna sensualidad cochina. Varias dosis, si es necesario.

**HOMBRE CERDO - MUJER CERDO**: Ambos tienen características comunes (no es necesario ser Sherlock Holmes para darse cuenta). Son extremadamente carnales, mortales y veniales: el amor físico-químico es su idea fija. Están llenos de buenas intenciones y quieren casarse para tener varias reproducciones no clónicas. Como les gusta hacerse los superados, no dudan en vivir ciertas interesantes experiencias que los animan, estimulan e instruyen un poco, pero no pierden por eso su ingenuidad y su credulidad porcinas. Como son fieles, una vez casados odian complicarse la existencia y se dedican como cerdos a la tradición, familia y propiedad. Para ellos, el TAO pasa por traer al mundo múltiples hijos. Adorarán los pañales, la papilla, los ositos de peluche, las reuniones de padres y los paseos por la plaza. No se rían; el TELEKTONON de cada animal es un misterio insondable.

# Agradecimientos

La tarde tiene la luz de la versión de Tim Burton en *Alicia en el país de las maravillas* que reapareció el último sábado, cuando mi humor necesitaba sumergirse en alguien con quien identificarme.

Y agradecer es un acto luminoso, de profundo reencuentro con quienes nos abren caminos, atajos, túneles, casas, corazones para seguir nuestro destino.

Este libro tiene similitud con el NU-SHU, la escritura invisible que utilizan las mujeres en China desde hace milenios para contar lo que les pasa por dentro y por fuera.

Es una continuidad de vida tejida con amores que me hicieron ser quien soy, y que continúa en la convicción que siento de ser LA ÚLTIMA ROMÁNTICA DEL APOCALIPSIS.

A los amigos en Uruguay, que me abrieron su casa para inspirarme con alegría, generosidad, respeto, cariño:

Billy Azulay en Colonia,

Renée Méndez Requena, su familia,

Susana Trias y el adorable zoo del Argentino Hotel de Piriápolis.

A la gran anfitriona vikinga en estilo y pacha de alma, Anabella Junger.

A Adriana y Edgardo con su causal información de corazón de piedra y el entusiasmo que pusieron en fluir con su patrimonio espiritual.

A Carlitos y Miguel que siempre me esperan en la laguna, aunque tarde en llegar.

A Gus Elía que me sacó a pasear por Minas y al encantador Edén, lugar de la felicidad en medio del campo charrúa, a los recuerdos que surgen en los momentos más inoportunos y se ordenan gratamente, entre mate y tereré.

A Claudio Herdener que me acompaña en este invierno siberiano en su función de fogonero físico, anímico, *handyman* y hornito de barro debajo de las frazadas.

Al Feng Shui.

A mis perritas *Yolsie*, *Maga* y *Bis*.

Y a Caín, Lorenzo y Pino, que resisten en el campo fundacional.

A los pájaros que me despiertan y se despiden antes del ocaso confirmando la abundancia de belleza que me rodea.

Gracias al zoo de una editorial que como la Atlántida se hundió y es colonizada por nuevas personas que después de diez años dieron el sí al *libro del amor*.

L. S. D.

# Notas

1. Argentina. Árbol que da una fruta pequeña rojiza de la que se hace arrope y aguardiente, y cuya madera se emplea para muebles. La raíz se utiliza para teñir de morado.

2. Unidad de 20 años en el calendario maya.

3. Flauta aborigen del altiplano ándino.

4. Argentina, Chile y Uruguay. Árbol espinoso, de corteza amarilla. Sus frutos son dulces y comestibles.

5. Se dice del individuo de un pueblo amerindio, perteneciente a los grupos que, en la época de la conquista española, habitaban en las sierras de Córdoba y San Luis, en la Argentina.

6. Hombre que vive en las sierras.

7. Natural de san Luis, provincia de la Argentina.

8. Planta suramericana de tallo nudoso, hojas ensiformes y flores coloradas, que vive en terrenos húmedos.

9. Ciudad en la provincia de Córdoba, Argentina.

10. Es la unidad más larga del sistema calendárico maya conocido como cuenta larga. Equivale a 144.000 días, aproximadamente unos 394 años.

11. Árbol americano bombacáceo, de 15 a 30 metros de altura, de tronco grueso, ramas rojizas, flores rojas tintóreas y frutos de 10 a 30 centímetros de longitud.

12. Plato de carne, papas, maíz y otros ingredientes, propio de varios países de América Meridional.

13. Variedad de acordeón, de forma hexagonal y escala cromática, muy popular en la Argentina.

14. En Argentina, Bolivia y Paraguay, cauce antiguo y profundo entre dos lomas o sierras.

15. Árbol de América Meridional con la corteza gruesa y blanda, madera fofa y copa muy densa.

16. Árbol de mediano tamaño, propio de América Central y Meridional.

17. Masa de barro mezclado a veces con paja, moldeada en forma de ladrillo y secada al aire, que se emplea en la construcción de paredes o muros para viviendas baratas.

18. de la constelación de las Pléyades.

19. Técnica de terapia Gestalt para transmutar la energía.

20. Instituto Nacional de Estadística y Censos (INDEC).

21. Chañar: en Argentina, Chile y Uruguay, árbol espinoso, de corteza amarilla. Sus frutos son dulces y comestibles. Jarilla: arbusto ramoso que se encuentran en zonas montañosas del oeste argentino. Espinillo: en Argentina, árbol con espinas en sus ramas y flores muy perfumadas, blancas o amarillas según las especies. Cachiyuyo: alga marina comestible. Pasto puna: hierba perenne perteneciente a la familia de las poáceas.

22. En Sudamérica. Cantor popular que, acompañándose con una guitarra y generalmente en contrapunto con otro, improvisa sobre temas variados.

23. Argentina, República Dominicana y Uruguay. Juego que consiste en apostar a las últimas cifras de los premios mayores de la lotería.

24. Bebida alcohólica frutal consumida en Paraguay y Argentina especialmente en verano.

25. Pájaro de color pardo acanelado, menos el pecho, que es blanco, y la cola, que tira a rojiza. Hace su nido de barro y en forma de horno.

26. Universidad de Buenos Aires

27. Corte del cuarto trasero de los vacunos, de la parte interna del muslo.

28. Orilla del paño o tejido en piezas, hecho, por lo regular, en un hilo más basto y de uno o más colores.

29. Personaje de historieta, muy popular en Argentina, cuyo objetivo en la vida era el de tener un marido y muchos hijos.

30. Golpe dado con el rebenque.

31. El Porfiriato es el período histórico (desde 1876 hasta 1911) durante el cual el ejercicio del poder en México estuvo bajo control de Porfirio Díaz.

32. De la película *Catwoman*.

33. Hace referencia a los adeptos a la patafísica: ciencia paródica de origen francés, dedicada «al estudio de las soluciones imaginarias y las leyes que regulan las excepciones».

34. Falda que se ensancha progresivamente desde la cintura y no se ciñe al cuerpo.

35. El cantante brasileño Caetano Veloso cantando "Fina Estampa".

36. El Telektonon es la Espada de luz, la tecnología de la telepatía revelada como el despliegue, día a día, del calendario de las trece lunas de 28 días, de la cultura Maya.

37. Película (española) de 1990 dirigida por Pedro Almodóvar.

38. Aguardiente de uva

39. Teleserie que en España se llamó *La casa de la pradera*.

# Índice

La trama secreta que sale a la luz . . . . . . . . . . . . . . . . . . . . . . . . . . . 6
Prólogo  . . . . . . . . . . . . . . . . . . . . . . . . . . . . . . . . . . . . . . . . . . . . . . . 8
Piedra corazón. . . . . . . . . . . . . . . . . . . . . . . . . . . . . . . . . . . . . . . . . 25

## Mis amores

Amores ratas  . . . . . . . . . . . . . . . . . . . . . . . . . . . . . . . . . . . . . . . . 32
Amores búfalos . . . . . . . . . . . . . . . . . . . . . . . . . . . . . . . . . . . . . . 40
Amores tigres . . . . . . . . . . . . . . . . . . . . . . . . . . . . . . . . . . . . . . . 48
Amores gatos  . . . . . . . . . . . . . . . . . . . . . . . . . . . . . . . . . . . . . . . 56
Amores dragones  . . . . . . . . . . . . . . . . . . . . . . . . . . . . . . . . . . . . 66
Amores ofídicos. . . . . . . . . . . . . . . . . . . . . . . . . . . . . . . . . . . . . . 74
Cabalgando amores  . . . . . . . . . . . . . . . . . . . . . . . . . . . . . . . . . . 82
Amores cabrones  . . . . . . . . . . . . . . . . . . . . . . . . . . . . . . . . . . . . 90
Amores monos  . . . . . . . . . . . . . . . . . . . . . . . . . . . . . . . . . . . . . . 98
Cacareando amores  . . . . . . . . . . . . . . . . . . . . . . . . . . . . . . . . . 106
Amores perros. . . . . . . . . . . . . . . . . . . . . . . . . . . . . . . . . . . . . . 114
Amores cerdos. . . . . . . . . . . . . . . . . . . . . . . . . . . . . . . . . . . . . . 122

Cocinando el menú para tu animal favorito  . . . . . . . . . . . . . . . . . 130

El amor científico para los chinos . . . . . . . . . . . . . . . . . . . . . . . . . 163

Los desconocidos de siempre  . . . . . . . . . . . . . . . . . . . . . . . . . . . 216

Cómo seducen los animales a través del estilo  . . . . . . . . . . . . . . 251

Enamorándonos . . . . . . . . . . . . . . . .            . . . . . . . . . . . . . . . . 300

Agradecimientos . . . . . . . . . . . . . . . . . . . . . . . . . . . . . . . . . . . . . 364

Notas . . . . . . . . . . . . . . . . . . . . . . . . . . . . . . . . . . . . . . . . . . . . . . 366

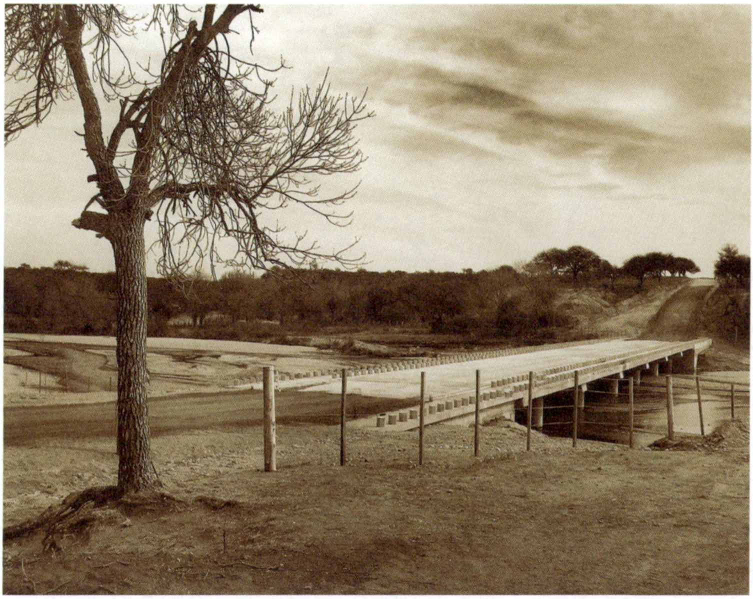

# ECOSISTEMA DIGITAL

**NUESTRO PUNTO DE ENCUENTRO**

www.edicionesurano.com

**2 AMABOOK**
Disfruta de tu rincón de lectura y accede a todas nuestras **novedades** en modo compra.
www.amabook.com

**3 SUSCRIBOOKS**
El límite lo pones tú, **lectura sin freno**, en modo suscripción.
www.suscribooks.com

DISFRUTA DE 1 MES DE LECTURA GRATIS

**1 REDES SOCIALES:**
Amplio abanico de redes para que **participes activamente**

**4 QUIERO LEER**
Una App que te permitirá leer e **interactuar con otros lectores**.

iOS

3 1237 00340 2360